Roger Phillips

Der große Naturführer

PILZE

Über 900 heimische Pilzarten

Roger Phillips

Der große Naturführer

PILZE

Genehmigte Lizenzausgabe für Verlagsgruppe Weltbild GmbH, Steinerne Furt, 86167 Augsburg
Titel der Originalausgabe: *Mushrooms and other fungi of Great Britain & Europe,* erschienen bei Pan Books Ltd., London, 1981

Die 1. Auflage erschien 1982 unter dem Titel: „Das Kosmosbuch der Pilze", die 2. Auflage 1990 unter dem Titel „Der Kosmos-Pilzatlas"

Aus dem Englischen übersetzt und bearbeitet von Dr. Bruno P. Kremer
Mit 932 farbigen Abbildungen und 1 Schwarzweißzeichnung.
Alle Aufnahmen stammen von Roger Phillips mit Ausnahme von: Geoffrey Kibbey (Seite 133) und Alan und Patie Outen (Seite 238).

Danksagung
An dieser Stelle sei allen Dank gesagt, die in der einen oder anderen Weise an der Entstehung dieses Buches mitgewirkt haben: Ted Green, Geoffrey Kibbey, Brian Spooner, Geoff und Jenny Stone, Malcolm Storey, Audrey Thomas, Irene Palmer, Joyce Pitt, Susan Alnut Dede und Roland, Claire Appleby, Beverley Behrens, Rod Bevan, Bert Brand, Alan Christie, Beverly Clark, Malcolm und Majorie Clark, Ray Cowell, Jeanny Deakin, Vincent Demoulin, R. Evans, Nicky Foy, Sheila Grant, Magaret Holden, F. Bayard Hora, Bruce Ing, Richard Jennings, Paul Kirk, Stephan Koepf, Joy Langridge, Alan Lucas, Marie Mann, Jack Marriott, A. Newton, Mary Oubrigde, John Palmer, Bobby Phillips, Ian Phillips, Simon Plant, Mervyn Rayner, Martyn Rix, George Taylor, Simon Tzabor, Roy Watling, Jo Weightman, John und Jean Williams, Mike und Jean Woolner.
Ich danke auch folgenden Organisationen:
The Royal Botanic Gardens, Kew
The British Mycological Society
The British Museum (Natural History)
The Royal Botanic Gardens, Edinburgh
The Nature Conservancy Council
The Mushroom Growers Association
The Darwin Museum, Royal College of Surgeons

Wichtige Hinweise für den Benutzer
Auch die ausführlichste Diagnose in einem Pilzbestimmungsbuch kann die umfassende Erfahrung nicht ersetzen, die ein Pilzsammler erst im Laufe der Zeit erwirbt. Lassen Sie deshalb selbstbestimmte Pilze beim geringsten Zweifel an der Diagnose vorsichtshalber von einem Fachmann nachbestimmen (Pilzberatungsstellen, anerkannte Pilzberater). Im Zweifelsfall sollten Sie eine fragliche Art nicht verwenden. Verlag und Autoren tragen keinerlei Verantwortung für Fehlbestimmungen durch den Leser dieses Buches oder für individuelle Unverträglichkeitsreaktionen. Allgemein gilt: Pilze nie roh essen! Sofern nicht anders angegeben, schließt der Hinweis „eßbar" stets ein, daß der Pilz zuvor durch Braten, Kochen etc. eine Hitzebehandlung erfuhr.

Umschlaggestaltung: Silvia Braunmüller, Atelier Lehmacher, Friedberg (Bay.)
Umschlagmotive: M.Ruckszio - Helga Lade Fotoagentur/ Okapia (ol, Pfifferling), Hans Reinhard/ Okapia (MI, Fliegenpilz), R. Förster /Okapia (ul, Hallimasch), R. Förster/ Okapia (or, Steinpilz), Nils Reinhard/ Okapia (uM, Riesenschirmling), Reinhard Hans/ SAVE (ur, Birkenröhrling)
Gesamtherstellung: MilanoStampa S. p. A., Via Statuto 4, 20121 Milano, Italien

Printed in Italy

ISBN 3-8289-1674-0

2006 2005 2004 2003
Die letzte Jahreszahl gibt die aktuelle Lizenzausgabe an.

Einkaufen im Internet: *www.weltbild.de*

Inhalt

Zur Einführung 6

Was ist ein Pilz? 6

Zum Umgang mit diesem Buch 7

Pilze sammeln und bestimmen 7
Giftpilze 8
Sporenbilder 9
Pilze trocknen 9
Hilfsreagenzien 9
Zu den Aufnahmen 9
Einige Worte zum Naturschutz 9
Formenübersicht 10
Bestimmungsschlüssel 13

Erklärung botanischer Fachausdrücke 14

Basidiomyceten – Ständerpilze 15
Lamellenpilze mit weißen Sporen 15
Lamellenpilze mit rosa Sporen 112
Lamellenpilze mit braunen Sporen 120
Lamellenpilze mit schwarzen Sporen 176
Lamellenpilze mit seitlichem Stiel 182
Leistenpilze 191
Röhrlinge 192
Porlinge 218
Krustenpilze 237
Stachelpilze 241
Bauchpilze 247
Keulenpilze 257
Gallertpilze 262

Ascomyceten – Schlauchpilze 264
Morcheln 264
Becherlinge 269
Trüffeln 278

Literaturverzeichnis 282

Giftinformationszentralen und Behandlungszentren 282

Register der Pilznamen 283

Zur Einführung

Pilze sind überaus interessante Organismen, die bei den Stoffkreisläufen in der Natur eine wichtige Rolle spielen. Ihr Beitrag ist dabei so grundlegend, daß ohne ihre abbauende und zersetzende Tätigkeit die meisten Lebensgemeinschaften überhaupt nicht bestehen könnten. Pilze zerlegen organische Materie wieder in die Grundbestandteile, tragen somit zur Remineralisierung bei und machen die davon anfallenden Bausteine anderen Organismen als Nährstoffe erneut verfügbar. Oft gehen sie mit den Wurzeln der Bäume enge Lebensgemeinschaften, sogenannte Symbiosen, ein, ohne deren erfolgreiche Zusammenarbeit ein produktives Wachstum des Waldes nicht möglich wäre. Natürlich gibt es auch einige Arten, die als Parasiten oder Schadpilze weniger gern gesehen werden.
Unter den in Mitteleuropa vorkommenden über 3000 Pilzarten gibt es viele, die als Speisepilze besonders beliebt sind und oft sogar ausgesprochene Delikatessen darstellen. Eßbare oder als Würzpilze verwendbare Arten kann man während des ganzen Jahres sammeln, sofern man die Arten sicher unterscheiden kann und ihre besonderen Standorte kennt. In Mitteleuropa rechnet man etwa mit einem Pilzertrag von durchschnittlich 100 Kilogramm je Hektar Waldfläche. Weitaus die meisten davon werden nicht genutzt. Eine Ausnahme bilden vielleicht die stadtnahen Gebiete, in denen erfahrungsgemäß besonders viele Pilzsammler unterwegs sind.
Nur vergleichsweise wenige Pilzarten sind gefährlich oder sogar lebensbedrohend giftig. Fast alle sind an bestimmten Merkmalen sicher zu erkennen und zu unterscheiden. Dennoch besteht oft eine kaum zu überwindende Angst. Pilze, vor allem natürlich solche mit besonderen oder gefährlichen Inhaltsstoffen, haben deswegen auch vielfach Eingang in Märchen und Mythen, in Aberglauben und religiöse Riten gefunden. Giftpilze haben natürlich auch Geschichte gemacht. Zur römischen Kaiserzeit wurden sie reichlich als politisches Mittel eingesetzt. Ein prominentes Opfer ist auch der Religionsstifter Buddha, der im fünften vorchristlichen Jahrhundert an einer Pilzvergiftung starb.
Dieses Buch ist ein Bildband, der mit großen Farbtafeln versucht, einen Überblick über die in Mitteleuropa vorkommenden Pilze zu geben. Dabei wurden ebenso die Speise- und Giftpilze berücksichtigt wie auch solche Arten, denen man mitunter in Wald und Flur begegnet und die keinen unmittelbaren Wert haben. Die Abbildungen sind gewöhnlich so angelegt, daß sie alle möglichen Entwicklungsstadien der dargestellten Pilzart zeigen, dazu auch wichtige Kennzeichen und Merkmale der Hüte, der Lamellen und der Stiele erkennen lassen. Mehr als 900 Arten werden abgebildet, und dazu mußten während der vergangenen fünf Jahre schätzungsweise 25 000 Pilze gesammelt, bestimmt und hergerichtet werden.
Obwohl dieses Buch also in erster Linie eine optische Hilfe beim Kennenlernen und Bestimmen von Pilzen ist, müssen dabei doch auch andere wichtige Merkmale erfaßt werden, die sich im Bild nicht darstellen lassen. Dazu gehören ein bestimmter Geschmack oder Geruch, ein besonderer Fundort oder eine bestimmte Unterlage, auf der der Pilz wächst. Zudem sind mitunter für eine sichere Bestimmung einzelner Arten oder zur Unterscheidung von ähnlich aussehenden Vertretern anderer Gattungen mikroskopische Merkmale erforderlich. Pilzliebhaber, die sich mit dieser interessanten Seite der Pilzkunde befassen wollen, finden in den begleitenden Texten jeweils einige weiterführende Angaben.

Bei mehr als 3000 in Mitteleuropa nachgewiesenen Pilzarten, von der Unzahl mikroskopisch kleiner und primitiver Pilze einmal ganz abgesehen, ist es natürlich unmöglich, den Artenbestand auch nur annähernd vollständig zu erfassen. Außerdem ergeben sich auch dort immer noch Überraschungen. Bei den Arbeiten an diesem Buch wurde ein Pilz gefunden, der sich nach den bisherigen Kenntnissen als unbestimmbar erwies. Nach gründlicher Nachprüfung zeigte sich, daß die Art tatsächlich bisher unbekannt war. Er wurde als *Galerina phillipsii* beschrieben und ist auf S. 157 abgebildet.

Was ist ein Pilz?

Was landläufig als Pilz angesehen und bezeichnet wird, ist lediglich der sichtbare Fruchtkörper und damit die Vermehrungseinrichtung eines meist weitaus größeren Organismus. Dieser besteht aus mikroskopisch kleinen, haardünnen Fadengebilden, die Hyphen genannt werden. Hyphen entwickeln ein feines, spinnwebiges, meist dichtes und auch recht ausgedehntes Geflecht, das im wesentlichen der Nährstoffaufnahme dient. Man nennt es Mycel. Ohne zusätzliche optische Hilfe wie Lupe oder Mikroskop kann man das Mycel gewöhnlich nicht erkennen,

E **Semmelpilz**
Hydnum repandum (S. 241)

doch in einigen Fällen bildet das Mycel dicke, schnürsenkelartige Stränge, die man unmittelbar beobachten kann.
Pilze bilden eine sehr umfangreiche Organismengruppe, die im Aufbau von typischen Pflanzen grundverschieden sind und sich außerdem durch das Fehlen des Blattgrünfarbstoffs Chlorophyll auszeichnen. Aus diesem Grund können Pilze ihre Körpersubstanz nicht wie die grünen Pflanzen aus anorganischen Vorstufen mit Hilfe des Sonnenlichtes aufbauen, sondern benötigen dazu

von anderen Lebewesen vorgefertigtes Material. Daher leben Pilze in oder auf lebenden oder toten Pflanzen und sogar Tieren. Damit ein Mycel einen Fruchtkörper entwickeln kann, müssen zwei Geflechte der gleichen Art zusammentreffen und über eine komplizierte Ereignisfolge miteinander verschmelzen. Wenn dann Temperatur-, Feuchtigkeits-, Ernährungs- und andere Umweltbedingungen günstig zusammentreffen, werden die Fruchtkörper meist rasch entwickelt.
Die größeren (höheren) Pilze werden in zwei umfassende Verwandtschaftsgruppen eingeteilt, in die Ständerpilze (Basidiomycetes) und die Schlauchpilze (Ascomycetes).
Die Basidiomyceten (S. 15–264) entwickeln die Sporen zur Fortpflanzung auf der Außenseite dazu besonders spezialisierter Zellen (Basidien). Zur Reifezeit lösen sich die Sporen, fallen vom Pilz und werden vom Wind verbreitet. Die meisten in diesem Buch behandelten Arten gehören dieser Gruppierung an.
Bei den Ascomyceten dagegen werden die Sporen innerhalb besonderer Zellen von Keulen-, Flaschen- oder Schlauchform (Ascus) entwickelt. Zur Reifezeit werden die Sporen aus den Asci regelrecht hinausgeschossen. Zu diesem Verwandtschaftskreis gehören die Morcheln, Trüffeln und Keulenpilze (S. 264–281).

Pilze sammeln und bestimmen

Beim praktischen Umgang mit gefundenen Pilzen erleichtert es die sichere Bestimmung ganz wesentlich, wenn man sich die wichtigen Merkmale exakt in der Reihenfolge anschaut, in der sie auch in den begleitenden Texten vorgestellt werden.
Hut Wichtig sind die Abmessungen, die Form, die Farbe, die Oberflächenbeschaffenheit. Ist der Hut glatt, trocken, klebrig, schleimig, faserig oder schuppig?
Stiel Wichtige Merkmale sind auch hier die Länge und Dicke in Millimetern, die Färbung, das Vorkommen oder Fehlen eines Ringes. Besonders bedeutsam sind Kennzeichen der Stielbasis (knollig verdickt? mit Scheide? wurzelnd?), daher muß jeweils ein komplett erhaltener Stiel zur Bestimmung zur Verfügung stehen.
Fleisch Achten Sie auf Färbung und Beschaffenheit. Ist es faserig oder saftig? Tritt Milchsaft hervor? Wichtig sind natürlich auch Geruch und Geschmack. Zur Geruchsprüfung muß man ein kleines Stück Pilzfleisch zwischen den Fingern zerreiben. Für eine Geschmacksprüfung reicht eine kleine Probe auf der Zungenspitze – wenn man das geprüfte Pilzstückchen nicht weiter zerkaut und nicht herunterschluckt, kann man selbst die allergiftigsten Pilze gefahrlos überprüfen.

Zum Umgang mit diesem Buch

Pilze sind eine umfangreiche und außerordentlich formenreiche Organismengruppe. Obwohl in diesem Buch nur die großen und gut erkennbaren Arten enthalten sind, gibt es in der Natur eine noch größere und sicherlich verwirrende Artenanzahl, aus denen die Auswahl zu treffen war. Wenn man dieses Buch durchgeblättert und einen orientierenden Überblick über den ungefähren Formenbestand gewonnen hat, besteht der nächste Schritt zur genaueren Bestimmung im Vergleich des gefundenen und vielleicht unbekannten Pilzes mit den Angaben in den folgenden Auflistungen und Schlüsseln.

- **Giftpilze** In dieser Auflistung werden die meisten gefährlichen oder tödlich giftigen Arten aufgeführt. Wer Pilzkunde mit dem Blick auf den Kochtopf betreiben möchte, muß diese bedenklichen Arten zuvor gründlich kennengelernt haben.
- Auf den Seiten 10–12 werden **Beispielarten** aus den häufigsten und wichtigsten Pilzgattungen **im Bild vorgestellt.** Sie erscheinen in der gleichen Reihenfolge, in der sie auch im Buch behandelt werden. Durch den optischen Merkmalsvergleich wird man so schon einen Hinweis bekommen, auf welcher Seite mit der genaueren Nachsuche zu beginnen ist.
- Schließlich finden Sie auf S. 13 noch einen **einfachen Bestimmungsschlüssel** zum Erkennen der Hauptgattungen aufgrund gut zugänglicher Hut-, Stiel- und Sporenfarbenmerkmale. Die Schlüssel A–D enthalten nur Lamellenpilze mit zentral angewachsenem Stiel.

Ⓖ **Grüner Knollenblätterpilz**
Amanita phalloides (S. 18)

Lamellen Unentbehrliche Merkmale liefern Lamellenfarbe, Lamellenform und -größe sowie die Art ihrer Befestigung am Hut.
Sporen Auf die Sporenfarbe muß in jedem Fall besonders geachtet werden. Manchmal kann man sie schon im Gelände unter dem Pilz auf Gras oder Laubstreu erkennen. Anderenfalls läßt sich leicht ein Sporenbild erstellen.
Standort Wichtige Hinweise auf die Artzugehörigkeit gewinnt man auch aus der genauen Beobachtung des Pilzstandortes. Wächst der Pilz im Gras, auf nackter Erde oder auf Dung? Kommt er nur im Wald vor, und bevorzugt er eine besondere Baumart? Wächst er auf saurem, sandigem oder kalkhaltigem Boden?

Giftpilze

Grüner Knollenblätterpilz *Amanita phalloides* (S. 18), der häufigste unter den tödlich giftigen Arten. Die Vergiftungserscheinungen beginnen acht Stunden bis zwei Tage nach der Pilzmahlzeit mit starkem Erbrechen, Durchfall, Schweißausbruch, Durstgefühl und Angstzuständen. Der Tod tritt meist erst nach 8–12 Tagen ein, obwohl zwischenzeitlich eine deutliche Erholung oder sogar scheinbare Genesung eingesetzt haben kann. Sobald ernstzunehmende Symptome auftreten, muß man sich unverzüglich in ärztliche (am besten klinische) Behandlung begeben. In solchen Fällen ist es immer ratsam, ein Exemplar der verwendeten Pilze zur Kontrolle mitzunehmen.
Weißer Knollenblätterpilz *Amanita virosa* (S. 21) und **Pantherpilz** *Amanita pantherina* (S. 18) sind ebenfalls tödlich giftig und führen zu den gleichen Vergiftungsbildern wie der Grüne Knollenblätterpilz.
Der **Prächtige Schleierling** *Cortinarius speciosissimus* (S. 134), der mit Pfifferlingen verwechselt werden könnte, gehört ebenfalls zu den tödlich wirkenden Arten. Der lebensbedrohliche Zustand wird oft erst nach mehreren (bis zehn) Tagen erkennbar, wenn der Vergiftete unter akutem Nierenversagen leidet. Lebensrettung durch rechtzeitige Diagnose und sofortigen Einsatz eines Dialysegerätes ist möglich.
Der **Gift-Hautkopf** *Cortinarius orellanus* (S. 134) ist in gleicher Weise zu beurteilen.
Alle **Rißpilze** *Inocybe*-Arten (S. 148–154) müssen aus Sicherheitsgründen gemieden werden.
Die **Frühjahrslorchel** *Gyromitra esculenta* (S. 267) kann zu tödlichen Vergiftungen führen, wenn sie nicht korrekt zubereitet wird. Besser ist, man nimmt den Pilz nicht in die Küche!
Durch **Riesenrötling** *Entoloma sinuatum* (S. 114), **Kahlen Krempling** *Paxillus involutus* (S. 142) und **Fliegenpilz** *Amanita muscaria* (S. 15) verursachte Todesfälle sind dokumentiert.

Ⓔ **Grünling**
Tricholoma flavovirens (S. 35)

Ⓔ **Steinpilz**
Boletus edulis (S. 192)

Ⓔ **Pfifferling**
Cantharellus cibarius (S. 191)

Sporenbild von *Coprinus domesticus* 2mal nat. Gr.

Der **Giftchampignon** *Agaricus xanthodermus* (S. 167) wirkt zwar nicht tödlich, verursacht aber sehr schwere Beeinträchtigungen des Verdauungstraktes.
Hinzuweisen ist auf die beachtliche Unverträglichkeit von Tintlings-Gerichten, *Coprinus*-Arten (S. 176), im Zusammenhang mit Alkohol.

Sporenbilder

Die Farbe des Sporenpulvers ist in jedem Fall eine wichtige und wertvolle Hilfe bei der Artbestimmung. Um ein brauchbares Sporenpulverbild zu gewinnen, nimmt man einen frischen, reifen Pilzhut, legt ihn auf eine saubere Glasscheibe (Lamellen nach unten) und deckt ihn mit einem Glas oder einer Schüssel ab, um der Austrocknung vorzubeugen. Manchmal ist es auch zweckmäßig, den Hut dazu eigens mit ein paar Wassertropfen zusätzlich zu befeuchten. Über Nacht, manchmal schon nach wenigen Stunden, wird man dann ein Sporenbild von der Art erhalten, wie es die Abbildung oben zeigt. Wenn die Sporen nicht dicht genug gerieselt sind, kann man sie leicht mit einer Rasierklinge zusammenschieben und über einem hellen oder dunklen Hintergrund zur besseren Beurteilung ihrer Färbung beobachten. Bei den Basidiomyceten (Ständerpilzen) wird das Sporenbild unter dem Hut anfallen, während Ascomyceten (Schlauchpilze) mit den Sporen um sich schießen und deswegen einen Hof um den Fruchtkörper anlegen.

Pilze trocknen

Um Pilze für den Gebrauch in der Küche (Würzpilze) oder für Sammlungs- und Dokumentationszwecke zu trocknen, empfiehlt sich folgendes sehr einfache Verfahren: Man spannt ein feines Drahtnetz etwa 5 cm hoch über einen Heizkörper. Damit kann genügend Wärme und Luft an die ausgelegten Pilze herangeführt werden. Eine Temperaturkontrolle ist hier im Unterschied zu der häufig praktizierten Ofenmethode nicht nötig.

Hilfsreagenzien

Manche Pilze geben mit Testreagenzien charakteristische Verfärbungen, die für die sichere Artdiagnose mitunter sehr hilfreich sind. Folgende Lösungen können dazu verwendet werden:
SV Sulfovanillin Einige Vanillinkristalle werden in 2 ml konz. Schwefelsäure + 2 ml dest. Wasser gelöst. Ein Tropfen der gelben Lösung auf die Stiele von *Russula*-Arten führt zu violettpurpurner oder karminrötlicher Verfärbung einiger Arten.
$FeSO_4$ Einige Kristalle auf den Stielen von *Russula*-Arten verrieben gibt bei manchen Arten eine charakteristische Färbung.
Melzers Reagenz 1,5 g Jod, 5 g Kaliumjodid und 100 g Chloralhydrat werden in 100 ml warmem, destilliertem Wasser gelöst. Zwei Reaktionen können damit überprüft werden:
amyloid: ein Tropfen Melzers Reagenz auf etwas Sporenmasse ergibt sofortige Blauschwarz-Färbung,
dextrinoid: ein Tropfen der Lösung auf etwas Sporenmasse ergibt eine deutliche Rotbraun-Färbung.
Ammoniak Verwendet wird eine 50%ige wäßrige Lösung.
Phenol Verwendet wird eine 2%ige wäßrige Lösung.
NaOH, KOH Verwendet wird eine ca. 10%ige wäßrige Lösung von Natrium- oder Kaliumhydroxid.

Zu den Aufnahmen

Die meisten Aufnahmen in diesem Buch wurden mit einer Pentax 6×7-cm-Kamera mit Makroobjektiv oder Balgengerät – wenn nötig – gemacht. Als Lichtquelle diente ein Super Fish Fryer, der mit etwa 5000 Joule aus Blitzlichtquellen verstärkt wurde. Manchmal wurde auch eine 35-mm-Nikon-Kamera eingesetzt. Als Film wurde Kodak Ektachrome 64 ASA verwendet.
In jedem Fall wurden die Pilze und die Aufnahmen von Fachleuten überprüft. Den größten Teil dieser Arbeit erledigten D. Reid und B. Spooner vom Botanischen Garten Kew. Die *Russula*- und *Lactarius*-Arten wurden von R. Rayner kontrolliert. Getrocknetes Material ist zumeist in den Sammlungen von Kew hinterlegt worden. Die wissenschaftliche Benennung der einzelnen Pilzarten folgte den üblichen Standardwerken, die im Literaturverzeichnis auf S. 282 aufgeführt sind.

Einige Worte zum Naturschutz

Von der Umweltbelastung durch Biozide, Abwasser, Rauchgase und Müll sind selbstverständlich auch Pilzstandorte betroffen. Die oft nur unterschwelligen Schädigungen der natürlichen Lebensgemeinschaften zeigen sich vor allem im ständigen Rückgang des Artenreichtums. Im Umkreis industrieller Ballungsgebiete werden deswegen heute schon merklich weniger Pilzarten verzeichnet als in naturnahen, unbelasteten Gebieten. Natürlich sind auch die Sammelmethoden auf Dauer von enormem Einfluß. Das unbeschränkte Absammeln auch kleinster Fruchtkörper beliebter Speisepilze engt deren Verbreitungsgebiet und Vorkommen ebenfalls erheblich ein. Im Interesse einer artenreichen Pilzflora sollte man daher seltene Arten oder Arten, von denen sich nur wenige Exemplare finden, vom Sammelkorb verschonen! Beim Sammeln dürfen die Pilze auf keinen Fall ausgerissen werden, sondern müssen sorgfältig mit einem scharfen Messer von ihrem Untergrund abgeschnitten werden, damit das Mycel nicht verletzt wird und somit für weitere Pilzgenerationen gesorgt ist. Von Pilzen, die man nicht ganz genau kennt, sollte man höchstens ein Exemplar zur näheren Bestimmung mit nach Hause nehmen. Beim Pilzesammeln auch auf die umgebende Natur achten und nicht sinnlos alles zertreten!

Formenübersicht

Typische Vertreter wichtiger Gattungen mit weißen oder cremefarbenen Sporen

Milchling *Lactarius* Sondert an verletzten Stellen eine milchweiße oder farbige Flüssigkeit ab (S. 76).

Täubling *Russula* Oft sehr farbig. Lamellen und Fleisch sind spröde und brüchig, die Lamellen weiß oder cremefarben (S. 91).

Trichterling *Clitocybe* Lamellen laufen bei den meisten Arten am Stiel herab (S. 46).

Rübling *Collybia* Lamellen zahlreich und dicht, Stiel faserig (S. 54).

Wurzelrübling *Oudemansiella* Stiel am Grunde mit wurzelähnlichem Fortsatz (S. 33).

Weichritterling *Melanoleuca* Hüte flach und gebuckelt, Stiel faserig (S. 45).

Saftling *Hygrocybe* Oft sehr farbig, fühlt sich wachsig an (S. 60).

Wulstling *Amanita* Alle Arten am Grunde mit Scheide (Volva) oder Knolle, viele auch mit Stielring (S. 15).

Hallimasch *Armillaria* Meist büschelig an Stämmen und Stümpfen (S. 32).

Seitling *Pleurotus* Auf Holz. Stiel seitlich ansi zend oder überhaupt f lend (S. 182).

Lacktrichterling *Laccaria* Ziemlich häufig. Stiel faserig (S. 52).

Schirmpilz *Lepiota* Pilze mit Stielring und großen Schuppen auf dem Hut. Einige Arten recht auffällig. (S. 24).

Helmling *Mycena* Kleine Pilze mit dünnen Stielchen und glockigen Hüten (S. 70).

Schwindling *Marasmius* Meist kleine, aber sehr zähe Pilze (S. 66).

Ritterling *Tricholoma* Meist kräftige, gedrungene Pilze in braunen, grauen, gelben oder weißlichen Farben (S. 34).

Pilze mit rosafarbenen, braunen und schwarzen Sporen

Dachpilz *Pluteus* Auf Holz. Lamellen zur Sporenreife zimtrosa (S. 118).

Rötling *Entoloma* und **Zärtling** *Leptonia* Lamellen zur Sporenreife leicht rosa. Viele Arten an grasigen Stellen (S. 115).

Rötelritterling *Lepista* Lamellen sehr dicht. Sporen blaßrosa (S. 113).

Mehlpilz *Clitopilus* Lamellen am Stiel herablaufend und lange Zeit weißlich, dann erst rosa (S. 112).

Tannenflämmling *Gymnopilus* Auf Holz (S. 142).

Rißpilz *Inocybe* Meist kleine Pilze mit kegelförmigen Hüten. Auf der Oberseite seidig gefasert (S. 148).

Schleierling *Cortinarius* Sehr artenreich. Alle Arten mit rostbraunen Sporen, einige mit klebrigen Hüten (S. 121).

Schüppling *Pholiota* Meist büschelig auf Holz. Manche Arten mit stark geschupptem Hut (S. 144).

Fälbling *Hebeloma* Anfangs meist schleimig und klebrig, Stiel oft körnig (S. 146).

Tintling *Coprinus* Lamellen verflüssigen sich tintig schwarz (S. 176).

Gelbfuß *Gomphidius* Hüte klebrig, Lamellen laufen am Stiel herab (S. 189).

Schwefelkopf *Hypholoma* Meist in dichten Büscheln auf Holz (S. 158).

Krempling *Paxillus* Hut bei Feuchtigkeit sehr klebrig (S. 142).

Düngerling *Panaeolus* Lamellen grauschwarz gepunktet (S. 180).

Saumpilz *Psathyrella* Oft büschelig, mit sprödem Fleisch und brüchigen Lamellen (S. 173).

Champignon, Egerling *Agaricus* Zahlreiche Arten mit meist weißen oder bräunlichen Hüten (S. 160).

Tränender Saumpilz *Lacrymaria* Recht häufig an grasigen Standorten (S. 176).

Pilze ohne deutlich erkennbare Lamellen

Röhrling *Boletus* und *Leccinum* Zahlreiche Arten mit Röhren anstelle der Lamellen (S. 192 bzw. 208).

Becherling *Peziza* Becherpilze und ihre Verwandten (ab S. 268).

Leistling *Cantharellus* Anstelle von Lamellen mit wulstigen Leisten. Hierher gehört der Pfifferling (S. 191).

Lorchel *Helvella* Pilze mit unregelmäßigen Hüten (S. 266).

Morchel *Morchella* Meist im Frühjahr (S. 264).

Trüffel *Tuber* (S. 279).

Stäubling *Lycoperdon*, **Kartoffelbovist** *Scleroderma* und **Erdstern** *Geastrum* (ab S. 246).

Stachelpilz *Hydnum* Anstelle von Lamellen mit Stacheln ausgestattet (S. 241).

Erdwarzenpilz *Thelephora* Meist in Nadelwäldern auf dem Boden (S. 261).

Herbsttrompete *Craterellus* (S. 90).

Keulenpilz *Clavaria* und seine Verwandten (S. 256 bzw. 275).

Porlinge *Polyporus* und ihre Verwandten (ab S. 218).

Krustenpilze ohne deutlich erkennbare Hüte und ihre Verwandten (ab S. 237).

Lackporling *Ganoderma* (S. 226).

Bestimmungsschlüssel

Die in diesem Buch behandelten Lamellenpilze mit deutlich ausgebildetem, zentralem Stiel sind auf vier getrennte Gattungsschlüssel verteilt. Sie umfassen
A Pilze mit weißen, cremefarbenen oder gelben Sporen
B Pilze mit rosafarbenen Sporen
C Pilze mit ockerfarbenen oder braunen Sporen
D Pilze mit purpurbraunen bis schwarzen Sporen
Alle Arten, denen entweder ein deutlicher Stiel fehlt oder bei denen er seitlich ansetzt, werden auf den Seiten 182–188 abgebildet und beschrieben. Ihre Sporenfarbe ist uneinheitlich.

Schlüssel A Lamellenpilze mit zentralem Stiel und weißen, cremefarbenen oder gelblichen Sporen

1 Am Grunde mit tütenförmiger Scheide (Volva) oder Ringresten *Amanita* (S. 15–23)
1* Ohne Scheide **2**

2 Stiel mit Ring
– Schirmling *(Lepiota)* (zumeist) und Verwandte (S. 24–31)
– Hut sehr schleimig *Oudemansiella* (S. 33)
– Meist büschelig *Armillaria* (S. 32)
– *Tricholoma cingulatum* (S. 34)
2* Stiel ohne Ring **3**

3 Sondert bei Verletzung milchige Flüssigkeit ab
– Meist große Pilze *Lactarius* (S. 76–90)
– Kleinere Pilze *Mycena* (teilweise) (S. 71)
3* Nicht milchend **4**

4 Hut und Stiel spröde und brüchig, mittel- bis ziemlich groß *Russula* (S. 91–111)
4* Nicht brüchig oder spröde **5**

5 Wächst auf Überresten anderer Pilze *Asterophora* (S. 76)
Collybia tuberosa (S. 56)
5* Wächst an anderen Stellen **6**

6 Hut ziemlich klein, meist unter 3 cm breit
– auf Kiefernzapfen *Pseudohiatula* (S. 76) und *Baeospora* (S. 69)
– Lamellen herablaufend *Omphalina* (S. 69)
– Hüte kegelig, Stiele schlank *Mycena* (S. 70–76)
– Stiele zäh und knorpelig *Marasmius* (S. 66–68)
– *Lepiota* (teilweise) (S. 29–30)
6* Hut gewöhnlich über 3 cm breit **7**

7 Lamellen herablaufend
– Lamellen ziemlich dick und wachsig *Hygrocybe* und *Hygrophorus* (S. 58–65)
– Lamellen leistenartig oder runzelig *Cantharellus* (S. 190)
– Lamellen sehr stumpf, gabelig verzweigt *Hygrophoropsis aurentiaca* (S. 66)
– Lamellen dünn und dicht *Clitocybe* und Verwandte (S. 46–51)
7* Lamellen nicht herablaufend **8**

8 Am Grunde des Stiels mit wurzelartigem Fortsatz *Oudemansiella* (S. 33)
8* Am Grunde des Stieles anders **9**

9 Stiel knorpelig *Collybia* und Verwandte (S. 54–58)
9* Stiel nicht knorpelig **10**

10 Lamellen dick und wachsartig *Hygrocybe* (teilweise) (S. 60)
10* Lamellen anders **11**

11 In dichten Büscheln wachsend, Stiele am Grunde miteinander verbunden
– *Armillaria tabescens* (S. 32)
– *Flammulina velutipes* (S. 58)
– *Lyophyllum* (teilweise) (S. 42)

11* Nicht büschelig wachsend
– *Tricholoma* und Verwandte (S. 34–46)
– *Leucocortinarius bulbiger* (S. 123)

Schlüssel B Lamellenpilze mit zentralem Stiel und rosafarbenen Sporen

1 Am Grunde mit häutiger Scheide (Volva) *Volvariella* (S. 112)
1* Am Grunde ohne deutliche Scheide **2**

2 Lamellen herablaufend *Clitopilus* (S. 112)
2* Lamellen nicht herablaufend **3**

3 Auf Holz – Huthaut dick und elastisch *Rhodotus* (S. 187)
– ziemlich klein, bläulich *Leptonia euchroa* (S. 117)
– *Pluteus* (S. 118–120)
3* Auf anderen Unterlagen **4**

4 Reife Lamellen lachsrosa
– Lamellen frei *Pluteus* (S. 118–120)
– Lamellen befestigt *Entoloma* und Verwandte (S. 114–118)
4* Reife Lamellen nicht rosafarben *Lepista* (S. 113–114)

Schlüssel C Lamellenpilze mit zentralem Stiel und ockerfarbenen bis rostbraunen Sporen

1 Sporen dunkel ockerfarben oder braun, nicht rostbraun **2**
1* Sporen rostbraun **3**

2 Stiel mit deutlichem Ring
– Stiel mit wurzelnder Basis *Hebeloma radicosum* (S. 147)
– Stielbasis nicht wurzelartig *Agrocybe* (S. 169–170)
– In Torfmoospolstern *Pholiota myosotis* (S. 146)
2* Stiel ohne Ring
– Hut faserig, seidig oder schuppig, oft kegelig *Inocybe* (S. 148–154)
– Hut oft leicht klebrig *Hebeloma* (S. 146–147)

3 Stiel sehr schlank und hoch, Hut kegelig
– *Bolbitius vitellinus* (S. 154)
– *Conocybe* (S. 155)
– *Galerina* (teilweise) (S. 156–157)
3* Stiel kürzer und gedrungener **4**

4 Hut am Rand eingerollt, Lamellen herablaufend *Paxillus involutus* (S. 142)
4* Hut anders geformt, Lamellen nicht herablaufend **5**

5 Auf Holz, auf Holzabfall oder Brandstellen
– *Galerina* (teilweise) (S. 156)
– *Gymnopilus* (S. 142–143)
– *Pholiota* (S. 144–146)
5* Auf anderen Unterlagen **6**

6 Mittelgroße bis sehr große Pilze, Hut über 3 cm breit
– *Rozites caperatus* (S. 141)
– *Cortinarius* (zumeist) (S. 121–141)
6* Kleinere Pilze, Hut meist unter 3 cm breit
– *Naucoria* und Verwandte (S. 157–158)
– *Cortinarius* (wenige) (S. 121–141)

Schlüssel D Lamellenpilze mit zentralem Stiel und purpurbraunen bis schwarzen Sporen

1 Hut verflüssigt sich allmählich tintig
– *Coprinus* (zumeist) (S. 176–181)
– *Lacrymaria* (S. 176)
1* Hut oder Lamellen verflüssigen sich nicht **2**

2 Hut und Stiel sehr spröde und brüchig *Psathyrella* (S. 172–175)
2* Nicht sehr brüchig oder spröde **3**

3 Lamellen gesprenkelt oder gepunktet, Hut glatt *Panaeolus* (S. 180)
3* Lamellen nicht gesprenkelt oder gepunktet **4**

4 Lamellen weit herablaufend *Gomphidius* und *Chroogomphus* (S. 189–190)
4* Lamellen anders **5**

5 Stiel mit deutlichem, bleibendem Ring *Agaricus* (S. 160–169)
5* Stiel ohne bleibenden Ring, aber mit Hüllresten, Lamellen befestigt– Sporen schwärzlich *Lacrymaria* und *Coprinus* (S. 176–181)
– Sporen purpurbraun
Hypholoma (S. 158–160) und
Stropharia (S. 171–173)

Erklärung botanischer Fachausdrücke

Adnat Lamellen mit der gesamten Schmalseite am Stiel befestigt.
Adnex Lamellen nur mit einem Teil ihrer Schmalseite am Stiel befestigt.
Amyloid Sporenpulver verfärbt sich mit einem Tropfen Melzerscher Lösung blauschwarz.
Ascomycetes Ascomyceten oder Schlauchpilze, formenreiche Pilzklasse mit flaschen- oder keulenförmigen Zellen (Asci), in denen die Ascosporen entwickelt werden.
Ascosporen Fortpflanzungszellen und -einheiten der Ascomyceten.
Ascus Mit der Bildung der Ascosporen befaßte, spezialisierte Zelle.
Basidie Mit der Bildung der Basidiosporen befaßte, spezialisierte Zelle.
Basidiomycetes Basidiomyceten oder Ständerpilze, überaus artenreiche Pilzklasse mit besonderen keulenförmigen oder anders gestalteten Zellen (Basidien), an denen die Basidiosporen entwickelt werden.
Basidiosporen Fortpflanzungszellen und -einheiten der Basidiomyceten.
Capillitium Masse steriler, fädiger Fasern zwischen den Sporen der Bauchpilze; sie dienen der besseren Sporenverbreitung.
Cheilocystidien Cystidien am Lamellenrand bzw. an den Lamellenschneiden.
Chlamydospore Besonders dickwandige Spore, die neben den üblichen Basidiosporen in einigen Pilzgattungen vorkommen kann.
Cortina Schleier, spinnwebiger Vorhang zwischen Hutrand und Stiel, bedeckt bei den Schleierlingen anfangs die Lamellen (vgl. Gattung *Cortinarius* S. 123).
Dextrinoid Sporenpulver verfärbt sich mit einem Tropfen Melzerscher Lösung rotbraun.
Dichotom Gabelig verzweigt.
Emarginat Lamellen sind kurz vor ihrer Anheftungsstelle am Stiel ein wenig ausgerandet.
Frei Lamellen sind nicht mit dem Stiel verbunden.
Gleba Fleischiges Mycel mit den sporenbildenden Einrichtungen bei Bauchpilzen vom Typ der Stäublinge und Erdsterne, meist als Fruchtmasse bezeichnet.
Herablaufend Lamellen reichen vom Hut bis in den oberen Stielteil oder sogar noch tiefer.
Hyalin Farblos, durchscheinend oder transparent.
Hygrophan Pilzfarben sind manchmal bei feuchter Witterung wesentlich dunkler, verblassen aber wieder bei Trockenheit.
Hymenium Sporenbildende Oberfläche.
Hyphen Zartes, fädiges Gebilde, aus dem alle Pilze aufgebaut sind.
Mycel Mehr oder weniger dichtes Geflecht aus zahlreichen Hyphen.
Palmat Handförmig geteilt.
Paraphysen Sterile Fäden oder keulenförmige Gebilde, die zwischen den Asci im Hymenium der Schlauchpilze untergebracht sind.
Peridiole Kleine, erbsenförmige Masse mit Pilzsporen.
Perithecien Flaschenförmige, grubige Eintiefungen bei Ascomyceten; sie sind mit Hymenium ausgekleidet und bilden die Sporenkammern.
Pleurocystidien Cystidien an den Lamellenflanken.
Resupinat Pilz bildet eine flache, der Unterlage angeheftete Kruste und bringt auf deren Oberseite das Hymenium hervor.
Rhizoid Wurzelähnliche Struktur.
Rhizomorph Schnur- oder sogar kordelartiger Mycelstrang.
Ring Rest des sogenannten Velum partiale, kommt nur bei einigen Lamellenpilzen vor.
Ringzone Mitunter schwach erkennbare Markierung an der Stelle, an der der Ring gesessen hat.
Sinuat Lamellen sind kurz vor ihrer Befestigungsstelle am Stiel noch etwas stärker buchtig ausgerandet.
Sklerotium Feste, meist rundliche Hyphenmasse, aus der oft ein Fruchtkörper seinen Ausgang nimmt.
Schleier Spinnwebartiger Vorhang, der bei den *Cortinarius*-Arten anfangs die Lamellen verdeckt.
Schleierzone Zuweilen nur noch schwach erkennbare Schleierreste oder deren Ansatzstelle am Stiel.
Velum Hülle, Schutzvorrichtung des wachsenden Fruchtkörpers; das Velum universale hüllt den gesamten jungen Fruchtkörper ein, das Velum partiale (mancher Lamellenpilze) verbindet den Hutrand mit dem Stiel und bleibt gegebenenfalls als Ring oder Schleier erhalten.
Volva Scheide, tüten- oder sackförmige Hülle an der Stielbasis bei manchen Lamellenpilzen; ist ein Rest des Velum universale.

µm = Mikrometer; 1 µm = 0,001 Millimeter (ein Tausendstel Millimeter).

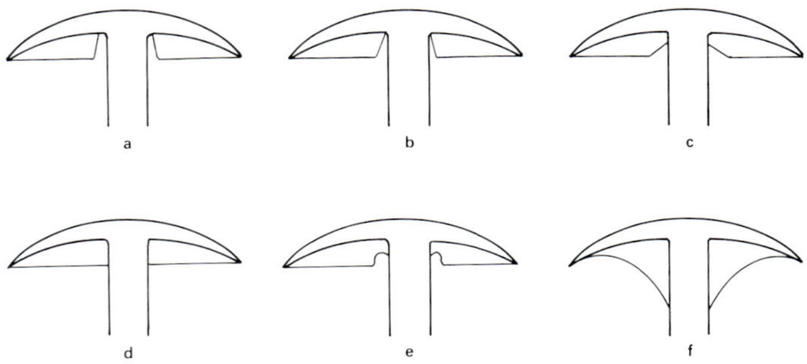

Lamellenpilze im Schnittbild: Anschluß der Lamellen an den Stiel. a abgelöst, b frei, c adnex, d adnat, e emarginat-sinuat, f herablaufend.

Zeichenerklärung

G Giftig

U Ungenießbar

E Eßbar

Bitte unbedingt die Angaben über Eßbarkeit und Giftigkeit im Text nachlesen!

Basidiomyceten – Ständerpilze

Lamellenpilze mit weißen Sporen

Amanita Ansehnliche, meist große Pilze mit deutlicher Scheide am Grund des Stiels, diese entweder ziemlich groß und tütenförmig oder nur als Ring um die knollige Stielverdickung, zur sicheren Bestimmung unbedingt erforderlich. Manche Arten auch mit Stielring, der bei anderen fehlt. Einige Arten mit charakteristischem Geruch. Die Gattung enthält einige der gefährlichsten einheimischen Giftpilze. Daher müssen die wenigen genießbaren Arten absolut zuverlässig bestimmt sein. Mehr als 20 Arten in Mitteleuropa.

Ⓖ *Amanita muscaria* Orangefarbenes Exemplar 1/2 nat. Gr.

Ⓖ **Roter Fliegenpilz** *Amanita muscaria* 1/2 nat. Gr.

Roter Fliegenpilz *Amanita muscaria* (L. ex Fr.) Hooker
Hut: 8–20 cm breit, anfangs kugelig oder halbkugelig, später flacher, leuchtend scharlachrot, mit auffallenden, eckigen, weißen Warzen bedeckt, die jedoch vom Regen abgeschwemmt sein können, so daß die Hutoberseite auch glatt sein kann. **Stiel:** 80–180 × 10–20 mm, weiß, vor allem am Grunde zottig mit zerrissenen Scheidenresten bedeckt. Der weiße, häutige Stielring kann vom Pigment, das vom Hut ausgewaschen wird, auch gelblich gefärbt sein. **Fleisch:** weiß, unterhalb der Huthaut rötlich oder gelb. Geschmack angenehm, Geruch fad. **Lamellen:** frei, weiß. Sporenbild weiß. Sporen breit oval, nicht amyloid, 9,5–10,5 × 7–8 µm. Meist unter Birken. Spätsommer–Spätherbst. Häufig. **Giftig!**

Eine der bekanntesten und am leichtesten zu erkennenden Arten, die sozusagen den Prototyp eines Pilzes bildet. Seit Jahrhunderten sind die Eigenschaften dieses Pilzes bekannt. Sein deutscher Name weist auf seine frühere Verwendung: Der Hut wurde in Stücke zerbrochen und, in eine Schale Milch gelegt, zum Fang lästiger Fliegen aufgestellt. Der Fliegenpilz gehört zu den allbekannten Rauschmitteln und wurde als solches vor allem in Nordeuropa verwendet. Dazu wurde der Hut getrocknet und ohne Kauen gegessen. Etwa zwanzig Minuten bis zwei Stunden nach dem Verzehr beginnen die Symptome: Die Inhaltsstoffe wirken auf das zentrale Nervensystem. Die Muskulatur beginnt mit unregelmäßigen und unkontrollierten Zuckungen. Später folgen Bewußtseinstrübung und tiefer Schlaf. In diesem Stadium werden die verzehrten Hutteile oft erbrochen, die Symptome klingen aber nicht ab. Nach dem Erlebnis verschiedenster Halluzinationen fühlen sich die betroffenen Personen überaus kräftig und sind physisch sehr aktiv. Das geht auf die starke Anregung des Nervensystems zurück. Die Lappen erwarben ihre Kenntnisse von den Wirkungen des Fliegenpilzes vermutlich durch genaue Beobachtung ihrer Rentiere, die in sehr ähnlicher Weise betroffen werden. Zeitweise stand der Pilz bei ihnen so hoch im Kurs, daß sie mit ihren Rentierherden weite Strecken zurücklegten, nur um in den Besitz von ein paar Pilzhüten zu kommen.
Die genaue Wirkung einer Fliegenpilz-Vergiftung ist außerordentlich ungenau vorherzusagen. Manche Personen zeigen keinerlei Symptome, während andere ähnliche oder völlig andere als die oben erwähnten aufweisen. Todesfälle sind dokumentiert. Die schlechte Dosierbarkeit hängt offenbar mit den schwankenden Mengen an Ibotensäure und Muscimol zusammen, die je nach Herkunft und Jahreszeit sehr unterschiedlich sein können. Der größte Teil der Ibotensäure ist in der gefärbten Huthaut enthalten. Diese sehr instabile Substanz wandelt sich beim Trocknen in Muscimol um, eine Verbindung von fünf- bis zehnfacher Wirksamkeit. Wo Fliegenpilze als Rauschmittel in Gebrauch waren, wurden sie daher immer nach Trocknung der Hüte verwendet.

E **Perlpilz** *Amanita rubescens* 2/3 nat. Gr.

Ⓔ **Grauer Wulstling** *Amanita excelsa* ½ nat. Gr.

Ⓔ **Kaiserling** *Amanita caesarea* ½ nat. Gr.

Ⓔ *Amanita rubescens* var. *annulosulphurea* ½ nat. Gr.

Amanita rubescens var. ***annulosulphurea*** Gillet
Ähnlich wie *A. rubescens,* aber meist schlanker. Der obere Stielabschnitt und der Stielring sind blaß schwefelgelb gefärbt. In Wäldern und auf Heiden. Herbst. Nicht häufig. Übrige Angaben unter *A. rubescens.*

Perlpilz *Amanita rubescens* (Pers. ex Fr.) S. F. Gray
Hut: 5–15 cm breit, rosabraun bis fleischfarben oder leicht gelblich, mit weißen oder leicht rötlichen Flecken. **Stiel:** 60–140 × 10–25 mm, weiß oder hutfarben, oberhalb des gerieften, häutigen Ringes heller, am Grunde und an der Stielknolle rötlich, dort auch mit schuppigen Resten der Scheide. **Fleisch:** weiß, an der Luft rot verfärbend, besonders im Stielbereich. Geschmack zuerst mild, dann etwas beißend. Geruch unauffällig. **Lamellen:** frei, weiß, bei Beschädigung rotfleckig. Sporenstaub weiß. Sporen elliptisch, amyloid, 8–9 × 5–5,5 µm. In Laub- und Nadelwäldern. Sommer–Herbst. Häufig. Gekocht **eßbar** und recht schmackhaft; **roh giftig!** Kochwasser nicht weiter verwenden. Verwechslung mit dem Pantherpilz ist möglich!

Grauer Wulstling *Amanita excelsa* (Fr.) Kummer (= *A. spissa*)
Hut: 6–10 cm breit, graubraun oder bräunlich, anfangs halbkugelig, mit weißgrauem Schorf von Scheidenresten bedeckt, die mitunter auch fehlen können. **Stiel:** 60–120 × 15–25 mm, weiß oder oberhalb des sehr wulstigen, schräg abstehenden Ringes grau, am Grunde zur verdickten Knolle mit konzentrischen Kreisen kleiner Schuppen. Knolle tief in der Erde, Scheide meist nicht deutlich. **Fleisch:** weiß, fest, bei Behandlung mit Schwefelsäure purpurrot. Geruch leicht unangenehm. **Lamellen:** mit einem kleinen, abwärts weisenden Zahn, weiß. Sporenstaub weiß. Sporen breit elliptisch, amyloid, 9–10 × 8–9 µm. In Laub- und Nadelwäldern. Juni–September. Häufig. **Eßbar,** jedoch ist Vorsicht wegen leichter Verwechslung mit dem giftigen Pantherpilz geboten.

Kaiserling *Amanita caesarea* (Scop. ex Fr.) Quél.
Hut: 6–18 cm breit, anfangs kegelig oder halbkugelig, später flach gewölbt, rot-orange bis gelblich, glatt und etwas klebrig, am Rande fein gestreift. **Stiel:** 50–120 × 15–25 mm, gelb, mit großem, umgeschlagenem, oft gestreiftem Ring von gelber Färbung. Stielknolle in einer auffallenden, großen, tütenförmigen, weißen Scheide. **Fleisch:** weißlich, unterhalb der Huthaut deutlich gelb. Geschmack angenehm, Geruch schwach, aber delikat. **Lamellen:** frei und dicht, gelb. Sporenstaub weiß bis gelblich. Sporen elliptisch, nicht amyloid, 10–14 × 6–11 µm. Bevorzugt offene Laubwälder in sehr warmen Lagen, besonders in Gebieten mit lichten Eichenbeständen. Juni–September. **Eßbar.** Schon in römischer Zeit als Speisepilz hochgeschätzt. Kaum mit bedenklichen Arten zu verwechseln.

Ⓖ **Pantherpilz** *Amanita pantherina* ½ nat. Gr.

Ⓤ *Amanita aspera* 1/1 nat. Gr.

Pantherpilz *Amanita pantherina* (DC. ex Fr.) Secr.
Hut: 6–10 cm breit, reh- oder gelblichbraun, mit weißen, warzigen, abwaschbaren Scheiden- und Hüllresten bedeckt, am Rand fein gestreift. **Stiel:** 90–130 × 10–15 mm, weiß, mit weißem, glattem Ring, der meist zurückgeschlagen ist. Stielbasis stark knollig verdickt, mit weißer Scheide, die einen deutlichen Saum und darüber noch 1–2 Ringe bildet. **Fleisch:** weiß, im Stiel hohl und löchrig. Geschmack und Geruch mild. **Lamellen:** frei, ziemlich dicht, weiß. Sporenstaub weiß. Sporen breit oval, nicht amyloid, 8–12 × 6,7–7,5 µm. In Nadel- und Laubwäldern, vor allem in Buchenbeständen. Juli–November. Zerstreut. **Stark giftig!**

Rauher Wulstling *Amanita aspera* (Fr.) S. F. Gray
Hut: 7–9 cm breit, blaß oder mittelbraun, oberseits dicht schorfig mit Hüllresten bedeckt, diese in der Form spitzer, schwefelgelber Warzen. **Stiel:** 80–100 × 20–30 mm, blaß gelblich mit auffallendem, häutigem Ring, häufig mit hell-schwefelgelben Hüllresten bedeckt. Knollige Stielbasis mit Scheide. **Fleisch:** weiß, nach Verletzung oder durch Insektenfraß braun verfärbend. Geruch schwach. **Lamellen:** adnat oder mit leicht abwärts weisendem Zahn, weiß. Sporenstaub weiß. Sporen breit oval, amyloid, 9 × 6–6,5 µm. In Laubwäldern. September–November. Selten. **Ungenießbar.**

Grüner Knollenblätterpilz *Amanita phalloides* (Vaill. ex Fr.) Secr.
Hut: 4–12 cm breit, anfangs gewölbt, später flach, glatt, mit feinen, radialen Streifen, die ihm oft ein Linienmuster geben, schwach glänzend im feuchten Zustand, Färbung sehr variabel, aber meist grünlich oder gelblich bis oliv-bräunlich, mitunter auch heller oder ganz weiß. **Stiel:** 50–130 × 10–18 mm, zum knollig angeschwollenen Grund hin verdickt; Knolle in einer großen, sackförmigen, weißen Scheide, manchmal hohl. **Fleisch:** weiß, unterhalb der Huthaut schwach gelblich. Geruch süßlich, nach dem Sammeln etwas stärker. **Lamellen:** frei, dicht, weiß. Sporenstaub weiß. Sporen breit elliptisch bis annähernd kugelig, amyloid, 8–10,5 × 7–8 µm. In Laubmischwäldern, besonders mit Eichenbestand. August–November. In warmen Gegenden häufiger. **Tödlich giftig!**
Der Grüne Knollenblätterpilz ist der giftigste einheimische Hutpilz. Trotz jahrelanger gezielter Forschung ist bis jetzt noch kein wirksames Gegenmittel gegen Knollenblätterpilzvergiftungen gefunden worden. Vergiftungen durch *A. phalloides* machen sich erst 6–24 Stunden nach dem Verzehr bemerkbar. Dieses verzögerte Auftreten der ersten Symptome ist sehr typisch, kann aber überdeckt werden, wenn etwa in einem Mischpilzgericht noch andere unverträgliche Arten enthalten waren. Die Vergiftung beginnt mit anhaltendem, sehr heftigem Erbrechen und Durchfall mit starken Leibschmerzen. Dieser Zustand kann einen Tag oder länger andauern. Gewöhnlich schließt sich dann eine scheinbare Genesungsphase an, in der der Vergiftete nahezu beschwerdefrei lebt. Nach einigen Tagen tritt dann aber meist doch der Tod infolge akuten Leber- und Nierenversagens ein.
A. phalloides enthält mehrere wirksame Gifte, von denen die Amatoxine als gefährlicher als die Phallotoxine gelten. Während die Phallotoxine offenbar instabil sind oder vom Verdauungstrakt nicht aufgenommen werden, sind die Amatoxine nach Verzehr hochaktiv. Sie werden auch durch Kochen oder im Verdauungstrakt nicht zerstört. Hauptkomponente ist das α-Amanitin, das in den Leberzellen die Proteinsynthese blockiert und dadurch zum Zelltod führt. In den Nieren richtet es ähnliche Schäden an. Anstatt in den Harn abgegeben zu werden, wird es vom Blutkreislauf erneut aufgenommen und im Körper verteilt, so daß es zu wiederholten Schädigungen von Leber- und Nierengewebe kommt. Wie bei allen Leberschädigungen muß sich die Vergiftungsbehandlung auf die Überwachung der Blut- und Harnchemie sowie auf den Wasser- und Elektrolythaushalt beschränken. Knollenblätterpilzvergiftungen enden in 50–90 % aller Fälle tödlich – je nachdem, wie rechtzeitig die Art der Vergiftung erkannt wurde.

G **Grüner Knollenblätterpilz** *Amanita phalloides* 3/4 nat. Gr.

Ⓔ **Fransiger Wulstling** *Amanita strobiliformis* 1/2 nat. Gr.

Ⓤ **Porphyrbrauner Wulstling** *Amanita porphyria* 1/2 nat. Gr.

Ⓖ **Gelber Knollenblätterpilz** *Amanita citrina* 1/2 nat. Gr.

Ⓤ *Amanita citrina* var. *alba* 3/4 nat. Gr.

Fransiger Wulstling *Amanita strobiliformis* (Paul ex Vitt.) Bert. (= *A. solitaria*)
Hut: 6–20 cm breit, weiß, mit großen, flachen, grauweißen Schuppen bedeckt. **Stiel:** 60–100 × 8–14 mm, schuppig und fransig mit feinen, mehlig-weißen Warzen. Stielbasis knollig verdickt, ohne tütige Scheide, aber mit Ringen von Scheidenresten. Ring groß, fransig, weiß. **Fleisch:** weiß, am Grunde cremefarben. Geschmack und Geruch schwach und mild. **Lamellen:** frei, dicht, weiß. Sporenpulver weiß. Sporen breit elliptisch, amyloid, 10–12 × 8–10 µm. Vor allem auf Kalkböden in Laubwäldern und Parks. Juli–September. Recht selten. **Eßbar.** Verwechslung mit giftigen Arten ist möglich.

Porphyrbrauner Wulstling *Amanita porphyria* (Alb. & Schw.) Secr.
Hut: 5–9 cm breit, anfangs gewölbt, später flacher, porphyrbraun oder blaß-graubraun, oft mit violettgrauen Fetzen, glatt. **Stiel:** 100–130 × 10–15 mm, weißlich, Ring zart und dünn. Stielknolle in einer kurzen Scheide. **Fleisch:** weißlich, bräunend. Geschmack unangenehm, Geruch undeutlich. **Lamellen:** frei bis adnex, weiß. Sporenpulver weiß. Sporen kugelig, amyloid, 7,5–9,5 µm. In Nadel- oder Laubmischwäldern. Meist einzeln. August–Oktober. **Nicht eßbar.**

Gelber Knollenblätterpilz *Amanita citrina* (Schaeff.) S. F. Gray (= *A. mappa*)
Hut: 4–10 cm breit, elfenbeinfarben bis blaß zitronengelb, besonders in der Hutmitte, mit bleibenden, rauhen Schuppen weißlicher Hüllreste bedeckt, die sich später bräunlich verfärben. **Stiel:** 60–80 × 9–12 mm, elfenbeinfarben bis weißlich, schlank, oberhalb des häutigen Ringes mit feinen Längsstreifen. Stielknolle groß, mit Scheidenresten. **Fleisch:** weiß. Stiel hohl bei älteren Exemplaren. Geschmack unangenehm, Geruch erinnert an rohe Kartoffeln. **Lamellen:** adnex, weißlich. Sporenpulver weiß. Sporen annähernd kugelig, amyloid, 9,5 × 7,5 µm. In Laub- und Nadelwäldern, besonders unter Buchen. Häufig. **Schwach giftig!**

Ⓖ **Weißer Knollenblätterpilz** *Amanita virosa* 3/4 nat. Gr.

Amanita citrina var. ***alba*** (Gillet) Gilbert
Häufiger auftretende weiße Form des Gelben Knollenblätterpilzes. Sie unterscheidet sich durch den weniger starken Geruch, weist aber den gleichen, sehr unangenehmen Geschmack auf. Leicht verwechselbar mit den tödlich giftigen *Amanita*-Arten!

Weißer Knollenblätterpilz *Amanita virosa* Secr.
Hut: 5–12 cm breit, anfangs spitzkegelig, später glockig gewölbt und erwachsen ausgebreitet, aber immer ein wenig bucklig, bei Feuchtigkeit klebrig, bei Trockenheit leicht glänzend, rein weiß. **Stiel:** 90–120 × 10–15 mm, oft mehrfach gebogen, mit faseriger Oberfläche. Stielknolle mit schlaffer Scheide. Stielring schlaff, fällt oft frühzeitig ab. **Fleisch:** weiß, färbt sich mit KOH gelb (Unterscheidungsmerkmal zu *A. verna!*). Geruch süßlich oder nach rohen Kartoffeln. **Lamellen:** frei, dicht, weiß. Sporenpulver weiß. Sporen kugelig, amyloid, 8–10 µm Durchmesser. Einzeln oder in Gruppen in Mischwäldern bergiger Gegenden. August–September. **Tödlich giftig!** Vergiftungssymptome wie beim Grünen Knollenblätterpilz (s. S. 18).

Frühlings-Knollenblätterpilz *Amanita verna* (Bull. ex. Fr.) Vitt.
Ähnlich der vorigen Art, von der er sich durch die halbkugelige Hutform jüngerer Exemplare unterscheidet. Stiel ohne faserige Oberfläche, statt dessen fein gepudert. Sporen breit elliptisch, amyloid, 8–11 × 7–9 µm. Meist im Herbst, häufig aber auch im Frühjahr in Laubwäldern wärmerer Gegenden. **Tödlich giftig!** (Nicht abgebildet.)

Stachelköpfiger Wulstling *Amanita echinocephala* (Vitt.) Quél.
Hut: 6–20 cm breit, weiß bis weiß-grünlich oder elfenbeinfarben bis blaßbraun, Oberfläche mit cremefarbenen, spitzen Warzen besetzt, im Alter weniger zahlreich. **Stiel:** 80–160 × 20–30 mm, zur Basis hin verdickt, im oberen Teil weiß, unten mit Scheidenresten. **Fleisch:** weiß, manchmal leicht grünlich, im Stiel gelb anlaufend. Geruch unangenehm. **Lamellen:** frei oder mit herablaufendem Zahn, weiß. Sporenpulver weiß oder gelblich-grün. Sporen elliptisch, amyloid, 9,5–11,5 × 6,5–8 µm. Auf trockenen Kalkböden. Selten. Herbstpilz. **Nicht eßbar.**

Ⓤ *Amanita echinocephala* 1/2 nat. Gr.

(G) **Zitronengelber Knollenblätterpilz** *Amanita gemmata* 2/3 nat. Gr.

(U) **Doppelscheidiger Scheidenstreifling** *Amanita inaurata* 2/3 nat. Gr.

(E) **Grauer Scheidenstreifling** *Amanita vaginata* 1/2 nat. Gr.

(E) **Orangebrauner Scheidenstreifling** *Amanita crocea* 1/2 nat. Gr.

Zitronengelber Knollenblätterpilz *Amanita gemmata* (Fr.) Gillet
Hut: 5–7 cm breit, flach gewölbt, blaßgelb mit dunklerer Mitte, mit schneeweißen Resten der Hülle bedeckt, am Rande gestreift. **Stiel:** 70–100 × 10–14 mm, weiß mit blaßgelbem Anflug, am Grunde mit dicker Knolle in einer kurzen, dünnen Scheide. **Fleisch:** weiß, im Stiel gelblich. Geruch schwach. **Lamellen:** adnex, weiß. Sporenpulver weiß. Sporen oval bis kugelig, nicht amyloid, 8,5–9 × 7–7,5 µm. In sandigen Kiefernbeständen. Mai–November. **Giftig!**

Doppelscheidiger Scheidenstreifling *Amanita inaurata* Secr.
Hut: 7–12 cm breit, flach gewölbt bis breit glockenförmig, graubraun, mit großen, zerrissenen, warzigen Flecken von Hüllresten, am Rande deutlich streifig. **Stiel:** 75–130 × 15–20 mm, blaß graubraun mit deutlichen waagerechten Bändern von Hüllresten, Knolle in einer zerbrechlichen Scheide, die leicht abfällt und schiefe Ränder freigibt. **Fleisch:** weiß. Geruch schwach. **Lamellen:** weiß. Sporenpulver weiß. Sporen kugelig, nicht amyloid, 10,5–13 µm breit. In Mischwäldern. August–November. Nicht häufig. **Ungenießbar.**

Grauer Scheidenstreifling *Amanita vaginata* (Bull. ex Fr.) Vitt.
Hut: 5–9 cm, anfangs hochgewölbt, später flacher mit Buckel, gewöhnlich graubraun, seltener heller oder dunkler (ausnahmsweise auch weiß), am Rande deutlich gestreift. **Stiel:** 130–200 × 15–20 mm, nach oben verschmälert, weißlich oder mit hutfarbenem Anflug, am Grunde in eine tütenförmige, graue Scheide eingeschlossen, ohne Ring. **Fleisch:** weiß, im Stiel hohl. Geschmack und Geruch undeutlich. **Lamellen:** dicht, adnex, weiß. Sporenpulver weiß. Sporen kugelig, nicht amyloid, 9–12 µm breit. In Laubwäldern oder auf Heiden, oft unter Birken. Häufig. Juli–September. **Eßbar.** Verwechslung mit giftigen *Amanita*-Arten leicht möglich!

E **Rotbrauner Scheidenstreifling** *Amanita fulva* ½ nat. Gr.

Orangebrauner Scheidenstreifling *Amanita crocea* (Quél.) Kühn.
Hut: 4–10 cm breit, anfangs gewölbt, später flacher oder am Rande aufgebogen, mit breitem Buckel, blaß gelb-orange, in der Mitte gewöhnlich etwas dunkler, am Rande fein gestreift. **Stiel:** 100–150 × 10–20 mm, nach oben allmählich verschmälert, mit feinen wolligen oder seidigen Büscheln von Hutfarbe besetzt, am Grunde wenig verdickt, aber in eine dicke, bleibende Scheide eingeschlossen, die außen weiß, innen aber hutfarben ist. Ohne Ring. **Fleisch:** dünn, weiß oder blaß orangefarben, besonders unterhalb der Huthaut. Geruch süßlich, Geschmack angenehm, nußähnlich. **Lamellen:** adnex oder frei, cremefarben. Sporenpulver weiß. Sporen annähernd kugelig, nicht amyloid, 11–12 × 9–10 µm. In Nadel- und Laubwäldern, besonders unter Birken. August–November. Nicht sehr häufig. Guter Speisepilz. **Eßbar**

Rotbrauner Scheidenstreifling *Amanita fulva* (Schaeff.) Secr.
Hut: 4–9 cm breit, anfangs hochgewölbt, später flach ausgebreitet mit wenig auffallendem Buckel, orangebraun mit deutlich streifigem Rand durch durchscheinende Lamellen, glatt, trocken. **Stiel:** 70–120 × 8–12 mm, nach oben allmählich verschmälert, weiß oder hutfarben überflogen in einer großen, sackförmigen Scheide von ähnlicher Färbung. Kein Ring. **Fleisch:** weiß, im Stiel später hohl. Geschmack und Geruch undeutlich. **Lamellen:** frei, weiß. Sporenpulver weiß. Sporen kugelig, nicht amyloid, 9–11 µm breit. In moosigen Fichtenbeständen, aber auch in Laubwäldern. Juni–Oktober. Verbreitet. **Eßbar,** aber roh giftig.

E Riesenschirmpilz *Lepiota procera* 1/2 nat. Gr.

(E) **Safranschirmpilz** *Lepiota rhacodes* ½ nat. Gr.

(G) *Lepiota rhacodes* var. *hortensis* ½ nat. Gr.

Lepiota (Schirmpilz) Meist große Pilze mit deutlichen Ringen, die sich leicht ablösen lassen und am Stiel auf und ab geschoben werden können. Wichtige Merkmale sind Farbe und Form der Schuppen auf der Hutoberseite. Die Lamellen sind meist weiß und frei. Manche Arten verfärben sich nach Anschnitt oder Verletzung rötlich. Ca. 60 Arten in Mitteleuropa.

Riesenschirmpilz, Parasol *Lepiota procera* (Scop. ex Fr.) S. F. Gray (= *Macrolepiota procera*)
Hut: 10–25 cm breit, anfangs paukenschlegelähnlich oder eiförmig, später flach ausgebreitet mit deutlichem Buckel in der Mitte, blaß graubraun mit dunkleren, dachziegelig angeordneten Schuppen. **Stiel:** 150–300 × 8–15 mm, etwa 40 mm am Grunde, weiß, anfangs von einem Filzgeflecht überzogen, das bald in Ringe und Schuppen aufreißt. Stielring auffallend groß, doppelt, oberseits weiß, unterseits bräunlich, am Stiel beweglich. **Fleisch:** dünn, weich, weiß. Geschmack süß, Geruch undeutlich. **Lamellen:** frei, weiß. Sporenpulver weiß. Sporen oval mit Keimpore, dextrinoid, 15–20 × 10–13 µm. Im Gras an sonnigen Stellen lichter Laubwälder. Häufig. Juli–Oktober. Ausgezeichneter Speisepilz. **Eßbar.**

Rötender Schirmpilz, Safranschirmpilz *Lepiota rhacodes* (Vitt.) Quél.
Hut: 5–15 cm breit, anfangs eiförmig, später ausgebreitet und ziemlich flach, auf der Oberseite in breite, blasse, oft aufgebogene Schuppen auf faserigem Grund zerrissen, daher von etwas zottigem Aussehen. **Stiel:** 100–150 × 10–15 mm, zum Grunde hin verdickt, mit schiefer Knolle, weißlich bis schmutzig rosabraun, bei Verletzung rötlichbraun anlaufend (nur im frischen Zustand!); Ring doppelt, häutig, am Stiel beweglich. **Fleisch:** weiß, im Anschnitt orange bis karminrot anlaufend. Geschmack angenehm, Geruch sehr aromatisch. **Lamellen:** weiß, bei älteren Exemplaren rötlich, rot verfärbend nach Verletzung. Sporenpulver weiß. Sporen elliptisch, mit Keimpore, dextrinoid, 10–12 × 6–7 µm. In trockenen Laub- und Nadelwäldern. Juli–September. Häufig. **Eßbar.** Bei manchen Personen besteht Unverträglichkeit.

Lepiota rhacodes var. ***hortensis*** Pilat.
Hut: 10–15 cm breit, anfangs halbkugelig bis kugelig, glatt und einheitlich rötlich-braun, später ausgebreitet und oberseits in große, eckige Schuppen zerrissen, darunter faserig, in der Mitte weniger stark schuppig. **Stiel:** 60–70 × 18–24 mm, am Grunde mit großer, 40–60 mm breiter Knolle, oberhalb des dikken, doppelten Ringes weiß, darunter bräunlich. **Fleisch:** weiß, beim Anschneiden orange oder rötlich verfärbend. Geschmack und Geruch angenehm. **Lamellen:** weiß bis cremefarben, mitunter auch bräunlich punktiert. Sporenpulver weiß. Sporen elliptisch mit Keimpore, dextrinoid, 10–13 × 7,5–9,5 µm. Auf nährstoffreichen Böden in Gärten und auf Komposthaufen. Juli–September. Häufig. **Schwach giftig!**

Rosablättriger Schirmpilz *Lepiota leucothites* (Vitt.) Orton (= *L. naucina*)
Hut: 5–8 cm breit, anfangs gewölbt, später flach ausgebreitet, glatt, seidig, weißlich, allmählich fleischfarben oder blaß-cremefarben überlaufen. **Stiel:** 60–80 × 8–20 mm, gleichfarben mit dem Hut. Stielring schmal, frei beweglich. **Fleisch:** dick und weiß im Hut, bräunlich im Stiel. Geschmack und Geruch undeutlich. **Lamellen:** weiß, bei älteren Exemplaren blaß fleischfarben. Sporenpulver weiß. Sporen eiförmig, dextrinoid, 7–9 × 4,5–5 µm. In Gärten und an Wegrändern, meist auf bebautem Boden. August–Oktober. Zerstreut. **Eßbar.** Verwechslung mit giftigen Arten ist möglich.

(E) *Lepiota leucothites* ½ nat. Gr.

Ⓔ **Feinschuppiger Schirmpilz** *Lepiota gracilenta* 1/2 nat. Gr.

Ⓔ **Spitzbuckliger Schirmpilz** *Lepiota mastoidea* 1/2 nat. Gr.

Ⓤ **Kegelschuppiger Schirmpilz** *Lepiota hystrix* 3/4 nat. Gr.

Ⓔ **Ackerschirmpilz** *Lepiota excoriata* 1/2 nat. Gr.

Ⓤ Spitzschuppiger Schirmpilz *Lepiota friesii* 1/2 nat. Gr.

Ⓤ Feldschirmpilz *Lepiota oreadiformis* 1/1 nat. Gr.

Feinschuppiger Schirmpilz *Lepiota gracilenta* (Krombh.) Quél.
Hut: 7–12 cm breit, anfangs breit-kugelig, später bucklig, zuletzt ausgebreitet und eingedellt. Huthaut bricht in feine, anliegende, bräunliche, keilförmige Schuppen auf, die das darunterliegende weiße Fleisch freigeben. **Stiel:** 100–150 × 8–12 mm, am Grunde knollig, nach oben verschmälert. **Fleisch:** weiß. Geruch angenehm. **Lamellen:** weiß. Sporenpulver weiß. Sporen eiförmig mit apikaler Keimpore, 13–17 × 8–10 μm. Auf Waldwiesen, Heiden und Weideland. August–Oktober. Selten. **Eßbar.**

Spitzbuckliger Schirmpilz *Lepiota mastoidea* (Fr.) Kummer
Hut: 8–12 cm breit, anfangs halbkugelig, später flach gewölbt oder ausgebreitet mit deutlichem, spitzem Buckel, weißlich bis cremefarben-gelblich, mit feinen, blassen Schuppen besetzt. **Stiel:** 80–100 × 8–15 mm, weiß, dicht mit kleinen, körnigen, gelblich-braunen Schuppen besetzt, am Grunde leicht verdickt. Stielring weiß, ziemlich kräftig. **Fleisch:** dünn, weiß. Geschmack und Geruch unbestimmt. **Lamellen:** weiß. Sporenpulver weiß. Sporen elliptisch, 12–16 × 8–9,5 μm. In lichten Wäldern. August–Oktober. Nicht allzu häufig. **Eßbar.**

Kegelschuppiger Schirmpilz *Lepiota hystrix* Lange
Hut: 4–6 cm breit, anfangs eiförmig, später gewölbt, oberseits in rauhe, kegelige, schwarzbraune Schuppen aufgelöst, die zum überhängenden Hutrand hin kleiner werden und die weißlichen Unterhautlagen freigeben. **Stiel:** 50–60 × 6–10 mm, im oberen Teil weißlich und oft mit rötlichem Ausfluß (wie am Hutrand!), im unteren Teil mit dunkelbraunen Schuppen wie die Hutoberseite. **Fleisch:** weißlich. Geschmack nicht unangenehm, Geruch streng, erinnert an Holunderblüten. **Lamellen:** dicht, nicht gegabelt, weiß, mit schwärzlichem Rand. Sporenpulver weiß. Sporen schmal-elliptisch bis zylindrisch, dextrinoid, 6–7 × 2,5–3 μm. Ziemlich selten in Laubwäldern. August–September. **Nicht genießbar!**

Ackerschirmpilz *Lepiota excoriata* (Schaeff. ex Fr.) Kummer
Hut: 6–10 cm breit, anfangs eiförmig, später gewölbt oder ausgebreitet und etwas bucklig, mit feinen, anliegenden, gelblichen Schuppen auf hellem Grund. **Stiel:** 40–60 × 8–10 mm, am Grunde etwas verdickt, glatt, weiß. Ring bleibend, schmal. **Fleisch:** weiß. Geruchlos. **Lamellen:** weiß bis cremefarben. Sporenpulver weiß bis blaß gelblich. Sporen oval, 12–15 × 8–9 μm. Auf Feldern, Stoppeläckern und Weideland. August–Oktober. Nicht allzu häufig. **Eßbar.** Der im Bild rechts unten dargestellte Pilz gehört zu *Lepiota leucothites* (vgl. S. 25).

Spitzschuppiger Schirmpilz *Lepiota friesii* (Lasch) Quél.
Hut: 5–10 cm breit, anfangs eiförmig, später stumpfkegelig oder glockenförmig, in der Mitte dunkelbraun, sonst in dunkelbraune Schuppen zerrissen. **Stiel:** 30–50 × 5–10 mm, blaß, mit wenigen dunkelbraunen Schuppen im unteren Abschnitt. Stielring weißlich, wollig, haftet oft noch dem Hutrand an. **Fleisch:** weiß. **Lamellen:** frei, dicht, nahe am Stiel gabelig geteilt, weiß. Sporenpulver weiß. Sporen schmal faserförmig, dextrinoid 6–8 × 3–4 μm. Schuppenspitzen der Hutoberseite werden von bräunlichen, gewölbten Zellen gebildet. Zerstreut in Laubwäldern. **Ungenießbar!**

Feldschirmpilz *Lepiota oreadiformis* Vel.
Hut: 2–6 cm breit, flach gewölbt mit undeutlichem, breitem Buckel, erscheint glatt, fühlt sich aber etwas filzig an, am Rande hellockerbraun, zur Mitte etwas dunkler. **Stiel:** 30–45 × 8–12 mm, weiß oder weißlich, mit blassen, wolligen Schuppen bedeckt. Ringzone undeutlich. **Fleisch:** weiß, bei älteren Exemplaren braun. **Lamellen:** Sporenpulver weiß. Sporen elliptisch-faserförmig, dextrinoid, 11,5–13,5 × 4,5–5,5 μm. Hutoberfläche mit langen, dünnwandigen, einzelligen Haaren auf keulenförmigen Trägern besetzt. Selten im Gras auf Waldlichtungen oder Weideland. August–Oktober. **Ungenießbar!**

Ⓤ **Braunbuckliger Schirmpilz** *Lepiota ignivolvata* 1/2 nat. Gr.

Ⓤ **Herbstschirmpilz** *Lepiota ventriosospora* 2/3 nat. Gr.

Braunbuckliger Schirmpilz *Lepiota ignivolvata* Bousset-Joss
Hut: 4–10 cm breit, anfangs gewölbt, später ausgebreitet, mit rötlich-braunem Buckel in der Mitte, in feine, dichte, gelb-cremefarbene Schuppen zerrissen, die zum Rand hin dünner werden. **Stiel:** 60–120 × 6–15 mm, am Grunde leicht keulig, mit hellorangefarbener Zone am oberen Rand der Knolle, die sich nach dem Sammeln oft noch vertieft. Oft auch unterhalb des Rings orangefarben. **Fleisch:** weiß. Geschmack faulig, Geruch streng und unangenehm. **Lamellen:** weiß bis cremefarben. Sporenpulver weiß. Sporen faserförmig, 11–13 × 6 μm. In Laub- und Nadelwäldern. Selten. August–Oktober. **Ungenießbar!**

Herbstschirmpilz *Lepiota ventriosospora* Reid
Hut: 4–8 cm breit, anfangs kegelig gewölbt, später flacher ausgebreitet, ockerfarben bis gelblich, mit bräunlichen Schuppen, in der Mitte etwas dunkler, glatt. **Stiel:** 30–40 × 4–8 mm, gleichfarben mit dem Hut, mit großen, wolligen, gelblichen Schuppen, besonders am Grunde ziemlich dichtschuppig. **Fleisch:** dünn, weißlich im Hut, braun bis rötlich-braun im Stiel. **Lamellen:** weiß. Sporenpulver weiß. Sporen faserförmig, dextrinoid, 14,5–17,5 × 4–5 μm. Haare auf der Hutoberseite einzellig, dünnwandig, lang ausgezogen, vorne stumpf gerundet. Nicht sehr häufig in Laubwäldern. August–Oktober. **Ungenießbar!**

Fleischroter Schirmpilz *Lepiota helveola* Bres.
Hut: 1,5–4 cm breit, anfangs gewölbt, später ausgebreitet, zuletzt sogar leicht eingedellt, fleischrot-bräunlich und filzig im jungen Zustand, später in Schuppen aufgelöst, die den weißlichen Untergrund freigeben, besonders an den Randpartien. **Stiel:** 20–50 × 5–10 mm, oberhalb des kurzlebigen Ringes weiß, darunter rosa-braun und mit braunen Schuppenbüscheln bedeckt. **Fleisch:** weiß, unterhalb der Stielhaut später auch bräunlich. Geruch fruchtig. **Lamellen:** weiß bis cremefarben. Sporenpulver weiß. Sporen elliptisch bis mandelförmig, 7–9,5 × 4–5 μm. Selten. Meist auf gestörtem Boden. August–Oktober. **Giftig!**

Kleiner Stinkschirmling *Lepiota cristata* Kummer
Hut: 2–5 cm breit, unregelmäßig glockenförmig und gebuckelt, Huthaut rötlich-braun und, außerhalb der Hutmitte, in kleine, glatte Schuppen auf seidig weißem Hintergrund aufgelöst. **Stiel:** 20–35 × 3–4 mm, weiß bis hellrötlich, Ring häutig und früh abfallend. **Fleisch:** dünn und weiß. Geschmack angenehm, Geruch unangenehm. **Lamellen:** weiß, später bräunlich. Sporenpulver weiß. Sporen länglich, dextrinoid, 6–7,5 × 3–3,5 μm. Im Gras auf Waldlichtungen oder in Parks. August–Oktober. Häufig. **Schwach giftig!**

Brauner Schirmpilz *Lepiota pseudohelveola* Kühn. ex Hora
Hut: 1–2 cm breit, leicht gebuckelt, graubraun bis schmutzig braun, in feine, breite Schuppen aufbrechend. **Stiel:** 25–40 × 2–5 mm, weißlich bis rosabraun. Ringoberseite rosaweiß, unterseits braun und flockig. **Fleisch:** bräunlich. **Lamellen:** weiß. Sporenpulver weiß. Sporen elliptisch, 7–10 × 4–5 μm. Selten in Laubwäldern. August–Oktober. **Ungenießbar!**

Dunkler Schirmpilz *Lepiota felina* (Pers. ex Fr.) Karst
Hut: 2–3 cm breit, leicht gebuckelt, anfangs ziemlich dunkelbraun bis fast schwärzlich, später in zahlreiche Schuppen auf hellerem Untergrund aufbrechend, wenn der Hut sich streckt. **Stiel:** 30–50 × 2–4 mm, faserig, weißlich, zum Grunde hin mit schwärzlichen Schuppen gesprenkelt. Ring häutig, oberseits weiß, unterseits dunkel graubraun. **Fleisch:** weiß, später bräunlich. Geruch streng. **Lamellen:** weiß. Sporenpulver weiß. Sporen oval, 6,5–7 × 3,5–4 μm. Zerstreut in Nadelwäldern. August–Oktober. **Ungenießbar!**

Ⓖ *Lepiota helveola* 1/1 nat. Gr.

Ⓖ *Lepiota cristata* 2/3 nat. Gr.

Ⓤ *Lepiota pseudohelveola* 1/1 nat. Gr.

Kastanienbrauner Schirmpilz *Lepiota castanea* Quél.
Hut: 2–4 cm breit, buckelig, schmutzig- bis kastanienbraun, ziemlich bald in kleine, körnige Schuppen aufbrechend, die aus winzigen Haarbüscheln bestehen. **Stiel:** 25–35 × 2–4 mm, von der Farbe des Hutes, im unteren Teil braun geschuppt. Ringzone unauffällig. **Fleisch:** weiß im Hut, braun im Stiel. Geruch streng. **Lamellen:** weißlich, im Alter bräunend. Sporenpulver weiß. Sporen keilförmig, dextrinoid, 9–13 × 3,5–5 µm. Haare der Hutschuppen dünnwandig, stumpf, septiert, braun. Zerstreut in Laub- und Nadelwäldern. August–Oktober. **Ungenießbar!**

Gelbbrauner Stinkschirmling *Lepiota fulvella* Rea
Hut: 2–5 cm breit, buckelig, mit dunkelbrauner Mitte und heller orangebraunem Rand, anfangs nahezu glatt, später mit anliegenden haarigen Fasern bedeckt, die sich nicht in Schuppen auflösen. **Stiel:** 30–60 × 3–6 mm, im oberen Teil weißlich, unterhalb der Ringzone zottig gelblich-braun. **Fleisch:** weiß im Hut, bräunlich im Stiel. Geruch streng und unangenehm. **Lamellen:** frei, weißlich oder gelegentlich auch hellgelb. Sporenpulver weiß. Sporen keilförmig, 8–9 × 3,5–4,5 µm, dextrinoid. Hutoberseite mit langen, dünnwandigen, stumpfen, braunen Haaren; Pigmente in Form kleiner Granula, die sich im alkalischen Milieu langsam auflösen. Zerstreut in feuchten Wäldern von August–Oktober. **Ungenießbar!**

Rosaroter Stinkschirmling *Lepiota subincarnata* Lange
Hut: 1,5–2 cm breit, anfangs gewölbt, später abgeflacht und eingedellt, hellrosa-weißlich bis dunkler rosarot, in der Mitte mit kleinen dunkelbraunen oder rötlich-braunen Schuppen aus einzelligen Haaren. **Stiel:** 20–40 × 2–3 mm, anfangs weißlich, später rötlichbraun, mit weißlichen, wolligen Schuppen besetzt. Ringzone unauffällig. **Fleisch:** weißlich bis leicht rosa. Geruch scharf und unangenehm. **Lamellen:** weißlich. Sporenpulver weiß. Sporen oval, 5–7 × 3–4 µm. Zerstreut in Wäldern. September–November. **Ungenießbar!**

Ⓤ *Lepiota felina* 2/3 nat. Gr.

Ⓤ *Lepiota castanea* 2/3 *nat. Gr.*

Ⓤ *Lepiota fulvella* 2/3 nat. Gr.

Ⓤ *Lepiota subincarnata* 3/4 *nat. Gr.*

Ⓖ *Lepiota adulterina* 1/1 nat. Gr.

Ⓖ *Lepiota bucknallii* 3/4 nat. Gr.

Ⓤ *Lepiota rosea* 3/4 nat. Gr.

Ⓤ *Lepiota sistrata* 1/1 nat. Gr.

Ⓖ *Melanophyllum eyrei* 1/1 nat. Gr.

Ⓤ *Melanophyllum echinatum* 3/4 nat. Gr.

Ⓤ *Lepiota brebissonii* 2/3 nat. Gr.

Heckenschirmpilz *Lepiota adulterina* Møll.
Hut: 1,5–2,5 cm breit, spitzkegelig gewölbt, anfangs hellbeige bis bräunlich und mit feinen, filzigen Warzen bedeckt, später in dicke, mehlige, gelbbraune Warzen aufbrechend, am Hutrand oft mit Hüllresten. **Stiel:** 30–40 × 2–4 mm, weißlich bis rosafarben, unterhalb der Ringzone etwas warzig. **Fleisch:** weiß im Hut, rötlichbraun im Stiel, besonders im unteren Abschnitt. **Lamellen:** weiß. Sporenpulver weiß. Sporen schmal elliptisch bis zylindrisch, 4–6 × 2–2,5 µm. Hutoberseite mit kleinen, dünnwandigen, kugeligen Zellen von 15–30 µm Durchmesser besetzt. Ziemlich selten in Gebüschen und Laubwäldern. August–Oktober. **Giftverdächtig!**

Violetter Schirmpilz *Lepiota bucknallii* (Berk. & Br.) Sacc.
Hut: 2–4 cm breit, kegelig gebuckelt, mehlig, weißlich mit deutlichem lila-violettem Anflug, besonders bei jüngeren Exemplaren. **Stiel:** 20–45 × 3–5 mm, mehlig, im oberen Abschnitt ziemlich blaß, weiter unten, besonders nach Verletzung, purpur-violett. **Fleisch:** dünn, weißlich bis lilafarben. Geruch erinnert an Benzin. **Lamellen:** frei, cremefarben. Sporenpulver weiß. Sporen länglich-elliptisch, schwach dextrinoid, 7,5–10 × 3–3,5 µm. Mehlige Hutoberseite aus dünnwandigen Zellen. Zerstreut in feuchten Laubwäldern. September–November. **Giftverdächtig!**

Braunbuckliger Schirmpilz *Lepiota brebissonii* Godley (= *Leucocoprinus brebissonii*)
Hut: 2–3 cm breit, etwas durchscheinend, anfangs kegelig, später flacher, weiß mit einfarbigem Buckel in Form einer graubraunen Scheibe, sonst zerstreut mit dunkel graubraunen Schuppen besetzt. **Stiel:** 45–60 × 3–6 mm, reinweiß mit kleinem, weißem Ring, zum Grunde hin leicht verdickt. **Fleisch:** dünn, weiß. **Lamellen:** reinweiß, ziemlich dicht. Sporenpulver weiß. Sporen breit elliptisch oder

Ⓤ **Amiant-Körnchenschirmling** *Cystoderma amianthinum* 2/3 nat. Gr.

Ⓤ **Schleimiger Schirmpilz** *Drosella fracida* 2/3 nat. Gr.

oval, mit Keimpore, 9–12,5 × 5,5–7 µm. In Laubwäldern. Nicht allzu häufig. September–November. **Ungenießbar!**

Rosa Schirmpilz *Lepiota rosea* Rea
Hut: 2–3 cm breit, anfangs kegelig gewölbt, später ausgebreitet, zunächst rosafarben, dann mehr braunrosa, besonders bei älteren Exemplaren, dicht körnig-mehlig, Rand überhängend, erscheint gezähnt. **Stiel:** 50–60 × 3–5 mm, im oberen Teil weiß, weiter unten gleichfarbig mit dem Hut, anfangs mit flockig-körnigen Schuppen. Ring schmal, bald verschwindend. **Fleisch:** weiß, besonders zur Stielbasis hin allmählich rötlich. Geruch schwach unangenehm. **Lamellen:** weiß, später cremefarben. Sporenpulver weiß. Sporen elliptisch, nicht dextrinoid, 4,5–6 × 2,5–3,5 µm. Mehlige Hutoberfläche aus dünnwandigen, kugeligen Zellen. Selten. Auf feuchtem Grund in schattigen Laubwäldern. September–November. **Ungenießbar!**

Weißer Schirmpilz *Lepiota sistrata* (Fr.) Quél. (= *Lepiota seminuda*)
Hut: 0,5–1,5 cm breit, kegelig gewölbt mit deutlichem Buckel, weiß bis leicht fleischfarben, oberseits mehlig. **Stiel:** 15–25 × 1–2 mm, weiß, zum Grunde hin dunkler rosa bis rötlich, fein mehlig bestäubt. **Fleisch:** dünn, weiß im Hut, rosa im unteren Stielabschnitt. **Lamellen:** weiß. Sporenpulver weiß. Sporen elliptisch, 3–4 × 2–2,5 µm. An Wegrändern, Waldsäumen und in Hecken. Weit verbreitet. September–November. **Ungenießbar!**

Blaugrüner Schirmpilz *Melanophyllum eyrei* (Massee) Sing. (= *Lepiota eyrei*)
Hut: 1–3 cm breit, gewölbt bis glockig, körnig, cremefarben mit braungelber Mitte, am Rande mit Hüllresten. **Stiel:** 15–25 × 1–2 mm, körnig, gleichfarbig mit der Hutoberseite, zur Basis hin etwas dunkler. **Fleisch:** weiß im Hut, cremefarben bis bräunlich im Stiel. **Lamellen:** blaugrün. Sporenpulver blaßgrün. Sporen oval, 4–5 × 2–2,5 µm. Hutoberseite mit dünnwandigen, kugeligen Zellen besetzt. Selten. Vor allem auf nährstoffreichen Böden in Laubwäldern zwischen Bingelkraut-Beständen. August–Oktober. **Giftverdächtig!**

Stacheliger Schirmpilz *Melanophyllum echinatum* (Roth ex Fr.) Sing. (= *Lepiota echinatum*)
Hut: 1–3 cm breit, kegelig gewölbt, später glockig oder flach, körnig-mehlig, schmutzig graubraun, am Rand fransig mit Hüllresten. **Stiel:** 20–40 × 1–3 mm, dunkelrosa bis rötlich, graubraun mehlig bestäubt. **Fleisch:** dünn, weißlich im Hut, rötlich im Stiel, zur Basis dunkler. Geruch streng. **Lamellen:** anfangs dunkelrosa, später zinnoberrot oder bräunlichrosa. Sporenpulver schmutzig grau, später rötlich. Sporen elliptisch bis zylindrisch, 5–6 × 2,5–3,5 µm. Mehlstaub auf dem Hut aus braunen, kugeligen Zellen. Selten. Vor allem auf Brandstellen und Komposthaufen. Juni–September. **Ungenießbar!**

Amiant-Körnchenschirmling *Cystoderma amianthinum* (Scop. ex Fr.) Maubl.
Hut: 2–5 cm breit, anfangs glockig, später flacher gewölbt, hell ockergelb, mit mehliger Oberfläche, im Alter am Rande ziemlich runzlig. **Stiel:** 30–50 × 4–8 mm, gleichfarbig mit dem Hut, unterhalb des kurzlebigen Ringes körnig-mehlig bestäubt. **Fleisch:** dünn, gelblich. **Lamellen:** dicht, anfangs weiß, später cremefarben-gelblich. Sporenpulver weiß. Sporen elliptisch, amyloid, 5–7 × 3–4 µm. Huthaut färbt sich mit KOH rotbraun an. Im Gras und Heidekraut, vor allem auch in Nadelwäldern. August–Oktober. **Ungenießbar!**

Schleimiger Schirmpilz *Drosella fracida* (Fr.) Sing. (= *Lepiota irrorata*)
Hut: 2,5–10 cm breit, gewölbt, blaß gelblich, später strohfarben, anfangs mit schleimigen, tauähnlichen Tropfen bedeckt, die nach dem Trocknen dunkelbraune oder schwärzliche Flecken zurücklassen. **Stiel:** 30–40 × 7–10 mm, weißlich und glatt oberhalb des häutigen Ringes, unterhalb mit gelblichen oder braunen Schuppen, dort auch häufig gelbliche bis orangebraune Tröpfchen ausscheidend. **Fleisch:** weiß. Geruch unangenehm. **Lamellen:** weiß bis gelblich-cremefarben. Sporenpulver weiß. Sporen eiförmig, 4–5 × 4 µm. Selten. Auf Waldlichtungen und in Grasland. Juni–September. **Ungenießbar!**

(E) **Hallimasch** *Armillaria mellea* gedrungene Form 1/2 nat. Gr.

(E) **Hallimasch** *Armillaria mellea* schlanke Form 1/2 nat. Gr.

(E) *Armillaria polymyces* 1/2 nat. Gr.

(E) *Armillaria tabescens* 2/3 nat. Gr.

Mycel vom **Hallimasch** ²/₃ nat. Gr.

Hallimasch *Armillaria mellea* (Vahl. ex Fr.) Kummer
Hut: 3–15 cm breit, sehr variabel, anfangs gewölbt, später stärker abgeflacht, in der Mitte eingedellt und am Rand wellig, ockergelb, blaßbraun oder dunkelbraun, oft mit olivbraunem Anflug, in der Mitte mit dunkleren Schuppen. **Stiel:** 60–150 × 5–15 mm, zur Basis verdickt oder angeschwollen, am oberen Ende weißlich, dann allmählich zu rötlichbraun übergehend, anfangs mit einem dickfilzigen Ring. **Fleisch:** weiß. Geschmack adstringierend, Geruch streng. **Lamellen:** zunächst weiß, später gelblich, an älteren Exemplaren auch rötlich-braun und dunkler gefleckt. Sporenpulver blaß cremefarben. Sporen elliptisch, 8–9 × 5–6 µm. Gewöhnlich in dichten Büscheln auf Stümpfen, Wurzeln und auch lebendem Holz verschiedener Laub- und Nadelbäume. Ziemlich häufig. September–November. **Roh manchmal schwach giftig,** nach dem Kochen **eßbar.** Der Pilz wächst mit einem ausgedehnten, schwarzen Mycel, das an Schnürsenkel erinnert. Man findet es unter der Rinde befallener Bäume, an deren Wurzeln oder auch im Boden. Dieses Geflecht durchwächst lange Strecken, bis es erneut einen Baum befallen kann. Der Hallimasch gehört zu den wichtigsten Holzschadpilzen, dem jährlich beachtliche Verluste an Forstbäumen zugeschrieben werden.

Manche Autoren unterscheiden neuerdings mehrere Arten, die früher als verschiedene Formen des Hallimasch galten, beispielsweise ***Armillaria tabescens*** (Scop. ex Fr.) Emel
Hut: 4–8 cm breit, gewölbt, später flacher und ziemlich unregelmäßig, ockerbraun mit dunkleren, wolligen Schuppen. **Stiel:** 50–80 × 8–12 mm, zur Basis verschmälert, blaß ockerbraun, ohne Ring. **Fleisch:** weißlich. Geschmack zusammenziehend, Geruch streng. **Lamellen:** weißlich, bald aber schon rosabraun. Sporenpulver blaß cremefarben. Sporen 8–10 × 5–7 µm. Besonders auf Eichenholz. August–Oktober. Verbreitung ungenügend bekannt. **Eßbar nach dem Kochen.**
Eine weitere Form ist ***Armillaria polymyces*** (Pers. ex S. F. Gray) Sing., die sich vor allem durch den rötlich-braunen Hut, den dunkler braunen Schuppen auf der Hutmitte und die weiße Hülle (Ring) unterscheidet.

Buchen-Schleimrübling *Oudemansiella mucida* (Schrad. ex Fr.) Kühn.
Hut: 2–8 cm breit, anfangs gewölbt, später flacher ausgebreitet, jung blaßgrau, dann eher weißlich mit leicht ockerfarbenem Anflug in der Mitte, etwas durchscheinend, schleimig. **Fleisch:** 30–100 × 3–10 mm, oberhalb des Ringes weißstreifig, unterhalb etwas schuppig. **Fleisch:** dünn, weiß. Sporenpulver weiß. Sporen annähernd kugelig, 13–18 × 12–15 µm. Huthaut aus keulenförmigen, aufrechten, dichtgepackten Zellen. Meist in Büscheln auf Buchenstämmen, vor allem im Bergland. Juli–Oktober. **Nach gründlichem Waschen eßbar.**

Wurzelschleimrübling *Oudemansiella radicata* (Relh. ex Fr.) Sing.
Hut: 3–10 cm breit, glockig oder gewölbt, später flach, mit breitem Buckel, blaß oder ockerbraun bis olivbraun, radial runzlig, schleimig. **Stiel:** 80–200 × 5–10 mm, oben weiß, weiter unten mehr hutfarben. **Fleisch:** dünn, wie Hut und Stiel gefärbt. **Lamellen:** breit, weiß. Sporenpulver weiß. Sporen breit elliptisch, nicht amyloid, 12–16 × 10–12 µm. Auf moderndem Holz in Laubwäldern, besonders auf Rotbuche. Juni–September. Häufig. **Eßbar.**

Ⓔ **Buchen-Schleimrübling** *Oudemansiella mucida* ½ nat. Gr.

Ⓔ **Wurzelschleimrübling** *Oudemansiella radicata* ½ nat. Gr.

Ⓔ **Grünling** *Tricholoma flavovirens* $^{2}/_{3}$ nat. Gr.

Ⓖ **Schwefelritterling** *Tricholoma sulphureum* $^{3}/_{4}$ nat. Gr.

Ⓖ **Braungelber Ritterling** *Tricholoma sejunctum* $^{1}/_{2}$ nat. Gr.

Ⓔ **Beringter Ritterling** *Tricholoma cingulatum* $^{2}/_{3}$ nat. Gr.

E **Graublättriger Erdritterling** *Tricholoma terreum* 2/3 nat. Gr.

E **Schwarzfaseriger Ritterling** *Tricholoma portentosum* 1/2 nat. Gr.

Tricholoma (Ritterling) Mit einer Ausnahme ohne Ring. Wichtige Kennzeichen sind die Hutoberfläche und ihre Beschaffenheit: Ist sie schmierig, trocken, schuppig, haarig? Manche Arten riechen sehr streng: Anschneiden oder Quetschen. Mehr als 50 Arten in Mitteleuropa.

Grünling *Tricholoma flavovirens* (Pers. ex Fr.) Lund.
Hut: 5–8 cm breit, breit gewölbt, hellgelb bis kräftig gelb, oft auch etwas olivbraun oder mit bräunlicher Mitte, glatt oder mit anliegenden Schuppen. **Stiel:** 50–100 × 8–12 mm, blaßgelb mit bräunlichen Flocken. **Fleisch:** gelblich-weiß. Geschmack angenehm, Geruch schwach. **Lamellen:** schwefel- oder zitronengelb. Sporenpulver weiß. Sporen 6–8 × 3–5 µm. Auf Sandböden in Kiefernbeständen. August–November. Zerstreut. **Eßbar.**

Schwefelritterling *Tricholoma sulphureum* (Bull. ex Fr.) Kummer
Hut: 3–8 cm breit, gewölbt, schwefelgelb, aber auch etwas rötlich- oder olivbraun angehaucht. **Stiel:** 25–40 × 6–10 mm, schwefelgelb, mit rötlich-braunen Fasern netzig überspannt. **Fleisch:** hell schwefelgelb. Geruch unangenehm nach Leuchtgas, Geschmack etwas mehlig. **Lamellen:** schwefelgelb. Sporenpulver weiß. Sporen 6–8 × 3–5 µm. Mitunter sehr gesellig, unter Laub- und Nadelbäumen. Juli–Oktober. **Schwach giftig!**

Braungelber Ritterling *Tricholoma sejunctum* (Sow. ex Fr.) Quél.
Hut: 4–10 cm breit, kegelig gewölbt, später flacher ausgebreitet, gelblich-grün oder mehr braun bis bräunlich-grau, zum Rand hin heller, radial gestreift, feucht. **Stiel:** 50–80 × 10–30 mm, weiß mit gelblichem Anflug. **Fleisch:** weiß, unter der Huthaut auch gelblich. Geschmack mehlig. **Lamellen:** weißlich. Sporenpulver weiß. Sporen 5–7 × 4–5 µm. In Laubwäldern. **Schwach giftig!**

Beringter Ritterling *Tricholoma cingulatum* (Fr.) Jacobasch
Hut: 3,5–6 cm breit, breit gewölbt mit leichtem Buckel, blaßgrau, mit feinem graubraunem Filz. **Stiel:** 50–80 × 8–12 mm, weißlich, mit wolligem Ring. **Fleisch:** weiß. Geschmack und Geruch mehlig. **Lamellen:** emarginat, weißlich. Sporenpulver weiß. Sporen 4–5,5 × 2,5–3,5 µm. Meist unter Weiden. Juli–Oktober. Zerstreut. **Eßbar.**

Graublättriger Erdritterling *Tricholoma terreum* (Schaeff. ex Fr.) Kummer
Hut: 4–7 cm breit, gewölbt, mit flachem, breitem Buckel, grau, samtig bis filzig. **Stiel:** 30–80 × 10–15 mm, weiß, glatt. **Fleisch:** weißlich-grau. Geschmack nicht mehlig. **Lamellen:** emarginat, entfernt, weißlich-grau. Sporenpulver weiß. Sporen 6–7 × 13,5–4,5 µm. In Laub- und Nadelwäldern. Zerstreut. September–November. **Eßbar.**

Schwarzfaseriger Ritterling *Tricholoma portentosum* (Fr.) Quél.
Hut: 5–10 cm breit, kegelig bis glockig, mit breitem Buckel ausgebreitet, hellgrau bis grauschwarz, mit feinen, radialen, schwärzlichen Strichen gezeichnet. **Stiel:** 40–100 × 10–20 mm, weiß, auch zitronengelb angehaucht. **Fleisch:** weiß. Geschmack und Geruch mehlig. Lamellen weiß, später zitronengelb. Sporenpulver weiß. Sporen 5–6 × 3,5–5 µm. Unter Nadelbäumen. September–November. **Eßbar.**

Brennender Erdritterling *Tricholoma virgatum* (Fr.) Kummer

G *Tricholoma virgatum* 2/3 nat. Gr.

Hut: 3–7 cm breit, gewölbt, mit breitem, niedrigem Buckel, bräunlich-schwarz oder grau, mit dunkleren Strichen, zum Rande hin schwarzfaserig. **Stiel:** 50–90 × 10–18 mm, weiß, glatt, oft etwas grau angehaucht. **Fleisch:** weiß bis hellgrau. Geschmack bitter und pfefferartig, Geruch scharf. **Lamellen:** grauweiß, manchmal etwas fleischfarben, an den Rändern bräunend. Sporenpulver weiß. Sporen 6,5–8 × 5–6 µm. Zerstreut unter Nadelbäumen. August–Oktober. **Schwach giftig!**

G **Seifenritterling** *Tricholoma saponaceum* 1/2 nat. Gr.

G *Tricholoma saponaceum* var. *squamosum* 3/4 nat. Gr.

E **Schwarzschuppiger Ritterling** *Tricholoma atrosquamosum* 2/3 nat. Gr.

G *Tricholoma saponaceum* rot- bis rostbraune Exemplare 2/3 nat. Gr.

Ⓤ **Heller Erdritterling** *Tricholoma inocybeoides* 1/1 nat. Gr.

Ⓔ **Silbergrauer Erdritterling** *Tricholoma argyraceum* 3/4 nat. Gr.

Ⓔ *Tricholoma orirubens* 2/3 nat. Gr.

Seifenritterling *Tricholoma saponaceum* (Fr.) Kummer
Hut: 5–10 cm breit, anfangs gewölbt, später flach ausgebreitet, mit breitem Buckel, am Rande etwas gebuchtet oder gelappt, graubraun, oft mit rost- oder olivbrauner Färbung, in der Mitte meist dunkler. **Stiel:** 50–100 × 10–30 mm, weiß mit rötlichem bis olivbraunem Anflug. **Fleisch:** weiß, später mehr rosarötlich. Geschmack pilzig, Geruch nach Seife. **Lamellen:** ziemlich weit, weißlich, manchmal auch etwas grünlich oder gepunktet. Sporenpulver weiß. Sporen elliptisch, 5–6 × 3,5–4 µm. Meist gesellig in Laub- und Nadelwäldern. Zerstreut. August–November. **Schwach giftig!**

Tricholoma saponaceum var. ***squamosum*** unterscheidet sich von der Nominatform durch die dunkelbraunen, fast schwarzen Schuppen, die vor allem den Stiel bedecken.

Schwarzschuppiger Ritterling *Tricholoma atrosquamosum* (Chev.) Sacc.
Hut: 4–12 cm breit, flach gewölbt, mit undeutlichem Buckel, grau oder blaß erdfarben, dicht mit schwärzlich-grauen Schuppen besetzt. **Stiel:** 30–80 × 10–20 mm, blasser als der Hut, mit grauen bis schwärzlichen Schuppen. **Fleisch:** grau. Geschmack mehlig, Geruch aromatisch oder pfefferartig. **Lamellen:** weiß bis hellgrau mit schwarz punktierten Rändern. Sporenpulver weiß. Sporen 4,5–9 × 3–6 µm. Selten bis zerstreut in Laub- und Nadelwäldern. September–November. **Eßbar.**

Heller Erdritterling *Tricholoma inocybeoides* Pearson
Hut: 1–4 cm breit, anfangs kegelig, später flach ausgebreitet, mit spitzem, kegeligem Buckel, jung blaßgrau, später fast weiß, mit zerstreuten, feinen, graubraunen Fasern. **Stiel:** 20–30 × 5–8 mm, weißlich, oft gelblich oder braun gestreift. **Fleisch:** weißlich bis graubraun. Geruch schwach, aber unangenehm. **Lamellen:** weiß, bei alten Exemplaren auch gelblich. Sporenpulver weiß. Sporen 4,5–6 × 2,5–3 µm. In lichten Laubwäldern, vor allem in der Nähe von Birken. Selten. **Ungenießbar!**

Silbergrauer Erdritterling *Tricholoma argyraceum* (Bull.) Gillet
Hut: 4–8 cm breit, blaßgrau oder graubraun bis fast weißlich, Huthaut zerreißt oft in kleine, filzige Schuppen, die die Hutfarbe heller erscheinen lassen, in der Mitte meist dunkler. **Stiel:** 40–80 × 6–12 mm, weiß oder schwach hutfarbig. **Fleisch:** weiß im Hut, grauweißlich im Stiel. Geschmack und Geruch mehlig. **Lamellen:** emarginat, weiß, allmählich jedoch gelblich gefleckt, besonders an älteren Exemplaren. Sporenpulver weiß. Sporen 5–6 × 3–4 µm. Vor allem am Rande von Nadelholzbeständen, aber auch in Laubwäldern. September–November. Verbreitet. **Eßbar.**

Rötlicher Erdritterling *Tricholoma orirubens* Quél.
Hut: 4–8 cm breit, anfangs kegelig gewölbt, dann flacher ausgebreitet, aber meist mit spitzem Buckel, dunkelgrau-bräunlich, am Rand heller, mit schwarzen wolligen oder filzigen Schuppen besetzt. **Stiel:** 40–80 × 10–15 mm, weiß, zur Basis hin fleckig-rot, manchmal auch grünlich oder blau. **Fleisch:** weiß, mitunter rötend. Geschmack fad, Geruch stark mehlig. **Lamellen:** weiß oder grau an jungen Pilzen, später rötlich und manchmal fleckig. Sporenpulver weiß. Sporen breit oval bis fast kugelig, 4–6,5 × 3–4,5 µm. Vor allem in Laubwäldern. Zerstreut. September–November. **Eßbar.**

E **Schuppenritterling** *Tricholoma squarrulosum* 2/3 nat. Gr.

E **Feinschuppiger Ritterling** *Tricholoma imbricatum* 2/3 nat. Gr.

G **Gelbblättriger Ritterling** *Tricholoma fulvum* 2/3 nat. Gr.

U **Zottiger Ritterling** *Tricholoma vaccinum* 2/3 nat. Gr.

Schuppenritterling *Tricholoma squarrulosum* Bres.
Hut: 4–5 cm breit, flach gewölbt, graubraun, zur Mitte dunkler, mit schwarzbraunen Schuppen dicht besetzt. **Stiel:** 40–50 × 5–8 mm, grauweiß, mit feinen grau- bis braunschwarzen Schuppen. **Fleisch:** weißlich bis grau. Geruch mehlig. **Lamellen:** weißlich-grau bis leicht fleischfarben. Sporenpulver weiß. Sporen 7–8 × 4–5 µm. Selten. Vor allem in Nadelwäldern. September–November. **Eßbar.**

Feinschuppiger Ritterling *Tricholoma imbricatum* (Fr. ex Fr.) Kummer
Hut: 3–9 cm breit, kegelig gewölbt, anfangs glatt, dann mit feinen Schuppen besetzt, dunkel- bis rötlichbraun. **Stiel:** 35–45 × 10–12 mm, oben weißlich, weiter unten von Hutfärbung. **Fleisch:** weiß. Geschmack leicht bitter. **Lamellen:** weißlich, allmählich rötlichbraun gefleckt. Sporenpulver weiß. Sporen 5–8,5 × 4–5,5 µm. Zerstreut in Nadelwäldern, besonders in Kieferbeständen. September–November. **Bedingt eßbar.**

Gelbblättriger Ritterling *Tricholoma fulvum* (DC. ex Fr.) Sacc.
Hut: 4–8 cm breit, flach gewölbt mit undeutlichem Buckel, braun bis rötlich-braun und fein gestreift. **Stiel:** 30–70 × 8–14 mm, hutfarben, faserig. **Fleisch:** weißlich im Hut, gelb im Stiel. Geschmack mild, Geruch mehlig. **Lamellen:** gelblich, im Alter bräunlich gefleckt. Sporenpulver weiß. Sporen elliptisch, 5–7 × 3–4,5 µm. In Laub- oder Mischwäldern, meist in der Nähe von Birken. Häufig. August–Oktober. **Schwach giftig!**

Zottiger Ritterling *Tricholoma vaccinum* (Pers. ex Fr.) Kummer
Hut: 4–7 cm breit, leicht gebuckelt, rehbraun, zur Mitte hin dunkler, in wollige Schuppen aufbrechend. **Stiel:** 30–45 × 8–12 mm, faserig, blasser als Hut. **Fleisch:** cremefarben bis rosig, im Stiel oft hohl. Geschmack bitter, Geruch mehlig. **Lamellen:** weiß, später blaß fleischfarben. Sporenpulver weiß. Sporen oval, 5–7 × 4–5 µm. Verbreitet in Nadelwäldern. August–Oktober. **Ungenießbar!**

Brandiger Ritterling *Tricholoma ustale* (Fr. ex Fr.) Kummer
Hut: 4–8 cm breit, anfangs gewölbt, später flach, bei feuchtem Wetter klebrig, kastanienbraun, zum Rand hin heller, im Alter fast schwarz. **Stiel:** 30–60 × 10–15 mm, faserig, rötlich-braun, am oberen Ende heller. **Fleisch:** weißlich, manchmal leicht rötend. Geschmack etwas bitter, Geruch undeutlich. **Lamellen:** weiß, später rostfleckig und an den Rändern schwärzend. Sporenpulver weiß. Sporen elliptisch-eiförmig, 5,5–7 × 4–5 µm. In Laubwäldern, vor allem in der Nähe von Birken. Zerstreut. August–Oktober. **Schwach giftig!**

Weißbrauner Ritterling *Tricholoma albobrunneum* (Pers. ex Fr.) Kummer
Hut: 5–8 cm breit, kegelig gewölbt, rötlichbraun, mit feinen Fasern überzogen, schmierig oder klebrig. **Stiel:** 60–80 × 10–15 mm, oberhalb der Ringzone weißlich, unterhalb mehr rötlich-braun, im oberen Teil etwas schuppig. **Fleisch:** weiß, unter der Huthaut und an der Stielbasis bräunlich, Geruch schwach mehlig. **Lamellen:** weiß, im Alter rötlichbraun. Sporenpulver weiß. Sporen breit elliptisch, 5 × 3–4 µm. Vor allem in Kieferbeständen. Zerstreut bis verbreitet. **Ungenießbar!**

Kastanienbrauner Ritterling *Tricholoma ustaloides* Romagn.
Hut: 4–9 cm breit, halbkugelig bis flacher gewölbt, kastanienbraun, zum eingerollten Rand hin etwas heller. **Stiel:** 60–100 × 8–15 mm, oben weiß, zur Basis hin rostigbraun. Junge Exemplare mit sehr hinfälligem dünnem Schleier. **Fleisch:** weiß. Geschmack und Geruch stark mehlig. **Lamellen:** weiß, später rostfleckig. Sporenpulver weiß. Sporen 6–7 × 4–5 µm. Verbreitet in Laubwäldern. August–November. **Ungenießbar!**

Ⓖ *Tricholoma ustale* 1/2 nat. Gr.

Ⓤ **Weißbrauner Ritterling** *Tricholoma albobrunneum* 2/3 nat. Gr.

Ⓤ **Kastanienbrauner Ritterling** *Tricholoma ustaloides* 2/3 nat. Gr.

G **Gerippter Ritterling** *Tricholoma acerbum* 2/3 nat. Gr.

U **Schwammiger Ritterling** *Tricholoma psammopus* 2/3 nat. Gr.

G **Unverschämter Ritterling** *Tricholoma lascivum* 2/3 nat. Gr.

E **Weißseidiger Ritterling** *Tricholoma columbetta* 2/3 nat. Gr.

(E) **Mairitterling** *Tricholoma gambosum* 2/3 nat. Gr.

(U) *Tricholoma leucocephalum* 1/2 nat. Gr.

Gerippter Ritterling *Tricholoma acerbum* (Bull. ex Fr.) Quél.
Hut: 7–12 cm breit, gewölbt, am Rande stark eingeschlagen, meist deutlich gerippt, ockerfarben-gelblich. **Stiel:** 30–70 × 20–30 mm, knollig gedrungen, zur Basis hin zugespitzt, im oberen Teil dicht mit feinen, körnigen, gelblichen Schuppen besetzt, die weiter unten blasser gefärbt sind. **Fleisch:** dick, weiß. Geschmack pfefferartig und bitter, manchmal aber auch mild, Geruch fruchtig. **Lamellen:** ziemlich dicht, weißlich bis gelblich, später rotfleckig. Sporenpulver weiß. Sporen kugelig bis oval, 4–6 × 3–4 µm. In Mischwäldern. Ziemlich zerstreut. **Schwach giftig!**

Schwammiger Ritterling *Tricholoma psammopus* (Kalchbr.) Quél.
Hut: 3–8 cm breit, gewölbt, später ausgebreitet, gelblich-braun bis blaß cremefarben. **Stiel:** 40–80 × 10–15 mm, oben weißlich, zum Grunde dicht mit rötlich-braunen, wolligen Schuppen bedeckt. **Fleisch:** gelblich-braun. Geschmack bitter, ohne Geruch. **Lamellen:** anfangs weiß, dann strohgelb und zuletzt rotfleckig. Sporenpulver weiß. Sporen 6–7 × 4–5 µm. Besonders unter Lärchen anzutreffen. Verbreitet. September–Oktober. **Ungenießbar!**

Unverschämter Ritterling *Tricholoma lascivum* (Fr.) Gillet
Hut: 4–7 cm breit, gewölbt, dann flach ausgebreitet und zuletzt eingedellt, schmutzigweiß bis beigebraun, seidig glatt. **Stiel:** 85–110 × 10–15 mm, weiß, allmählich blaß bräunlich verfärbend. **Fleisch:** weiß. Geschmack süßlich-mehlig. Geruch recht angenehm. **Lamellen:** dicht, weißlich bis cremefarben. Sporenpulver weiß. Sporen elliptisch, 6–7 × 3,5–4 µm. Verbreitet in Laubwäldern. August–Oktober. **Giftverdächtig!**

Weißseidiger Ritterling *Tricholoma columbetta* (Fr.) Kummer
Hut: 5–10 cm breit, anfangs gewölbt, dann flach ausgebreitet und am Rande etwas aufgebogen, seidig weiß und manchmal mit grünlichen, rötlichen oder violettblauen Flecken. **Stiel:** 40–100 × 10–20 mm, wurzelnd, weiß, manchmal am Grunde auch blaugrün. **Fleisch:** fest, weiß. Geschmack undeutlich, ohne Geruch. **Lamellen:** weiß, dicht. Sporenbild weiß, Sporen oval, 5,5–7 × 3,5–5 µm. Verbreitet in Laub- und Nadelwäldern. Juli–Oktober. **Eßbar,** jedoch ohne besondere Qualität.

Mairitterling *Tricholoma gambosum* (Fr.) Kummer
Hut: 5–15 cm breit, anfangs kugelig, später ausgebreitet, oft unregelmäßig wellig und mitunter zerrissen, am Rande eingerollt, weiß. **Stiel:** 20–40 × 10–25 mm, weiß. **Fleisch:** weiß. Geruch und Geschmack deutlich mehlig. **Lamellen:** eng, ziemlich dicht, schmal, weißlich. Sporenpulver weiß. Sporen elliptisch, 5–6 × 3–4 µm. An Waldrändern, in Wiesen, an Wegrändern oder entlang von Hecken. April–Juni. Wertvoller Frühsommerpilz. **Eßbar.**

Weißköpfiger Ritterling *Tricholoma leucocephalum* (Fr.) Quél.
Hut: 3–6 cm breit, gewölbt, manchmal mit stumpfem Buckel, seidig weiß, in der Mitte mitunter auch gelb gefärbt, glatt. **Stiel:** 40–60 × 5–10 mm, am Grunde oft gebogen und gedreht und wurzelnd, weiß, glatt. **Fleisch:** weiß. Geruch mehlig. **Lamellen:** dicht, deutlich weiß. Sporenpulver weiß. Sporen eiförmig, warzig, 7–10 × 4–6 µm. Zerstreut bis selten in Laubwäldern. Juli–September. **Ungenießbar!**

Ⓔ **Brauner Rasling** *Lyophyllum decastes* ²/₃ nat. Gr.

Ⓔ **Knorpeliger Büschelritterling** *Lyophyllum loricatum* ²/₃ nat. Gr.

Ⓔ **Weißer Rasling** *Lyophyllum connatum* ²/₃ nat. Gr.

Ⓤ **Rauchiger Rasling** *Lyophyllum fumatofoetens* ²/₃ nat. Gr.

Ⓔ *Calocybe carnea* ¾ nat. Gr.

Ⓔ **Rötlicher Holzritterling** *Tricholomopsis rutilans* ¾ nat. Gr.

Brauner Rasling *Lyophyllum decastes* (Fr. ex. Fr.) Sing.
Hut: 4–10 cm breit, anfangs gewölbt, später flach, am Rande gewellt, graubraun bis braun, mit seidig-silbrigen Strichen. **Stiel:** 30–60 × 10–20 mm, zäh, faserig, oft gebogen und gekrümmt, im oberen Teil weiß, nach unten mehr bräunlich. **Fleisch:** weißlich. Geschmack und Geruch undeutlich. **Lamellen:** weiß bis weißgrau oder grau. Sporenpulver weiß. Sporen annähernd kugelig, 5–7 × 5–6 µm. Meist in Büscheln im Gras auf Waldlichtungen oder an Waldrändern. Verbreitet. Juli–Oktober. **Eßbar.**

Knorpeliger Büschelritterling *Lyophyllum loricatum* (Fr.) Kühn
Hut: 5–12 cm breit, gewölbt, später flach und etwas eingedellt oder bucklig, mittelbraun bis blaß kastanienbraun, Huthaut sehr knorpelig. **Stiel:** 50–100 × 10–15 mm, weiß bis weißgrau, oben heller und gerieft, am Grunde wurzelnd. **Fleisch:** fest, weiß. Geschmack süßlich mit leicht bitterem Nachgeschmack, Geruch nach Nüssen. **Lamellen:** weiß bis strohgelb. Sporenpulver weiß. Sporen kugelig, 6–7 µm Durchmesser. In Laub- und Laubmischwäldern. August–September. **Eßbar.**

Weißer Rasling *Lyophyllum connatum* (Schum. ex. Fr.) Sing.
Hut: 3–7 cm breit, reinweiß, am Rande oft wellig gebogen. **Stiel:** 30–60 × 8–15 mm, weiß, zur Basis verschmälert. **Fleisch:** weiß. **Lamellen:** etwas herablaufend, weiß. Sporenpulver weiß. Sporen 7 × 3,5–4 µm. Fleisch und Lamellen färben sich bei Behandlung mit $FeSO_4$ langsam violett. In Laub- und Nadelwäldern, oft in dichten Büscheln. August–Oktober. Verbreitet. **Eßbar.**

Rauchiger Rasling *Lyophyllum fumatofoetens* (Secr.) Schaeff.
Hut: 3–7 cm breit, anfangs gewölbt, später flach, dunkel grau-braun, manchmal etwas faserig, bei Verletzung schwarz anlaufend, besonders in der Nähe des Randes. **Stiel:** 35–70 × 7–10 mm, etwas wurzelnd, oben weißlich, zur Basis dunkelgrau bis fast schwarz, schwärzend bei Verletzung. **Fleisch:** graubraun, schwarz anlaufend. Geruch sehr unangenehm. **Lamellen:** blaß, bei Verletzung schwärzend. Sporenpulver weiß. Sporen länglich, mit feinem Oberflächenmuster, 6–9 × 2,5–4 µm. Gewöhnlich in der Nähe von Kiefern. Selten. September–November. **Ungenießbar!**

Fleischfarbener Rasling *Calocybe carnea* (Bull. ex Fr.) Kühn
Hut: 1,5–4 cm breit, flach gewölbt, auffallend fleischfarben-rosa, in der Mitte etwas dunkler. **Stiel:** 20–40 × 3–7 mm, gleichfarbig mit dem Hut. **Fleisch:** weißlich. Geschmack und Geruch undeutlich. **Lamellen:** weiß. Sporenpulver weiß. Sporen elliptisch, 4,5–5 × 2,5–3 µm. Oft in kleinen Büscheln im Gras von Wiesen und Parkrasen. Verbreitet. Juli–Oktober. **Eßbar.**

Rötlicher Holzritterling *Tricholomopsis rutilans* (Schaeff. ex Fr.) Sing.
Hut: 4–12 cm breit, gewölbt bis glockig, ausgebreitet mit breitem Buckel, gelb, sehr dicht mit rötlich-purpurnen, flaumigen Schuppen besetzt, in der Mitte dichter als am Rand. **Stiel:** 35–55 × 10–15 mm, wie Hut mit feinen purpurroten Schuppen besetzt, aber weniger dicht beschuppt, keine Mycelstränge sichtbar. **Fleisch:** blaßgelb oder cremefarben. Geschmack wässerig, Geruch erinnert an fauliges Holz. **Lamellen:** goldgelb. Sporenpulver weiß. Sporen elliptisch, 6–8,5 × 4–5 µm. Verbreitet auf Stümpfen und toten Wurzeln von Nadelbäumen (Fichte, Kiefer). **Nur jung eßbar.**

Ⓤ **Breitblättriger Holzritterling** *Tricholomopsis platyphylla* 1/2 nat. Gr.

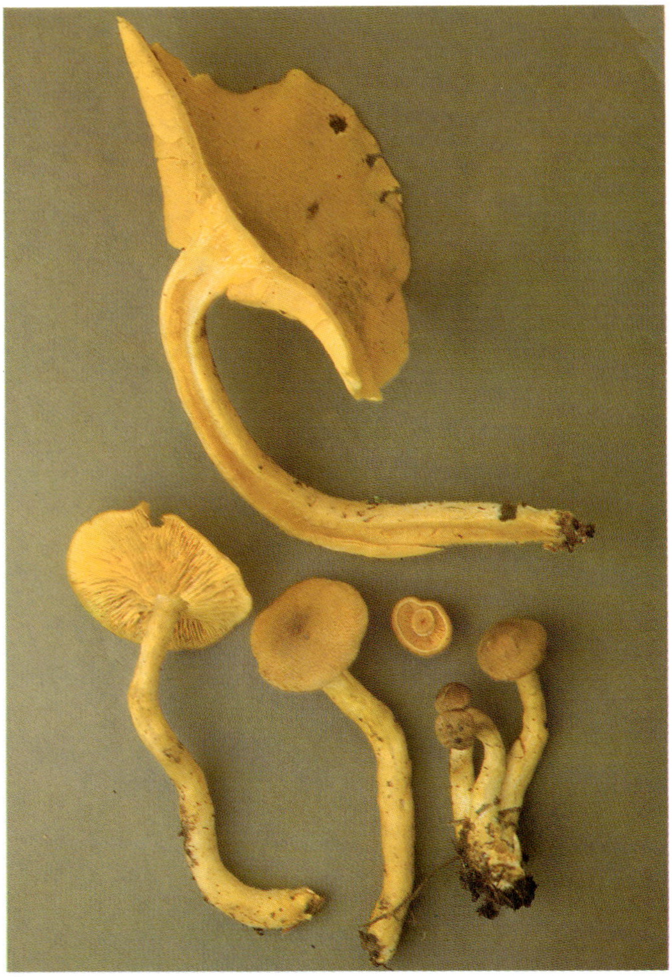

Ⓤ **Schöner Holzritterling** *Tricholomopsis decora* 1/2 nat. Gr.

Breitblättriger Holzritterling *Tricholomopsis platyphylla* (Pers. ex Fr.) Sing.
Hut: 4–10 cm breit, anfangs halbkugelig, aber bald flach ausgebreitet mit eingeschlagenem Rand, in der Mitte etwas eingedellt, dunkel graubraun mit ockerbraunem Anflug, oft mit helleren, radialen Strichen und zum Rand in kleine Schuppen aufgelöst. **Stiel:** 30–50 × 10–13 mm, zäh, weißlich-faserig, oft auch mit einem Anflug von Hutfarbe, geht in lange, wurzelnde Mycelstränge über. **Fleisch:** weiß. **Lamellen:** ziemlich breit, weißlich-cremefarben. Geschmack bitter, Geruch undeutlich. Sporenpulver weiß. Sporen annähernd kugelig, 6–8 × 7–8 µm. Einzeln oder in Gruppen an Laubbaumstümpfen oder geschlagenem Holz. Weit verbreitet. Juni–Oktober. **Ungenießbar!**

Schöner Holzritterling *Tricholomopsis decora* (Fr.) Sing.
Hut: 6–17 cm breit, anfangs gewölbt, später flach ausgebreitet und in der Mitte eingedellt, goldgelb, besonders am Rand mit bräunlich-schwärzlichen faserigen Schuppen. Rand glatt. **Stiel:** 80–180 × 5–15 mm, gelb. **Fleisch:** goldgelb. Geschmack und Geruch undeutlich. **Lamellen:** tiefgelb. Sporenpulver weiß. Sporen 6–8 × 4–5 µm, eiförmig, nicht amyloid. Auf Stümpfen und geschlagenem Holz von Fichten, Kiefern und Tannen. Zerstreut. Juli–Oktober. **Ungenießbar!**

Melanoleuca (Weichritterling) Kennzeichnend sind die flachen, aber sehr breiten Hüte. Stielfleisch meist ziemlich dunkel. Ca. 10 Arten.

Frühlings-Weichritterling *Melanoleuca cognata* (Fr.) Konrad & Maubl.
Hut: 4–10(12) cm breit, flach gewölbt und etwas gebuckelt, ocker-bis graubraun, glänzend. **Stiel:** 60–120 × 10–15 mm, an der Basis verdickt und angeschwollen, cremeweiß oder graubraun angehaucht. **Fleisch:** weißlich bis cremefarben. Geschmack süßlich, Geruch mehlig. **Lamellen:** hellgelb bis cremefarben. Sporenpulver cremefarben-gelblich. Sporen elliptisch, fein warzig auf der Oberfläche, amyloid, 9–10 × 5,5–6 µm. Vor allem in Nadelwäldern verbreitet. April–September. **Eßbar.**

Gefurchter Weichritterling *Melanoleuca grammopodia* (Bull. ex Fr.) Pat.
Hut: 7–15 cm breit, anfangs glockig, später flacher ausgebreitet, zuletzt bucklig und in der Mitte eingedellt, hell bis dunkel graubraun. **Stiel:** 50–120 × 10–15 mm, am Grunde angeschwollen, graubraun und deutlich längsfurchig. **Fleisch:** weißlich. Geruch erinnert an Mäuse. **Lamellen:** weiß, an älteren Exemplaren schmutzigweiß bis cremefarben. Sporenpulver weiß. Sporen elliptisch, fein gemustert, amyloid, 8,5–9 × 5–6 µm. Verbreitet. Einzeln oder in Gruppen in Wiesen, auf Waldlichtungen oder in Laubwäldern. **Eßbar.**

Gemeiner Weichritterling *Melanoleuca melaleuca* (Pers. ex Fr.) Murr.
Hut: 3–8 cm breit, anfangs wenig gewölbt, später sehr flach, oft in der Mitte etwas eingedellt, kaum gebuckelt, glatt, dunkelbraun, nach Trocknung beigebraun. **Stiel:** 40–70 × 8–14 mm, leicht knollig verdickt, weißlich, mit dunkel graubraunem, faserigem Netzwerk überspannt. **Fleisch:** weiß im Hut, dunkel gelblich bis bräunlich im Stiel, zur Basis hin dunkler werdend. Geschmack und Geruch undeutlich. **Lamellen:** dicht, sinuat, weißlich bis cremefarben. Sporenpulver cremefarben. Sporen elliptisch, fein gemustert, amyloid, 7–8,5 × 5–5,5 µm. An grasigen Stellen in Laub-und Nadelwäldern. Häufig. **Eßbar,** aber ohne besondere Qualität.

Dunkelbrauner Weichritterling *Melanoleuca arcuata* (Fr.) Sing.
Hut: 4–12 cm breit, flach gewölbt, leicht bucklig oder in der Mitte stärker eingedellt, rötlich- bis schwarzbraun, feucht etwas dunkler, nach Trocknung heller. **Stiel:** 30–60 × 5–13 mm, am Grunde knollig verdickt, oben weißlich und mehlig, unten glatt und graubraun. **Fleisch:** weiß oder gelbweiß im Hut, im Stiel ziemlich dunkelbraun. Geruch und Geschmack unspezifisch. **Lamellen:** weiß. Sporenpulver weiß. Sporen elliptisch, amyloid, fein gemustert, 7–9 × 4,5–5,5 µm. Häufig. Vor allem im Gras auf Waldlichtungen oder in Weideplätzen. **Ungenießbar!**

(E) **Frühlings-Weichritterling** *Melanoleuca cognata* 1/2 nat. Gr.

(E) **Gefurchter Weichritterling** *Melanoleuca grammopodia* 1/3 nat. Gr.

(E) **Gemeiner Weichritterling** *Melanoleuca melaleuca* 3/4 nat. Gr.

(U) **Dunkelbrauner Weichritterling** *Melanoleuca arcuata* 3/4 nat. Gr.

Ⓔ **Mönchskopf** *Clitocybe geotropa* ½ nat. Gr.

Ⓔ *Melanoleuca strictipes* ½ nat. Gr.

Ⓤ *Clitocybe ericetorum* ½ nat. Gr.

Steifstieliger Weichritterling *Melanoleuca strictipes* (Karst.) Schaeff.
Hut: 4–10 cm breit, gewölbt und etwas buckelig, weißlich, gelblich-cremefarben oder blaßbräunlich, manchmal in der Mitte etwas dunkler. **Stiel:** 80–140 × 8–12 mm, an der Basis angeschwollen oder knollig, gleichfarbig mit dem Hut oder blasser, sehr faserig und häufig gedreht. **Stiel:** dick, weiß. Geschmack schwach, Geruch stark mehlig. **Fleisch:** weiß bis cremefarben, mitunter auch leicht rötlich getönt. Sporenpulver weiß. Sporen elliptisch, fein warzig gemustert, amyloid, 8–9 × 4,5–5 μm. Selten bis zerstreut in offenem, lichtem Grasland. Juni–September. **Eßbar.**

Clitocybe (Trichterling) Lamellen herablaufend. Hüte häufig trichterförmig mit kleinem, zentralem Buckel. Viele Arten mit charakteristischem Geruch. Annähernd 60 Arten in Mitteleuropa.

Mönchskopf *Clitocybe geotropa* (Bull. ex St. Amans) Quél.
Hut: 4–20 cm breit, anfangs gewölbt und mit breitem, deutlichem Buckel, später stark abgeflacht oder trichterig mit eingerolltem Rand, anfangs blaß gelblich, später leicht fleischfarben. **Stiel:** 50–150 × 20–30 mm, am Grunde verdickt und flaumig, gleichfarbig mit dem Hut oder wenig blasser. **Fleisch:** weiß. Geruch schwach süßlich. **Lamellen:** herablaufend, hutfarben. Sporenpulver weiß. Sporen kugelig, 6,5–7 × 5–6 μm. In Laub- oder Laubmischwäldern auf grasigen Lichtungen, häufig in Form von Büscheln, Gruppen oder Ringen. September–Oktober. Verbreitet. Guter Speisepilz. **Eßbar.**

Heidetrichterling *Clitocybe ericetorum* (Bull.) Quél.
Hut: 2–5 cm breit, flach gewölbt, später in der Mitte eingedellt mit umgeschlagenem Rand und zuletzt breit-trichterig, anfangs weiß, dann gelblich-cremefarben. **Stiel:** 30–40 × 3–5 mm, hutfarben, flaumig. **Fleisch:** weiß. Geschmack mild bis leicht bitter, ohne Geruch. **Lamellen:** herablaufend, weitständig, weiß bis cremefarben-gelblich. Sporenpulver weiß. Sporen fast kugelig bis eiförmig, 4–5 × 2–3 μm. In Heiden, meist zwischen Heidekrautbüschen. Ziemlich selten. Juni–August. **Ungenießbar!**

Riesen-Krempentrichterling *Leucopaxillus giganteus* (Sow. ex Fr.) Sing.
Hut: 8–30 cm breit, anfangs flach ausgebreitet, bald aber schon tief trichterförmig, elfenbeinfarben bis schmutzigweiß, in der Mitte auch leicht bräunlich getönt, oft rissig oder geschuppt, Rand eingerollt. **Stiel:** 40–70 × 25–35 mm, weißlich, zäh. **Fleisch:** weiß. Geruch und Geschmack schwach, aber angenehm. **Lamellen:** herablaufend, ziemlich dicht stehend, gabelig geteilt, creme- bis lederfarben. Sporenpulver weiß. Sporen glatt, amyloid, 6,5–7 × 3–4 μm. In Gruppen auf Weideland, an Waldrändern und in Gärten. Zerstreut bis verbreitet. August–November. Etwas zäh. **Eßbar.**

E Riesen-Krempentrichterling *Leucopaxillus giganteus* 1/2 nat. Gr.

E **Nebelkappe** *Clitocybe nebularis* 1/2 nat. Gr.

Ockerbrauner Trichterling *Clitocybe infundibuliformis* (Schaeff. ex Weinm.) Quél.
Hut: 3–8 cm breit, trichterförmig, am Rande meist etwas gewellt, blaßrosa bis lederfarben-ockerbraun, seidig glatt. **Stiel:** 30–80 × 5–10 mm, blaß lederfarben, zäh, zur Basis leicht verdickt. **Fleisch:** weißlich bis rosagelblich. Geruch schwach. **Lamellen:** herablaufend, dicht, weißlich. Sporenpulver weiß. Sporen 6–7 × 3,5–5 µm. Im Moos und Gras von Nadelwäldern. Juni–September. Häufig. **Eßbar.**

Fuchsiger Trichterling *Clitocybe inversa* (Scop. ex Fr.) Quél.
Hut: 5–8 cm breit, anfangs flach gewölbt, bald aber schon breit trichterförmig, blaß ocker- bis kräftig lederbraun, mit dem Alter etwas nachdunkelnd. **Stiel:** 25–50 × 5–10 mm, blasser als der Hut, am Grunde wollig. **Fleisch:** dünn, blaß cremefarben bis lederbraun, allmählich hohl. **Lamellen:** weit herablaufend, schmal, dicht, weißlich-gelb. Sporenpulver weiß. Sporen fast kugelig, an der Oberfläche etwas aufgerauht, 4–4,5 × 3,5–4 µm. In Büscheln oder in Gruppen vor allem in Nadelholzbeständen. Häufig. August–November. **Ungenießbar!**

Grüner Anistrichterling *Clitocybe odora* (Bull. ex Fr.) Kummer
Hut: 3–8 cm breit, anfangs gewölbt, später flach ausgebreitet mit breitem, mittlerem Buckel, zuletzt am Rand unregelmäßig gewellt, blaugrün, graublau oder grünlichgrau. **Stiel:** 30–60 × 5–10 mm, etwas blasser als der Hut, am Grunde feinflaumig. **Fleisch:** weißlich bis grünlich-grauweiß. Geschmack und Geruch nach Anis. **Lamellen:** etwas herablaufend, weißlich bis hutfarben getönt. Sporenpulver weiß. Sporen elliptisch, 6–7,5 × 3–4 µm. Recht häufig in der Nadelstreu von Fichten- oder Tannenbeständen. Kann allein nach seinem charakteristischen Duft gesucht werden. Guter Würzpilz. **Eßbar.**

Nebelkappe *Clitocybe nebularis* (Batsch. ex Fr.) Kummer
Hut: 5–20 cm breit, anfangs gewölbt, später flach und in der Mitte eingedellt, am Rand immer leicht eingerollt, graubraun, in der Mitte etwas dunkler, oft mit weißlichem Belag bestäubt. **Stiel:** 50–100 × 15–20 mm, zur Basis verdickt und etwas knollig, blasser als der Hut, ziemlich brüchig, faserig, hohl. **Fleisch:** dick, weiß, Geruch streng, etwas süßlich. **Lamellen:** dicht, herablaufend, weißlich, später eher gelblich getönt. Sporenpulver cremefarben. Sporen eiförmig-elliptisch, 5,5–8 × 3,5–5 µm. In Laub- und Nadelwäldern, oft in Ringen oder in Gruppen. Häufig. August–November. Gilt als **eßbar; bei manchen Personen besteht allerdings Unverträglichkeit.**

Keulen-Trichterling *Clitocybe clavipes* (Pers. ex Fr.) Kummer
Hut: 4–8 cm breit, zunächst flach gewölbt mit zentralem Buckel, später leicht eingedellt, grau- oder leicht olivbraun getönt, zum Rand hin deutlich heller. **Stiel:** 30–70 × 10–15 mm, am Grunde stark angeschwollen, nach oben deutlich verschmälert, blasser als Hut, mit seidigen Fasern bedeckt. **Fleisch:** dick, weiß, im Alter schwammig und etwas gelblich. Geruch deutlich süßlich. **Lamellen:** weit herablaufend, schmal, blaß cremefarben-gelblich. Sporenpulver weiß. Sporen kugelig bis elliptisch, 4,5–5 × 3,5–4 µm. In Nadel- und vor allem in Laubwäldern, dort besonders in der Nähe von Buchen. August–November. Häufig. **Ungenießbar!**

Ⓤ **Keulen-Trichterling** *Clitocybe clavipes* 2/3 nat. Gr.

Ⓔ **Ockerbrauner Trichterling** *Clitocybe infundibuliformis* 2/3 nat. Gr.

Ⓤ **Fuchsiger Trichterling** *Clitocybe inversa* 2/3 nat. Gr.

Ⓔ **Grüner Anistrichterling** *Clitocybe odora* 2/3 nat. Gr.

G *Clitocybe phyllophila* 1/2 nat. Gr.

G *Clitocybe dealbata* 2/3 nat. Gr.

U *Clitocybe houghtonii* 1/2 nat. Gr.

E *Clitocybe fragrans* 2/3 nat. Gr.

U *Clitocybe sinopicoides* 2/3 nat. Gr.

U *Clitocybe ditopa* 2/3 nat. Gr.

Blättertrichterling *Clitocybe phyllophila* (Fr.) Kummer
Hut: 3–10 cm breit, anfangs gewölbt, später unregelmäßig trichterförmig, am Rande gewellt, zunächst weißlich, dann braunrosa bis fleischfarben. **Stiel:** 40–65 × 8–15 mm, hutfarben, am Grunde verdickt und flaumig. **Fleisch:** weißlich bis lederbraun. Geruch süßlich. **Lamellen:** herablaufend, dicht, weißlich bis hutfarben. Sporenpulver gelblichgrau. Sporen breit oval, 4–4,5 × 3–3,5 µm. In der Laubstreu von Laubwäldern. **Giftig!**

Feld-Trichterling *Clitocybe dealbata* (Sow. ex Fr.) Kummer
Hut: 2–4 cm breit, flach gewölbt, später eingedellt, mit gewelltem Rand, schmutzigweiß. **Stiel:** 20–35 × 5–10 mm, weißlich, im oberen Teil mehlig. **Fleisch:** dünn, nur in der Hutmitte dicker, weißlich. Geruch schwach. **Lamellen:** adnat bis herablaufend, dicht, weißlich bis cremefarben. Sporenpulver weiß. Sporen breit oval, 4–5,5 × 2–3 µm. In Rasen, Wiesen, auf Weideland, oft in Gruppen oder Ringen. August–Oktober. Häufig. **Giftig!**

Rosa Trichterling *Clitocybe houghtonii* (Berk. & Br.) Dennis
Hut: 2–8 cm breit, anfangs gewölbt, später stärker abgeflacht und oft tief eingedellt, blaß rosa-bräunlich, nach dem Trocknen fast weiß. **Stiel:** 30–80 × 3–8 mm, wie der Hut gefärbt, beim Trocknen oft einen Ring zeigend. **Fleisch:** dünn, weiß. Geruch süßlich, an Tomatenblätter erinnernd. **Lamellen:** dicht, herablaufend, rosa-cremefarben. Sporenpulver weiß. Sporen elliptisch, nicht amyloid, 5–6,5 × 3–4 µm. Meist gesellig in Fallaub. September–November. Selten. **Ungenießbar!**

Duftender Trichterling *Clitocybe fragrans* (Sow. ex Fr.) Kummer
Hut: 1,5–4 cm breit, flach gewölbt, manchmal etwas eingedellt, feucht blaß gelblich-braun, trocken weißlich-cremefarben mit dunklerer Mitte, am Rande fein gestreift. **Stiel:** 30–60 × 3–6 mm, hutfarben. **Fleisch:** dünn, weißlich. Geruch anisartig. **Lamellen:** adnat bis herablaufend, weißlich-cremefarben. Sporenpulver weiß. Sporen elliptisch, 7–8 × 3,5–5 µm. Im Moos oder in der Laubstreu unter Laubbäumen. Verbreitet. August–November. **Genießbar,** aber leicht mit giftigen Arten zu verwechseln.

Brand-Trichterling *Clitocybe sinopicoides* Peck.
Hut: 2–5 cm breit, lederbraun bis hell kastanienbraun, ziemlich früh trichterförmig und zum Rand hin unregelmäßig gewellt, etwas flaumig. **Stiel:** 20–35 × 3–12 mm, hutfarben, am Grunde dicht flaumig. **Fleisch:** dünn, weißlich bis hell bräunlich. **Lamellen:** herablaufend, weiß, später fleischfarben. Sporenpulver weiß. Sporen breit elliptisch, 6–8 × 3–4 µm. In Nadelwäldern, vor allem auf Brandstellen. April–Juni. Zerstreut. **Ungenießbar!**

Mehltrichterling *Clitocybe ditopa* (Fr. ex Fr.) Gillet
Hut: 2–4 cm breit, flach gewölbt, in der Mitte eingedellt und ziemlich bald trichterig, feucht dunkel graubraun, nach dem Trocknen heller, mit lichtem, fast weißem Rand. **Stiel:** 25–40 × 4–8 mm, graubraun, zur Basis mit langen, weißen, wolligen Fasern bedeckt. **Fleisch:** dünn, braun, im Stiel hohl. Geruch mehlig. **Lamellen:** adnat bis leicht herablaufend, ziemlich dicht, dunkelgrau. Sporenpulver weiß. Sporen kugelig, 3–3,5 × 2,5–3 µm. Verbreitet in Fichten-und Kiefernwäldern in der Nadelstreu. **Ungenießbar!**

U *Clitocybe dicolor* 1/2 nat. Gr.

G *Clitocybe rivulosa* 2/3 nat. Gr.

E *Clitocybe vibecina* 2/3 nat. Gr.

U *Clitocybe hydrogramma* 2/3 nat. Gr.

U *Clitocybe asterospora* 1/1 nat. Gr.

E *Cantharellula cyathiformis* 1/3 nat. Gr.

Starrer Trichterling *Clitocybe dicolor* (Pers.) Lange
Hut: 3–5 cm breit, anfangs flach oder wenig gewölbt, später tief eingedellt, im trockenen Zustand fast weiß, feucht blaß beigebraun, in der Mitte dunkler. **Stiel:** 30–60 × 4–8 mm, zäh, hutfarben, am Grunde dunkler, mit langen, weißen, seidigen Fasern. **Fleisch:** dünn, hellbraun, im Stiel hohl. Geruch schwach, nicht mehlig. **Lamellen:** leicht herablaufend, dicht, weiß bis weißlich-grau. Sporenpulver weiß. Sporen oval, 6–7 × 3,5–4 µm. In Laub- und Nadelwäldern. September–November. Zerstreut. **Ungenießbar!**

Wiesentrichterling *Clitocybe rivulosa* (Pers. ex Fr.) Kummer
Hut: 2–5 cm breit, anfangs gewölbt, dann flach und zuletzt eingedellt, am Rand meist leicht eingerollt, weißlich bestäubt, Grundtönung hellrosa. **Stiel:** 20–40 × 4–10 mm, hutfarben, am Grunde leicht wollig. **Fleisch:** weiß bis hellrosabräunlich, dünn. Geruch süß. Sporen eiförmig-elliptisch, 4–5,5 × 2,5–3,5 µm. In Gruppen oder Ringen in Grasplätzen oder an Wegrändern, vor allem auf Sandboden. August–Oktober. Häufig. **Stark giftig!**

Mäusetrichterling *Clitocybe vibecina* (Fr.) Quél.
Hut: 1,5–5 cm breit, anfangs flach, später eingedellt, im feuchten Zustand hell graubraun mit fein gestreiftem Rand, trocken cremefarben-bräunlich. **Stiel:** 30–50 × 3–8 mm, blasser als Hut, bei jungen Exemplaren zum Grund hin fein weißflaumig. **Fleisch:** dünn, weißlich bis hellrötlich. Geschmack und Geruch mehlig. **Lamellen:** herablaufend, blaß graubraun. Sporenpulver weiß. Sporen elliptisch, 5,5–7 × 3,5–4 µm. In Nadel- und Laubmischwäldern sowie auf Heiden. Häufig. September–November. **Eßbar.**

Ranziger Trichterling *Clitocybe hydrogramma* (Bull. ex Fr.) Kummer
Hut: 2–5 cm breit, gewölbt bis flach, später trichterförmig, feucht gelblich-braun bis braunrot, trocken fast weiß. **Stiel:** 50–80 × 3–6 mm, knorpelig, hutfarben oder wenig heller. **Fleisch:** weißlich, im Stiel hohl. Geruch streng, unangenehm. Sporenpulver weiß. Sporen elliptisch, 5–6,5 × 3–3,5 µm. Hutoberseite mit aufgeblasenen Hyphensegmenten von kugeliger oder faserförmiger Gestalt. Verbreitet in Laubwäldern. September–Oktober. **Ungenießbar!**

Sternsporiger Trichterling *Clitocybe asterospora* (Lange) Moser
Hut: 1–2 cm breit, flach gewölbt oder wenig eingedellt, braun bis graubraun, im feuchten Zustand deutlich streifig, trocken weißlich. **Stiel:** 20–30 × 2–3 mm, hutfarben. **Fleisch:** dünn, blaß. Geruch mehlig. **Lamellen:** leicht herablaufend, heller als der Hut. Sporenpulver weiß. Sporen kugelig mit spitzen Stacheln, 4–8 µm Durchmesser. Im Moos in der Nähe von Kiefern. Selten. November–April. **Ungenießbar!**

Becher-Trichterling *Cantharellula cyathiformis* (Bull. ex Fr.) Sing.
Hut: 2–7 cm breit, trichterförmig, mit deutlich umgerolltem Rand, dunkel grau- bis erdigbraun, trocken etwas heller. **Stiel:** 40–80 × 5–10 mm, blasser als Hut, mit seidigem, weißem Faserüberzug, an der Basis verdickt und flaumig. **Fleisch:** dünn, blaß. Geschmack mild. **Lamellen:** mehr oder weniger herablaufend, blaßgrau bis bräunlich. Sporenpulver weiß. Sporen eiförmig, amyloid, 8–11 × 5–6 µm. Im Gras, zwischen Laubstreu oder verfallendem Holz. Zerstreut. Oktober–Dezember. **Eßbar.**

Ⓔ **Rötlicher Lacktrichterling** *Laccaria laccata* 3/4 nat. Gr.

Ⓔ *Laccaria tortilis* 1/1 nat. Gr.

Laccaria (Lacktrichterling) Pilze von sehr variabler Färbung. Nur wenige Arten in Mitteleuropa.

Rötlicher Lacktrichterling *Laccaria laccata* (Scop. ex Fr.) Cke.
Hut: 1,5–6 cm breit, anfangs gewölbt, später flach und in der Mitte etwas eingedellt, am Rande wellig, lederbraun bis ziegelrot, im feuchten Zustand am Rande rötlich gestreift, trocken blasser. Oberfläche etwas rauh. **Stiel:** 50–100 × 6–10 mm, hutfarben, zäh und faserig, oft zusammengedrückt oder gedreht. **Fleisch:** dünn, rötlich-braun. Geschmack und Geruch unspezifisch. **Lamellen:** rötlich, weiß bestäubt. Sporenpulver weiß. Sporen kugelig, stachelig, 7–10 µm Durchmesser. Häufig. Vor allem an feuchten Stellen in Laubwäldern. Juni–Oktober. **Eßbar.**

Gedrehter Lacktrichterling *Laccaria tortilis* (S. F. Gray) Cke.
Hut: 0,5–1,5 cm breit, flach ausgebreitet oder in der Mitte stärker eingedellt, am Rande unregelmäßig gewellt, blaß rosabraun oder stärker rötlich, im feuchten Zustand radial streifig, im trockenen Zustand heller und fast rosaweißlich. **Stiel:** 2–10 × 1–2 mm, hutfarben. **Fleisch:** dünn, hutfarben. Geruch und Geschmack unspezifisch. **Lamellen:** weitständig, blaßrosa. Sporenpulver weiß. Sporen kugelig, stachelig, 11–14 µm Durchmesser. Auf nacktem Boden in feuchten Wäldern, oft auch an Teich- oder Bachufern. September–Oktober. Zerstreut. **Eßbar.**

Violetter Lacktrichterling *Laccaria amethystea* (Bull. ex Mérat) Murr.
Hut: 1–6 cm breit, flach oder wenig gewölbt bis tief eingedrückt oder trichterig, tief purpurlilafarben im feuchten Zustand, trocken hellila, Oberfläche etwas rauh, besonders bei älteren Exemplaren. **Stiel:** 40–100 × 5–10 mm, hutfarben, unten mit weißlichen Fasern überzogen, weiter oben etwas mehlig. Mycelgeflecht ebenfalls lila-violett. **Fleisch:** dünn, lila getönt, im Stiel hohl. Geschmack und Geruch unspezifisch. **Lamellen:** weitständig, hutfarben, später weiß bestäubt. Sporenpulver weiß. Sporen kugelig, stachelig-dornig, 9–11 µm Durchmesser. Häufig in allen Wäldern, besonders unter Birken. Juli–Oktober. **Eßbar.**

Zweifarbiger Lacktrichterling *Laccaria bicolor* (Maire) Orton
Hut: 2–4,5 cm breit, anfangs gewölbt, später flach, mitunter auch in der Mitte etwas eingedrückt, am Rande umgeschlagen, hellbraungelblich, trocken noch heller bis leicht rötlich, etwas rauh. **Stiel:** 50–140 × 4–10 mm, hutfarben bis rötlich-braun, faserig, im unteren Drittel deutlicher lilafarbener Belag. **Fleisch:** dünn, weißlich bis hellrosa oder blaßgelb. Geruch oder Geschmack unspezifisch. **Lamellen:** blaßlila, später etwas kräftiger getönt, zuletzt sehr bleich. Sporenpulver weiß. Sporen breit elliptisch, stachelig, 7–9,5 × 6–7,5 µm. Meist in kleinen Gruppen in Nadelwäldern (Kiefern). Selten bis zerstreut. Juli–Oktober. **Eßbar,** aber wertlos.

Fuchsiger Lacktrichterling *Laccaria proxima* (Boud.) Pat.
Hut: 2–7 cm breit, anfangs gewölbt, dann etwas flacher und zuletzt in der Mitte leicht eingedellt, rötlich-braun, nach dem Trocknen wesentlich heller, etwas rauh. **Stiel:** 30–120 × 2–5 mm, gleichfarbig mit dem Hut, faserig, zum Grunde hin verdickt, dort auch weißflaumig. **Fleisch:** dünn, weißlich oder hutfarben getönt. Geruch und Geschmack unbestimmt. **Lamellen:** blaßrosa. Sporenpulver weiß. Sporen breit oval, dornig, 7–9,5 × 6–7,5 µm. Auf nährstoffarmen Heideböden. September–Oktober. Verbreitet. **Nur jung eßbar.**

Purpurbrauner Lacktrichterling *Laccaria purpureo-badia* Reid
Hut: 2–5,5 cm breit, anfangs gewölbt, dann flach ausgebreitet und in der Mitte etwas eingedrückt, am Rande meist wellig, dunkel purpurbraun, nach dem Trocknen heller. **Stiel:** 30–60 × 3–8 mm, im oberen Teil rötlich, weiter unten dunkelpurpurn bis bräunlich, mit kurzen Fasern überzogen. **Fleisch:** dünn, purpur-rosa. Geschmack unspezifisch, ohne Geruch. **Lamellen:** blaßrosa, später bräunlich. Sporenpulver weiß. Sporen eiförmig bis breit elliptisch, stachelig, 7–11 × 6–8 µm. Auf armen Böden, vor allem in der Nähe von Birken und Erlen. Ziemlich selten. **Ungenießbar!**

Ⓔ **Violetter Lacktrichterling** *Laccaria amethystea* 3/4 nat. Gr.

Ⓔ **Zweifarbiger Lacktrichterling** *Laccaria bicolor* 3/4 nat. Gr.

Ⓔ **Fuchsiger Lacktrichterling** *Laccaria proxima* 2/3 nat. Gr.

Ⓤ **Purpurbrauner Lacktrichterling** *Laccaria purpureo-badia* 3/4 nat. Gr.

Ⓤ **Gefleckter Rübling** *Collybia maculata* 1/2 nat. Gr.

Ⓤ *Collybia oreadoides* 2/3 nat. Gr.

Collybia (Rübling) Bestes Kennzeichen ist der sehr zähe, faserige Stiel. Scheide oder Stielringe fehlen. Lamellen meist ziemlich dicht. Manche Arten mit charakteristischem Geruch. Ca. 40 Arten in Mitteleuropa.

Büschelrübling *Collybia oreadoides* (Pass.) Orton
Hut: 2–5 cm breit, anfangs gewölbt, später flacher und unregelmäßig gebogen, weißlich bis blaßrosa-gelblich, später mit dunkleren rostroten Flecken. **Stiel:** 30–50 × 4–10 mm, zusammengedrückt, weiß. **Fleisch:** weißlich-cremefarben. Geschmack etwas bitter, Geruch angenehm. **Lamellen:** weiß bis cremefarben. Sporenpulver weiß. Sporen zylindrisch bis faserförmig, 6–6,5 × 2,5–3 µm. Zwischen der Laubstreu in lichten Wäldern. Ziemlich selten. September–Oktober. **Ungenießbar!**

Gefleckter Rübling *Collybia maculata* (Alb. & Schw. ex Fr.) Kummer
Hut: 4–10 cm breit, anfangs fast reinweiß, später nach dem Ausbreiten bei Verletzung oder im Alter lederbraun bis braun-rötlich gefleckt. **Stiel:** 50–100 × 8–12 mm, ähnlich gefärbt wie der Hut, mitunter wurzelnd. **Fleisch:** weiß. Geschmack ziemlich bitter. **Lamellen:** frei, dicht, weiß, später rostbraun fleckig. Sporen cremefarben bis blaßrosa, kugelig, 4–6 × 3–5 µm. Auf moderndem Holz oder auf Stümpfen von Nadelbäumen. Häufig. Juli–Oktober. **Ungenießbar!**

Spindelrübling *Collybia fusipes* (Bull. ex Fr.) Quél.
Hut: 3–7 cm breit, gewölbt, mit breitem, niedrigem Buckel, feucht dunkel rotbraun und leicht klebrig, trocken glatt und blasser. **Stiel:** 40–90 × 7–15 mm, blaß lederbraun im oberen Teil, dunkler in der verdickten Mitte, am spitz zulaufenden Stielgrund rötlich-schwärzlich, auf der gesamten Länge rinnig und gedreht, oft mit anderen Exemplaren verwachsen. **Fleisch:** weißlich, blaß rötlich-braun getönt. Geschmack mild. **Lamellen:** frei oder verwachsen, am Stiel mit einem kleinen Zahn angeheftet, weißlich bis rötlich-braun. Sporenpulver weiß. Sporen elliptisch, 4–6 × 2–3 µm. Meist in dichten Büscheln am Grunde verschiedener Laubholzarten, auf lebendem Holz wie auf Stümpfen, besonders auf Buchen und Eichen. Verbreitet. Mai–November. **Ungenießbar!**

Waldrübling *Collybia dryophila* (Bull. ex Fr.) Kummer
Hut: 2–5 cm breit, anfangs gewölbt, später abgeflacht und am Rande wellig, in der Färbung ziemlich variabel von weißlich bis blaßgelb oder hell beigebraun. **Stiel:** 20–40 × 2–4 mm, von der Färbung des Hutes, zur Basis hin etwas dunkler, am Grunde angeschwollen. **Fleisch:** dünn, weißlich, im Stiel hohl. Geschmack und Geruch unspezifisch. **Lamellen:** frei bis adnex, weißlich oder leicht gelblich. Sporenpulver weiß. Sporen elliptisch, 4,5–6,5 × 3 µm. Ziemlich häufig in Laubwäldern. Mai–Oktober. **Eßbar,** aber geschmacklich wertlos.

Rasiger Rübling *Collybia confluens* (Pers. ex Fr.) Kummer
Hut: 3–5 cm breit, gewölbt, mit breitem, aber niedrigem Buckel in der Mitte, feucht blaß fleischfarben, trocken fast weiß, in der Mitte etwas dunkler bräunlich. **Stiel:** 30–60 × 2–5 mm, zusammengedrückt, sehr zäh, dunkler als der Hut, mit feinem, weißem Flaum bedeckt. **Fleisch:** sehr dünn, weiß, im Stiel hohl. **Lamellen:** schmal, dicht, etwa von Hutfarbe. Sporenpulver weiß. Sporen elliptisch bis spindelförmig, 7–9 × 3–4 µm. Im modernden Laub in ausgedehnten Büscheln oder in Ringen. Ziemlich häufig. Juli–Oktober. **Ungenießbar!**

Rotstieliger Rübling *Collybia erythropus* (Pers. ex Fr.) Kummer
Hut: 1–3 cm breit, anfangs stark gewölbt, später flacher, am Rande oft wellig geschwungen, feucht blaß lederfarben, beim Trocknen aufhellend, in der Mitte aber immer dunkler, trocken mit radialen Streifen und Runzeln. **Stiel:** 40–70 × 2–4 mm, oft zusammengedrückt, am Grunde dunkelrot, nach oben allmählich heller, unten mit roten flaumigen Haaren. **Fleisch:** weiß im Hut, rötlichbraun im Stiel. Geruch leicht ranzig. **Lamellen:** frei, weiß bis blaß gelblich. Sporenpulver weiß. Sporen spindelförmig, 6–8 × 3,5–4 µm. Meist gesellig in Büscheln in der Laubstreu von Laub- und Mischwäldern. Selten. September–Oktober. **Ungenießbar!**

Ⓤ **Spindelrübling** *Collybia fusipes* 2/3 nat. Gr.

Ⓔ **Waldrübling** *Collybia dryophila* 3/4 nat. Gr.

Ⓤ **Rasiger Rübling** *Collybia confluens* 3/4 nat. Gr.

Ⓤ **Rotstieliger Rübling** *Collybia erythropus* 1/1 nat. Gr.

Ⓔ **Butterrübling** *Collybia butyracea* 3/4 nat. Gr.

Ⓤ *Collybia obscura* 2/3 nat. Gr.

Ⓤ *Collybia palustris* 2/3 nat. Gr.

Ⓤ *Collybia confusa* 3/4 nat. Gr.

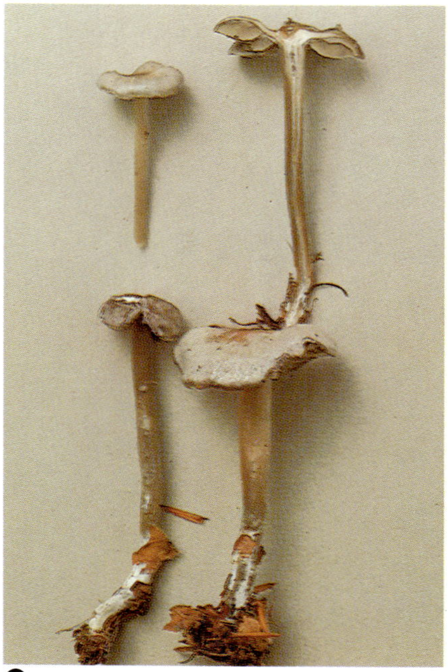

Ⓤ *Collybia rancida* 2/3 nat. Gr.

Ⓤ *Collybia tuberosa* 1/1 nat. Gr.

Ⓤ **Brennender Rübling** *Collybia peronata* 2/3 nat. Gr.

Ⓤ **Gedrehter Rübling** *Collybia distorta* 3/4 nat. Gr.

Butterrübling *Collybia butyracea* (Bull. ex Fr.) Kummer
Hut: 3–7 cm breit, anfangs gewölbt, später flacher ausgebreitet mit deutlichem, breitem Buckel, dunkel rötlich-braun bis dunkelgelb, im trockenen Zustand hornbraun bis elfenbeinfarben, beim Anfassen schmierig. **Stiel:** 25–50 × 5–10 mm, zäh, zur Basis hin leicht verdickt, dort mit weißen, wolligen Haaren bedeckt, etwa hutfarben. **Fleisch:** weißlichgelb, im Stiel später hohl. Geruch und Geschmack pilzig oder etwas ranzig. **Lamellen:** frei, dicht, weißlich. Sporenpulver weiß bis blaßrosa. Sporen elliptisch, 6,5–8 × 3–3,5 µm. Weit verbreitet und häufig in Laub- und Nadelwäldern. Juli–Oktober. **Eßbar,** aber geschmacklich wertlos.

Dunkler Rübling *Collybia obscura* Favre
Hut: 2–4 cm breit, gewölbt, später flacher oder eingedrückt, dunkel purpurbraun. **Stiel:** 30–70 × 2–4 mm, gleichfarben mit dem Hut, manchmal am Grunde schwärzlich. **Fleisch:** dünn, rosabraun; das mikroskopische Bild zeigt dunkelbraune Pigmentkörnchen, die zwischen den Hyphenzellen liegen. **Lamellen:** grau- bis schokoladenbraun. Sporenpulver weiß. Sporen sehr dünnwandig, tropfenförmig, 6,5–7,5 × 3–4 µm. Hutoberseite aus verwobenen Hyphenfäden, die mit dunkelbraunem Pigment verkrustet sind. In kleinen Büscheln im Gras und auf Rasen. September–Oktober. Ziemlich selten. **Ungenießbar!**

Sumpfrübling *Collybia palustris* (Peck) A. H. Smith
Hut: 1–2 cm breit, zunächst glockig, später nach dem Ausbreiten flacher, graubraun, zum helleren Rand hin etwas streifig, trocken ziemlich bleich. **Stiel:** 20–30 × 2–3 mm, blaßbraun. **Fleisch:** blaß gelblich, dünn. Geruch mehlig. **Lamellen:** adnat oder mit wenig herablaufendem Zahn, meist hutfarben. Sporenpulver weiß. Sporen eiförmig, 5,5–8 × 4–5 µm. Meist gesellig im Torfmoos *(Sphagnum)*. Mai–September. Verbreitet. **Ungenießbar!**

Verwechselter Rübling *Collybia confusa* Orton
Hut: 1–3 cm breit, anfangs gewölbt, später flach ausgebreitet, dunkel graubraun, nach dem Trocknen heller grau-bräunlich. **Stiel:** 35–50 × 3–7 mm, am Grunde etwas verbreitert, gleichfarben mit dem Hut. **Fleisch:** dünn, weißlich, im Stiel hohl. **Lamellen:** adnat, dicht, blaßgrau. Sporenpulver weiß. Sporen eiförmig, 4,5–6,5 × 3–3,5 µm. Zerstreut bis verbreitet in Nadelbeständen, besonders mit Fichten. September–Oktober. **Ungenießbar!**

Ranziger Rübling *Collybia rancida* (Fr.) Quél.
Hut: 1–4 cm breit, ziemlich buckelig, bleigrau, anfangs weißlich bestäubt, im feuchten Zustand etwas glänzend. **Stiel:** 40–80 × 3–7 mm, hutfarben, im unteren Teil stark filzig, Filzüberzug setzt sich in den wurzelnden Stielbereich fort. **Fleisch:** grau. Geruch und Geschmack stark ranzig. **Lamellen:** frei, dicht, grau. Sporenpulver weiß. Sporen elliptisch, 7–8 × 3–4,5 µm. Meist einzeln in Laubwäldern. September–November. Selten. **Ungenießbar** wegen des stark ranzigen Geschmacks.

Knolliger Rübling *Collybia tuberosa* (Bull. ex Fr.) Kummer
Hut: 0,3–1,5 cm breit, zunächst kegelig gewölbt, später stärker abgeflacht oder eingedellt, am Rande gewellt, reinweiß, nur in der Mitte gelblich-grün. **Stiel:** 15–25 × 1 mm, weiß oder bleich-gelblich, entspringt aus einem rötlichen Sklerotium. **Fleisch:** sehr dünn, weißlich. Geruch und Geschmack unspezifisch. **Lamellen:** adnat, dicht, weiß. Sporenpulver weiß. Sporen elliptisch bis eiförmig, 3–5 × 2–3 µm. Meist in großen Gruppen auf den Resten zerfallender Pilze, besonders von *Lactarius deliciosus* und *Russula nigricans*. Verbreitet. September–November. **Ungenießbar!**

Brennender Rübling *Collybia peronata* (Bolt. ex Fr.) Kummer
Hut: 3–6 cm breit, anfangs gewölbt, später flacher, oft mit einem niedrigen, aber breiten Buckel, hell- bis dunkler braun, im Alter ziemlich lederig und runzlig. **Stiel:** 30–60 × 3–6 mm, im unteren Teil und am Grunde gelblich oder weißlich von langen, wolligen Haaren bedeckt. **Fleisch:** weißlich, etwas gelblich getönt. Geschmack scharf und brennend. **Lamellen:** adnex bis frei, dicht, cremefarben bis gelblich-braun. Sporenpulver weiß oder gelblich-braun. Sporen länglich bis spindelig, 7–9 × 3–4 µm. In der Laubstreu in Laub- und Laubmischwäldern weit verbreitet und recht häufig. August–Oktober. **Ungenießbar!**

Gedrehter Rübling *Collybia distorta* (Fr.) Quél.
Hut: 3–7 cm breit, zunächst kegelig gewölbt, später abgeflacht, aber immer mit Buckel in der Mitte, rötlich-braun. **Stiel:** 40–60 × 4–8 mm, weißlich, meist jedoch hutfarben überflogen, oft gedreht und furchig. **Fleisch:** blaß lederbraun. Geruch und Geschmack unspezifisch. **Lamellen:** dicht, adnat mit leicht unebenem Rand, weißlich, später rötlichbraun. Sporenpulver weiß. Sporen kugelig, 3–4,5 µm Durchmesser. In kleinen Büscheln und Gruppen in Nadelwäldern. Verbreitet. September–Oktober. **Ungenießbar!**

Ⓔ **Samtfußrübling** *Flammulina velutipes* 2/3 nat. Gr.

Ⓔ *Hygrophorus eburneus* 2/3 nat. Gr.

Ⓔ *Hygrophorus cossus* 2/3 nat. Gr.

Ⓔ *Hygrophorus leucophaeus* 1/2 nat. Gr.

Samtfußrübling *Flammulina velutipes* (Curt. ex Fr.) Karst
Hut: 2–10 cm breit, anfangs gewölbt, später mehr abgeflacht, dunkelgelb, zur Mitte hin gelblich-braun, glatt, klebrig. **Stiel:** 10–30 × 3–8 mm, zäh und knorpelig, im oberen Teil gelblich, sonst dunkelbraun und sehr samtig. **Fleisch:** dünn, hutfarben. Geruch und Geschmack angenehm. **Lamellen:** blaßgelb. Sporenpulver weiß. Sporen elliptisch, 6,5–10 × 3–4 µm. Auf Baumstümpfen oder am Grunde von Baumstämmen. Bevorzugt Ulmen. Typischer Winterpilz. Verbreitet Oktober–April. Guter Speisepilz. **Eßbar.**

Hygrophorus (Schneckling)

Hüte klebrig, schleimig oder schmierig. Lamellen fühlen sich wachsig an. Immer in der Nähe von Bäumen. Etwa 30 Arten in Mitteleuropa.

Fichten-Schneckling, Elfenbein-Schneckling
Hygrophorus eburneus (Bull. ex Fr.) Fr.
Hut: 3–7 cm breit, zunächst gewölbt, später flach, reinweiß, schleimig. **Stiel:** 40–70 × 5–10 mm, zur Basis verschmälert, jung im oberen Teil mehlig-körnig. **Fleisch:** weiß. Geschmack und Geruch schwach, aber ange-

Ⓔ *Hygrophorus chrysodon* 1/2 nat. Gr.

Ⓔ **Gelbblättriger Frostschneckling** *Hygrophorus hypothejus* 2/3 nat. Gr.

Ⓔ **Zweifarbiger Schneckling** *Hygrophorus dichrous* 2/3 nat. Gr.

nehm. **Lamellen:** herablaufend, weiß. Sporenpulver weiß. Sporen breit elliptisch, 6–8 × 4–5 µm. Keine Reaktion mit KOH, wenn sie als Testlösung auf den Hut geträufelt wird. Buchenbestände. August–Oktober. Verbreitet. Als Mischpilz verwendbar. **Eßbar.**

Starkriechender Schneckling *Hygrophorus cossus* (Sow. ex Berk.) Fr.
Hut: 3–7 cm breit, zunächst gewölbt, später abgeflacht- ausgebreitet, weißlich bis hellbräunlich, besonders in der Mitte etwas dunkler, schleimig. **Stiel:** 40–70 × 5–10 mm, weißlich, schleimig. **Fleisch:** weiß. Geruch und Geschmack unangenehm. **Lamellen:** herablaufend, weißlich. Sporenpulver weiß. Sporen eiförmig, 8–10 × 4–5 µm. Keine Reaktion des Hutes mit KOH. Vor allem in Buchenwäldern auf Kalk. August–Oktober. Verbreitet bis häufig. **Eßbar,** aber nicht empfehlenswert.

Goldzahn-Schneckling *Hygrophorus chrysodon* (Batsch ex Fr.) Fr.
Hut: 3–7 cm breit, anfangs gewölbt, später flacher, weißlich, klebrig, am Rande mit kleinen, wolligen, gelblichen Schuppen (Name!). **Stiel:** 40–75 × 10–15 mm, weißlich, ebenfalls mit kleinen gelblichen Schuppen besetzt. **Fleisch:** weiß, manchmal etwas rötlich getönt. Geschmack mild oder etwas bitter. Geruch unspezifisch. **Lamellen:** weiß mit leicht gelblicher Tönung, vor allem an den Rändern. Sporenpulver weiß. Sporen elliptisch, 7–9 × 4–4,5 µm. Meist in der Nähe von Buche oder Eiche. Verbreitet. August–Oktober. **Eßbar.**

Rötlicher Schneckling *Hygrophorus leucophaeus* (Scop.) Karst
Hut: 1,5–5 cm breit, gewölbt, hellgelblich bis blaß lederbraun, rostbraun im Bereich des auffallenden mittleren Buckels, leicht klebrig. **Stiel:** 30–70 × 4–7 mm, weißlich mit leicht rostrotem Anflug. **Fleisch:** Ohne besonderen Geschmack oder Geruch. **Lamellen:** herablaufend, weißlich-hellbräunlich. Sporenpulver weiß. Sporen eiförmig-elliptisch, 6,5–8 × 14 µm. In der Nähe von Rot- und Hainbuche. Verbreitet. September–Oktober. **Eßbar.**

Gelbblättriger Frostschneckling *Hygrophorus hypothejus* Fr.
Hut: 3–6 cm breit, anfangs halbkugelig gewölbt, später abgeflacht, olivbraun, zum Rand heller, schleimig. **Stiel:** 40–70 × 7–14 mm, weißlich oder gelblich-orangegelb getönt, unterhalb der ringähnlichen Zone schleimig. **Fleisch:** weißlich bis blaßgelb, nach Verletzung orangerot. **Lamellen:** herablaufend, blaßgelb. Sporenpulver weiß. Sporen elliptisch bis eiförmig, 7–9 × 4–5 µm. Gesellig in Kieferbeständen. Verbreitet bis häufig. **Eßbar.**

Zweifarbiger Schneckling *Hygrophorus dichrous* Kühn & Romagn.
Hut: 5–7 cm breit, gewölbt, mit unauffälligem Buckel, olivbraun, in der Mitte etwas dunkler, schleimig. **Stiel:** 50–100 × 10–18 mm, weißlich, mit dickem, bräunlichem Klebematerial bedeckt, vor allem unterhalb der ringähnlichen Zone. **Fleisch:** weiß, dick. Geruch unangenehm muffig. **Lamellen:** adnat bis herablaufend, weiß. Sporenpulver weiß. Sporen breit oval, 9–13 × 5–7 µm. In Laubwäldern, besonders mit Eichen. Selten. Guter Speisepilz. **Eßbar.**

Schwarzflockiger Schneckling *Hygrophorus pustulatus* (Pers. ex Fr.) Fr.

Ⓔ *Hygrophorus pustulatus* 2/3 nat. Gr.

Hut: 2–5 cm breit, zunächst flach gewölbt, später in der Mitte stärker eingedellt, graubraun, besonders am Rand mit körnigen dunkleren Schuppen besetzt. **Stiel:** 25–50 × 3–7 mm, weißlich oder hutfarben angehaucht, mit feinen schwärzlichen oder dunkelbraunen Flocken besetzt. **Fleisch:** weiß. Ohne besonderen Geruch oder Geschmack. **Lamellen:** herablaufend, weiß. Sporenpulver weiß. Sporen eiförmig, 8,5–10 × 5–6 µm. Fichtenwälder. Zerstreut. September–Oktober. **Eßbar.**

Ⓔ **Wiesen-Saftling** *Hygrocybe pratensis* 3/4 nat. Gr.

Ⓤ *Hygrocybe unguinosa* 2/3 nat. Gr.

Hygrocybe (Saftling) Meist kleinere, zum Teil sehr farbige Pilze mit klebrigen oder schleimigen, manchmal spitzkegeligen Hüten. Die Lamellen fühlen sich meist wachsig an. Typische Pilze offener Rasenflächen und Weiden. Über 60 Arten in Mitteleuropa.

Wiesen-Saftling *Hygrocybe pratensis* (Pers. ex Fr.) Fr.
Hut: 3–8 cm breit, anfangs kegelig gewölbt, später flach ausgebreitet, mit breitem, flachem Buckel, zuletzt gedreht, wellig und oft zerrissen, ockergelb bis rötlich-gelb oder lederfarben. **Stiel:** 20–50 × 10–15 mm, etwas blasser als der Hut, zum Grunde verschmälert. **Fleisch:** dick, besonders in der Hutmitte, blaß bräunlich. Geschmack angenehm, Geruch typisch nach Pilzen. **Lamellen:** weit herablaufend, weitständig. Sporenpulver weißlich. Sporen breit elliptisch bis fast kugelig, 5–7 × 4,5–5 µm. Häufig auf Weiden und Wiesen. September–Oktober. Guter Speisepilz. **Eßbar.**

Grauer Saftling *Hygrocybe unguinosa* (Fr.) Karst
Hut: 2–4 cm breit, flach oder glockig gewölbt, graubraun, glänzend. **Stiel:** 40–60 × 3–6 mm, hutfarben, etwas gewellt und gebogen, zum Grunde hin verschmälert, sehr schleimig. **Fleisch:** grau-weißlich. Geschmack mild, Geruch unspezifisch. **Lamellen:** adnat mit herablaufendem Zahn, weitständig, aber durch Venen verbunden, weißlich. Sporenpulver weiß. Sporen breit elliptisch bis eiförmig, 7–8,5 × 4–5 µm. In Rasen oder in lichten Laubwäldern. Zerstreut. September–Oktober. **Ungenießbar!**

Seifen-Saftling *Hygrocybe nitrata* (Pers. ex Fr.) Wünsche
Hut: 1,5–8 cm breit, flach gewölbt, hell beige- bis mittelbraun, jung am Rand auch gelbbraun, beim Trocknen bleich. **Stiel:** 30–100 × 3–12 mm, blaß cremefarben, zur Basis etwas dunkler. **Fleisch:** weißlich-cremefarben. Geschmack faulig bis seifig, Geruch unangenehm. **Lamellen:** weißlich-cremefarben, später hutfarben. Sporenpulver weißlich. Sporen 7–10 × 4,5–5,5 µm. In Wiesen und Weiden. Zerstreut bis selten. Juli–August. **Ungenießbar!**

Schaf-Saftling *Hygrocybe ovina* (Bull. ex Fr.) Kühn
Hut: 2–8 cm breit, kegelig gewölbt, später unregelmäßig ausgebreitet und breit-buckelig, dunkel graubraun mit gelblich-braunen Rändern, nach dem Trocknen verbleichend. **Stiel:** 30–60 × 6–20 mm, oft zusammengedrückt, dunkel graubraun. **Fleisch:** graubraun. Geschmack streng und unangenehm, Geruch spezifisch, aber manchmal fehlend. **Lamellen:** dunkel grau-bräunlich, bei Verletzung hellrot umfärbend (ebenso Stiel und Hut!). Sporenpulver weiß. Sporen breit elliptisch bis eiförmig, 7–9 × 5–6,5 µm. Einzeln oder in kleinen Gruppen im Gras. August–September. Selten. **Ungenießbar!**

Schwärzender Saftling *Hygrocybe nigrescens* (Quél.) Kühn
Hut: 3,5–5,5 cm breit, glockig gewölbt oder breit-kegelig, oft unregelmäßig gelappt, anfangs orangerot oder scharlachrot, später schwärzlich. **Stiel:** 30–70 × 6–10 mm, gelblich, rötlich angehaucht, am Grunde weißlich, später schwarzstreifig. **Fleisch:** im Hut gelblich, im Stiel weiß, nach Anschnitt allmählich schwärzend. Geschmack mild, ohne besonderen Geruch. **Lamellen:** adnex oder frei, blaßgelb. Sporenpulver weiß. Sporen elliptisch, 8–11 × 5–6 µm. An grasigen Plätzen zerstreut bis verbreitet. September–Oktober. **Ungenießbar!**

Kegeliger Saftling *Hygrocybe conica* (Scop. ex Fr.) Kummer
Hut: 2–5 cm breit, spitzkegelig und oft unregelmäßig lappig zerrissen, gelb-orange, mitunter auch leicht scharlachrot, im Alter oder nach Verletzung schwärzend. **Stiel:** 20–60 × 8–10 mm, hellgelb und schwärzend. **Fleisch:** blaßgelb, nach Verletzung schwärzend. Ohne auffälligen Geruch oder Geschmack. Sporenpulver weiß. Sporen breit elliptisch, 7–10 × 4–6 µm bei viersporigen Formen, sonst 9–12 × 6–8 µm. Im Gras auf Wiesen, an Wegrändern und in Rasen. Verbreitet bis häufig. **Ungenießbar!**

Ⓤ **Seifen-Saftling** *Hygrocybe nitrata* 2/3 nat. Gr.

Ⓤ **Schaf-Saftling** *Hygrocybe ovina* 2/3 nat. Gr.

Ⓤ **Schwärzender Saftling** *Hygrocybe nigrescens* 3/4 nat. Gr.

Ⓤ **Kegeliger Saftling** *Hygrocybe conica* 3/4 nat. Gr.

Ⓤ **Trockener Saftling** *Hygrocybe intermedia* $^{2}/_{3}$ nat. Gr.

Ⓔ **Scharlachroter Saftling** *Hygrocybe coccinea* $^{1}/_{1}$ nat. Gr.

Ⓤ **Rosenroter Saftling** *Hygrocybe calyptraeformis* $^{2}/_{3}$ nat. Gr.

Ⓔ **Großer Saftling** *Hygrocybe punicea* $^{2}/_{3}$ nat. Gr.

Ⓤ *Hygrocybe miniata* 1/1 nat. Gr.

Ⓤ *Hygrocybe cantharellus* 2/3 nat. Gr.

Ⓤ *Hygrocybe strangulata* 2/3 nat. Gr.

Ⓤ *Hygrocybe marchii* 2/3 nat. Gr.

Trockener Saftling *Hygrocybe intermedia* (Pass.) Fayod
Hut: 2–7 cm breit, kegelig, gold- oder tief ockergelb, besonders in der Mitte mit feinen Fasern überspannt. **Stiel:** 60–90 × 9–18 mm, kräftig, hutfarben, am Grunde gelblich-weiß, trocken, faserig. **Fleisch:** gelblich. Geruch nach Pilzen. **Lamellen:** weißlich bis blaßgelb. Sporenpulver weiß. Sporen elliptisch, 8–11 × 5–6 µm. An grasigen Plätzen weit verbreitet, aber nirgends allzu häufig. September–Oktober. **Ungenießbar!**

Scharlachroter Saftling *Hygrocybe coccinea* (Schaeff. ex Fr.) Kummer
Hut: 2–4 cm breit, glockig gewölbt, blut- bis scharlachrot, anfangs auch etwas schleimig. **Stiel:** 20–50 × 3–10 mm, hutfarben, am Grunde jedoch mehr gelblich, oft auch leicht zusammengedrückt. **Fleisch:** gelb-rot, im Stiel hohl. Geruch und Geschmack schwach und unspezifisch. **Lamellen:** adnat mit herablaufendem Zahn, anfangs gelb, später blutrot mit gelbem Rand. Sporenpulver weiß. Sporen elliptisch bis mandelförmig, mitunter etwas eingeschnürt, 7–9,5 × 4–5 µm. An grasigen Plätzen. Juli–Oktober. Zerstreut. **Eßbar.**

Rosenroter Saftling *Hygrocybe calyptraeformis* (B. & Br.) Fayod
Hut: 3–6 cm breit, spitzkegelig, später etwas ausgebreitet und aufsplitternd, feucht schmutzig-rosa, trocken hellrosa-weißlich. **Stiel:** 60–120 × 8–10 mm, weiß, manchmal rosa überlaufen, besonders im oberen Teil, brüchig, oft längs aufsplitternd. **Fleisch:** im Hut rosa, im Stiel weißlich. Geschmack mild, ohne besonderen Geruch. **Lamellen:** blaßrosa. Sporenpulver weiß. Sporen elliptisch, 6–8 × 4,5–5 µm. An grasigen Plätzen und in Heiden. September–Oktober. Nicht allzu häufig. **Ungenießbar!**

Großer Saftling *Hygrocybe punicea* (Fr.) Kummer
Hut: 3–7 cm breit, unregelmäßig glockenförmig, oft gelappt, frisch dunkel blutrot, bald jedoch verblassend, etwas schmierig. **Stiel:** 50–120 × 6–20 mm, gelblich, rötlich überlaufen, zur spitzen Basis weißlich, an der Oberfläche mit dicken Fasern. **Fleisch:** weiß an der Basis und in der Stielmitte, sonst hutfarben, besonders unter der Huthaut, im Stiel hohl. Geschmack und Geruch unauffällig. **Lamellen:** adnex, gelblich, später auch etwas hutfarben angelaufen. Sporenpulver weiß. Sporen breit elliptisch, 9–12 × 5–6 µm. An Plätzen mit niedrigem Graswuchs und in Heiden. Vom Scharlach-Saftling durch die helle Stielbasis unterscheidbar. Selten. **Eßbar.**

Mennigroter Saftling *Hygrocybe miniata* (Fr.) Kummer
Hut: 0,5–1,5 cm breit, gewölbt, hell scharlachrot, leicht schuppig-rauh. **Stiel:** 20–50 × 2–5 mm, hutfarben oder mehr orangerot, glatt, etwas glänzend. **Fleisch:** dünn, orangerot. Geschmack und Geruch unauffällig. **Lamellen:** adnat, gelb bis orangerot, mit hellen gelben Rändern. Sporenpulver weiß. Sporen elliptisch bis eiförmig, 7,5–10 × 5–6 µm. In Heiden oder auf grasigen Waldlichtungen. September–Oktober. Sehr zerstreut. **Ungenießbar!**

Pfifferlings-Saftling *Hygrocybe cantharellus* (Schw.) Murr.
Hut: 0,5–4 cm breit, gewölbt, leicht schuppig aufgerauht, scharlach- bis zinnoberrot, am gewellten Rand oft auch etwas gelblich. **Stiel:** 30–70 × 1–3 mm, im oberen Teil orangefarben, weiter unten hutfarben. **Fleisch:** orangerot. **Lamellen:** tief herabreichend, blaßgelblich bis dottergelb. Sporenpulver weiß. Sporen elliptisch, 8–10 × 5–6 µm. In feuchten Wiesen, im Torfmoos und in Torfstichen. Selten. September–Oktober. **Ungenießbar!**

Orangeroter Saftling *Hygrocybe strangulata* Orton
Hut: 0,5–3,5 cm breit, gewölbt, nach dem Ausbreiten am Rand gewellt und etwas lappig, später auch eingedellt und schuppig-rauh, tief orangerot, am Rand etwas streifig, trocken heller orangegelb. **Stiel:** 18–50 × 3–6 mm, zur Basis verschmälert und oft zusammengedrückt, hutfarben, zum Grunde hin etwas heller. **Fleisch:** orangegelb. Ohne besonderen Geruch oder Geschmack. **Lamellen:** adnat oder wenig herablaufend, anfangs blaß- später orangegelb. Sporenpulver weiß. Sporen elliptisch, in der Mitte zusammengeschnürt, 7–9 × 4–5 µm. Auf Heiden und anderen offenen Stellen auf Sandböden. Verbreitet. September–Oktober. **Ungenießbar!**

Goldgelber Saftling *Hygrocybe marchii* (Bres.) Sing.
Hut: 1–5 cm breit, gewölbt, später in der Mitte eingedrückt, orangegelb bis gelb-scharlachrot, am Rande heller. **Stiel:** 30–60 × 3–6 mm, kräftig goldgelb. **Fleisch:** gelblich, im Stiel hohl. Geschmack mild, Geruch angenehm. **Lamellen:** herablaufend, goldgelb. Sporenpulver weiß. Sporen elliptisch-eiförmig, 6,5–8,5 × 4–5 µm. Auf Wiesen, an Feldrändern und auf Waldlichtungen. September–Oktober. **Ungenießbar!**

Ⓤ *Hygrocybe vitellina* 1/1 nat. Gr.

Ⓔ *Hygrocybe ceracea* 1/1 nat. Gr.

Ⓤ *Hygrocybe konradii* 1/2 nat. Gr.

Ⓤ *Hygrocybe russocoriacea* 2/3 nat. Gr.

Ⓔ *Hygrocybe nivea* 3/4 nat. Gr.

Ⓔ *Hygrocybe laeta* 2/3 nat. Gr.

Ⓔ *Hygrocybe psittacina* 3/4 nat. Gr.

Zitronengelber Saftling *Hygrocybe vitellina* (Fr.) Karst
Hut: 1–2 cm breit, gewölbt bis ausgebreitet-flach, mitunter auch leicht eingedellt, hell zitronengelb, am Rande gestreift. **Stiel:** 10–35 × 1–3 mm, gleichfarbig mit dem Hut. **Fleisch:** dünn, gelb. Geschmack unauffällig, Geruch angenehm aromatisch. **Lamellen:** herablaufend, leuchtend gelb. Sporenpulver weißlich. Sporen elliptisch-eiförmig, 6–8 × 4,5–5 µm. An feuchten, meist moosbewachsenen Stellen. Zerstreut bis selten. August–Oktober. **Ungenießbar!**

Wachsiger Saftling *Hygrocybe ceracea* (Wulf. ex Fr.) Kummer
Hut: 1–2,5 cm breit, gewölbt bis flach ausgebreitet, tiefgelb bis blaßbraun-orange, schmierig, am Rand schwach gestreift. **Stiel:** 25–50 × 2–4 mm, trocken, hutfarben, zum Grunde verschmälert, dort manchmal auch flaumig. **Fleisch:** dünn, gelb, im Stiel mitunter hohl. Ohne besonderen Geruch und Geschmack. **Lamellen:** adnat bis herablaufend, untereinander verbunden, gelb, mit blasseren Rändern. Sporenpulver weiß. Sporen elliptisch, 5,5–7 × 3 µm. Auf Rasen und Wiesen mit niedrigem Graswuchs. September–Oktober. Verbreitet. **Eßbar.**

Chromgelber Saftling *Hygrocybe konradii* Haller
Hut: 2–6 cm breit, kegelig gewölbt, unregelmäßig gelappt, mit auffälligem Buckel, chromgelb, am Rand etwas dunkler als in der Mitte. **Stiel:** 30–80 × 7–10 mm, hutfarben, am Grunde weißlich. **Fleisch:** weiß. Geruch unauffällig. **Lamellen:** blaßgelb, goldgelb bei älteren Exemplaren. Sporenpulver weiß. Sporen eiförmig, 9–11 × 6,5–8 µm. An grasigen Stellen. Juli–September. Zerstreut bis verbreitet. **Ungenießbar!**

Ⓤ **Rotrandiger Saftling** *Hygrocybe subglobispora* 2/3 nat. Gr.

Ⓤ **Breiter Saftling** *Hygrocybe langei* 3/4 nat. Gr.

Bleicher Saftling *Hygrocybe russocoriacea* Berk. & Miller
Hut: 0,8–2 cm breit, weiß bis gelblich-elfenbeinfarben, gewölbt, fein gestreift. **Stiel:** 20–35 × 2–3 mm, weißlich, etwas gebogen oder mehrfach gekrümmt, zum Grunde verschmälert. **Fleisch:** nur in der Hutmitte dick, weißlich oder elfenbeinfarben. Geruch sandelholz- oder bleistiftholzartig. **Lamellen:** herablaufend, weitständig, weiß. Sporenpulver weiß. Sporen elliptisch, 7,5–9 × 4–5 µm. In Heiden, Rasen oder anderen kurzgrasigen Stellen. September–Oktober. Verbreitet. **Ungenießbar!**

Schneeweißer Saftling *Hygrocybe nivea* (Scop.) Fr.
Hut: 1–3 cm breit, gewölbt, später mehr abgeflacht und leicht eingedellt, anfangs reinweiß, dann elfenbeinfarben und besonders in der Mitte etwas nachdunkelnd, im feuchten Zustand streifig. **Stiel:** 25–50 × 2–4 mm, reinweiß, zur Basis verschmälert. **Fleisch:** in der Hutmitte dick, weißlich. Geruch und Geschmack unauffällig. **Lamellen:** herablaufend, weitständig, weißlich. Sporenpulver weiß. Sporen elliptisch bis spindelig, 7–9 × 4,5–5,5 µm bei viersporigen Exemplaren, sonst 10–12 × 5–6 µm. In lichten Wäldern, auf Wiesen und Weiden. Häufig. September–Oktober. **Eßbar.**

Zäher Saftling *Hygrocybe laeta* (Pers. ex Fr.) Kummer
Hut: 1–3 cm breit, gewölbt, fleischfarben bis blaß strohbraun, am Rand fein gestreift, schleimig. **Stiel:** 30–70 × 2–4 mm, blaßgelb oder hutfarben angelaufen, sehr schleimig. **Fleisch:** dünn, im Hut leicht gelblich, im Stiel etwas dunkler, dort später auch hohl. Geschmack und Geruch nicht auffällig. **Lamellen:** herablaufend, weitständig, untereinander verbunden, weißlich bis fleischfarben. Sporenpulver weiß. Sporen breit elliptisch, 5–7,5 × 4–5 µm. Auf Heiden oder zwischen Farnkraut. Verbreitet. September–Oktober. **Eßbar.**

Papageien-Saftling *Hygrocybe psittacina* (Schaeff. ex Fr.) Wünsche
Hut: 1–3 cm breit, gewölbt oder glockig, dann mehr ausgebreitet, anfangs grünlich, dann eher gelblich und zuletzt mit leicht rosa Anflug im Bereich des breiten Buckels, am Rand oft streifig, bei jungen Exemplaren klebrig. **Stiel:** 20–40 × 2–5 mm, grünlichgelb, im oberen Teil leicht grünlichblau, sehr schleimig. **Fleisch:** weißlich, grünlich oder gelblich getönt. **Lamellen:** adnat, breit, am Rande gelblich, zum Hut hin mehr grünlich. Sporenpulver weiß. Sporen elliptisch, 8–9,5 × 4–5,5 µm. Im Gras und im Moos an Waldrändern und in Wiesen. Juli–September. Verbreitet. **Eßbar,** aber nicht empfehlenswert.

Rotrandiger Saftling *Hygrocybe subglobispora* Orton
Hut: 2–7 cm breit, kegelig und unregelmäßig gelappt, mit deutlichem Buckel, leuchtend chromgelb mit orangerotem Rand, im feuchten Zustand sehr klebrig, nach Trocknung seidig glatt. **Stiel:** 30–90 × 7–12 mm, hutfarben, am Grunde jedoch blaß- bis zitronengelb, dort auch bei Verletzung stark bräunend. **Fleisch:** in der Hut- und in der Stielmitte weiß, sonst gelblich. Ohne auffälligen Geruch. **Lamellen:** frei, blaß zitronengelb, am Rande weiß. Sporenpulver weiß. Sporen breit elliptisch bis annähernd kugelig, 8–12 × 6–10 µm. Basidien zwei- oder viersporig. An grasigen Stellen am Waldrand oder auf Lichtungen. Juni–September. Zerstreut bis selten. **Ungenießbar!**

Breiter Saftling *Hygrocybe langei* Kühn
Hut: 3–6 cm breit, kegelig gewölbt, später auch stärker abgeflacht und leicht gelappt, mit deutlichem Buckel, goldgelb, stellenweise auch rotorange getönt, am Rande gestreift, leicht klebrig. **Stiel:** 30–50 × 7–12 mm, hutfarben oder blasser, oft mit weißlicher Basis. **Fleisch:** gelb. Geruch schwach. **Lamellen:** adnex, blaßgelb. Sporenpulver weiß. Sporen 11–14 × 5,5–7,5 µm. An grasigen Stellen. Ziemlich selten. Juni–August. **Ungenießbar!**

(U) **Falscher Pfifferling** *Hygrophoropsis aurantiaca* 2/3 nat. Gr.

(E) **Nelkenschwindling** *Marasmius oreades* 1/1 nat. Gr.

Falscher Pfifferling *Hygrophoropsis aurantiaca* (Fr.) Maire
Hut: 2–8 cm breit, flach gewölbt bis schmaltrichterförmig, orangegelb, fein flaumig überzogen, am Rande eingerollt. **Stiel:** 30–50 × 5–10 mm, hutfarben oder etwas dunkler, mehrfach gebogen. **Fleisch:** zäh, gelblich bis orangegelb. Geschmack und Geruch unauffällig. **Lamellen:** herablaufend, gabelig verzweigt, schmal, orangegelb. Sporenpulver weiß. Sporen elliptisch, dextrinoid, 5,5–7 × 4–4,5 µm. Oft haufenweise in Laub- und Nadelwäldern. **Ungenießbar,** angeblich auch halluzinogen.

Marasmius (Schwindling) Meist kleine bis winzige Pilze, ziemlich zäh und lederig. Trockenresistent. Ca. 30 Arten in Europa.

Nelkenschwindling *Marasmius oreades* (Bolt. ex Fr.) Fr.
Hut: 2–5 cm breit, anfangs gewölbt, später flach ausgebreitet mit breitem Buckel, lederbraun im feuchten Zustand, nach Trocknung heller, in der Mitte immer etwas dunkler getönt. **Stiel:** 20–100 × 3–5 mm, weißlich bis bräunlich, zäh, lederig. **Fleisch:** in der Hutmitte dick, weißlich. Geruch schwach, erinnert an Bittermandelaroma. **Lamellen:** weiß, später auch ocker-cremefarben, weitständig, Sporenpulver weiß. Sporen spindelförmig, 8–10 × 5–6 µm. Zellen der Huthaut glatt, fast kugelig. Oft in Ringen auf Wiesen, Waldlichtungen und anderen Grasflächen, auch an Wegrändern oder in lichten Nadelwäldern. Verwechslung mit *Clitocybe rivulosa* (!) möglich. Guter Speisepilz. **Eßbar.**

Schneeweißer Schwindling *Marasmius candidus* (Bolt.) Fr.
Hut: 0,5–1 cm breit, gewölbt oder flach, häutig, weiß. **Stiel:** 3–10 × 1–2 mm, weiß. **Fleisch:** sehr dünn, weiß. **Lamellen:** weitständig, später unregelmäßig gewellt oder netzaderig. Sporenpulver weiß. Sporen länglich elliptisch oder spindelförmig, 11,5–16,5 × 4–6 µm. Auf totem Astwerk oder in der Laubstreu. September–November. **Ungenießbar!**

Violetter Schwindling *Marasmius wynnei* Berk. & Br.
Hut: 2–6 cm breit, halbkugelig gewölbt, mitunter auch flacher, feucht bleich oder leicht violettgrau, trocken cremefarben bis hellgraurosa, am Rand streifig oder leicht runzlig. **Stiel:** 20–100 × 2–5 mm, im oberen Teil bleich, weiter unten rötlich-braun bis fast schwarz, fein gepudert. **Fleisch:** im Hut weißlich, im Stiel dunkler. **Lamellen:** anfangs bleich, später leicht violettgrau. Sporenpulver weiß. Sporen spindelförmig, 5–7 × 3–3,5 µm. In Gruppen auf Fallaub in Laubwäldern. Häufig. September–November. **Ungenießbar!**

Saiten-Schwindling *Marasmius undatus* (Berk.) Fr.
Hut: 1–2 cm breit, gewölbt, schmutzigweiß bis grau-bräunlich, weißlich bestäubt, im Alter rostfleckig. **Stiel:** 50–100 × 1–2 mm, im oberen Teil weißlich, weiter unten rötlich-braun und haarig, von einem feinen samtigem Überzug eingehüllt. **Fleisch:** im Hut weiß, im Stiel bräunlich. **Lamellen:** weiß bis blaßgelblich, später rostfleckig. Sporenpulver weiß. Sporen mandelförmig, 8–11 × 6–7 µm. Auf abgestorbenen Farnwedeln. Verbreitet. September–November. **Ungenießbar!**

Pferdehaar-Schwindling *Marasmius androsaceus* (L. ex Fr.) Rea
Hut: 0,5–1 cm breit, gewölbt, in der Mitte oft leicht eingedrückt, häutig, radial runzlig, schmutzigrosa bis rotbraun, in der Mitte dunkler. **Stiel:** 20–60 × 1 mm, schwarz, pferdehaarähnlich, steif, zäh. **Fleisch:** sehr dünn, weiß im Hut, sonst bräunlich. **Lamellen:** weitständig, schmutzigrosa. Sporenpulver weiß. Sporen spindelförmig, 6,5–9 × 3–4 µm. Auf abgestorbenem Gezweig, auf Fallaub und toten Nadeln. Häufig. April–November. **Ungenießbar!**

Adern-Schwindling *Marasmius epiphyllus* (Pers. ex Fr.) Fr.
Hut: 3–10 mm breit, flach, manchmal eingedellt, weiß bis cremefarben, häutig, radial runzlig. **Stiel:** 15–30 × 1 mm, haarähnlich, mitunter zusammengedrückt, weißlich, weiter unten auch rötlich-braun. **Lamellen:** weiß, sehr weitständig, aderförmig und verzweigt. Sporenpulver weiß. Sporen länglich-elliptisch, 10–11 × 3–4 µm. Auf abgestorbenen Ästen, Zweigen und Blattstielen. Zerstreut. September–November. **Ungenießbar!**

Ast-Schwindling *Marasmius ramealis* (Bull. ex Fr.) Fr.
Hut: 3–15 mm breit, gewölbt, später flacher oder in der Mitte eingedellt, weißlich-rosa, in der Mitte meist etwas dunkler, häutig, runzlig. **Stiel:** 3–20 × 1 mm, schuppig, hutfarben, zur gekrümmten Basis hin etwas dunkler. **Fleisch:** sehr dünn, weißlich. **Lamellen:** weitständig, weißlich oder schmutzigrosa. Sporenpulver weiß. Sporen länglich-elliptisch, 8,5–10,5 × 3–4 µm. Auf abgestorbenen Ästen und Zweigen. Ziemlich häufig. September–November. **Ungenießbar!**

Ⓤ *Marasmius candidus* 1/1 nat. Gr.

Ⓤ *Marasmius wynnei* 2/3 nat. Gr.

Ⓤ *Marasmius undatus* 1/1 nat. Gr.

Ⓤ *Marasmius androsaceus* 1/1 nat. Gr.

Ⓤ *Marasmius epiphyllus* 1/1 nat. Gr.

Ⓤ *Marasmius ramealis* 3/4 nat. Gr.

Fallschirm-Schwindling *Marasmius rotula* (Scop. ex Fr.) Fr.
Hut: 0,5–1,5 cm breit, gewölbt, in der Mitte etwas eingedellt, fallschirmartig aufgebläht und am Rande etwas muschelförmig. **Stiel:** 20–70 × 1 mm, im oberen Teil weißlich, weiter unten braun. **Fleisch:** dünn, im Hut weiß, im Stiel braun. **Lamellen:** cremefarben, an einem kleinen Ring befestigt. Sporenpulver weiß. Sporen länglich bis elliptisch, 7–10 × 3,5–5 µm. In Gruppen auf abgestorbenen Zweigen und Wurzeln, weniger häufig auf Fallaub. Häufig. August–November. **Ungenießbar!**

Rauher Schwindling *Marasmius calopus* (Pers. ex Fr.) Fr.
Hut: 0,5–1,5 cm breit, in der Mitte stark eingedellt, weißlich mit rostbrauner Tönung in der Mitte, rauh. **Stiel:** 10–30 × 1–2 mm, rostbraun. **Fleisch:** dünn. **Lamellen:** weitständig, weiß bis cremefarben. Sporen tropfenförmig, 7–8,5 × 3–4,5 µm. Huthaut aus unregelmäßig verzweigten Hyphenästen. Verbreitet auf Fallaub, Grashalmen und anderem Abfall. September–November. **Ungenießbar!**

Ⓤ *Marasmius rotula* 3/4 nat. Gr.

Ⓤ *Marasmius calopus* 1/1 nat. Gr.

Ⓤ **Knoblauch-Schwindling** *Marasmius alliaceus* 3/4 nat. Gr.

Ⓤ **Kohl-Schwindling** *Micromphale brassicolens* 1/1 nat. Gr.

Knoblauch-Schwindling *Marasmius alliaceus* (Jaqu. ex Fr.) Fr.
Hut: 1–4 cm breit, kugelig gewölbt bis flach ausgebreitet, weißlich bis mittelbraun, am Rande oft gefurcht und gestreift. **Stiel:** 45–200 × 1–3 mm, fein samtig, oben hellbraun, weiter unten dunkelbraun, am Grunde wurzelnd. **Fleisch:** dünn, im Hut weißlich, im Stiel braun. Geruch stark nach Knoblauch. **Lamellen:** weißlich bis bleich. Sporenpulver cremefarben. Sporen breit elliptisch, 7–11 × 6–8 µm. Auf Fallaub, verrottenden Zweigen und anderem pflanzlichem Abfall. Zerstreut. September–November. **Ungenießbar!**

Kohl-Schwindling *Micromphale brassicolens* (Romagn.) Orton
Hut: 1–2 cm breit, anfangs gewölbt, später flach und eingedellt, rötlichbraun, feucht am Rand fein gestreift, trocken glatt. **Stiel:** 15–20 × 1 mm, blaßbraun im oberen Teil, zur Basis hin dunkler bis fast schwarz. **Fleisch:** dünn, weißlich bis blaßbraun. Geruch sehr unangenehm nach faulendem Kohl. **Lamellen:** weißlich, später auch bräunlich. Sporenpulver weiß. Sporen länglich, 5–7 × 3–3,5 µm. Vorzugsweise auf Buchenfallaub. Zerstreut bis selten. **Ungenießbar!**

Stinkender Schwindling *Micromphale foetidum* (Fr.) Sing.
Hut: 1–3 cm breit, gewölbt oder leicht abgeflacht, in der Mitte oft etwas eingedrückt, dünn, häutig, faltig, rötlich- bis rehbraun, radial gestreift im trockenen und feuchten Zustand. **Stiel:** 10–25 × 1–2 mm, zäh, zur Basis verschmälert, dunkelbraun bis schwarz, samtig. **Fleisch:** sehr dünn, hut- und stielfarben. Geruch sehr unangenehm. **Lamellen:** weitständig, untereinander verbunden, schmutzigbraun. Sporenpulver weiß. Sporen länglich, 8–10 × 3–4 µm. Auf abgestorbenen Ästen und Zweigen von Laubbäumen, besonders von Hasel und Buche. August–Dezember. Verbreitet. **Ungenießbar!**

Ⓤ *Micromphale foetidum* 3/4 nat. Gr.

Kohlennabling *Myxomphalina maura* (Fr.) Hora
Hut: 1–3 cm breit, halbkugelig oder flacher gewölbt, in der Mitte stark eingedellt, dunkel graubraun, beim Trocknen heller und glänzend. **Stiel:** 20–40 × 2–4 mm, hutfarben oder blasser. **Fleisch:** weiß bis grauweiß. Geruch nicht auffällig. **Lamellen:** adnat bis herablaufend, weißlich bis blaßgrau. Sporenpulver weiß. Sporen breit elliptisch, amyloid, 5–6,5 × 3,5–4 µm. Auf Brandplätzen und älteren Feuerstellen, vor allem im Nadelwald. Verbreitet. **Ungenießbar!**

Zapfenrübling *Baeospora myosura* (Fr.) Spring.
Hut: 1–3 cm breit, wenig gewölbt bis flach ausgebreitet, bleich lederbraun bis mittelbraun. **Stiel:** 30–50 × 1–2 mm, bleich oder blaß hutfarben, am Grunde in einen haarigen, wurzelartigen Bereich verlängert. **Fleisch:** sehr dünn, bräunlich. Geschmack mild, Geruch unspezifisch. **Lamellen:** ziemlich dicht, weißlich. Sporenpulver weiß. Sporen elliptisch, amyloid, 3–3,5 × 1,5–2 µm, glatt. Wächst auf abgefallenen Fichtenzapfen, seltener auch auf Kiefernzapfen. Häufig. September–November. **Ungenießbar!**

Ⓤ *Myxomphalina maura* 3/4 nat. Gr.

Ⓤ *Baeospora myosura* 3/4 nat. Gr.

Ⓤ *Omphalina griseopallida* 1/1 nat. Gr.

Ⓤ *Omphalina ericetorum* 1/1 nat. Gr.

Ⓤ *Omphalina postii* 1/2 nat. Gr.

Ⓤ *Omphalina luteovitellina* 1/1 nat. Gr.

Grauer Nabling *Omphalina griseopallida* (Desm.) Quél.
Hut: 1–1,5 cm breit, gewölbt, in der Mitte nabelig eingedellt, dunkel graubraun, nach dem Trocknen bleicher. **Stiel:** 10–12 × 2–3 mm, hutfarben, am Grunde fein weißflaumig umsponnen. **Fleisch:** dünn, graubraun. **Lamellen:** herablaufend, hutfarben. Sporenpulver weiß. Sporen breit elliptisch, 9–12 × 5–6 µm. Im Gras oder an moosigen Stellen in Wäldern oder in Heiden. Zerstreut. **Ungenießbar!**

Gefalteter Nabling *Omphalina ericetorum* (Fr.) Lange
Hut: 0,5–2 cm breit, anfangs gewölbt, später flacher und eingedellt bis trichterförmig, gelblich-lederbraun bis gelbbraun, mitunter auch olivfarben getönt, radial gestreift oder gefurcht. **Stiel:** 10–20 × 2–4 mm, mehr oder weniger hutfarben, im oberen Teil oft auch wenig dunkler, am Grunde weißflaumig umsponnen. **Fleisch:** dünn, weißlich bis ockergelb. **Lamellen:** herablaufend, blaß gelblich, Sporenpulver weiß. Sporen elliptisch, 8–9,5 × 4,5–5,5 µm. Auf Stümpfen und geschlagenem Holz von Nadelbäumen, auch in Mooren und Heiden auf meist sandigem Boden. Verbreitet. Juli–Oktober. **Ungenießbar!**

Moor-Nabling *Omphalina postii* (Fr.) Sing.
Hut: 0,5–5 cm breit, anfangs gewölbt, später flach und in der Mitte eingedellt, leuchtend orangerot, am Rande gestreift und etwas gelblicher. **Stiel:** 20–80 × 1–3 mm, blaß gelborange. **Fleisch:** dünn, hut- und stielfarben. **Lamellen:** herablaufend, gelblich. Sporenpulver weiß. Sporen elliptisch, 6–10 × 4–5,5 µm. Zerstreut bis verbreitet an feuchten Stellen, vor allem im Moor auf Torfmoosen oder auf Torf. Juli–Oktober. **Ungenießbar!**

Zitronengelber Nabling *Omphalina luteovitellina* (Pilat & Nannf.) Lange
Hut: 7–15 mm breit, anfangs gewölbt, dann flacher, am Rande gewellt, leuchtend zitronengelb. **Stiel:** 10–20 × 2–4 mm, hutfarben oder etwas heller. **Fleisch:** dünn, hut- und stielfarben. **Lamellen:** weit herablaufend, ziemlich weitständig, dick, fleischig, blaß gelblich. Sporenpulver weiß. Sporen elliptisch, 6,5–9,5 × 3,5–4 µm. Ziemlich selten. Vor allem im Gebirge und Hochgebirge in Hangmooren und auf anmoorigem Grund. September–Oktober. **Ungenießbar!**

Ⓤ **Rillstieliger Helmling** *Mycena polygramma* 3/4 nat. Gr.

Ⓔ **Rosablättriger Helmling** *Mycena galericulata* 3/4 nat. Gr.

Mycena (Helmling) Kleine Pilze mit meist glockigen Hüten auf dünnen, langen Stielen. Einige Arten mit charakteristischem Geruch. Umfangreiche Gattung. Mehr als 100 Arten in Europa.

Rillstieliger Helmling *Mycena polygramma* (Bull. ex Fr.) S. F. Gray
Hut: 2–5 cm breit, anfangs kegelig, später ausgebreitet und buckelig, dunkelgrau bis dunkel graubraun, zum Rand hin schwach gefurcht. **Stiel:** 60–100 × 2–4 mm, silbergrau, streifig, am Grunde wurzelnd. **Fleisch:** dünn, weißlich, mit blassen Linien oberhalb der Lamellen. Geschmack mild bis leicht beißend, Geruch angenehm. **Lamellen:** weißlich bis grau. Sporenpulver weiß. Sporen elliptisch, amyloid, 9–10 × 6–7 μm. Auf verrottenden Zweigen oder verfaulendem Holz. Verbreitet. August–November. **Ungenießbar!**

Rosablättriger Helmling *Mycena galericulata* (Scop. ex Fr.) S. F. Gray
Hut: 2–6 cm breit, anfangs kegelig gewölbt, später breit geöffnet bis glockig, mit breitem Buckel, braun oder graubraun mit hellerem Rand, dort auch deutlich streifig. **Stiel:** 20–100 × 3–8 mm, hutfarben, im oberen Teil etwas heller, hohl, aber sehr zäh, am Grunde mit feinen weißen Fasern umsponnen. **Fleisch:** dünn, weiß. Geschmack mild, Geruch beim Zerreiben mehlig, manchmal etwas ranzig. **Lamellen:** adnat mit herablaufendem Zahn, anfangs weiß, später rosa-fleischfarben. Sporenpulver cremeweiß. Sporen elliptisch, amyloid, 9–12 × 6–8 μm. Basidien oft zweisporig. Meist in kleineren Büscheln auf Stümpfen und Hölzern verschiedener Laubbäume. Mai–Dezember. Ziemlich verbreitet. **Nur die Hüte sind eßbar.** Wohlschmeckender Pilz.

Weißmilchender Helmling *Mycena galopus* (Pers. ex Fr.) Kummer
Hut: 1–2 cm breit, kegelig oder glockenförmig, graubraun mit dunklerer Mitte, deutlich gestreift. **Stiel:** 50–100 × 2–3 mm, grau, beim Abbrechen tritt eine weißliche Milch heraus, am Grunde mit feinen weißlichen Fasern umsponnen. **Fleisch:** ziemlich dünn, weiß. Geschmack mild, Geruch unspezifisch. **Lamellen:** adnat, weiß bis grau. Sporen elliptisch, amyloid, 11–13 × 5–6 μm. Im Fallaub. Ziemlich häufig. Juli–Oktober. **Eßbar,** aber wertlos.

Mycena galopus var. ***candida*** entspricht der Nominatform, ist aber reinweiß.

Schwarzer Helmling *Mycena leucogala* (Cooke) Sacc.
Hut: 1–2 cm breit, glockenförmig, dunkelbraun bis fast schwarz, vom Rand zur Mitte tief gefurcht. **Stiel:** 50–100 × 2–3 mm, beim Abbrechen einen weißlichen Milchsaft abgebend, hutfarben, an der Basis mit feinem Flaum umsponnen. **Fleisch:** sehr dünn, weißlich-grau. Geruch unauffällig. **Lamellen:** adnat, grau. Sporenpulver blaß cremefarben. Sporen elliptisch, amyloid, 11–13 × 5–6 μm. In Laub- und Laubmischwäldern. Verbreitet. September–Oktober. **Eßbar,** aber wertlos.

Rotmilchender Helmling *Mycena sanguinolenta* (Alb. & Schw.) Kummer
Hut: 1–2 cm breit, kegelig bis glockenförmig, bräunlich-rot mit dunklerem Buckel, streifig. **Stiel:** 45–80 × 1–2 mm, hutfarben, beim Abbrechen einen blutroten Milchsaft abgebend. **Fleisch:** ziemlich dünn, rötlich. Geschmack mild, Geruch unauffällig. **Lamellen:** adnat, weißlich oder fleischfarben getönt mit rötlichbraunen Rändern. Sporenpulver weiß. Sporen spindelförmig, amyloid, 9–10 × 4–5 μm. Auf Wiesen und Waldlichtungen. Juli–September. Ziemlich häufig. **Eßbar,** aber wertlos.

Rotstieliger Helmling *Mycena haematopus* (Pers. ex Fr.) Kummer
Hut: 2–4 cm breit, kegelig gewölbt bis glockenförmig, graubraun mit leicht rosafarbenem Anflug, feucht am Rande gestreift, beim Trocknen hellrosa. **Stiel:** 40–100 × 2–3 mm, graurosa bis rötlich, beim Abbrechen einen tief blutroten Milchsaft abgebend, am Grunde oft mit anderen Pilzen verwachsen. **Fleisch:** blutrot. Geschmack leicht bitter, Geruch unspezifisch. **Lamellen:** adnat, weiß bis blaßrosa, oft mit dunkleren Rändern. Sporenpulver weiß. Sporen elliptisch, amyloid, 7–10 × 5–6 μm. Auf Stümpfen und totem Holz verschiedener Laubbäume. Verbreitet. **Eßbar,** aber wertlos.

Gelbmilchender Helmling *Mycena crocata* (Schrad. ex Fr.) Kummer
Hut: 1–3 cm breit, kegelig, bald aber ausgebreitet und breitglockig, mit deutlichem Buckel, bräunlich-grau, orangerot durch austretenden Milchsaft. **Stiel:** 40–80 × 2–3 mm, am oberen Ende gelblich-weiß, weiter unten dunkler, beim Abbrechen einen orangegelben Milchsaft abgebend, am Grunde von feinen weißen Fasern wollig umsponnen. **Fleisch:** dünn, safrangelb. Geschmack recht mild, Geruch ziemlich unauffällig. **Lamellen:** adnat, weiß, bald aber orangerot verfärbend, besonders bei Verletzung. Sporenpulver weißlich bis blaßbraun. Sporen elliptisch, amyloid, 8–10 × 5–6 μm. Bewohnt gesellig Fallaub, besonders von Rotbuchen. Zerstreut bis verbreitet. September–November. **Eßbar,** aber wertlos.

Graubrauner Helmling *Mycena cortiana* Hora

Ⓔ *Mycena galopus* 2/3 nat. Gr.

Ⓔ *Mycena galopus* var. *candida* 3/4 nat. Gr.

Ⓔ *Mycena leucogala* 1/1 nat. Gr.

Ⓔ *Mycena sanguinolenta* 3/4 nat. Gr.

Ⓔ *Mycena haematopus* 2/3 nat. Gr.

Ⓔ *Mycena crocata* 1/2 nat. Gr.

Hut: 1–5 cm breit, breitkegelig gewölbt, weißlich bis graubraun mit leicht olivbrauner Tönung, am Rande etwas streifig. **Stiel:** 20–40 × 1–2 mm, grauweiß, am Grunde fein weißflaumig. **Fleisch:** im Hut weiß, im Stiel grau. Geschmack mild, Geruch stark nach Jodoform (Zahnarzt!). **Lamellen:** ziemlich dicht, adnex, anfangs reinweiß, später leicht rosa. Sporenpulver weißlich. Sporen spindelförmig, amyloid, 7–8 × 4,5–5 µm. Bewohnt die Stümpfe und das tote Holz verschiedener Laubbäume. September–November. **Ungenießbar!**

Nitrose-Helmling *Mycena alcalina* (Fr.) Kummer
Hut: 1–3 cm breit, anfangs kegelig, später weiter geöffnet bis breit buckelig-glockenförmig, graubraun, feucht fein gestreift. **Stiel:** 20–65 × 1–3 mm, gleichfarben mit dem Hut, glatt. **Fleisch:** dünn, weißlich. Geschmack mild, Geruch erinnert an Salmiakgeist. **Lamellen:** blaßgrau mit weißlichen Schneiden. Sporenpulver weiß. Sporen zylindrisch-elliptisch, amyloid, 8–12 × 4,5–6 µm. Meist gesellig auf Stümpfen von Nadelbäumen. September–November. **Eßbar,** aber wertlos.

Ⓤ *Mycena cortiana* 1/2 nat. Gr.

Ⓔ *Mycena alcalina* 3/4 nat. Gr.

Ⓔ **Rettich-Helmling** *Mycena pura* 3/4 nat. Gr.

Ⓤ **Buntstieliger Helmling** *Mycena inclinata* 3/4 nat. Gr.

Rettich-Helmling *Mycena pura* (Pers. ex Fr.) Kummer
Hut: 2–5 cm breit, ziemlich variabel in Form und Aussehen, meist flacher gewölbt bis ausgebreitet, mit deutlichem, niedrigem, breitem Buckel, in verschiedenen Schattierungen von graulila bis hellrosa, feucht am Rande gestreift, trocken heller. **Stiel:** 50–100 × 4–10 mm, steif, rosa angehaucht, am Grunde weißlich-flaumig umsponnen. **Fleisch:** weiß, fest. Geschmack mild, Geruch stark nach Meerrettich. **Lamellen:** adnat, rosafarben. Sporenpulver weiß. Sporen zylindrisch bis rundlich, amyloid, 6–8 × 3,5–4 µm. Bewohnt in Gruppen Falllaub, bevorzugt von Rotbuchen. Ziemlich häufig. August–November. **Eßbar,** aber ziemlich wertlos und höchstens als Mischpilz verwendbar.

Buntstieliger Helmling *Mycena inclinata* (Fr.) Quél.
Hut: 2–3 cm breit, kegelig, breiter geöffnet oder glockig, mit deutlichem, hohem Buckel, dunkelbraun, zur Mitte dunkler und fein gestreift, Ränder leicht überhängend, am Lamellenansatz daher etwas muschelförmig aussehend. **Stiel:** 50–100 × 2–4 mm, weißlich am oberen Ende, weiter unten stärker gefärbt bis dunkel rötlich-braun, am Grunde fein weißlich-faserig umsponnen. **Fleisch:** dünn, weiß. Geschmack mild, Geruch leicht mehlig oder etwas ranzig. **Lamellen:** adnat, weißlich, später leicht rosarötlich. Sporenpulver weiß. Sporen eiförmig, amyloid, 8–9 × 6–7 µm. Meist in dichten Büscheln auf den Stümpfen von Laubbäumen, bevorzugt auf Eichen. August–Oktober. Häufig. **Ungenießbar!**

Salmiak-Helmling *Mycena aetites* (Fr.) Quél.
Hut: 0,5–1,5 cm breit, kegelig bis gewölbt, blaß bis dunkelgrau, feucht deutlich gefurcht und gestreift, nach Trocknung durchscheinend. **Stiel:** 30–45 × 0,5–1 mm, hutfarben, zum oberen Stielteil etwas heller. **Fleisch:** sehr dünn, weißlich-grau. Geschmack mild, Geruch leicht nach Salmiak. **Lamellen:** adnat mit herablaufendem Zahn, grau mit weißlichen Rändern. Sporenpulver weiß. Sporen elliptisch, amyloid, 9–10 × 5–5,5 µm. Zwischen Gras in Rasen und auf Weiden oder auf moderndem Heu. Selten bis zerstreut. September–November. **Eßbar,** aber wertlos.

Rauchiger Helmling *Mycena leptocephala* (Pers. ex Fr.) Gillet
Hut: 1–1,5 cm breit, glockig, rauchgrau, feucht deutlich gestreift, trocken ziemlich furchig. **Stiel:** 30–55 × 1–2 mm, weißlichgrau, zum oberen Ende hin heller, an der Basis weißwollig und etwas wurzelnd. **Fleisch:** dünn, weiß, im Stiel zur Basis hin dunkler. Geschmack mild, Geruch erinnert stark an Ammoniak oder Ozon. **Lamellen:** blaßgrau mit weißlichen Rändern. Sporenpulver weißlichgrau. Sporen elliptisch bis zylindrisch, amyloid, 5–10 × 4–7 µm. Im kurzen Gras von Wiesen und Rasen. Häufig. September–Oktober. **Ungenießbar!**

Dunkler Helmling *Mycena uracea* Pearson
Hut: 1–3 cm breit, kegelig bis gewölbt, furchig, mit breitem Buckel, graubraun mit dunklerer, fast schwarzer Mitte. **Stiel:** 20–40 × 2–3 mm, graubraun, am Grunde oft fein weißhaarig und etwas wurzelnd. **Fleisch:** in der Hutmitte dick, weißlich. Geschmack erinnert etwas an Meerrettich, Geruch unspezifisch. **Lamellen:** adnat mit herablaufendem Zahn, weiß, später auch rosagrau. Sporenpulver weiß. Sporen breit elliptisch, amyloid, 8–10 × 6–7,5 µm. In Heiden, dort besonders an alten Brandstellen. Zerstreut bis selten. September–November. **Ungenießbar!**

Schwarzzähniger Helmling *Mycena pelianthina* (Fr.) Quél.
Hut: 2–4 cm breit, anfangs glockig, später weiter geöffnet, mit breitem Buckel, oft auch ziemlich flach, bräunlich mit leicht violetter Tönung, nach der Trocknung bleichbraun. **Stiel:** 50–60 × 4–8 mm, braunviolett, am Grunde faserig. **Fleisch:** am Rande ziemlich dick, weiß. Geschmack mild, Geruch schwach nach Meerrettich. **Lamellen:** adnat, weitständig, violett-bräunlich, am Rande etwas dunkler und uneben. Sporenpulver weiß. Sporen elliptisch, amyloid, 5–7,5 × 2,5–3 µm. In verrottendem Fallaub, vor allem von Buchen. August–Oktober. Verbreitet. **Eßbar,** aber wertlos.

Fichten-Helmling *Mycena sepia* Lange
Hut: 0,5–1 cm breit, kegelig, rundlich gewölbt oder glockig, dunkel graubraun, zum Rand hin etwas heller und dort fast weißlich. **Stiel:** 10–50 × 1–3 mm, heller als der Hut, an der Basis von feinen weißlichen Haaren umsponnen und mitunter etwas wurzelnd. **Fleisch:** dünn, blaß weißlich-grau. Geruch stark nach Jodoform (Zahnarzt!), besonders nach dem Trocknen. **Lamellen:** adnat mit herablaufendem Zahn, blaßgrau mit weißlichen Rändern. Sporenpulver weiß. Sporen elliptisch, amyloid,

Ⓔ *Mycena aetites* 1/2 nat. Gr.

Ⓤ *Mycena leptocephala* 1/1 nat. Gr.

Ⓤ *Mycena uracea* 3/4 nat. Gr.

Ⓔ *Mycena pelianthina* 3/4 nat. Gr.

Ⓤ *Mycena sepia* 3/4 nat. Gr.

Ⓔ *Mycena maculata* 3/4 nat. Gr.

8,5–9 × 4,5 µm. Basidien viersporig. Auf dem Boden von Nadelwäldern, vor allem mit Fichten. Selten. September–Oktober. **Ungenießbar!**

Gefleckter Helmling *Mycena maculata* Karst. **Hut:** 1–3 cm breit, rundlich gewölbt oder flacher ausgebreitet, nur ganz jung helm- bis glockenförmig, mit breitem Buckel, am Rande streifig und aufgebogen, grau-bräunlich, zuletzt rostbraun. **Stiel:** 20–60 × 2–3 mm, am oberen Ende weiß, weiter unterhalb dunkler, zuletzt rostbraun, am Grunde mit anderen Stielen verwachsen. **Fleisch:** sehr dünn, anfangs weißlich, später rostbraun. Geschmack unauffällig, Geruch schwach nach Pilzen. **Lamellen:** blaßgrau, später bräunlich. Sporenpulver weiß. Sporen elliptisch, amyloid, 7–11 × 4–5 µm. Meist in kleinen Büscheln auf Stümpfen oder Holz von Buchen. September–Oktober. Selten. **Eßbar,** aber wertlos.

Fleischfarbener Helmling *Mycena pearsoniana* Dennis ex Sing.
Hut: 1–2 cm breit, rundlich gewölbt oder flach ausgebreitet, am Rand meist aufgebogen, blaß lederbraun mit rötlich-violetter Tönung, am Rande blasser und fein streifig. **Stiel:** 30–50 × 2–3 mm, blaß fleischfarben. **Fleisch:** am Rande ziemlich dünn, bräunlich. Geschmack mild, Geruch ranzig oder leicht nach Meerrettich. **Lamellen:** fast horizontal, adnat mit herablaufendem Zahn, weißlich mit violettrotem Anflug. Sporenpulver weiß, Sporen spindelförmig, nicht amyloid, 5–7 × 3,5–4,5 µm. Zerstreut bis selten. Vor allem in Nadelwäldern auf Fichtennadelstreu. **Ungenießbar!**

Ⓤ *Mycena pearsoniana* 1/1 nat. Gr.

U *Mycena filopes* 2/3 nat. Gr.

U *Mycena viscosa* 3/4 nat. Gr.

E *Mycena epipterygia* 2/3 nat. Gr.

U *Mycena olivaceomarginata* 3/4 nat. Gr.

E *Mycena flavescens* 2/3 nat. Gr.

E *Mycena flavo-alba* 3/4 nat. Gr.

Fädiger Helmling *Mycena filopes* (Bull. ex Fr.) Kummer
Hut: 1,5–2,5 cm breit, kegelig gewölbt, später mehr abgeflacht oder glockig, graubraun, am Rande heller und leicht gestreift. **Stiel:** 40–70 × 1–2 mm, hutfarben oder blasser, im oberen Abschnitt weißlich, am Grunde fein weißhaarig umsponnen. **Fleisch:** dünn, weißlich. Geruch nach Jodoform (Zahnarzt!). **Lamellen:** dicht, weißlich, zur Ansatzstelle weißgrau. Sporenpulver weiß. Sporen elliptisch, oft auch mandelförmig, amyloid, 7,5–10 × 4–7 µm. Basidien durchweg zweisporig. In Laubmischwald, meist auf verrottendem Holz von Ästen und Zweigen. Häufig. September–Oktober. **Ungenießbar!**

Klebriger Helmling *Mycena viscosa* (Secr.) Maire
Hut: 1–3 cm breit, breit glockig gewölbt, seltener flach ausgebreitet, ockerbraun bis braun, manchmal etwas rostbraun, in der Mitte dunkler. **Stiel:** 10–30 × 3–7 mm, klebrig, hell zitronengelb. **Fleisch:** gelblich-weiß. Geschmack ranzig, Geruch streng mehlig oder ranzig. **Lamellen:** gelb bis blaß fleischfarben, leicht abtrennbar, ähnlich wie bei der folgenden Art. Sporenpulver weiß oder cremefarben-weißlich. Sporen elliptisch bis oval, amyloid, 8–10 × 4–5 µm. Auf Stümpfen von Nadelhölzern, besonders von Kiefer und Fichte. Verbreitet. September–November. **Ungenießbar!**

Dehnbarer Helmling *Mycena epipterygia* (Scop. ex Fr.) S. F. Gray
Hut: 1–2 cm breit, gewölbt bis glockig, reh- bis beigebraun, zum Rand hin etwas heller, feucht durchscheinend gestreift, am Rande oft fein gezähnt, Huthaut klebrig und leicht zu entfernen. **Stiel:** 40–70 × 1–2 mm, blaßgelb und klebrig. **Fleisch:** sehr dünn. Geschmack mild, Geruch unspezifisch. **Lamellen:** etwas am Stiel herabgeführt, blaßrosa, am Rand klebrig, leicht zu entfernen. Sporenpulver weiß bis cremefarben. Sporen elliptisch, amyloid, 8–10 × 4,5–5 µm. Zwischen Moos in Wäldern und Heiden. Häufig. September–Oktober. **Eßbar,** aber wertlos.

Gras-Helmling *Mycena olivaceomarginata* Massee
Hut: 1–2,5 cm breit, gewölbt bis glockig, olivbraun mit gestreiftem oder gefurchtem Rand. **Stiel:** 50–70 × 2–3 mm, hutfarben, im oberen Teil jedoch etwas heller, am Grunde fein weißfilzig umsponnen. **Fleisch:** sehr dünn, weiß bis bräunlich. Geschmack mild, Geruch nach Meerrettich. **Lamellen:** adnat, weißlich mit dunkleren, gelblich-braunen oder olivbraunen Rändern. Sporenpulver cremefarben. Sporen elliptisch, amyloid, 9–12 × 5–6 µm. Auf Wiesen und in Rasen. Häufig. September–Oktober. **Ungenießbar!**

Ⓤ *Mycena acicula* 1/1 nat. Gr.

Ⓤ *Mycena swartzii* 1/1 nat. Gr.

Ⓔ *Mycena fibula* 1/1 nat. Gr.

Ⓤ *Mycena clavularis* 1/1 nat. Gr.

Ⓤ *Mycena speirea* 1/1 nat. Gr.

Gelblicher Helmling *Mycena flavescens* Vel.
Hut: 0,5–1 cm breit, kegelig, nicht ausgebreitet, mit deutlichem Buckel, gelblich-grau, nach dem Trocknen heller. **Stiel:** 30–60 × 1–2 mm, blaß bräunlich-grau, am Grunde fein weißfilzig umsponnen. **Fleisch:** sehr dünn, weiß. Geschmack mild, ohne Geruch. **Lamellen:** adnat, weißlich mit gelbem Rand. Sporenpulver weißlich-gelb. Sporen elliptisch, amyloid, 8–10 × 4–5,5 µm. Im verrottenden Falllaub unter verschiedenen Laubbäumen. Zerstreut. September–Oktober. **Eßbar,** aber wertlos.

Gelbweißer Helmling *Mycena flavo-alba* (Fr.) Quél.
Hut: 1–2 cm breit, glockenförmig mit breitem Buckel, am Rand umgerollt und deutlich gewellt, nachdem der Hut sich streckt, blaßgelb mit dunklerer Mitte, frisch deutlich streifig. **Stiel:** 15–30 × 2–3 mm, weiß bis blaß-gelb, ziemlich steif. **Fleisch:** dünn, weiß. Geschmack mild, Geruch nach Meerrettich. **Lamellen:** adnat, weiß. Sporenpulver blaßgelb. Sporen elliptisch, nicht amyloid, 6–8 × 3,5–4 µm. In Wiesen und Rasen oder auf Waldlichtungen. Häufig. August–Oktober. **Eßbar,** aber wertlos.

Orangeroter Helmling *Mycena acicula* (Schaeff. ex Fr.) Kummer
Hut: 2–10 mm breit, halbkugelig gewölbt, leuchtend orangerot, zum Rand hin blasser, gestreift. **Stiel:** 20–50 × 1 mm, hellgelb, zum Grund heller, an der Basis etwas wurzelnd und leicht haarig. **Fleisch:** sehr dünn, orangerot. Geschmack mild, ohne besonderen Geruch. **Lamellen:** aufsteigend, blaßgelb mit weißlichen Rändern. Sporenpulver weiß. Sporen faserförmig, nicht amyloid, 9–12 × 3–4 µm. Auf totem Holz wie Ästen, Zweigen oder Schnittholz. Juli–Oktober. Verbreitet. **Ungenießbar!**

Nabel-Helmling *Mycena swartzii* (Fr. ex Fr.) A. H. Smith
Hut: 0,5–1 cm breit, anfangs gewölbt, später eher flach, in der Mitte leicht eingedellt, hell ockerbraun bis cremefarben mit dunkelbrauner Mitte. **Stiel:** 20–40 × 1–2 mm, am oberen Ende violett, weiter unten blasser bis hutfarben. **Fleisch:** dünn, cremefarben. Geschmack mild, Geruch schwach, aber unspezifisch. **Lamellen:** herablaufend, weiß oder cremefarben. Sporenpulver weiß. Sporen schmal-elliptisch, 4–5 × 2 µm. Im Gras oder Moos an feuchten Stellen. Häufig. August–Dezember. **Ungenießbar!**

Knopf-Helmling *Mycena fibula* (Bull. ex Fr.) Kühner
Hut: 0,5–1 cm breit, anfangs gewölbt, später mehr abgeflacht, in der Mitte etwas eingedellt, Rand eingeschlagen, gelb-orange, in der Mitte etwas dunkler bis rötlich, fein gestreift. **Stiel:** 20–40 × 1–2 mm, blaß orange, zur Basis fein flaumig-samtig. **Stiel:** dünn, orange. Geschmack mild, Geruch undeutlich. **Lamellen:** stark herablaufend, weiß bis blaßgelb. Sporenpulver weiß. Sporen schmal-elliptisch, 4–5 × 2 µm. Wächst im Gras oder Moos an feuchten, schattigen Stellen. Häufig. August–Oktober. **Eßbar,** aber wertlos.

Rinden-Helmling *Mycena clavularis* (Batsch. ex Fr.) Sacc.
Hut: 3–6 cm breit, weiß bis blaßgrau, fein gestreift. **Stiel:** 13–25 × 1–2 mm, weißlich, am Grunde mit einer feinen weißhaarigen Scheibe. **Fleisch:** sehr dünn, weiß. Ohne besonderen Geruch oder Geschmack. **Lamellen:** wenig, weiß. Sporenpulver weiß. Sporen kugelig, amyloid, etwa 8–10 µm Durchmesser. Auf Rinde und Borke verschiedener Gehölze. Selten. September–November. **Ungenießbar!**

Haarstieliger Helmling *Mycena speirea* (Fr.) Gillet
Hut: 0,5–1 cm breit, gewölbt, halbkugelig oder leicht abgeflacht und in der Mitte eingedrückt, oft auch leicht warzig, braungrau, radial gestreift. **Stiel:** 30–60 × 1–1,5 mm, blaßbraun oder gelblichbraun getönt. **Fleisch:** sehr dünn, weißlich. Geschmack mild, ohne besonderen Geruch. **Lamellen:** am Stiel herabgeführt, weißlich. Sporenpulver weiß. Sporen spindelförmig, nicht amyloid, 8–10 × 5–5,5 µm. Auf Holz und Zweigen. Selten. September–Oktober. **Ungenießbar!**

Ⓤ *Mycena lactea* $^{1}/_{1}$ nat. Gr.

Ⓤ *Asterophora lycoperdoides* $^{1}/_{1}$ nat. Gr.

Ⓤ **Samtiger Milchling** *Lactarius vellereus* $^{1}/_{2}$ nat. Gr.

Ⓤ *Asterophora parasitica* $^{3}/_{4}$ nat. Gr.

Ⓤ *Pseudohiatula tenacella* $^{2}/_{3}$ nat. Gr.

Nadel-Helmling *Mycena lactea* (Pers. ex Fr.) Kummer
Hut: 1–1,5 cm breit, kegelig bis glockig gewölbt, am Rande zuletzt gewellt oder unregelmäßig gelappt, feucht fein gestreift, kreideweiß oder mit blaß cremefarbener Mitte. **Stiel:** 10–50 × 1–2 mm, weiß, am Grunde mit feinen Fasern. **Fleisch:** dünn, weiß. Geruch unauffällig oder fehlend. **Lamellen:** adnat, weiß. Sporenpulver weiß. Sporen länglich-elliptisch, nicht amyloid, 9–11 × 3–4 µm. In großen Gruppen in der Nadelstreu unter Fichten und Kiefern, seltener auf anderem pflanzlichem Abfall. August–Oktober. Zerstreut. **Ungenießbar!**

Ⓔ **Pfeffer-Milchling** *Lactarius piperatus* ⅓ nat. Gr.

Ⓔ **Rosascheckiger Milchling** *Lactarius controversus* ⅓ nat. Gr.

Stäubender Zwitterling *Asterophora lycoperdoides* (Bull. ex Mérat) S. F. Gray
Hut: 1–1,5 cm breit, annähernd kugelig gewölbt, mit Chlamydosporen bleich-bräunlich fein mehlig bestäubt. **Stiel:** 5–10 × 2–5 mm, weißlich. **Fleisch:** grau bis dunkelbraun. Chlamydosporen hellbräunlich, kugelig, mit langen, spitzen Fortsätzen und daher sternförmig aussehend, 13–16 µm Durchmesser. Basidiosporen (nur an sehr jungen Lamellen) weiß, breit elliptisch, 3,5–5,5 µm. Wächst auf den Resten des Schwärzenden Täublings *(Russula nigricans)*. August–November. Verbreitet; besonders nach längeren Feuchteperioden. **Ungenießbar!**

Parasitischer Zwitterling *Asterophora parasitica* (Bull. ex Fr.) Sing.
Hut: 0,5–1,5 cm breit, gewölbt bis glockig, später auch flach ausgebreitet, weiß mit graulila Tönung, seidig, sehr dünn. **Stiel:** 10–30 × 1 mm, oft gedreht, weißlich, meist bräunlich oder lilafarben angehaucht. **Fleisch:** dünn, braun. Chlamydosporen häufiger an den Lamellen als auf dem Hut (wie bei der vorigen Art), blaßbraun, dickwandig, glatt, oval, 15 × 10 µm. Basidiosporen weiß, breit oval, 5–5,5 × 3–4 µm. Auf alten, bereits zerfallenden Exemplaren von *Russula-* und *Lactarius-*Arten. August–Dezember. Verbreitet. **Ungenießbar!**

Bitterer Nadelschwamm *Pseudohiatula tenacella* (Pers. ex Fr.) Métr.
Hut: 1–2,5 cm breit, gewölbt, später flacher ausgebreitet und gebuckelt, braun, meist mit deutlich hellerer Mitte. **Stiel:** 40–80 × 1–3 mm, zäh, im oberen Abschnitt weiß, weiter unterhalb ockerbraun, am Grunde lang wurzelnd. **Fleisch:** dünn, hut- und stielfarben. Geschmack sehr bitter. Geruch unauffällig. **Lamellen:** weiß. Sporenpulver weiß. Sporen 6–7,5 × 2,5–3,5 µm. Huthaut aus kugeligen Zellen mit gestielter Basis. Wächst auf abgefallenen und verrottenden Kiefernzapfen. April–Juni. **Ungenießbar!**

Lactarius (Milchling, Reizker) Alle Arten geben Milchsaft ab, wenn Lamellen oder Stiele verletzt werden. Wichtig ist, ob dieser Milchsaft sich nach einiger Zeit an der Luft farblich verändert oder nicht. Der Geschmack eines Tropfens Milchsaft liefert weitere wichtige Merkmale. Manche Arten von besonderem Geruch. Hüte oft recht brüchig. Annähernd 60 Arten in Europa.

Samtiger Milchling *Lactarius vellereus* Fr.
Hut: 10–25 cm breit, flach gewölbt und ausgebreitet, manchmal in der Mitte breit eingedrückt und weit-trichterförmig, am Rand anfangs eingekrümmt, zunächst weißlich-cremefarben, später zunehmend gelblich-bräunlich bis sehr blaß-zinnoberrot oder zimtfarben, Oberfläche sehr samtig-wollig. **Stiel:** 40–70 × 20–40 mm, fest, gleichfarben mit dem Hut, kurz samtig. **Fleisch:** dick und fest. **Lamellen:** herablaufend, nicht sehr eng, schmal, brüchig, blaß ockerbraun. Milchsaft weiß, reichlich, von mildem Geschmack. Sporenpulver weiß. Sporen elliptisch mit kleinen Warzen, die durch ein feines Netzwerk teilweise verbunden bleiben, 7,5–9,5 × 6,5–8,5 µm. Zahlreich in Laubwäldern, bevorzugt in Buchengehölzen. **Ungenießbar!**
Die Form *L. vellereus* var. *bertillonii* unterscheidet sich durch den brennenden Geschmack des Milchsaftes.

Pfeffer-Milchling *Lactarius piperatus* (Scop. ex Fr.) S. F. Gray
Hut: 6–16 cm breit, flach ausgebreitet bis eingedellt oder breit trichterig, cremeweiß, Oberfläche matt und glatt, nicht samtig. **Stiel:** 30–70 × 20–30 mm, zylindrisch oder zur Basis verschmälert, weiß. **Fleisch:** dick, weiß. **Lamellen:** herablaufend, dicht, schmal, weiß bis cremefarben. Milchsaft weiß, Geschmack sehr scharf und brennend. Sporenpulver weiß. Sporen länglich-elliptisch, gemustert wie bei der vorigen Art, 6,5–9,5 × 5–7,5 µm. Gruppenweise in Laubwäldern. Juli–Oktober. **Eßbar,** aber wegen des scharfen Geschmacks allenfalls als Würzpilz empfehlenswert. Von anderen Arten gut unterscheidbar.

Rosascheckiger Milchling *Lactarius controversus* (Fr.) Fr.
Hut: 8–15 cm breit, anfangs gewölbt, später eingedrückt bis breit trichterig, am Rand stets eingerollt, jung etwas flaumig, elfenbeinfarben bis blaß-lederbraun, oft mit rötlichen Flecken und Stellen in konzentrischen Kreisen, kahl, feucht etwas klebrig. **Stiel:** 30–75 × 20–40 mm, fest, zylindrisch oder zum Grunde verschmälert, hutfarben. **Fleisch:** weiß, dick. **Lamellen:** herablaufend, dicht, schmal, blaß rosa-lederfarben. Milchsaft weiß, Geschmack erst langsam scharf. Sporenpulver rosa-cremefarben. Sporen eiförmig mit auffallendem Warzenmuster; Warzen durch dicke Leisten miteinander verbunden, 6–7 × 5–6 µm. Verbreitet, meist in der Nähe von Pappeln oder Weiden. August–Oktober. **Eßbar,** aber nicht empfehlenswert.

Ⓖ **Wolliger Milchling** *Lactarius torminosus* 1/2 nat. Gr.

Ⓖ **Zottiger Milchling** *Lactarius pubescens* 2/3 nat. Gr.

Ⓖ **Goldflüssiger Milchling** *Lactarius chrysorrheus* 2/3 nat. Gr.

Ⓤ **Stacheliger Milchling** *Lactarius spinulosus* 3/4 nat. Gr.

Wolliger Milchling, Birkenreizker *Lactarius torminosus* (Schaeff. ex Fr.) S. F. Gray
Hut: 4–12 cm breit, anfangs gewölbt, später flacher ausgebreitet und leicht trichterig, am Rande eingerollt und deutlich behaart, blaß lachsfarben bis blaßrosa, in der Mitte etwas dunkler, mit undeutlichen konzentrischen Farbringen. **Stiel:** 40–80 × 10–20 mm, blaß fleischfarben bis lachsrosa, fein flaumig überzogen. **Fleisch:** weiß, im Stiel ziemlich früh hohl. **Lamellen:** leicht herablaufend, blaß fleischfarben bis lachsrosa. Milchsaft weiß, Geschmack scharf und beißend. Sporenpulver gelblich-cremefarben, etwas lachsfarben. Sporen oval mit flachen Warzen, die durch Leisten zu einem unvollständigen Netzmuster verbunden sind, 7,5–10 × 6–7,5 µm. In Laubwäldern und auf Heiden, meist in der Nähe von Birken. August–Oktober. Häufig. **Giftig!**

Zottiger Milchling *Lactarius pubescens* (Fr. ex Krombh.) Fr.
Hut: 4–10 cm breit, anfangs gewölbt, später in der Mitte eingedellt, am Rande stets stark eingerollt und behaart, cremeweiß bis blaßrosa, häufig jedoch mit unregelmäßigen dunkleren Flecken, ohne konzentrische Farbringe (vgl. vorige Art). **Stiel:** 30–60 × 10–25 mm, hutfarben, im oberen Teil oft mit einem bräunlichen Band. **Fleisch:** dick, weißlich. **Lamellen:** leicht herablaufend, weißlich mit leicht lachsfarbener Tönung, mit zunehmendem Alter etwas dunkler. Milchsaft weiß. Geschmack sehr scharf und beißend. Sporenpulver blaß cremefarben mit schwacher lachsfarbener Tönung. Sporen elliptisch mit Warzen, die über Leisten zu einem unregelmäßigen Netzmuster verbunden sind, 6,5–8,5 × 5,5–6,5 µm. Auf Sandböden, meist in der Nähe von Birken. August–Oktober. Verbreitet. **Giftig!**

Ⓖ **Fransen-Milchling** *Lactarius cilicioides* 1/2 nat. Gr.

Goldflüssiger Milchling *Lactarius chrysorrheus* Fr.
Hut: 3–8 cm breit, gewölbt mit trichterförmiger Delle, blaß lachsfarben bis rosa- oder lederbraun, mit dunkleren Ringen wäßriger Flecken oder schmalen, konzentrischen Bändern, glatt, am Rand unbehaart, anfangs eingerollt, später gerade. **Stiel:** 30–80 × 9–20 mm, zylindrisch oder zur Basis leicht angeschwollen, weißlich bis hellbräunlich, im oberen Teil auch leicht rosa angehaucht. **Fleisch:** bleich bis weißlich, durch den Milchsaft gelblich, im Stiel hohl. **Lamellen:** herablaufend, dicht, von Hutfarbe oder wenig heller. Milchsaft zunächst weiß, verfärbt sich an der Luft ziemlich bald schwefelgelb, reichlich, Geschmack langsam bitter und etwas beißend. Sporenpulver cremeweiß mit leichter lachsfarbener Tönung. Sporen oval mit unvollständigem Netzwerk von Leisten und Rändern, 7–8,5 × 6–6,5 µm. Bevorzugt in Laubwäldern und nur unter Eichen. Juli–September. Verbreitet. **Ungenießbar – giftig!**

Stacheliger Milchling *Lactarius spinulosus* Quél.
Hut: 2,5–6 cm breit, anfangs gewölbt, später trichterförmig eingedellt, am Rand anfangs eingerollt, zuletzt ziemlich gerade, rosa-lederfarben bis rötlich-lila mit dunkleren Flecken, mit Fasern oder zerstreut mit faserigen Schuppen besetzt, besonders zum Rand hin. **Stiel:** 25–50 × 6–12 mm, etwas grubig oder abgeflacht, hutfarben oder heller. **Fleisch:** weiß bis rosa-lederfarben. **Lamellen:** herablaufend, schmal, dicht, rosafarben. Milchsaft weiß, Geschmack mäßig beißend. Sporenpulver blaß ockergelb, leicht lachsfarben. Sporen elliptisch mit dicklichen Leisten in Form eines Netzwerkes, 7–8,5 × 5,5–7 µm. In Laubwäldern, besonders unter Birken. August–Oktober. **Ungenießbar!**

Fransen-Milchling *Lactarius cilicioides* Fr.
Hut: 10–20 cm breit, gewölbt, in der Mitte tief trichterförmig eingedellt, blaß gelblich-lederfarben bis ockerbraun, mit zerstreuten ockerbraunen Fasern, die zum Rand hin dicker und kräftiger gefärbt sind, über den Rand fransig hinausreichend, hart und dickfleischig, dort deutlich eingerollt, auf der Oberfläche etwas klebrig. **Stiel:** 40–80 × 20–45 mm, zur Basis verschmälert oder zylindrisch, hart und steif, blaßgelblich-bräunlich, manchmal mit undeutlichen dunkleren Flecken. **Fleisch:** blaßgelb, im Stiel hohl. **Lamellen:** herablaufend, blaßrosa bis hell-ockerbraun oder lederfarben. Milchsaft zunächst weiß, färbt innerhalb weniger Sekunden nach Schwefelgelb um. Geschmack mäßig scharf oder brennend. Sporenpulver blaß lederfarben mit leichtem lachsfarbenem Anflug. Sporen breit elliptisch, manchmal fast kugelig, mit Netzwerk dicker Leisten und dünnerer Linien, 7,5–8,5 × 6 µm. Immer unter Birken in feuchteren Wäldern, entlang von Bachläufen oder in Parks. August–Oktober. **Giftig!**

Ⓤ **Scharfer Milchling** *Lactarius acerrimus* ½ nat. Gr.

Scharfer Milchling *Lactarius acerrimus* Britz
Hut: 8–15 cm breit, in der Jugend kugelig, später flacher und mitunter trichterförmig, meist stark und unregelmäßig gelappt und gewellt, lederbraun mit ockerfarbener oder gelblicher Tönung, zum Rand heller, oberseits mit undeutlichen, gelblichen, konzentrischen Bändern, ziemlich fest, im feuchten Zustand leicht klebrig, anfangs am Rand eingerollt, bald völlig haarlos. **Stiel:** 20–60 × 20–40 mm, kurz und dick, weißlich, manchmal auch gesprenkelt oder gänzlich ockerbraungelblich, exzentrisch oder sehr seitlich am Hut ansetzend. **Fleisch:** weißlich, sehr fest, kompakt oder mit 1–2 kleineren Höhlungen im Stiel. **Lamellen:** leicht herablaufend, rosabräunlich, später eher zimtfarben getönt, nicht sehr dicht, auf der Fläche netzig geadert, untereinander häufig verbunden, daher stellenweise porig. Milchsaft weiß, Geschmack sehr brennend-scharf. Geruch fruchtig, erinnert an überreife Birnen. Sporenpulver dunkel cremefarben. Sporen eiförmig, mit auffallenden Warzen und dickem Leistenmuster, 10,5–13,5 × 8,5–10 µm. Basidien zweisporig. Gruppenweise in Eichenwäldern, gelegentlich auch unter Eßkastanien. Juli–Oktober. **Ungenießbar!**

Zonen-Milchling *Lactarius insulsus* Fr.
Hut: 5–12 cm breit, anfangs flach gewölbt, später in der Mitte eingedellt und weit trichterförmig, Rand ziemlich unregelmäßig lappig gewellt, blaß lederbraun mit gelblicher Mitte und mehreren aprikosengelben oder rostroten Farbringen, Oberfläche eher schmierig als klebrig, am Rand anfangs eingerollt, später eher glatt-gerundet, kurzhaarig oder unbehaart. **Stiel:** 30–70 × 1,5–3,5 mm, weißlich oder von Hutfarbe, etwas grubig-furchig, mit gelblichen bis zimtfarbenen Flecken und Stellen, innen meist hohl. **Fleisch:** cremefarben–weiß, nach dem Anschneiden langsam (innerhalb von 15 Minuten) rosa verfärbend. **Lamellen:** herablaufend, safrangelb, engständig, schmal, starr und leicht brüchig. Milchsaft sehr reichlich, weiß. Geschmack langsam entwikkelnd und dann recht scharf, Geruch stark aromatisch. Sporenpulver dunkel cremefarben bis blaß ockerbraun. Sporen elliptisch, zu Ketten zusammenlaufende warzige Erhebungen auf der Oberfläche, 7–8,5 × 6–7 µm. In Laubwäldern, besonders unter Eichen. August–Oktober. Ziemlich selten. **Ungenießbar!**

Bleicher Milchling *Lactarius zonarius* (Bull. ex St. Amans) Fr.
Hut: 3,5–10 cm breit, gewölbt, in der Mitte stärker eingedrückt und daher oft breit trichterförmig, blaß gelblich-lederfarben, am Rande deutlich heller, später manchmal ockerbräunlich bis rötlichgelb mit mehreren, undeutlichen, konzentrischen, dunkleren Farbringen und -zonen, leicht klebrig, am Rande eingerollt und unbehaart. **Stiel:** 25–45 × 10–20 mm, weißlich bis lederfarben-bräunlich, mitunter mit undeutlichen Flecken. **Fleisch:** weißlich, oft im Stiel hohl. **Lamellen:** herablaufend, dicht, schmal, nahe dem Stiel auch gabelig geteilt, gelblich-bräunlich oder heller. Milchsaft weiß, Geschmack sehr scharf. Geruch erinnert an Pelargonien. Sporenpulver blaß lederfarben- bräunlich. Sporen eiförmig, Warzen mit flachen, zum Teil undeutlichen Leisten zu einem Netzwerk verbunden, 7–9,5 × 5–7 µm. August–Oktober. Nicht sehr häufig. In Laubwäldern, besonders in der Nähe von Eichen. **Ungenießbar!**

Bitterer Milchling *Lactarius deterrimus* Gröger
Hut: 3–10 cm breit. Im gesamten Erscheinungsbild der folgenden Art sehr ähnlich und davon früher auch nicht deutlich unterschieden. Die Hauptunterschiede liegen vor allem im Milchsaft, der sich innerhalb von 10 Minuten purpurrot verfärbt und nach etwa einer halben Stunde eine tiefweinrote Färbung angenommen hat. Außerdem schmeckt der Milchsaft stark bitter. Die Hutfarbe ist weniger rötlich-gelb, sondern eher gelblich und neigt zu Grüntönen. Verbreitet in Nadelholzbeständen, vor allem unter Fichten, aber auch in der Nähe von Kiefern. **Eßbar,** aber nicht empfehlenswert.

Edelreizker *Lactarius deliciosus* (L. ex Fr.) S. F. Gray
Hut: 3–10 cm breit, anfangs flach gewölbt, dann mehr eingedrückt oder flach trichterförmig, mit zahlreichen kleinen purpur- bis ziegelroten oder lachsfarbenen Flecken, die zu konzentrischen Ringen und Zonen angeordnet sind; Hintergrundfärbung heller, blaß fleischfarben oder rosa-lederbraun, stellenweise leicht grünlich, leicht klebrig, fest, brüchig, am Rand anfangs stärker eingerollt. **Stiel:** 30–60 × 15–20 mm, blaß cremefarben bis lachsfarben oder hellorange, mit dunkler orangegelben Vertiefungen und Löchern, stellenweise auch grünlich. **Fleisch:** blaß gelblich, nach dem Anschneiden in etwa einer halben Stunde vom Karottengelb des Milchsaftes allmählich verblassend und zuletzt graugrünlich. **Lamellen:** leicht herablaufend, dicht, blaßrosa bis aprikosengelb, nach Verletzung zuerst karottengelb, dann pistaziengrün. Milchsaft orangegelb, von mildem oder wenig bitterem Geschmack. Sporenpulver blaß ockerbraun. Sporen elliptisch, mit dünneren und dicken Leisten, die ein deutliches Netzwerk bilden, 7–9 × 6–7 µm. Im Gras in Kiefernbeständen, seltener auch unter Fichten. August–Oktober. Sehr schmackhafter Speisepilz. **Eßbar.**

Ⓤ **Zonen-Milchling** *Lactarius insulsus* 1/2 nat. Gr.

Ⓤ **Bleicher Milchling** *Lactarius zonarius* 2/3 nat. Gr.

Ⓔ **Bitterer Milchling** *Lactarius deterrimus* 1/2 nat. Gr.

Ⓔ **Edelreizker** *Lactarius deliciosus* 1/2 nat. Gr.

Ⓤ **Kiefern-Milchling** *Lactarius musteus* 1/2 nat. Gr.

Ⓤ **Blasser Milchling** *Lactarius pallidus* 2/3 nat. Gr.

Ⓤ **Kuhbrauner Milchling** *Lactarius hysginus* 2/3 nat. Gr.

Ⓤ **Graugrüner Milchling** *Lactarius blennius* 1/2 nat. Gr.

Kiefern-Milchling *Lactarius musteus* Fr.
Hut: 4–10 cm breit, anfangs flach gewölbt, später mehr eingedellt, jedoch nicht trichterförmig, weißlich bis blaß lederbraun mit leichter fleischfarbener Tönung, sehr fest, dickfleischig, an der Oberseite im feuchten Zustand etwas klebrig, am Rand eingerollt, später nur noch umgeschlagen, gleichmäßig oder etwas uneben, leicht filzig. **Stiel:** 30–80 × 10–35 mm, hutfarben, oft mit einem breiten, rosa-lederfarbenen Band, unterhalb der Lamellen etwas wäßrig aussehend, ziemlich hart, glatt, feucht klebrig, innen hohl. **Lamellen:** wenig herablaufend, blaß cremefarben, mitunter auch mit blaß lederfarbener Tönung, nach Verletzung hellgrau oder grauoliv verfärbend (innerhalb einiger Stunden). Milchsaft weiß, nach einigen Stunden dunkeloliv; Geschmack zunächst mild, nach einiger Zeit aber sehr scharf. Sporenpulver blaß cremefarben. Sporen elliptisch, warzig, mit unvollständigem Leistennetz, 8–9 × 6,5–7 µm. Unter Kiefern. August–Oktober. Bisher nur aus dem Norden der Britischen Inseln bekannt geworden. **Ungenießbar!**

Blasser Milchling *Lactarius pallidus* (Pers. ex Fr.) Fr.
Hut: 4–10 cm breit, flach gewölbt, später mit trichterförmiger Eindellung, sehr blaßrosa oder leicht fleischfarben bis sehr hellbräunlich, fest, ziemlich dickfleischig, glatt, klebrig, am Rande anfangs eingerollt. **Stiel:** 30–80 × 6–28 mm, zylindrisch oder zur Basis verschmälert, weißlich oder hutfarben, glatt. **Fleisch:** weißlich-cremefarben. **Lamellen:** wenig herablaufend, blaßrosa bis cremefarben, ziemlich dicht. Milchsaft weiß, Geschmack mild oder beißend. Sporenpulver blaß bräunlich mit leicht lachsfarbener Tönung. Sporen elliptisch, mit erhabenem Leistenmuster wechselnder Dicke, 8–10 × 6–7 µm. Zerstreut bis verbreitet. Vor allem unter Birken. **Ungenießbar!**

Kuhbrauner Milchling *Lactarius hysginus* Fr.
Hut: 4–10 cm breit, anfangs flach gewölbt, dann in der Mitte tiefer eingedellt und zuletzt breit trichter-schüsselförmig, rötlich-braun, zum Rand hin allmählich heller, manchmal auch purpurbraun oder fleischfarben getönt, gelegentlich mit undeutlichen, konzentrischen Zonen; Oberfläche feucht etwas klebrig, radial runzlig, Rand anfangs eingeschlagen, später fast glatt oder leicht unregelmäßig. **Stiel:** 25–70 × 10–25 mm, weißlich, bräunlichweiß oder blaßrosa, manchmal unregelmäßig ziegelrot gefleckt, zylindrisch, spindelförmig oder unförmig gestaltet, schwach längsfurchig, feucht klebrig. **Lamellen:** wenig herablaufend, anfangs dunkler gelblich, später safrangelb, ziemlich schmal, dicht; Milchsaft reichlich, weiß. Geschmack scharf und sehr brennend. Sporenpulver dunkel-cremefarben bis leicht lachsfarben. Sporen breit elliptisch, Warzen niedrig, durch Linien und Leisten verbunden, 6,5–7,5 × 5,5–6,5 µm. Verbreitet bis zerstreut, vor allem in Nadelwäldern. August–Oktober. **Ungenießbar!**

Graugrüner Milchling *Lactarius blennius* (Fr.) Fr.
Hut: 4–10 cm breit, flach gewölbt, in der Mitte etwas eingedrückt oder breiter schüsselförmig, blaß oliv- bis grünlichgrau oder grünlichbraun, mit dunkleren, braunen, unregelmäßigen Flekken, diese zu konzentrischen Zonen zusammengefaßt, feucht sehr schleimig, am Rande umgeschlagen. **Stiel:** 40–50 × 10–17 mm, blasser als Hut, schleimig. **Fleisch:** weißlich. **Lamellen:** wenig herablaufend, anfangs weiß oder weißlich, nach Verletzung bräunlichgrau. Milchsaft weiß, dunkelt an der Luft grau nach, Geschmack sehr scharf und brennend. Sporenpulver cremefarben mit fleischfarbener Tönung. Sporen elliptisch mit kleinen, flachen Warzen, die von Leisten längs verbunden werden, aber nur wenige Querverbindungen aufweisen, 7–8 × 5,5–6,5 µm. In Laubwäldern ausschließlich unter Buchen. Juni–November. **Ungenießbar!**

Ⓤ **Tannenreizker** *Lactarius necator* ½ nat. Gr.

Tannenreizker *Lactarius necator* (Bull. ex Fr.) Karst
Hut: 5–20 cm breit, anfangs flach gewölbt, später eingedellt und breit schüsselförmig, dunkel olivbraun oder olivschwarz, zum Rand etwas heller, fest und dickfleischig, klebrig bis schleimig, leicht filzig und am Rand sogar etwas wollig, dort zunächst auch umgerollt. **Stiel:** 40–80 × 10–25 mm, zylindrisch oder zur Basis verschmälert, hutfarben oder wenig blasser, kurz und gedrungen, Oberfläche fein gelöchert, schleimig. **Fleisch:** weiß, stellenweise braun verfärbt, im Stiel hohl. **Lamellen:** herablaufend, ziemlich schmal und dicht, cremefarben bis gelblich, an Verletzungsstellen etwas nachdunkelnd. Milchsaft weiß, reichlich. Geschmack sehr scharf und brennend. Alle Teile verfärben sich mit Salmiakgeist oder KOH purpurviolett. Sporenpulver cremefarben mit leichter lachsfarbener Tönung. Sporen elliptisch, etwas gerippt, von feinem Netzwerk überspannt, 7,5–8,5 × 6–7 µm, amyloid. Zahlreich in Nadelholzbeständen, dort bevorzugt unter Birken. Juli–Oktober. **Ungenießbar!**

Ⓤ **Braunfleckender Milchling** *Lactarius fluens* 2/3 nat. Gr.

Ⓤ **Violetter Milchling** *Lactarius uvidus* 2/3 nat. Gr.

Ⓖ **Beißender Milchling** *Lactarius pyrogalus* 2/3 nat. Gr.

Ⓤ **Gebänderter Milchling** *Lactarius circellatus* 1/2 nat. Gr.

Ⓤ *Lactarius flavidus* 2/3 nat. Gr.

Ⓤ *Lactarius odoratus* 1/2 nat. Gr.

Ⓤ *Lactarius hibbardae* 1/2 nat. Gr.

Braunfleckender Milchling *Lactarius fluens* Boudier
Hut: 4–13 cm breit, anfangs flach gewölbt, später stärker abgeflacht und in der Mitte eingedellt, meist kräftig grünlich-oliv bis olivgrünlichbraun, manchmal auch khaki- bis graubraun, oft mit mehreren dunkleren, konzentrischen Zonen; Oberfläche feucht etwas klebrig, sonst glatt, mit feiner durchscheinender Aderung; am Rand eingeschlagen, dort auch viel heller als in der Mitte, regelmäßig oder unregelmäßig lappig oder gewellt. Unbehaart. **Stiel:** 25–70 × 10–20 mm, blasser als Hut, weißlich, bleicholiv oder auch mausgrau, am Grunde oft auch etwas rostig, nach Verletzung bräunlich verfärbend, zylindrisch, glatt. **Lamellen:** adnex bis wenig herablaufend, auch im jungen Zustand, mit cremefarbener Tönung, später etwas dunkler bis lederbraun, nach Verletzung haselbraun (Verfärbung aber oft erst nach Stunden und Tagen), ziemlich schmal, dicht. Milchsaft weiß, nach Trocknung grünlichgrau, Geschmack nach einigen Sekunden sehr brennend. Sporenpulver dunkel cremefarben mit lachsfarbenem Anflug. Sporen oval bis elliptisch, Oberfläche etwas warzig, Rippen fast flügelartig verbreitert, daher von streifigem Aussehen, 6,5–8,5 × 5–6 µm. Im Laubwald unter Buche und Hainbuche. August–Oktober. Verbreitet. **Ungenießbar!**

Violetter Milchling *Lactarius uvidus* (Fr.) Fr.
Hut: 3–10 cm breit, flach gewölbt bis ausgebreitet, später auch in der Mitte stärker eingedrückt, am Rande unregelmäßig geschwungen, hell-bis rehbraun, manchmal auch leicht lila- oder violettgrau, seltener mit 1–2 undeutlichen, dunkleren Bändern, ziemlich glatt, feucht klebrig, am Rand eingeschlagen. **Stiel:** 25–60 × 6–25 mm, schmutzig weißlich bis blaß lederbraun, mit rehbraunem Adermuster, zum Grund rostfleckig, mehr oder weniger zylindrisch, glatt, Adermuster fein, durchscheinend. **Fleisch:** blaß-weißlich, nach dem Anschneiden innerhalb einer halben Stunde deutlich lila-violett, in der Mitte hohl. **Lamellen:** herablaufend, blaß-weißlich, bei Verletzung allmählich violett verfärbend, ziemlich engständig, schmal. Milchsaft anfangs weiß, später violett umfärbend. Geschmack leicht bitter. Sporenpulver cremefarben. Sporen oval, mit kräftigen Warzen, die durch dickere und dünnere Leisten zu einem Netz verbunden werden, 9–10,5 × 7,5–8 µm. An feuchten Stellen auf dem Boden unter Birken und Weiden. Verbreitet. In Nordeuropa etwas häufiger. August–Oktober. **Ungenießbar!**

Beißender Milchling *Lactarius pyrogalus* (Bull. ex Fr.) Fr.
Hut: 5–10 cm breit, flach gewölbt bis flach ausgebreitet, breit trichterförmig eingedellt, hellgrau-bräunlich, manchmal mit etwas gelblichem Anflug, meist ohne oder nur mit undeutlichen dunkleren Farbringen, dünnfleischig, im feuchten Zustand auch klebrig. **Stiel:** 40–60 × 7–15 mm, zylindrisch, am Grunde leicht verdickt, weißlich oder hutfarben. **Fleisch:** weißlich. **Lamellen:** leicht herablaufend, gelblich bis fleischfarben, später zimtfarben-bräunlich. Milchsaft weiß. Geschmack außerordentlich scharf und brennend (Name!); färbt sich mit KOH gelb. Sporenpulver blaß ockerbraun, Sporen breit elliptisch mit Warzen, durch dicke Rippen zu einem Netzwerk verbunden, 7–8 × 5,5–6,5 µm. Im Laubwald oder in Hecken, unter Hasel. Verbreitet. **Giftig!**

Gebänderter Milchling *Lactarius circellatus* Fr.
Hut: 5–10 cm breit, flach gewölbt, nur ziemlich flach eingedrückt oder recht unregelmäßig bucklig, dunkelgraubraun bis dunkeloliv, mitunter auch leicht violett überflogen, trocken etwas silbrig, immer mit dunkleren Ringen und Zonen in konzentrischen Kreisen, fest, am Rand anfangs eingerollt. **Stiel:** 30–60 × 8–20 mm, zylindrisch oder spindelförmig, weißlich oder hutfarben. **Fleisch:** weißlich, im Stiel ziemlich bald hohl. **Lamellen:** adnex bis herablaufend, zunächst gelblich-weiß, später blaß-ockerbraun. Milchsaft weiß, keine Farbreaktion mit KOH. Geschmack zuerst mild, dann bald ziemlich scharf. Sporenpulver blaß ockerbraun mit leichter lachsfarbener Tönung. Sporen breit elliptisch, mit dicken Rippen, 6–7,5 × 5–6,5 µm. Meist unter Hainbuchen. Häufig. August–Oktober. **Ungenießbar!**

Gelber Milchling *Lactarius flavidus* Boud.
Hut: 3–5 cm breit, flach gewölbt, später mit niedriger Delle, einfarbig strohgelb bis blaß ockergelb, nach Verletzung in fünfzehn bis dreißig Minuten nach Purpur umfärbend. Oberfläche glatt, feucht etwas klebrig, am Rande umgebogen, ziemlich eben und regelmäßig. **Stiel:** 25–60 × 6–20 mm, hutfarben und nach Verletzung ähnlich reagierend, kompakt, fest, glatt, etwas klebrig. **Fleisch:** sehr blaß gelblich, nach dem Anschneiden in höchstens einer halben Stunde violett-purpurn verfärbt. **Lamellen:** adnex bis wenig herablaufend, hutfarben oder etwas heller, dicht, häufig nahe dem Stiel gabelig geteilt. Milchsaft reichlich, weiß. Geschmack mild und erst allmählich brennend. Sporenpulver blaß cremefarben, Sporen elliptisch mit flachen Warzen, mit Leisten und Rippen zu einem Netz verbunden, 8,5–10 × 7,5–9 µm. In Laubwäldern. Selten. August–Oktober. **Ungenießbar!**

Duftmilchling *Lactarius odoratus* Velen
Hut: 2–5,5 cm breit, gewölbt, später mit flacher Eindellung in der Mitte, dort mit kleiner Spitze, meist graulila oder dunkler lederfarben, dünnfleischig, nicht klebrig, am Rand anfangs umgeschlagen. **Stiel:** 25–65 × 4–12 mm, zylindrisch, nach oben leicht verschmälert oder etwas keulenförmig, weich und ziemlich brüchig, hutfarben oder heller und etwas gelblicher. **Fleisch:** hell-bräunlich, manchmal im Stiel hohl. **Lamellen:** herablaufend, dicht, blaß gelblich bis blaß fleischfarben, später auch graulila. Milchsaft weiß. Geschmack anfangs mild, dann etwas schärfer und brennend. Geruch erinnert an Kokosmilch. Sporenpulver cremefarben-weiß, Sporen breit elliptisch, mit kleinen Warzen, die mit Rillen und Leisten zu einem Netzmuster verbunden sind, 7–8,5 × 5,5–6,5 µm. Häufig in Laub- und Laubmischwäldern unter Birken. Juli–November. **Ungenießbar!**

Dunkler Duftmilchling *Lactarius hibbardae* (Burl.) Sacc.
Hut: 2,5–5,5 cm breit, anfangs etwas gewölbt, später meist abflachend und etwas eingedellt, in der Mitte mit einem kleinen, spitzen Buckel, bräunlich bis rötlich-grau oder mittelbraun, manchmal mit einem oder mehreren konzentrischen Farbringen, kaum dickfleischig, fest, trocken, oberseits manchmal mit federig aufbrechenden, aber anliegenden Schuppen. Am Rand anfangs etwas eingerollt. **Stiel:** 15–35 × 5–11 mm, weißlich oder hutfarben angehaucht, bei Verletzung blaß zimtbraun anlaufend. **Fleisch:** weißlich bis lederfarben. **Lamellen:** adnat bis wenig herablaufend, dicht, rosalederfarben, später dunkler oder leicht orangefarben. Milchsaft weiß. Geschmack zunächst mild, später jedoch sehr beißend und scharf. Geruch erinnert an Kokosflocken. Sporenpulver cremefarben-weiß. Sporen elliptisch bis oval, mit dichtem Netzwerk überzogen, 7,5–9 × 5–6 µm. In feuchten, moosreichen Nadelwäldern. Juli–Oktober. **Ungenießbar!**

Ⓤ **Graufleckender Milchling** *Lactarius vietus* 3/4 nat. Gr.

Ⓔ **Rußfarbener Milchling** *Lactarius fuliginosus* 2/3 nat. Gr.

Ⓤ **Maggipilz** *Lactarius helvus* 1/2 nat. Gr.

Ⓤ **Fuchsfarbener Milchling** *Lactarius rufus* 1/2 nat. Gr.

Ⓤ **Hellgrauer Milchling** *Lactarius azonites* 2/3 nat. Gr.

Ⓤ **Flügel-Milchling** *Lactarius pterosporus* 2/3 nat. Gr.

Graufleckender Milchling *Lactarius vietus* (Fr.) Fr.
Hut: 2,5–7 cm breit, zunächst flach gewölbt, später zunehmend eingedellt, zuweilen mit breitem oder gespitztem Buckel, violett- bis fleischfarben-grau oder von blaß gelblich-bräunlicher Tönung, feucht schleimig oder klebrig, jung am Rand eingerollt. **Stiel:** 25–80 × 5–13 mm, zylindrisch, manchmal zur Basis verschmälert oder keulig, weißlich oder weißlich-grau, ziemlich brüchig und spröde. **Fleisch:** weißlich-lederfarben, im Stiel oft hohl. **Lamellen:** wenig herablaufend, dicht, weißlich bis lederfarben. Milchsaft weiß, nach dem Trocknen auf den Lamellen bräunliche bis grünlich-rauchgraue Flecken zurücklassend. Geschmack scharf und brennend. Geruch unauffällig. Sporenpulver cremefarben, mit leicht lachsfarbener Tönung. Sporen elliptisch, mit deutlichem Netzwerk erhabener Leisten, 9,5 × 6,5–7,5 µm. Häufig in Mischwäldern, vor allem unter Birken. **Ungenießbar!**

Rußfarbener Milchling *Lactarius fuliginosus* (Fr.) Fr.
Hut: 4,5–9 cm, flach gewölbt, später zunehmend eingedellt oder breit trichterförmig, dunkel- bis zigarrenbraun, nicht klebrig, fein samtig erscheinend, am Rand zunächst eingeschlagen. **Stiel:** 40–100 × 7–20 mm, hutfarben oder blasser, Oberfläche ebenfalls trocken und samtig aussehend. **Fleisch:** weißlich, stellenweise auch fleckig, besonders im Anschnitt nach wenigen Minuten lachsfarben-rosa. Geschmack mild. **Lamellen:** kurz herablaufend, lederfarben-bräunlich mit lachsfarbener Tönung, stärker lachsfarben nach Verletzung. Milchsaft weiß, im Kontakt mit dem Fleisch an der Luft bald rosa. Geschmack mild, erst später wenig bitter. Sporenpulver blaß lederfarben. Sporen kugelig bis sehr breit elliptisch, mit deutlichem Rippen-Netzmuster, 7–9 × 7–8 µm. Zerstreut in Laubwäldern unter Buchen. Juli–Oktober. **Eßbar,** aber wertlos.

Maggipilz *Lactarius helvus* (Fr.) Fr.
Hut: 5–12 cm breit, flach gewölbt, bald mehr eingedellt, zuweilen mit flachem, breitem Buckel, gelblich bis rötlich zimtfarben mit zahlreichen dunkleren Flecken oder kleinen, flachen Schuppen, fest, dünnfleischig, später zunehmend weich und brüchig, Rand nur anfangs eingerollt. **Stiel:** 50–120 × 5–30 mm, zylindrisch bis leicht keulig, rötlich-ockerbraun oder zimtfarben bis dunkler rot, oft puderig oder flaumig. **Fleisch:** weißlich, im Stiel hohl. **Lamellen:** adnat bis wenig herablaufend, als kurze Rippen am Stiel verlängert, blaß lederbraun. Milchsaft klar. Geschmack mild oder bitter. Geruch, nach dem Trocknen sehr würzig nach Maggi. Sporenpulver weißlich bis schwach lachsfarben. Sporen elliptisch mit kleinen Warzen, untereinander mit feinen Leisten verbunden, schwach netzig, 6,5–9 × 5,5–6,5 µm. In Nadelgehölzen, in Mooren und auf Heiden. Juli–Oktober. **Ungenießbar,** nach einigen Angaben auch **giftverdächtig,** dennoch mitunter als Würzpilz verwendet.

Fuchsfarbener Milchling *Lactarius rufus* (Scop. ex Fr.) Fr.
Hut: 3–10 cm breit, anfangs gewölbt, später zunehmend abgeflacht, zuletzt mit breiter Eindellung, in der Mitte oft mit spitzem Buckel, rotbraun bis fuchsrot, mitunter auch dunkelbraun oder ziegelrot, mäßig fleischig, bald sehr spröde und brüchig, matt, trocken, am Rand anfangs etwas eingerollt. **Stiel:** 40–80 × 5–20 mm, hutfarben oder deutlich heller. **Fleisch:** weiß. **Lamellen:** leicht herablaufend, brüchig, gelblich bis blaß hutfarben. Milchsaft weiß. Geschmack zunächst mild, dann sehr scharf. Sporenpulver cremefarben-weißlich mit leichter lachsfarbener Tönung. Sporen elliptisch, Warzen mitunter isoliert, gewöhnlich aber durch Rippen und Leisten zu einem Netzwerk verbunden, 8–9,5 × 6,5–7,5 µm. Gesellig und zahlreich in Nadel- und Mischwäldern. **Ungenießbar!**

Hellgrauer Milchling *Lactarius azonites* (Bull. ex St. Amans) Fr.
Hut: 3–8 cm breit, graubraun oder graulederfarben bis rauchgrau, oft dem Rußfarbenem Milchling ziemlich ähnlich. **Stiel:** 30–70 × 5–15 mm, weißlich, später cremefarben bis hellgrau oder rauchgrau, nach Verletzung rosa anlaufend. **Fleisch:** weiß, nach Anschnitt oder Verletzung in wenigen Minuten deutlich nach Rosa verfärbend, nach längerer Zeit oft korallenrot. **Lamellen:** elfenbeinweiß, später auch blaß goldgelb, anfangs ziemlich dicht. Milchsaft im Geschmack mild bis leicht beißend. Sporen mit dicklichen Warzen, durch ein geschlossenes Netzwerk untereinander verbunden, 8–9 × 7,5–8,5 µm. In Laubwäldern, besonders unter Eichen. August–Oktober. Verbreitet. **Ungenießbar!**

Flügel-Milchling *Lactarius pterosporus* Romagn.
Hut: 3–8 cm breit, in Form, Färbung und Aussehen der vorigen Art meist sehr ähnlich, aber durch die Basidiosporen unterschieden, die hier mit breiten Flügelsäumen (etwa 2 µm hoch) verziert sind. Zusätzlich sind auch noch einige einzelne Warzen vorhanden. Milchsaft sehr scharf und brennend. Lamellen ziemlich dicht. Unter Buchen und Eichen. Zerstreut. August–Oktober. **Ungenießbar!**

Ⓔ **Eichenmilchling** *Lactarius quietus* 1/2 nat. Gr.

Ⓔ **Milchbrätling** *Lactarius volemus* 2/3 nat. Gr.

Eichenmilchling *Lactarius quietus* (Fr.) Fr.
Hut: 3–8 cm breit, anfangs gewölbt, später zunehmend flacher oder mit leichter Delle, dunkel rötlich-braun mit zimtfarbenem Anflug, oft auch mit dunkleren konzentrischen Binden oder dunkler gefleckt, feucht nicht klebrig, matt, glatt. **Stiel:** 40–90 × 10–15 mm, hutfarben oder dunkler, oft längsfurchig oder etwas grubig, matt. **Fleisch:** weißlich-bräunlich, im Hut dick und fest, im Stiel hohl. **Lamellen:** wenig herablaufend, bräunlich-weiß, zunehmend auch rötlich-braun mit leicht malvenfarbiger Tönung. Milchsaft weiß oder leicht cremefarben. Geschmack mild oder wenig bitter. Geruch leicht ölig. Sporenpulver cremefarben mit leicht lachsfarbenem Anflug. Sporen oval, Warzen meist über Rippen zu einem Netzwerk zusammengeschlossen, 7,5–9 × 6,5–7 µm. In Laubwäldern unter Eichen. September–Oktober. Ziemlich häufig. **Eßbar.**

Milchbrätling *Lactarius volemus* Fr.
Hut: 5–11 cm breit, zunächst stärker gewölbt, später zunehmend flacher und in der Mitte eingedellt, aprikosengelb bis lebhaft rotbraun, fleischig, ziemlich fest, kurz samtig, nicht klebrig. **Stiel:** 40–120 × 10–30 mm, hutfarben, mitunter aber auch heller, kurz samtig oder glatt, nicht klebrig. **Fleisch:** weißlich, fest. **Lamellen:** leicht herablaufend, schmal, recht weitständig, brüchig, blaß goldgelb, nach Verletzung bräunend. Milchsaft reichlich, weiß. Geschmack mild. Geruch etwas fischig. Sporenpulver weiß. Sporen rundlich, mit Netzwerk aus dünnen und kräftigen Rippen überzogen, 8–10 × 8–9,5 µm. In Laub- und Nadelwäldern. Juli–September. Eignet sich gut zum Braten. **Eßbar.**

Später Milchling *Lactarius hepaticus* Pl. apud Boud.
Hut: 2,5–7 cm breit, anfangs gewölbt, später flacher, oft mit einer deutlichen Buckelspitze in der Mitte, lederfarben bis dunkel kastanienbraun, trocken und matt, am Rand oft etwas gebogen oder lappig. **Stiel:** 30–70 × 4–8 mm, rötlichbraun bis ziegelrot. **Fleisch:** weißlich bis rosa-bräunlich, im Hut ziemlich dünn, im Stiel allmählich hohl. **Lamellen:** leicht herablaufend, blaß bräunlich, später lederfarben oder ockerbraun. Milchsaft weiß, beim Trocknen gelb umfärbend, ein Tropfen davon auf dem Taschentuch verfärbt sich nach ein bis zwei Minuten schwefelgelb. Geschmack bitter und beißend. Sporenpulver cremefarben. Sporen breit elliptisch, mit großen Warzen, meist durch dicke Rippen und Leisten netzförmig verbunden, 8–9 × 6–7 µm. Unter Kiefern. Selten. September–Dezember. **Ungenießbar!**

Milder Milchling *Lactarius mitissimus* (Fr.) Fr.
Hut: 3–6 cm breit, zunächst gewölbt, später stärker abgeflacht und in der Mitte eingedrückt, manchmal mit kleinem Buckel, lebhaft braunorange oder aprikosengelb, samtig-schmierig aber nicht klebrig, Rand anfangs umgeschlagen. **Stiel:** 30–60 × 6–12 mm, hutfarben. **Fleisch:** weiß, fest, mit dem Alter im Stiel zunehmend hohl. **Lamellen:** adnat bis leicht herablaufend, blaß ockerbraun. Milchsaft sehr reichlich, weiß, im Geschmack mild. Sporenpulver cremefarben mit leicht lachsfarbener Tönung. Sporen warzig, teilweise auch netzförmig überspannt, 8–9,5 × 6,5–7,5 µm. Hutoberfläche aus aufrechten Hyphenenden mit rundlichen Endzellen, durch geleeartige Kittmasse verbunden. In Laub- und Nadelwäldern. Ziemlich häufig. Juli–November. **Eßbar.**

Buchenmilchling *Lactarius britannicus* Reid
Hut: 3–8 cm breit, anfangs flach gewölbt, ziemlich bald ausgebreitet und kräftig eingedellt, oft in der Mitte gebuckelt, aprikosengelb bis braunorange oder mittelbraun, besonders zur Mitte hin etwas dunkler und bräunlicher, Oberfläche glatt, auch feucht nicht klebrig. **Stiel:** 30–80 × 8–18 mm, zylindrisch bis spindelförmig, rötlich-braun, zum Grunde hin wesentlich dunkler. **Fleisch:** weiß bis lederfarben, im Stiel manchmal hohl. **Lamellen:** herablaufend, ocker-lederfarben bis blaß zimtfarben, nach Verletzung braun verfärbend. Milch weiß, beim Trocknen blaß gelblich verfärbend. Geschmack mild oder wenig scharf. Sporenpulver cremefarben mit leicht lachsfarbener Tönung. Sporen annähernd kugelig, etwas warzig und mit Leistenmuster, 6–8 µm Durchmesser. In Laubwäldern, vorzugsweise unter Rotbuchen. Verbreitet. Bisher nur aus Nordwesteuropa bekannt. September–Oktober. **Ungenießbar!**

Zimtbrauner Milchling *Lactarius subdulcis* (Pers. ex Fr.) S. F. Gray
Hut: 3–7 cm breit, zunächst gewölbt, später ausgebreitet flach und in der Mitte eingedellt, manchmal mit kleinem Buckel, lebhaft rötlichbraun, rostbraun oder zimtfarben, manchmal auch etwas heller, ziemlich steif und biegsam, matt, glatt und am Rande etwas runzlig, dort anfangs auch umgebogen. **Stiel:** 30–70 × 6–13 mm, zylindrisch bis leicht keulenförmig, mitunter längsfurchig, hutfarben oder wesentlich heller. **Fleisch:** weißlich bis hell bräunlich, im Hut ziemlich dünn. **Lamellen:** adnat bis leicht herablaufend, anfangs weißlich, dann

Ⓤ *Lactarius hepaticus* 1/2 nat. Gr.

Ⓔ *Lactarius mitissimus* 1/2 nat. Gr.

Ⓤ *Lactarius britannicus* 1/2 nat. Gr.

Ⓔ *Lactarius subdulcis* 1/3 nat. Gr.

Ⓤ *Lactarius decipiens* 2/3 nat. Gr.

Ⓤ *Lactarius tabidus* 2/3 nat. Gr.

zunehmend rosa-lederfarben mit leicht rötlicher Tönung. Milch reichlich, weiß, auf einem Taschentuch nicht gelb verfärbend. Geschmack mild, dann erst wenig bitter. Sporenpulver cremefarben mit leicht lachsfarbener Tönung. Sporen oval, mit großen Warzen, die von dünnen Leisten zu einem Netzmuster verbunden werden, 7,5–9 × 6,5–8 µm. Hutoberfläche mit liegenden Hyphen und unterschiedlich verdickten Zellen. Vor allem in Buchenwäldern verbreitet. August–Oktober. **Eßbar.**

Täuschender Milchling *Lactarius decipiens* Quél.
Hut: 2–6 cm breit, flach gewölbt, zunehmend eingedellt und zuletzt flach trichterförmig oder mit kleinem Buckel, ziemlich blaß, rosa-lederfarben, in der Mitte deutlich dunkler, gelegentlich auch lila, fleischfarben oder rosa angehaucht, dünnfleischig, trocken, matt, ganzrandig; Rand bei älteren Exemplaren mitunter auch uneben und leicht unregelmäßig lappig. **Stiel:** 20–80 × 3–10 mm, im oberen Teil hutfarben, unterhalb mehr rostbraun, zylindrisch bis spindelförmig, matt. **Fleisch:** rosaweißlich, stellenweise auch gelblich, besonders nach dem Anschnitt oder bei Verletzung (Umfärben nach etwa dreißig Minuten). **Lamellen:** herablaufend, hutfarben oder bleicher, engständig, schmal. Milchsaft sehr reichlich, weiß, nach etwa zehn Minuten auf einem Taschentuch oder auf den Lamellen strohgelb trocknend. Geschmack zunächst mild, später scharf und bitter. Geruch nach Geranien. Sporenpulver cremefarben. Sporen breit-elliptisch, mit mittelgroßen Warzen, diese durch Leisten und Rippen zu einem Netzmuster verbunden, 7,5–9 × 6,5–7,5 µm. Hutoberseite fädig. In Laubwäldern, besonders unter Hainbuchen. Ziemlich selten. August–Oktober. **Ungenießbar!**

Moosmilchling *Lactarius tabidus* Fr.
Hut: 2–4 cm breit, flach gewölbt oder in der Mitte eingedellt, mit kleiner Knopfspitze, dunkel ockerbräunlich, ziemlich brüchig, matt, nicht klebrig, oft mit feinen Runzeln. **Stiel:** 30–50 × 4–10 mm, zylindrisch oder nach oben verschmälert, steif, aber spröde, hutfarben, im unteren Teil ziegelbraun. **Fleisch:** weißlich, im Hut ziemlich dünn, im Stiel hohl. **Lamellen:** wenig herablaufend, dicht, blaß gelblich-zimtfarben mit rosa Anflug. Milchsaft weiß, ein Tropfen auf dem Taschentuch wird rasch gelb; Geschmack anfangs mild, dann leicht bitter und brennend. Sporenpulver blaß cremefarben mit leicht lachsfarbener Tönung. Sporen elliptisch, mit einzelnen Warzen und wenigen feinen Leisten, 7–9,5 × 6–7 µm. Hutoberfläche aus kugeligen Zellen. An feuchten Stellen im Gras und im Moos, besonders unter Birken. August–Oktober. **Ungenießbar!**

Ⓔ *Lactarius camphoratus* 1/2 nat. Gr.

Ⓤ *Lactarius cimicarius* 1/2 nat. Gr.

Ⓤ *Lactarius obscuratus* 1/1 nat. Gr.

Ⓤ *Lactarius cyathula* 1/1 nat. Gr.

Kampfermilchling *Lactarius camphoratus* (Bull. ex Fr.) Fr.
Hut: 2,5–5 cm breit, zunächst gewölbt, später in der Mitte stärker eingedellt, oft auch mit kleinem Buckel, rotbraun, ziegelrot oder dunkelbraun, zuweilen mit leicht violettem Anflug, glatt, nicht glänzend, nicht klebrig, am Rande leicht eingerollt, etwas gefurcht. **Stiel:** 30–50 × 4–7 mm, zylindrisch oder zur Basis verschmälert, hutfarben oder etwas dunkler. **Fleisch:** blaß rostbraun. **Lamellen:** herablaufend, engständig, schmal, blaß rötlich-braun. Milchsaft ziemlich wäßrig, aber weißflockig. Geschmack mild. Geruch anfangs unbestimmt, nach dem Trocknen sehr würzig nach Curry. Sporenpulver cremefarben. Sporen kugelig, mit kleinen Warzen und Leisten gemustert, 7,5–8,5 × 6,5–7,5 µm, amyloid. Oft in Laub- und Nadelwäldern. Juni–Oktober. Als Würzpilz gut geeignet. **Eßbar.**

Wäßriger Milchling *Lactarius cimicarius* (Batsch. ex Secr.) Gillet
Hut: 3–7 cm breit, anfangs flach gewölbt, später in der Mitte trichter- oder schüsselförmig vertieft, manchmal auch mit niedrigem Buckel, dunkel- oder kastanienbraun, zuweilen zum Rand hin heller, trocken, matt, runzlig oder körnig, am Rande lange Zeit eingerollt und furchig. **Stiel:** 20–65 × 7–12 mm, hutfarben oder deutlicher rötlich-braun, manchmal auch blasser. **Fleisch:** zimtfarben-gelblich, im Hut sehr dünn, im Stiel hohl. **Lamellen:** wenig herablaufend, safrangelb oder ziegelbraun bis zimtfarben, nicht sehr eng. Milchsaft sehr wäßrig, mit nur wenigen flockigen Trübungen. Geschmack mild. Geruch ölig. Sporenpulver cremefarben mit leicht lachsfarbenem Anflug. Sporen mit kleinen Warzen bis über 1 µm Höhe besetzt, diese durch flügelähnliche Rippen miteinander verbunden, 6,5–9 × 6–8 µm. In Laubwäldern, besonders unter Eichen und Buchen. August–Oktober. Zerstreut. **Ungenießbar!**

Kleiner Milchling *Lactarius obscuratus* (Lasch) Fr.
Hut: 6–16 mm breit, für eine *Lactarius*-Art ungewöhnlich klein, anfangs flach oder wenig gewölbt, später in der Mitte leicht eingedellt, mit kleinem, spitzem Buckel, lebhaft zimtbraun, in der Mitte etwas dunkler, zuweilen auch mittelbraun oder mit Olivtönen; sehr dünnfleischig, durchscheinend und am Rand etwas streifig, glatt. **Stiel:** 17–21 × 3–4 mm, etwa hutfarben oder zur Basis hin etwas dunkler braun, zylindrisch, im oberen Teil leicht verschmälert. **Lamellen:** adnat bis leicht herablaufend, gelblich bis cremefarben, dünn, weitständig. Milchsaft weiß, färbt nicht um. Geschmack mild. Sporenpulver weißlich, Sporen elliptisch, mit netzig verbundenen Warzen, 6–7,5 × 5–6 µm. Zerstreut bis selten in Hekken, besonders in der Nähe von Erlen. **Ungenießbar!**

Zwergmilchling *Lactarius cyathula* (Fr.) Fr.
Hut: 5–20 mm breit, lebhaft rötlich-braun, aber ohne olivfarbene Tönung wie in der vorigen Art, in der Mitte meist etwas dunkler, zum Rand hin radial runzlig und leicht gelappt. **Stiel:** 16–40 × 2–4 mm, blaßbraun. **Lamellen:** etwas herablaufend, etwas dicklich und weitständig. Sporen 6,5–7,5 × 5–6,5 µm, ähnlich gemustert wie beim Kleinen Milchling (s. o.). Juni–November. Meist an feuchten Stellen in Hecken und schattigen Gehölzen. Zerstreut. **Ungenießbar!**

ⓤ **Schwarzweißer Täubling** *Russula albonigra* 1/2 nat. Gr.

ⓔ **Blaublättriger Täubling** *Russula brevipes* 1/2 nat. Gr.

Russula (Täubling) Häufig lebhaft bunte Pilze mit roten, gelben oder grünen Hüten. Oft flach oder wenig gewölbt. Fleisch körnig, leicht brüchig. Unterschiedlicher, oft sehr kennzeichnender Geschmack von scharf- brennend über bitter bis mild. Ohne genauere Kontrolle der Sporenfarbe (über Nacht Sporenbild entwickeln!) keine sichere Bestimmung möglich. Sehr umfangreiche Gattung mit annähernd 150 Arten in Mitteleuropa.

Schwarzweißer Täubling *Russula albonigra* (Krombh.) Fr.
Hut: 7–12 cm breit, flach gewölbt, zunehmend in der Mitte eingedellt oder flach schüsselförmig, schmutzigweiß, bald aber schwärzlichbraun bis ganz schwarz, fest, leicht klebrig, später auch trocken, dünnfleischig. Huthaut zu 3/4 abziehbar. Rand eingerollt. **Stiel:** 30–60 × 15–30 mm, hutfarben. **Fleisch:** weiß, beim Anschneiden schwärzend. Geschmack mild bis leicht brennend oder etwas bitter. **Lamellen:** leicht herablaufend, schmal, bogig, dicht, von ungleicher Länge, anfangs weißlich-hell, später oder bei Verletzung schwärzlich. Sporenpulver weiß. Sporen eiförmig-elliptisch, mit kleinen Warzen besetzt, diese durch feine Linien netzig verbunden, 7–9 × 7–8 µm. Recht häufig in Laub- und Nadelwäldern. August–Oktober. **Ungenießbar!**

Blaublättriger Täubling *Russula brevipes* Peck.
Hut: 5–16 cm breit, anfangs gewölbt, später becher- oder schüsselförmig, weißlich, oft auch gelblich-bräunlich getönt, matt, trocken, dickfleischig, am Rande stark eingerollt. **Stiel:** 20–60 × 20–40 mm, weiß, im oberen Teil oft bläulich, hart. **Fleisch:** weiß, ohne Farbveränderung beim Anschneiden. Geschmack scharf und brennend, Geruch spezifisch, manchmal etwas nach Fisch (Amine). **Lamellen:** herablaufend, weißlich, oft zum Stiel hin bläulich getönt, mehrfach gabelig geteilt und von ungleicher Länge. Sporenpulver weißlich-cremefarben. Sporen warzig, diese meist in Reihen oder durch Rippen miteinander verbunden, 8–12 × 7–9 µm. Keine deutliche Reaktion gegen SV. In Laub-und Nadelwäldern. Juli–September. **Eßbar.**

Rauchbrauner Schwarztäubling *Russula adusta* (Pers. ex Fr.) Fr.
Hut: 5–17 cm breit, flach gewölbt oder zuletzt unregelmäßig bucklig, feucht klebrig. **Stiel:** 30–110 × 10–30 mm. **Fleisch:** cremefarben, nach dem Anschneiden oder nach Verletzung innerhalb einer halben Stunde nur leicht rosa verfärbt; Verfärbung bleibt im Hut, im Stiel wechselt sie nach hell-rauchgrau (nicht schwarz) über. Geruch erinnert an alte Weinkorken. Sporenpulver weiß. Sporen warzig, unvollständig netzig, 7–9 × 6–8 µm. Vor allem in Nadelwäldern häufiger anzutreffen. Juni–Oktober. Kein guter Speisepilz, aber **eßbar.**

ⓔ *Russula adusta* 1/3 nat. Gr.

Dickblättriger Schwarztäubling *Russula nigricans* (Bull. ex Mérat) Fr.
Hut: 5–20 cm breit, zunächst gewölbt, zunehmend aber in der Mitte eingedrückt, schmutzigweiß, dann bräunlich und zuletzt ganz schwarz, trocken, fleischig; Huthaut läßt sich zu 3/4 abziehen, nur anfangs am Rand eingerollt. **Stiel:** 30–80 × 10–40 mm, weiß, dann kräftig braun, mitunter auch schwarz, hart. **Fleisch:** anfangs weiß, im Anschnitt bald graurosa und später grauschwarz. Geschmack zögernd scharf, Geruch fruchtig. **Lamellen:** adnat, strohgelb bis olivfarben, bei Verletzung graurosa bis schwärzlich umfärbend, sehr dick, weitständig, von ungleicher Länge, brüchig. Sporenpulver weiß. Sporen eiförmig, mit kleinen Warzen besetzt, diese zu einem unvollständigen Netz verbunden. Recht zahlreich in Laub- und Nadelwäldern. Juli–Oktober. **Eßbar,** aber nicht empfehlenswert.

Dichtblättriger Schwarztäubling *Russula densifolia* (Secr.) Gillet
Hut: 3–12 cm breit, anfangs gewölbt, später mit tiefer Einbuchtung und dann schüssel- bis trichterförmig, weißlich bis schmutzigbraun, manchmal auch schwärzlich, feucht klebrig, fleischig, am Rand anfangs stärker eingerollt. **Stiel:** 25–80 × 6–30 mm, weiß bis dunkelbraun oder schwärzlich, nach Verletzung rötlich, hart. **Fleisch:** anfangs weiß, nach dem Anschneiden rötlich bis hellgrau, zuletzt graubraun oder schwarz. Geschmack sehr scharf und brennend, selten auch milder. Geruch unspezifisch. **Lamellen:** leicht herablaufend, weiß bis blaß cremefarben, sehr dicht gepackt, nicht dick, schmal, kürzere zwischen die längeren eingeschaltet. Sporenpulver weißlich. Sporen eiförmig-kugelig, sehr fein warzig, zu einem feinen Netzmuster verbunden, 7–9 × 6–7 µm. Keine Reaktion gegen SV. In Laub-, häufiger in Nadelwäldern, vor allem auf Kalkböden. Juli–September. **Ungenießbar!**

Scharfer Brattäubling *Russula amoenolens* Romagn.
Hut: 3–6 cm breit, anfangs gewölbt, später flacher und in der Mitte eingetieft, hell- bis graubraun, selten auch weiß, dünnfleischig, feucht leicht klebrig, Huthaut zur Hälfte abziehbar, am Rande gefurcht, mit kleinen, niedrigen Warzen. **Stiel:** 30–60 × 10–20 mm, weißlich, anfangs ziemlich fest, später weicher und brüchig. **Fleisch:** weiß. Geschmack unangenehm ölig, allmählich brennend. Geruch käsig-ranzig. **Lamellen:** adnex, creme- bis schmutzigweiß, an den Rändern bräunlich. Sporenpulver blaß cremefarben. Sporen breit elliptisch mit niedrigen Warzen, ohne Netzmuster, 7–9 × 5–7 µm. Hut ohne Reaktion gegen SV. Zerstreut in Laubwäldern, vor allem unter Eichen. Juli–September. **Ungenießbar!**

E **Dickblättriger Schwarztäubling** *Russula nigricans* $^1/_2$ nat. Gr.

Mandeltäubling *Russula laurocerasi* Melzer
Hut: 4–8 cm breit, anfangs halbkugelig gewölbt, später flacher und in der Mitte eingetieft, klebrig, ockerbraun, in Aussehen und Färbung der folgenden Art sehr ähnlich. Wichtigstes Unterscheidungsmerkmal ist der meist deutliche Geruch des Fleisches nach Bittermandeln. Sporenpulver blaß cremefarben. Sporen fast kugelig, 8–9,5 × 8–8,5 µm, deutlich geflügelt, diese die Warzen untereinander verbindend, daher etwas gratig. In Laub- und Nadelwäldern auf Kalkböden, vor allem in wärmeren Gegenden. Juli–September. **Ungenießbar!**

Stinktäubling *Russula foetens* (Pers. ex Fr.) Fr.
Hut: 5–12 cm breit, anfangs kugelig, später deutlich abgeflacht und zuweilen in der Mitte flach eingetieft, lebhaft bräunlich-ockerfarben bis honiggelb, in der Mitte etwas dunkler, dickfleischig, steif, schleimig und klebrig; am Rande gefurcht und mit niedrigen Warzen besetzt. **Stiel:** 50–120 × 15–40 mm, weißlich bis lederfarben, zylindrisch oder in der Mitte verdickt, hart und steif, aber ziemlich brüchig. **Fleisch:** weiß, unregelmäßig schwammig gehöhlt. Geschmack des Stiels mild-ölig, der Lamellen sehr scharf. Geruch ölig-ranzig, ziemlich unangenehm. **Lamellen:** adnex, cremeweiß, oft bräunlich gefleckt, dicklich und weitständig. Sporenpulver cremefarben-weißlich. Sporen kugelig mit deutlichem Warzenmuster, diese einzeln oder durch feine Leisten verbunden, 8–10 × 7–9 µm. Keine Reaktion des Hutes gegen SV. Verbreitet in Laub- und Nadelwäldern. August–Oktober. **Giftig!**

Ⓤ **Dichtblättriger Schwarztäubling** *Russula densifolia* 2/3 nat. Gr.

Ⓤ **Scharfer Brattäubling** *Russula amoenolens* 3/4 nat. Gr.

Ⓤ **Mandeltäubling** *Russula laurocerasi* 2/3 nat. Gr.

Ⓖ **Stinktäubling** *Russula foetens* 1/2 nat. Gr.

E **Zitronentäubling** *Russula ochroleuca* 2/3 nat. Gr.

Gallentäubling *Russula fellea* (Fr.) Fr.
Hut: 4–9 cm breit, gewölbt, bald aber schon flacher und mit breitem, niedrigem Buckel, strohgelb bis blaß ocker- oder honiggelb, ziemlich fleischig, feucht leicht klebrig, Huthaut nur am Rand ablösbar, dort glatt oder leicht furchig. **Stiel:** 20–60 × 10–20 mm, hutfarben oder blasser, fest, beim Einreiben mit Eisensalzen etwas dunkler bräunlich. **Fleisch:** weiß. Geschmack sehr scharf. Geruch süßlich, erinnert an Pelargonien. **Lamellen:** adnex, stielfarben. Sporenpulver weißlich bis blaß cremefarben. Sporen fast kugelig, fein und dicht mit Warzen besetzt, diese zu einem Netzmuster vereinigt, 7,5–9 × 6–7 µm. Hutcystidien reagieren empfindlich gegen SV. Oft in Laubwäldern, vor allem in Buchenbeständen. Juli–September. **Ungenießbar!**

Gefelderter Grüntäubling *Russula virescens* (Schaeff. ex Zanted.) Fr.
Hut: 5–12 cm breit, anfangs kugelig gewölbt, später flacher ausgebreitet und meist gewellt, bucklig oder gelappt, grünlich- bis hellgrau, stellenweise auch ockerbräunlich bis cremefarben; Huthaut etwa zur Hälfte abziehbar; Oberfläche in kleine eckige, flache, rauhe Schuppen aufbrechend. **Stiel:** 30–90 × 20–40 mm, weißlich bis blaß cremefarben, leicht bräunlich, fest, im oberen Teil puderig. **Fleisch:** weiß, fest. Geschmack mild. **Lamellen:** fast frei, cremefarben, leicht brüchig, am Grunde durch Adern netzig verbunden. Sporenpulver weißlich-cremefarben. Sporen elliptisch-eiförmig, manchmal auch kugelig, fein warzig, mit oder ohne Netzwerk aus dünnen Linien und Rippen, 7–9 × 6–7 µm. In Laub- und Nadelwäldern, aber meist an lichten und grasigen Stellen, bevorzugt unter Eichen und Kiefern. Juli–September. Schmackhafter Speisepilz. **Eßbar.**

Zitronentäubling *Russula ochroleuca* (Pers. ex Secr.) Fr.
Hut: 4–10 cm breit, zunächst gewölbt, später flacher und in der Mitte eingedellt, hell- bis ockergelb oder leicht grünlich, fleischig; 3/4 der Huthaut sind abziehbar; am Rand zuweilen gefurcht. **Stiel:** 40–70 × 15–25 mm, weiß, bei älteren Pilzen auch leicht grau. **Fleisch:** weiß. Geschmack von ziemlich mild bis recht scharf. **Lamellen:** adnex, cremefarben. Sporenpulver weißlich bis blaß cremefarben. Sporen breit elliptisch-eiförmig mit kräftigen Warzen, zu einem dichten Netzmuster mit Rippen und Leisten verbunden, 8–10 × 7–8 µm, amyloid. Häufiger in Fichtenwäldern anzutreffen. Juli–September. Eignet sich vor allem als Mischpilz. **Eßbar.**

Mehlstiel-Täubling *Russula farinipes* Romell apud Britz.
Hut: 3–6 cm breit, anfangs gewölbt, später flacher und in der Mitte deutlich eingedrückt, ocker- bis strohgelb, dünn, aber elastisch und zäh; Huthaut schlecht abziehbar, am Rande gefurcht und leicht uneben. **Stiel:** 30–60 × 10–15 mm, weißlich oder strohfarben, hart, zum Hut hin mehlig-puderig. **Fleisch:** weiß, unterhalb der Huthaut gelblich. Geschmack sehr brennend, Geruch fruchtig. **Lamellen:** leicht herablaufend, blaß strohgelb, ziemlich schmal, meist ziemlich weitständig. Sporenpulver weißlich. Sporen eiförmig, mit Warzen gemustert, ohne Netzornament, 6–8 × 5–7 µm. Hutcystidien reagieren positiv gegen SV. In Laubwäldern unter verschiedenen Laubholzarten. August–Oktober. Verbreitet. **Ungenießbar!**

Lilastieliger Täubling *Russula violeipes* Quél.
Hut: 4–8 cm breit, anfangs etwas kugelig, später abgeflacht und zuletzt in der Mitte tiefer eingedellt, strohfarben, grünlich-gelb oder olivfarben getönt, stellenweise auch rötlich, lilapurpurn oder weinfarben überlaufen, dickfleischig, fest, hart, puderig, Huthaut kaum abziehbar. **Stiel:** 40–70 × 10–30 mm, weiß, oft gelblich, violett, purpurn oder rotweinfarben, fest, im oberen Teil puderig. **Fleisch:** weiß. Geschmack mild. Geruch unspezifisch, im frischen Zustand etwas an frische Krabben erinnernd. **Lamellen:** leicht herablaufend, blaß lederfarben-strohgelb, fühlen sich etwas schmierig an. Sporenpulver cremeweiß. Sporen eiförmig mit feinen Warzen, durch Leisten und Rippen zu einem feinen Netzwerk verbunden, 6,5–9 × 6–8 µm. Hutcystidien ohne Reaktion gegen SV. In lichten, trockenen Wäldern und an Waldrändern, vor allem unter Eichen und Kiefern. Sehr schmackhafter Speisepilz. Juli–September. **Eßbar.**

U **Mehlstiel-Täubling** *Russula farinipes* 2/3 nat. Gr.

U **Gallentäubling** *Russula fellea* 2/3 nat. Gr.

E **Gefelderter Grüntäubling** *Russula virescens* 1/2 nat. Gr.

E **Lilastieliger Täubling** *Russula violeipes* 2/3 nat. Gr.

Ⓔ **Grüner Speisetäubling** *Russula heterophylla* 1/2 nat. Gr.

Ⓔ **Frauentäubling** *Russula cyanoxantha* 1/2 nat. Gr. (grünliche Form)

Ⓔ **Schiefergrauer Täubling** *Russula ionochlora* 2/3 nat. Gr.

Ⓔ **Fleischroter Speisetäubling** *Russula vesca* 2/3 nat. Gr.

E **Frauentäubling** *Russula cyanoxantha* 1/2 nat. Gr. (Normalform)

Häufig bis verbreitet, vor allem in Laubwäldern unter Eichen und Buchen. Juni–Oktober. **Eßbar.**

Schiefergrauer Täubling *Russula ionochlora* Romagn.
Hut: 4,5–7 cm breit, flach gewölbt mit unregelmäßigen Erhebungen und zuweilen etwas unregelmäßig gelappt, uneinheitlich gefärbt, meist eine Mischung aus blau-rötlicher, graugelblicher und ockerbraun-grünlicher Tönung, oft auch graulila bis blaß weinfarben untersetzt, fleischig; Huthaut etwa zur Hälfte abziehbar. **Stiel:** 30–70 × 12–20 mm, weiß oder schwach violett, lachsfarben nach Einreiben mit Eisensalzen. **Fleisch:** weiß, Geschmack deutlich brennend, bei älteren Exemplaren zunehmend milder. **Lamellen:** fast frei, blaß cremefarben. Sporenpulver weißlich-cremefarben. Sporen eiförmig mit feinen, einzelnen Warzen, nicht netzig gemustert, 6,5–7,5 × 4,7–6 µm. Verbreitet in Laubwäldern, vor allem in Buchenbeständen. August–Oktober. **Eßbar.**

Fleischroter Speisetäubling *Russula vesca* Fr.
Hut: 5–10 cm breit, anfangs etwas kugelig, später abgeflacht, eingedellt und breit trichter- bis schüsselförmig, in der Färbung sehr variabel, aber meist fleischfarben-bräunlich bis weinrot oder lederbraun, oft auch mit olivbraunen und grünlichen Tönen, fleischig, fest; Huthaut etwa zur Hälfte ablösbar, neigt dazu, sich vom Rand zurückzuziehen und zeigt das darunter liegende weißliche Fleisch. **Stiel:** 30–100 × 15–25 mm, weißlich, ziemlich hart, meist zum Grunde deutlich verschmälert. **Fleisch:** weißlich. Geschmack sehr mild, etwas nach Nüssen. **Lamellen:** adnex, weißlich bis hell-cremefarben, ziemlich dicht, schmal, gabelig verzweigt, besonders in der Nähe des Stiels geteilt. Lamellen und Stieloberfläche verfärben sich beim Einreiben mit Eisensalzen sehr rasch dunkel-lachsfarben. Sporenpulver weißlich. Sporen eiförmig, fein warzig, manchmal mit dünnem Linienmuster, 6–8 × 5–6 µm. Hutcystidien zylindrisch, keine Reaktion gegen SV. Häufig in trockeneren Wäldern. Juni–September. **Eßbar.**

Grüner Speisetäubling *Russula heterophylla* (Fr.) Fr.
Hut: 5–10 cm breit, anfangs fast kugelig, später etwas flacher und in der Mitte eingedellt, in verschiedenen Schattierungen von grün, bräunlich, gelbbraun oder sogar gelb getönt, ziemlich fest, glatt oder radial fein gestreift. **Stiel:** 30–60 × 10–30 mm, weiß, bräunend, fest, beim Einreiben mit Eisensalzen lachsfarben (Unterscheidungsmerkmal zur folgenden Art!). **Fleisch:** weiß. Geschmack mild. **Lamellen:** leicht herablaufend, später auch adnex, weiß bis sehr blaß cremefarben, sehr engständig, dünn, wenig biegsam, fühlen sich etwas ölig an. Sporenpulver weißlich. Sporen annähernd kugelig oder elliptisch-birnenförmig, fein warzig oder mit feinem Muster aus wenigen Längslinien, 5–7 × 4–6 µm, amyloid. Verbreitet in Laubwäldern. Juni–September. Sehr schmackhafter Speisepilz. **Eßbar.**

Frauentäubling *Russula cyanoxantha* (Schaeff. ex Secr.) Fr.
Hut: 5–15 cm breit, anfangs kugelig, später abgeflacht und in der Mitte eingedellt, gemischtfarbig von dunkellila über schieferfarben, purpurn, weinrot, oliv-grünlich bis grünlich-braun, zuweilen auch einheitlich grünlich, fest bis hart, feucht etwas schmierig; Huthaut etwa zur Hälfte abziehbar, mit schwachem Adernmuster durchzogen. **Stiel:** 50–100 × 15–30 mm, weiß, manchmal auch purpurn überlaufen, hart, keine grünliche Verfärbung beim Einreiben mit Eisensalzen, zumindest keine lachsfarbene Reaktion wie bei den meisten Vertretern dieser Gattung. **Fleisch:** weiß. Geschmack mild. **Lamellen:** adnex bis leicht herablaufend, weißlich bis blaß cremefarben, schmal, ölig anfühlend, biegsam, nicht sehr brüchig, zuweilen gegabelt. Sporenpulver weißlich. Sporen breit elliptisch, mit feinen Warzen, ohne Linienmuster, 7–9 × 6–7 µm.

Ⓔ **Blaugrüner Reiftäubling** *Russula parazurea* $^3/_4$ nat. Gr.

Ⓔ **Braungrauer Reiftäubling** *Russula grisea* $^2/_3$ nat. Gr.

Ⓖ **Kirschroter Speitäubling** *Russula emetica* $^2/_3$ nat. Gr.

Ⓖ **Buchen-Speitäubling** *Russula mairei* $^2/_3$ nat. Gr.

Ⓖ **Birken-Speitäubling** *Russula betularum* 3/4 nat. Gr.

Ⓖ **Wechselfarbiger Speitäubling** *Russula fragilis* 2/3 nat. Gr.

Blaugrüner Reiftäubling *Russula parazurea* Schaeff.
Hut: 3–8 cm breit, anfangs halbkugelig gewölbt, später flacher, mit meist dunkleren Grautönen, in die Olivbraun, Grauviolett, Blaugrau oder Kastanienbraun oder leicht Grün eingemischt ist, fest, ziemlich fleischig, manchmal schmierig, gewöhnlich matt, trokken etwas gepudert aussehend. Huthaut zur Hälfte bis 3/4 abziehbar. **Stiel:** 30–70 × 7–20 mm, weiß. **Fleisch:** weiß. Geschmack mild oder ein wenig scharf. **Lamellen:** adnex, blaß lederfarben, oft gabelig verzweigt. Sporenpulver blaß cremefarben. Sporen elliptisch, zusammenhängend warzig und fein netzig überspannt, 5,7–8,5 × 5–6,5 µm. Hutcystidien zylindrisch bis keulig, schwache Reaktion gegen SV. Zerstreut in Laub- und Nadelwäldern. Juni–September. **Eßbar.**

Braungrauer Reiftäubling *Russula grisea* (Pers. ex Secr.) Fr.
Dem Schiefergrauen Täubling *(Russula ionochlora)* (vgl. S. 97) sehr ähnlich und davon sicher nur anhand mikroskopischer Merkmale zu unterscheiden. Hutfarben insgesamt etwas mehr bräunlich als grau. Sporenpulver dunkler cremefarben. Sporen elliptisch, warzig, zu Ketten und Reihen verbunden, aber selten zu einem deutlichen Netzwerk zusammengeschlossen, 6,5–8 × 5,5–6,5 µm. Endzellen der Huthyphen lang und schmal, zylindrisch oder zugespitzt, nicht kurz, breit und gedrungen. In Laubwäldern, vor allem unter Buchen. Genauere Verbreitungsangaben wegen häufiger Verwechslung nicht vorhanden. Juni–September. **Eßbar.**

Kirschroter Speitäubling *Russula emetica* (Schaeff. ex Fr.) S. F. Gray
Hut: 3–10 cm breit, anfangs gewölbt, später flach ausgebreitet oder mit flacher Eindellung, meist aber ziemlich eben, scharlach-, blut- oder kirschrot, zuweilen mit unregelmäßigen, gelblichen oder weißlichen Flecken, brüchig, dünnfleischig, etwas glänzend, feucht auch klebrig, Huthaut leicht zu entfernen, am Rand oft kammartig gefurcht. **Stiel:** 40–90 × 7–20 mm, weiß, zylindrisch oder zum Grunde angeschwollen, brüchig. **Fleisch:** weiß, unmittelbar unterhalb der Huthaut rosa oder rot. Geschmack sehr brennend. Geruch etwas fruchtig. **Lamellen:** adnex bis frei, cremefarben bis strohgelb. Sporenpulver weißlich. Sporen breit eiförmig, grobwarzig, durch Rippen zu einem weitmaschigen Netz verbunden, 9–11 × 7,5–8,5 µm. Hutcystidien meist schmal und keulig. Bevorzugt in Nadelwäldern. Verbreitet. Juli–Oktober. **Giftig!**

Buchen-Speitäubling *Russula mairei* Sing.
Hut: 3–9 cm breit, anfangs kugelig gewölbt, später flacher, rosa, scharlachrot oder selten auch ganz weiß, gewöhnlich ziemlich fest und dickfleischig; Huthaut läßt sich zu 1/3 abziehen, darunter hellrot-rosa. **Stiel:** 25–45 × 10–15 mm, weiß, zylindrisch, seltener keulenförmig, meist ziemlich hart. **Fleisch:** weiß. Geschmack scharf brennend, Geruch junger Pilze nach Kokosflocken. **Lamellen:** gerundet, adnex, weiß mit grünlichem Anflug, anfangs ziemlich dicht. Sporenpulver weißlich. Sporen eiförmig, warzig, durch Rippen verbunden und zu einem feinmaschigen Netz vereinigt, 7–8 × 6–6,5 µm. Hutcystidien meist keulig, starke Reaktion gegen SV. In Laubwäldern, besonders unter Buchen. August–Oktober. **Giftig!** Meist nur als Varietät der vorigen Art angesehen.

Birken-Speitäubling *Russula betularum* Hora
Hut: 2–5 cm breit, flach gewölbt, in der Mitte oft etwas eingedellt, dunkelrosa oder rötlich, oft jedoch auch blasser und hellgelb bis gelblich-lederfarben, in der Mitte meist etwas dunkler, feucht klebrig, dünnfleischig, brüchig, Huthaut vollständig ablösbar, am Rande kammartig gefurcht. **Stiel:** 25–65 × 5–10 mm, zylindrisch oder schmal-keulenförmig, immer höher als der Hut breit ist, weiß, brüchig. **Fleisch:** weiß, von scharf brennendem Geschmack. **Lamellen:** fast frei, weiß, weitständig, am Rande manchmal fein gekerbt. Sporenpulver weißlich. Sporen feinwarzig, unvollständig netzig gemustert, 8–10 × 7,5–8 µm. In feuchten, oft etwas schattigen Laubwäldern, bevorzugt unter Birken. Juli–Oktober. Verbreitet. **Giftig!** Meist als Varietät des Kirschroten Speitäublings angesehen.

Wechselfarbiger Speitäubling *Russula fragilis* (Pers. ex Fr.) Fr.
Hut: 2–5 cm breit, gewölbt, dann abgeflacht und zuletzt deutlich eingetieft, von wechselnder Färbung, meist purpurn oder violett, zuweilen auch blasser purpurrot, purpurviolett, olivgrün oder sogar zitronengelb, meist mit einer Mischung dieser Tönungen versehen, in der Mitte immer deutlich dunkler als am Rand, dünnfleischig, zart, brüchig; Huthaut läßt sich zu 3/4 abziehen. **Stiel:** 25–60 × 5–15 mm, weiß, zylindrisch bis leicht keulenförmig. **Fleisch:** weiß. Geschmack sehr scharf. Geruch leicht fruchtig. **Lamellen:** adnex, weiß bis cremefarben, am Rande sehr fein gekerbt. Sporenpulver weißlich. Sporen fast kugelig, feinwarzig, durch Rippen zu einem fast vollständigen Netzmuster vereinigt, 7,5–9 × 6–8 µm. Hutcystidien keulenförmig, starke Reaktion mit SV. In feuchten Fichtenwäldern, seltener auch in Laubwäldern. Verbreitet. August–Oktober. **Schwach giftig!**

⓾ **Purpurschwarzer Täubling** *Russula atropurpurea* 2/3 nat. Gr.

Geriefter Weichtäubling *Russula nauseosa* (Pers. ex Secr.) Fr.
Hut: 2–7 cm breit, gewölbt, später flacher und zuletzt flach eingedellt, weinfarben bis blaß rötlich oder bräunlich, dunkel gelblich bis leicht grünlich, dünnfleischig, brüchig, Huthaut leicht abziehbar, am Rande oft warzig bis höckrig und gefurcht. **Stiel:** 20–75 × 5–15 mm, weiß, oft auch bräunlich oder gelblich getönt, weich, schmal keulenförmig. **Fleisch:** weiß, im Stiel oft hohl. Geschmack mild oder brennend scharf. **Lamellen:** fast frei, safrangelb, dünn, durch Adern verbunden. Sporenpulver blaß ockergelb. Sporen eiförmig-elliptisch, warzig, gelegentlich auch mit Linienornament, 7–11 × 6–9 µm. An grasigen und moosigen Stellen in Nadelwäldern. Mai–Oktober. **Eßbar,** aber ohne Wert.

Grüner Birkentäubling *Russula aeruginea* Lindblad ex Fr.
Hut: 4–9 cm breit, anfangs gewölbt, später flach und wenig eingedrückt, grasgrün, manchmal auch mit gelblichen oder bräunlichen Tönen, jedoch nicht violett oder rötlich angelaufen, gelegentlich rostfleckig, in der Mitte etwas dunkler, glatt oder radial geadert, Huthaut zur Hälfte ablösbar, am Rande gefurcht. **Stiel:** 40–80 × 7–20 mm, weiß, ziemlich fest. **Fleisch:** weiß. Geschmack mild bis scharf. **Lamellen:** fast frei, gewöhnlich gabelig geteilt, gelblich-lederfarben. Sporenpulver cremefarben. Sporen elliptisch, mit rundlichen Warzen besetzt, diese zu einem feinen Netzwerk verbunden, amyloid, 6–10 × 5–7 µm. In Laubwäldern und Parkanlagen, seltener in Nadelgehölzen, vorzugsweise unter Birken. Juni–Oktober. **Eßbar.**

Purpurschwarzer Täubling *Russula atropurpurea* (Krombh.) Britz
Hut: 4–10 cm breit, anfangs stark gewölbt, später mehr abgeflacht und zuletzt etwas eingedellt, meist tief purpurrot mit dunklerer, fast schwarzer Mitte, mitunter auch gelblich oder bräunlich-cremefarben fleckig, feucht klebrig. **Stiel:** 30–60 × 10–20 mm, weiß, bei älteren Pilzen auch grau, anfangs ziemlich fest, dann weich und sehr brüchig. **Fleisch:** weiß. Geschmack zwischen sehr mild bis ausgesprochen scharf brennend. Geruch leicht fruchtig nach Äpfeln. **Lamellen:** adnex, bleich cremefarben, dicht, ziemlich breit. Sporenpulver weißlich. Sporen eiförmig-elliptisch, feinwarzig, teilweise mit feinem Netzmuster überspannt, 7–9 × 6–7 µm. Verbreitet bis häufig in Laub- und Nadelwäldern, unter Buchen, Eichen und Kiefern. August–Oktober. **Ungenießbar!**

Nordischer Täubling *Russula norvegica* Reid
Hut: 13–27 mm breit, anfangs halbkugelig, später mehr oder weniger abgeflacht und leicht eingedellt, anfangs schwarzpurpurn, später violett-, wein- oder purpurrot, etwas puderig aussehend, feucht klebrig, Huthaut etwa zur Hälfte abziehbar. **Stiel:** 10–27 × 3–9 mm, weiß, zylindrisch bis keulig, längsfurchig und runzlig. **Fleisch:** weiß. Geschmack brennend scharf. **Lamellen:** rundlich, sinuat, weiß oder weißlich, ganzrandig, engständig. Sporenpulver blaß cremefarben. Sporen eiförmig-elliptisch, feinwarzig und mit feinem, engmaschigem Netzmuster, 7,5–11 × 5,5–7 µm. Hutoberseite mit Dermatocystidien, starke Reaktion gegen SV. Wächst immer in der Nähe von Zwergweiden im Hochgebirge oder in Nordeuropa. Juli–Oktober. **Ungenießbar!**

Wäßriger Täubling *Russula aquosa* Leclair
Hut: 3–7 cm breit, flach gewölbt oder eingedellt, rötlich-lila oder rot bis blaß kirschrot, in der Mitte auch oft etwas bräunlich, wäßrig und dünnfleischig, feucht klebrig, sehr brüchig, zu 2/3 bis völlig abziehbare Huthaut, am Rand gefurcht bis warzig-höckrig. **Stiel:** 40–95 × 10–22 mm, zur Basis deutlich verschmälert, weiß, gewöhnlich von wäßrigem Aussehen, oft etwas bräunlich getönt, mitunter auch grau oder gelblich, sehr brüchig. **Fleisch:** weiß. Geschmack schwach brennend. Geruch undeutlich oder nach Jod bzw. Meerrettich. **Lamellen:** fast frei, weitständig, schmutzigweiß. Sporenpulver cremefarben. Sporen eiförmig, feinwarzig, teilweise netzartig überzogen, 7–8,5 × 6–7 µm. An feuchten und sumpfigen Stellen im Moos. Wohl meist übersehen. Selten. Juli–Oktober. **Ungenießbar!**

Ⓤ **Nordischer Täubling** *Russula norvegica* 2mal nat. Gr.

Ⓤ **Wäßriger Täubling** *Russula aquosa* 2/3 nat. Gr.

Ⓔ **Geriefter Weichtäubling** *Russula nauseosa* 2/3 nat. Gr.

Ⓔ **Grüner Birkentäubling** *Russula aeruginea* 2/3 nat. Gr.

E **Milder Wachstäubling** *Russula puellaris* 3/4 nat. Gr.

E **Glänzender Täubling** *Russula nitida* etwa nat. Gr.

E **Braunvioletter Täubling** *Russula brunneoviolacea* 2/3 nat. Gr.

U **Zierlicher Täubling** *Russula gracillima* 3/4 nat. Gr.

Ⓖ **Gelbfleckender Täubling** *Russula luteotacta* $^{2}/_{3}$ nat. Gr.

Ⓤ **Blut-Täubling** *Russula sanguinea* $^{1}/_{2}$ nat. Gr.

Milder Wachstäubling *Russula puellaris* Fr. **Hut:** 2,5–5 cm breit, anfangs gewölbt, später eher flach und in der Mitte eingedellt, kräftig purpurn bis wein- oder dunkelrot, zuweilen auch in diesen Tönen etwas verbleicht, stellenweise auch sehr fein mit dunkleren Farbpunkten, in der Mitte meist kräftiger gefärbt, dünnfleischig, feucht klebrig, Huthaut läßt sich zu höchstens $^{2}/_{3}$ ablösen, am Rande gefurcht. **Stiel:** 20–65 × 5–15 mm, weiß, zylindrisch oder schmal kegelförmig, leicht brüchig. **Fleisch:** weiß. Geschmack mild. **Lamellen:** adnex bis frei, blaß ockergelb. Alle Teile des Pilzes verfärben sich bei Verletzung oder im Alter ockerbräunlich. Sporenpulver dunkel cremefarben. Sporen breit elliptisch, mitunter fast kugelig, stachelwarzig, nur mit wenigen Linien verziert, 6,5–9,5 × 5,5–7 µm. Bevorzugt in Nadelwäldern. Mai–Oktober. **Eßbar.**

Glänzender Täubling *Russula nitida* (Pers. ex Fr.) Fr. **Hut:** 2–6 cm breit, anfangs gewölbt, dann flacher oder mit Eindellung in der Hutmitte, von wechselnder Färbung, meist purpurrötlich oder auch blasser graurosa, weinfarben, lederfarben oder grünlich, in der Mitte gewöhnlich dunkler, dünnfleischig, brüchig; Huthaut zu etwa $^{2}/_{3}$ abziehbar, am Rande stark kammartig gefurcht. **Stiel:** 20–90 × 5–20 mm, weiß oder rosa, schmal kegelförmig. **Fleisch:** weiß. Geschmack mild oder leicht brennend. Geruch deutlich nach Honig. **Lamellen:** adnex bis frei, strohfarben, weitständig, Verbindungsadern an ihrer Basis deutlich sichtbar. Sporenpulver blaß cremefarben. Sporen stachelwarzig, elliptisch, mit oder ohne feinem Linienmuster, 8–11 × 6–8 µm. Hutcystidien zahlreich, starke Reaktion gegen SV. An feuchten Standorten, besonders unter Birken. August–Oktober. Verbreitet bis häufig. **Eßbar.**

Braunvioletter Täubling *Russula brunneoviolacea* Crawshay
Hut: 3–7 cm breit, flach gewölbt, später auch mit Eindellung in der Mitte, lebhaft violett, purpurn oder burgunderfarben, zuweilen auch bräunlich, etwas brüchig; Huthaut zu etwa $^{2}/_{3}$ abziehbar; am Rande zunehmend gefurcht. **Stiel:** 30–60 × 7–15 mm, weiß, manchmal schwach braunfleckig, zylindrisch oder schmal kegelförmig-keulig, weich, brüchig. **Fleisch:** weiß. Geschmack mild. **Lamellen:** fast frei, cremefarben. Sporenpulver cremefarben-weißlich. Sporen oval, stachelwarzig, nur mit wenigen Leisten versehen, 7–9 × 6–7,5 µm. Zerstreut bis verbreitet in Laubwäldern, besonders unter Eichen. Juli–Oktober. **Eßbar.**

Zierlicher Täubling *Russula gracillima* Schaeff. **Hut:** 2–6 cm breit, anfangs gewölbt, später flach und leicht eingedrückt, manchmal mit flachem Buckel, gewöhnlich grünlich oder olivgrün, besonders in der Mitte, zum Rand hin eher kräftig lederfarben oder bräunlich-rosa, seltener auch zartviolett oder in einer Mischung dieser Tönungen, dünnfleischig, brüchig; Huthaut löst sich bis höchstens $^{2}/_{3}$ oder nur zur Hälfte leicht ab; am Rande mitunter gefurcht. **Stiel:** 35–70 × 5–10 mm, weiß bis graurosa, weich, brüchig. **Fleisch:** weiß. Geschmack leichter oder stärker brennend. **Lamellen:** leicht herablaufend, blaß cremefarben, dünn. Sporenpulver blaß cremefarben bis schwach gelblich. Sporen elliptisch-eiförmig, warzig, mit oder ohne Linienmuster, 7–9 × 5–7 µm. Zerstreut bis selten in Laubwäldern. Juli–Oktober. **Ungenießbar!**

Gelbfleckender Täubling *Russula luteotacta* Rea
Hut: 3–8 cm breit, flach gewölbt, später eingedellt bis flach schüssel- oder trichterförmig, rötlich bis rosa, oft mit weißlichen Flecken oder Zonen, trocken, matt, Huthaut löst sich kaum ab. **Stiel:** 30–70 × 5–15 mm, weiß oder leicht rosa, seltener auch völlig rot, keulenförmig oder nach oben verschmälert. **Fleisch:** weiß. Geschmack brennend. Geruch schwach duftig, erinnert etwas an Kokosflocken. **Lamellen:** gewöhnlich deutlich herablaufend, schmal, blaß cremefarben. Alle Teile des Pilzes verfärben sich bei Verletzung (oft aber erst nach Stunden!) gelb. Sporenpulver weißlich. Sporen warzig, nur selten durch Rippen oder Leisten verbunden, 7–9 × 6–7,5 µm. Verbreitet bis zerstreut in Laubwäldern, dort bevorzugt auf feuchten Stellen. Juli–Oktober. **Giftig!**

Blut-Täubling *Russula sanguinea* (Bull. ex St. Amans) Fr.
Hut: 5–10 cm breit, anfangs stärker gewölbt, später flacher und schüsselförmig eingetieft, blut- oder purpurrot oder rosarot, mitunter mit weißlichen oder helleren Stellen, fleischig, fest, ziemlich hart; Huthaut löst sich kaum ab; Oberfläche trocken, matt, rauh oder etwas aderig. **Stiel:** 40–100 × 10–30 mm, weiß, rosa oder rot, fest. **Fleisch:** weiß. Geschmack leicht oder stärker brennend, gelegentlich auch leicht bitter. **Lamellen:** adnat bis herablaufend, blaß ockergelb, schmal, gabelig verzweigt oder untereinander verbunden. Sporenpulver blaß oder kräftig cremefarben. Sporen eiförmig, warzig, mit wenigen, feinen Linien, 7–10 × 6–8 µm. Wächst bevorzugt in Nadelwäldern. Zerstreut bis verbreitet. Juli–Oktober. **Ungenießbar!**

Ⓖ **Zitronenblättriger Täubling** *Russula sardonia* 1/2 nat. Gr.

Ⓤ **Verblassender Täubling** *Russula pulchella* 2/3 nat. Gr.

Zitronenblättriger Täubling *Russula sardonia* Fr.
Hut: 4–10 cm breit, anfangs gewölbt, später zunehmend flacher und in der Mitte eingedellt, violett-purpurn oder bräunlich-rot, manchmal auch ocker- oder bräunlichgelb, hart; Huthaut läßt sich nur in kleinen Stücken abziehen. **Stiel:** 30–80 × 10–15 mm, manchmal weiß, aber häufiger blaßlila bis graurosa, fest, an der Oberfläche etwas gepudert erscheinend. **Fleisch:** weiß. Geschmack sehr scharf. Geruch leicht fruchtig. **Lamellen:** adnex bis leicht herablaufend, anfangs primelgelb, später blaß goldgelb, schmal. Lamellen und Fleisch reagieren auf Ammoniak mit leichter Rotverfärbung (nur für diese Art typisch). Sporenpulver cremefarben. Sporen oval-elliptisch, feinwarzig, durch Leisten und Kanten zu einem undeutlichen Netzwerk verbunden, 7–9 × 6–8 µm. Hutcystidien spindelförmig, stark mit SV reagierend. Meist in größeren Gruppen in bodensauren Nadelholzbeständen, besonders unter Kiefern. Juli–Oktober. **Schwach giftig!**

Verblassender Täubling *Russula pulchella* Borszczow (= *R. exalbicans*)
Hut: 5–9 cm breit, anfangs unregelmäßig gewölbt, später mehr abgeflacht und in der Mitte leicht eingedellt, dort grünlich-weiß oder olivbräunlich mit leicht rosa Tönung, zum Rand mehr rötlich oder kräftig weinfarben, fest, fleischig, feucht leicht klebrig, Huthaut etwa zur Hälfte leicht abziehbar. **Stiel:** 30–50 × 10–20 mm, weißlich bis hellgrau oder leicht rosa getönt. **Fleisch:** weiß. Geschmack mäßig scharf. **Lamellen:** adnex, blaß cremefarben. Sporenpulver dunkler cremefarben. Sporen elliptisch, warzig, mit Kanten und Leisten zu einem unvollständigen Netzwerk verbunden, 8–10 × 6–7 µm. In hellen, lichten Laubwäldern, bevorzugt unter Birken. Juni–Oktober. **Ungenießbar!**

Runzelstieliger Heringstäubling *Russula erythropoda* Fr.
Hut: 6–11 cm breit, anfangs gewölbt, später abgeflacht und in der Mitte vertieft, blaß oder lebhaft blutrot, hellrot oder bräunlich-olivfarben, in der Mitte deutlich dunkler und fast burgunderfarben bis schwärzlich, fleischig, anfangs sehr fest; Huthaut läßt sich nur am Rand ablösen. **Stiel:** 40–80 × 14–30 mm, weißlich-rosa, mit dem Alter zunehmend braun oder bei Verletzung bräunend, längsfurchig, zylindrisch bis keulig, bei Einreiben mit Eisensalzen dunkelgrün umfärbend. **Fleisch:** weiß. Geschmack mild. Geruch nach Krabben oder Heringen. **Lamellen:** adnex, lederfarben, am Grunde durch Adern vernetzt. Sporenpulver blaß ockergelb. Sporen elliptisch, warzig, nur mit wenigen, feinen Linien verziert, 8–10 × 7–8 µm, amyloid. In Nadelbeständen, vor allem in Fichtengehölzen. Verbreitet bis häufig. Juli–September. **Eßbar.**

Gemeiner Heringstäubling *Russula xerampelina* (Schaeff. ex Secr.) Fr.
Hut: 5–14 cm breit, zunächst gewölbt, später flach ausgebreitet und in der Mitte eingedellt, von sehr verschiedener Färbung, oft bunt gemischt aus dunkelpurpurn, rötlich, weinrot, zimtbraun, strohgelb oder rehbraun, ziegel- oder kastanienbraun, ziemlich fest, manchmal sogar hart, trocken, matt, am Rande wenig gefurcht; Huthaut löst sich nur schlecht (höchstens zu 1/4) ab. **Stiel:** 30–110 × 10–30 mm, weiß oder rötlich, nach Verletzung honigfarben oder bräunlich verfärbend, fest bis hart, beim Einreiben mit Eisensalzen kräftig grün. **Fleisch:** weiß. Geschmack mild. Geruch nach Krabben oder Heringen, besonders im Alter. **Lamellen:** adnex, blaß bis mittelocker, ziemlich breit und dick, durch Adern am Grunde netzig verbunden. Sporenpulver cremefarben. Sporen fast kugelig, warzig bis stachelig, 8–11 × 6,5–9 µm. Hutcystidien nur wenig vorhanden, schwache Reaktion gegen SV. Häufig in Laub- und Nadelwäldern. Wegen seiner Farbveränderungen oft nicht erkannt. Von vielen Autoren in mehrere Kleinarten gegliedert. Juli–Oktober. **Eßbar.**

Ⓔ **Runzelstieliger Heringstäubling** *Russula erythropoda* 1/2 nat. Gr.

Ⓔ **Gemeiner Heringstäubling** *Russula xerampelina* 1/2 nat. Gr.

Ⓔ **Gemeiner Heringstäubling** *Russula xerampelina* 1/2 nat. Gr.

Ⓔ **Gemeiner Heringstäubling** *Russula xerampelina* 2/3 nat. Gr.

Ⓔ **Rehbrauner Täubling** *Russula velenovskyi* ½ nat. Gr.

Ⓔ **Apfeltäubling** *Russula paludosa* ½ nat. Gr.

Rehbrauner Täubling *Russula velenovskyi* Meler & Zvara
Hut: 3–8 cm breit, anfangs nahezu kugelig gewölbt, später flacher und in der Mitte leicht eingedrückt, oft auch mit niedrigem Buckel, rötlich-, reh- oder ziegelbraun, stellenweise auch blaß lederfarben, fleischig; Huthaut läßt sich zu etwa ⅔ leicht abziehen. **Stiel:** 30–60 × 10–15 mm, weiß, oft am Grunde auch etwas rosa, fest, oberhalb gepudert. **Fleisch:** weiß. Geschmack mild. **Lamellen:** fast frei, cremefarben. Sporenpulver kräftig cremefarben. Sporen eiförmig-elliptisch, warzig und mit feinem Linienmuster, 6,5–9 × 5,5–7,5 µm. Hutcystidien spärlich. In Laub- und Nadelwäldern. Vor allem in Nordeuropa verbreitet. Juli–Oktober. **Eßbar.**

Apfeltäubling *Russula paludosa* Britz.
Hut: 4–14 cm breit, anfangs stark halbkugelig gewölbt, später deutlich flacher und in der Mitte etwas eingedrückt, rötlich, blut-, scharlach- oder braunrot, honiggelb oder ockerbraun, manchmal mit helleren Stellen, fleischig, fest, feucht etwas klebrig; Huthaut löst sich zur Hälfte bis etwa ⅔ leicht ab. **Stiel:** 40–150 × 10–30 mm, weiß oder teilweise rosa getönt, zylindrisch, schmal keulig oder in der Mitte etwas verdickt. **Fleisch:** weiß. Geschmack mild. **Lamellen:** adnex, ziemlich kräftig gelblich, am Grunde durch Adern vernetzt. Sporenpulver dunkel cremefarben. Sporen eiförmig-elliptisch, warzig-stachelig, amyloid, leicht netzartig gemustert, 8–10,5 × 7–8 µm. Reaktion der Hutcystidien gegen SV schwach. Am Boden feuchter Nadelwälder im Heidekraut oder zwischen Blaubeersträuchern. Zerstreut. Schmackhafter Speisepilz. Juli–September. **Eßbar.**

Orangeroter Graustieltäubling *Russula decolorans* (Fr.) Fr.
Hut: 4–11 cm breit, anfangs stark kugelig gewölbt, später flacher ausgebreitet und zuletzt leicht eingedrückt, bräunlich-rot oder orangefarben, mitunter auch zimtbraun oder aprikosengelb, allmählich von der Mitte her dunkelbraun oder schwarz verfärbend, fest, feucht etwas klebrig; Huthaut löst sich nur randlich etwas ab, am Rand zuletzt gefurcht. **Stiel:** 45–100 × 10–25 mm, weiß, häufiger stark grau und etwas längsfurchig, fest, am Grunde oft keulig verdickt. **Fleisch:** dick, graugelb, nach dem Anschneiden an der Luft nachdunkelnd. Geschmack mild. **Lamellen:** adnex, blaß ockerfarben, später etwas schwärzend, am Grunde durch Adern vernetzt. Sporenpulver kräftig cremefarben. Sporen oval bis elliptisch, stachelig-warzig, unvollständig netzartig gemustert, 9–14 × 7–12 µm. Häufig in Kiefernwäldern, besonders in höheren Lagen. In der Ebene seltener. Juli–September. Schmackhafter Speisepilz. **Eßbar.**

Großer Weißstieltäubling *Russula lundellii* Sing.
Hut: 8–15 cm breit, anfangs kugelig gewölbt, später stärker abgeflacht oder leicht eingedrückt, scharlach- bis orangerot, blutrot, braungelb, rostrot oder bräunlich-aprikosengelb oder roséfarben, manchmal mit helleren Flecken, ziemlich fest bis hart, sehr fleischig, feucht leicht klebrig; Huthaut löst sich nur zu ⅓ ab. **Stiel:** 80–100 × 20–30 mm, weiß, selten auch rosa gefärbt, nach dem Anfassen leicht bräunend. **Fleisch:** weiß. Geschmack bitter und etwas scharf. **Lamellen:** adnex, dunkel gelblich, am Grunde durch Adern vernetzt. Sporenpulver kräftig ockerbräunlich, Sporen leicht kugelig und etwas warzig, ohne Linienmuster, 7–8 × 6,5–7 µm. Hutcystidien zylindrisch, deutliche Reaktion mit SV. Zerstreut bis sehr selten. Meist unter Birken. Juli–September. **Ungenießbar!**

Gefleckter Täubling *Russula maculata* Quél.
Hut: 4–10 cm breit, anfangs gewölbt, später flacher und in der Mitte leicht eingedellt, korallenrot bis blaßrosa, besonders in der Mitte mit rostbraunen Flecken; Huthaut löst sich nur am Rande leicht ab, dort mitunter leicht furchig. **Stiel:** 30–90 × 10–35 mm, weiß, mitunter auch leicht rosa, braun-rostfarben gefleckt. **Fleisch:** weiß. Geschmack manchmal brennend, seltener ganz mild. Geruch aromatisch nach Zedernholz. **Lamellen:** adnex bis frei, blaß ockerbräunlich, gegabelt, am Grunde durch Adern verbunden. Sporenpulver blaß cremefarben. Sporen kugelig oder breit elliptisch, stachelig-warzig, mit unvollständigem Liniennetz überzogen, 8–10 × 7–9 µm. Hutcystidien reichlich, mit SV deutlich reagierend. Zerstreut in Laubwäldern. Juli–Oktober. **Ungenießbar!**

Brauner Ledertäubling *Russula polychroma* Sing. ex Hora
Hut: 5–15 cm breit, meist ziemlich groß, stark gewölbt und nur wenig abgeflacht, nicht eingedellt oder nur sehr wenig vertieft, kräftig rotbraun bis lebhaft rot, mitunter auch blasser ockerbraun oder schiefergrau bis beigebraun, fest, fleischig, feucht klebrig; Huthaut läßt sich etwa zur Hälfte leicht ablösen, am Rand fein gefurcht. **Stiel:** 30–90 × 15–30 mm, weiß, später bräunlich, sehr fest. **Fleisch:** weißlich. Geschmack mild. **Lamellen:** fast frei, dunkel gelblich. Sporenpulver kräftig cremefarbengelblich. Sporen oval mit einzelnen Stacheln, 9–11 × 7–9,5 µm. Hutcystidien zahlreich, reagieren mit SV nur sehr schwach. Häufig in Fichtenbeständen. Juli–September. **Eßbar.**

Ⓔ **Orangeroter Graustieltäubling** *Russula decolorans* 1/2 nat. Gr.

Ⓤ **Großer Weißstieltäubling** *Russula lundellii* 1/2 nat. Gr.

Ⓤ **Gefleckter Täubling** *Russula maculata* 2/3 nat. Gr.

Ⓔ **Brauner Ledertäubling** *Russula polychroma* 1/2 nat. Gr.

Ⓔ **Rosentäubling** *Russula rosea* 3/4 nat. Gr.

Ⓔ **Rosastieliger Ledertäubling** *Russula olivacea* 1/2 nat. Gr.

Ⓔ **Gemeiner Ledertäubling** *Russula alutacea* 1/3 nat. Gr.

Ⓤ **Harter Zinnobertäubling** *Russula lepida* 1/2 nat. Gr.

Ⓔ **Gelber Graustieltäubling** *Russula claroflava* $^{2}/_{3}$ nat. Gr.

Ⓤ **Ockerblättriger Zinnobertäubling** *Russula pseudointegra* $^{1}/_{2}$ nat. Gr.

Rosentäubling *Russula rosea* Fr. apud Quél.
Hut: 4–9 cm breit, anfangs gewölbt, später abgeflacht, rot oder rosa, seltener auch leicht bräunlich, oft in der Mitte cremefarben oder einheitlich hell, mäßig fest, trocken, etwas glänzend oder matt, mitunter leicht gepudert; Huthaut wenigstens zur Hälfte gut ablösbar. **Stiel:** 40–70 × 10–20 mm, weiß, ziemlich brüchig, anfangs puderig, besonders im oberen Teil. Oberfläche reagiert mit SV karminrot (gutes Artkennzeichen, jedoch nur bei trockenen Pilzen zuverlässig). **Fleisch:** weiß. Geschmack mild. **Lamellen:** fast frei, blaß cremefarben, reichlich gabelig geteilt, vor allem in Stielnähe. Sporenpulver blaß cremefarben. Sporen eiförmig-elliptisch, fein warzig und fein von wenigen Leisten netzig überspannt, 6–8 × 5–6 µm. Hutcystidien fehlen. Zerstreut in Laubwäldern. Juli–Oktober. **Eßbar.**

Rosastieliger Ledertäubling *Russula olivacea* (Schaeff. ex Secr.) Fr.
Hut: 6–16 cm breit, anfangs stark kugelig gewölbt, später zunehmend flacher oder in der Mitte leicht eingedrückt, variiert zwischen strohfarben, blaß ockergelb, verschiedenen olivbraunen Tönen bis dunkelpurpurn oder purpurrot, fest bis hart, dickfleischig, am Rand anfangs eingebogen; Huthaut bis etwa $^{1}/_{3}$ leicht ablösbar. **Stiel:** 50–100 × 15–40 mm, weiß, gewöhnlich rosa oder rötlich gefärbt, manchmal auch rot, zur Basis leicht gelblich, ziemlich hart. **Fleisch:** weiß. Geschmack mild, nach Nüssen. **Lamellen:** adnex, dunkel strohfarben, im Stielbereich gabelig geteilt und mit Querverbindungen. Sporenpulver ockerbräunlich. Sporen oval, langstachelig, amyloid, 8–11 × 7–9 µm. Hutcystidien fehlen. Mit einer Phenollösung verfärbt sich der Stiel lebhaft rot. In trockenen, lichten Wäldern, vor allem in Waldrandnähe. Juli–Oktober. **Eßbar.**

Gemeiner Ledertäubling *Russula alutacea* (Pers. ex Fr.) Fr.
Hut: 7–13 cm breit, zunächst stärker gewölbt, später mehr abgeflacht oder niedrig eingedellt, meist etwas unregelmäßig, purpur, weinrot oder purpurbraun, in der Mitte auch heller und strohfarben, olivbraun oder grünlich, fest, dickfleischig. Der vorigen Art im Aussehen ziemlich ähnlich und damit leicht zu verwechseln. **Stiel:** 30–100 × 15–40 mm, weiß, oft rosa oder rötlich gefärbt, meist aber nur an der Stielbasis. **Fleisch:** weiß. Geschmack mild. Geruch schwach fruchtig. **Lamellen:** hellgelb bis dottergelb. Sporenpulver kräftig cremefarben-gelblich. Sporen weniger stachelig als bei der vorigen Art und zusätzlich mit feinem Netzmuster, 8–10 × 6,5–8,5 µm. In Laubwäldern auf Kalkböden, vor allem unter Buchen. Verbreitet. Juli–Oktober. Guter Speisepilz. **Eßbar.**

Harter Zinnobertäubling *Russula lepida* Fr. (= *R. rosacea*)
Hut: 4–10 cm breit, zunächst stärker gewölbt, später ziemlich flach und in der Mitte nur leicht eingedellt, rot, oft auch etwas blasser und stellenweise weißlich oder gelb, fleischig, hart, matt, trocken, gelegentlich etwas bestäubt oder puderig aussehend; Huthaut kaum oder nur schwer ablösbar. **Stiel:** 30–70 × 15–35 mm, weiß oder rosafarben angehaucht, seltener auch ganz rot, keulenförmig oder in der Mitte leicht verdickt, gepudert. **Fleisch:** weiß. Geschmack mild, manchmal etwas bitter, erinnert etwas an Zedernholz. Geruch leicht fruchtig mit schwacher Mentholnote. **Lamellen:** fast frei, blaß cremefarben. Sporenpulver ebenfalls blaß cremefarben. Sporen annähernd kugelig bis breit elliptisch, dicht netzig-warzig, amyloid, 8–9 × 7–8 µm. Hutcystidien häufig, keine Reaktion gegen SV. In trockenen Wäldern wärmerer Gegenden, besonders unter Buchen. Juli–September. **Ungenießbar!**

Gelber Graustieltäubling *Russula claroflava* Grove
Hut: 4–10 cm breit, anfangs halbkugelig, später flacher ausgebreitet und in der Mitte nur leicht eingedrückt, hell- bis ockergelb, ziemlich fleischig, kaum klebrig, etwas glänzend, trokken jedoch fast matt, am Rande fein gefurcht; Huthaut läßt sich etwa zur Hälfte abziehen. **Stiel:** 40–100 × 10–20 mm, weiß, weich, aber nicht brüchig. **Fleisch:** weiß. Geschmack mild oder leicht brennend. **Lamellen:** adnex bis fast frei, blaß ockergelb. Alle Teile des Pilzes dunkeln im Alter stark nach oder verfärben sich bei Verletzung dunkel-schwärzlich. Sporenpulver blaß ockerfarben. Sporen oval, mit feinen, einzelstehenden, unregelmäßigen Warzen, oft durch Leisten zu Kämmen verbunden, 9–10 × 7,5–8 µm. Hutoberfläche ohne Cystidien. An feuchten, schattigen Stellen, bevorzugt unter Birken. Häufig. Mai–August. **Eßbar.**

Ockerblättriger Zinnobertäubling *Russula pseudointegra* Arn & Goris
Hut: 4–10 cm breit, anfangs kugelig, später flacher gewölbt, scharlach-, korallen- oder zinnoberrot, mitunter mit weißlichen Stellen, fleischig, feucht anfangs auch etwas klebrig, später trocken, gelegentlich fein gepudert; Huthaut zu $^{1}/_{3}$–$^{2}/_{3}$ leicht ablösbar. **Stiel:** 30–70 × 15–30 mm, weiß. **Fleisch:** weiß. Geschmack leicht bitter. Geruch erinnert an Minze. **Lamellen:** frei, blaß goldgelb. Sporenpulver cremefarben. Sporen breit elliptisch bis kugelig, mit kurzen, spitzen Stacheln, netziggratig verziert, 7–9 × 6,5–8 µm. Hutcystidien fehlen. Laubwälder, vor allem unter Eichen. Verbreitet. **Ungenießbar!**

Ⓔ **Weinroter Graustieltäubling** *Russula obscura* $^1/_2$ nat. Gr.

Jodoform-Täubling *Russula turci* Bres.
Hut: 3–10 cm breit, anfangs gewölbt, schon sehr bald abgeflacht und in der Mitte eingedellt, kräftig bis dunkel purpurn, flieder- oder malvenfarben, weinrot, dunkel- oder blaßbraun, manchmal auch nur stellenweise heller, fleischig, feucht meist sehr klebrig, trocken eher matt und oft gepudert; Huthaut etwa zu $^1/_3$ ablösbar. **Stiel:** 30–70 × 10–25 mm, weiß, seltener rosa, allmählich jedoch schmutzigbräunlich, zylindrisch oder schmal keulenförmig. **Fleisch:** weiß. Geschmack mild, Geruch stark nach Jodoform (Zahnarzt!), vor allem an der Stielbasis. **Lamellen:** adnex, blaßgelb, am Grunde netzig verbunden. Sporenpulver blaß bis weißlich. Sporen elliptisch, grobwarzig, amyloid, netzig gemustert, 7–9 × 6–8 µm. Hutcystidien fehlen. Am häufigsten in Kiefernbeständen anzutreffen. Juni–November. **Eßbar.**

Buckeltäubling *Russula caerulea* (Pers.) Fr. (= *R. amara*)
Hut: 3–8 cm breit, anfangs fast kegelig, später stark abgeflacht, in der Mitte mit breitem, spitzem Buckel (der nur selten fehlt), braunviolett, aschgrau-rötlich, dunkelweinrot, kastanienbraun oder braunrot, feucht nur wenig klebrig, ziemlich fleischig, am Rande fein gefurcht; Huthaut löst sich etwa zu $^1/_4$–$^2/_3$ ab. **Stiel:** 40–90 × 10–20 mm, weiß, schmal, keulenförmig, fest. **Fleisch:** weiß. Geschmack mild, aber Huthaut sehr bitter. **Lamellen:** adnex bis fast frei, blaß ockerfarben, anfangs ziemlich dicht gedrängt. Sporenpulver blaß gelblich. Sporen breit elliptisch bis kugelförmig, locker stachelig-warzig, amyloid, 8–10 × 7–9 µm. Hutoberseite ohne Cystidien. Verbreitet in Kiefernwäldern, außerdem auch unter Birken und Espen. Juli–Oktober. **Ungenießbar!**

Weinroter Graustieltäubling *Russula obscura* Romell (= *R. punctata*)
Hut: 5–14 cm breit, anfangs gewölbt, später flach ausgebreitet und in der Mitte leicht eingedrückt, purpur- bis weinrot, in der Mitte auch bräunlich bis dunkelbraun, fleischig, am Rande im Alter gefurcht; Huthaut läßt sich etwa zu $^2/_3$ gut ablösen. **Stiel:** 60–120 × 10–35 mm, weißlich, mitunter auch leicht graurosa. **Fleisch:** weiß, verfärbt sich an der Luft zunächst rosa-grau und später schwärzlich, im Stiel zuletzt schwammig. Geschmack mild. **Lamellen:** adnex, goldgelb, etwas weitständig, am Grunde durch Adern netzig verbunden, wie alle übrigen Teile des Pilzes grau oder schwarz verfärbend. Sporenpulver dunkel cremefarben. Sporen elliptisch, mit einzelnen, feinen Warzen besetzt, ohne Linienmuster, 8–11,5 × 6,5–9 µm. Keine Hutcystidien vorhanden. Vor allem im Bergland im Nadelwald. Juli–Oktober. **Eßbar.**

Weicher Dottertäubling *Russula lutea* (Huds. ex Fr.) S. F. Gray
Hut: 2–7 cm breit, anfangs stärker kugelig, später flacher gewölbt und etwas unregelmäßig, in der Mitte mit kräftiger Delle, gold- oder dottergelb bis einheitlich aprikosen- oder honiggelb, mitunter auch ganz oder teilweise blaß fleischfarben, ziemlich brüchig; Huthaut löst sich zu $^3/_4$ bis fast ganz leicht ab. **Stiel:** 20–60 × 5–15 mm, weiß, zylindrisch oder kegelförmig-keulig, weich, brüchig. **Fleisch:** weiß. Geschmack mild. Geruch anfangs sehr schwach, später leicht fruchtig. **Lamellen:** tiefgelb, dicht gedrängt. Sporenpulver ockergelb. Sporen oval-elliptisch, mit einzelnen Stachelwarzen, selten mit Rippen und Leisten, 7,5–9 × 6–8 µm. Hutcystidien fehlen. Meist im Bergland in Laub- und Nadelwäldern verbreitet. Häufig. Juli–Oktober. **Eßbar.**

Goldtäubling *Russula aurata* (With.) Fr.
Hut: 4–9 cm breit, anfangs kugelig gewölbt, später flacher und zuletzt leicht eingedellt oder leicht verbogen, scharlachrot, korallenrotbräunlich, rotorange oder goldgelb, manchmal auch etwas uneinheitlich in diesen Tönen gefärbt, fleischig, fest; Huthaut löst sich etwa zur Hälfte leicht ab, glatt, feucht etwas klebrig; Rand bei älteren Exemplaren etwas furchig. **Stiel:** 30–80 × 10–25 mm, weißlich bis blaßgelb oder goldgelb, fest, später etwas weicher, zylindrisch oder leicht keulenförmig, oft etwas unregelmäßig gestaltet, glatt. **Fleisch:** weiß, unter der Huthaut chromgelb. **Lamellen:** adnex bis frei, blaßgelb, breit, ziemlich weitständig, am Grunde durch Adern netzig verbunden, an den Schneiden meist gold- bis dottergelb. Sporenpulver ockergelb. Sporen fast kugelig, dicht mit groben Warzen und einem unvollständigen Leistennetz überzogen, amyloid, 7,5–9 × 6–8 µm. Bevorzugt in wärmeren Gegenden in Laubwäldern. Juli–September. **Eßbar.**

Ⓔ **Weicher Dottertäubling** *Russula lutea* 3/4 nat. Gr.

Ⓔ **Jodoform-Täubling** *Russula turci* 1/2 nat. Gr.

Ⓤ **Buckeltäubling** *Russula caerulea* 1/2 nat. Gr.

Ⓔ **Goldtäubling** *Russula aurata* 3/4 nat. Gr.

E **Großer Scheidling** *Volvariella speciosa* 1/2 nat. Gr.

E **Wolliger Scheidling** *Volvariella bombycina* 1/2 nat. Gr.

E *Volvariella parvula* 1/1 nat. Gr.

Lamellenpilze mit rosa Sporen

Volvariella (Scheidling) Pilze mit tütiger Scheide an der Stielbasis, aber ohne Stielring. Sporenpulver meist rosa, verfärbt die Lamellen bei der Reife. Oft auch in Gärten anzutreffen. Nur wenige Arten in Mitteleuropa.

Großer Scheidling *Volvariella speciosa* (Fr. ex Fr.) Sing.
Hut: 5–10 cm breit, anfangs eiförmig oder stark kugelig gewölbt, später flach und in der Mitte niedrig gebuckelt, weißlich, in der Mitte eher graubraun, feucht klebrig. **Stiel:** 50–90 × 10–15 mm, weiß, nach oben allmählich verschmälert, am Grunde in einer weißlichen oder hellgrauen sackförmigen Scheide eingeschlossen. **Fleisch:** weiß. Geschmack mild, etwas erdig. **Lamellen:** breit, dicht, anfangs weiß, später rosa-bräunlich. Sporenpulver rosa. Sporen breit elliptisch, 13–18 × 8–10 µm. Auf fetten Böden, in Gärten auf Komposthaufen, auch in Parkanlagen. Juni–September. **Eßbar, sollte aber besser gemieden werden,** da Verwechslungen mit den tödlich giftigen Knollenblätterpilzen nicht auszuschließen sind. Diese Arten sind zwar weißsporig und besitzen einen Stielring, dieser kann jedoch eventuell frühzeitig abfallen.

Wolliger Scheidling *Volvariella bombycina* (Schaeff. ex Fr.) Sing.
Hut: 5–20 cm breit, anfangs stark eiförmig-kugelig gewölbt, später glockig, weißlich, fein seidig-wollig mit fast haarförmigen Fasern bedeckt. **Stiel:** 70–150 × 10–20 mm, oft gekrümmt, nach oben verschmälert. Scheide häutig, ziemlich groß, bleibend, klebrig, zunächst weiß, später bräunlich. **Fleisch:** weiß, später schwach gelblich. Geschmack mild. Geruch schwach, aber angenehm. **Lamellen:** dicht, anfangs weiß, später rosafarben. Sporenpulver rosa. Sporen elliptisch, 8,5–10 × 5–6 µm. Auf Stümpfen und Stämmen geschlagener Laubbäume, vor allem Ulme, oft auch in Astlöchern. Juni–September. Selten. Guter Speisepilz. **Eßbar.**

Kleiner Scheidling *Volvariella parvula* (Weins.) Orton
Hut: 1–3 cm breit, anfangs kegelig, später glockig gewölbt, zuletzt auch ganz flach, weißlich, in der Mitte gelblicher, anfangs etwas klebrig, später seidig-trocken. **Stiel:** 25–40 × 2–4 mm, weiß, seidig, am Grunde in einer weißen, häutigen, gelappten Scheide. **Fleisch:** weiß. **Lamellen:** weiß, später dunkler fleischfarben. Sporenpulver rosa. Sporen elliptisch,

E *Clitopilus prunulus* 1/3 nat. Gr.

Ⓔ **Violetter Rötelritterling** *Lepista nuda* 2/3 nat. Gr.

Ⓔ *Lepista luscina* 1/3 nat. Gr.

Ⓔ *Lepista sordida* 1/2 nat. Gr.

5–7 × 3–5 µm. Im Gras in Wiesen, auf Weiden, in Gärten und Parkanlagen. Mai–Oktober. Ziemlich selten. **Eßbar,** aber wertlos.

Mehlpilz *Clitopilus prunulus* (Scop. ex Fr.) Kummer
Hut: 3–12 cm breit, anfangs gewölbt, später unregelmäßig bucklig und am Rande lappig gewellt, weiß, blaß cremefarben oder leicht grau, auf der Oberfläche samtig, zuletzt kahl. **Stiel:** 15–25 × 4–12 mm, manchmal randlich ansetzend, hutfarben. **Fleisch:** weiß, fest. Geschmack und Geruch mehlig. **Lamellen:** herablaufend, weiß, später rosa. Sporenpulver rosa. Sporen elliptisch, längsfurchig, 8–14 × 5–6 µm. Im Gras auf Waldlichtungen oder am Rande von Fichtengehölzen. Weit verbreitet. Guter Speisepilz. **Eßbar.**

Lepista Den Ritterlingen sehr ähnlich, aber mit rosafarbenem Sporenpulver. Nur wenige Arten in Mitteleuropa.

Violetter Rötelritterling *Lepista nuda* (Bull. ex Fr.) Cooke
Hut: 6–12 cm breit, flach gewölbt, später eingedellt und unregelmäßig gelappt und gewellt, anfangs blaulila, später mehr bräunlich, trocken heller. **Stiel:** 50–90 × 15–25 mm, am Grunde oft leicht knollig verdickt, bläulich-lila, faserig. **Fleisch:** dick, bläulich-lila. Geschmack und Geruch deutlich aromatisch. **Lamellen:** dicht, anfangs hutfarben, später verblassend bis bleich-lederfarben. Sporenpulver blaßrosa. Sporen elliptisch, fein stachelig, 6–8 × 4–5 µm. In humusreichen Wäldern und Fichtengehölzen, oft in großen Hexenringen. September–Dezember. Häufig. Nur die jungen Pilzhüte schmecken ausgezeichnet. **Eßbar.**

Mehliger Rötelritterling *Lepista luscina* (Fr. ex Fr.) Sing.
Hut: 3–10 cm breit, anfangs stärker gewölbt, später flacher und in der Mitte eingedellt, zuletzt stärker wellig, hellgrau-bräunlich, oft mit dunkleren, ringförmig angeordneten Flekken, am Rand weißlich-mehlig. **Stiel:** 30–50 × 4–6 mm, faserig, im oberen Teil weiß und mehlig, weiter unterhalb graubraun. **Fleisch:** dünn, bleich. Geschmack süßlich. Geruch nach Mehl. **Lamellen:** dicht, anfangs weiß, später grau. Sporenpulver blaßrosa. Sporen elliptisch, fein aufgerauht, 5–7 × 3,5–4,5 µm. Meist in großen Ringen im Gras von Wiesen und Parkrasen. Zerstreut. September–Oktober. **Eßbar.**

Fleischbrauner Rötelritterling *Lepista sordida* (Fr.) Sing.
Hut: 3–8 cm breit, anfangs stärker gewölbt, später flacher, in der Mitte eingedellt oder unregelmäßig bucklig, oft auch wellig, lilabraun, grauviolett oder grau-fliederfarben, trocken blasser. **Stiel:** 40–60 × 5–8 mm, hutfarben, faserig, an der Basis etwas verdickt. **Fleisch:** grau-bräunlich. Geschmack mild. Geruch angenehm. **Lamellen:** lila, verblassend oder im Alter lila-bräunlich. Sporenpulver rosa bis graulila. Sporen elliptisch, fein warzig, 6–7 × 3,5–4 µm. Auf Komposthaufen, im Gras auf stark gedüngten Böden und auf Feldern, meist in Büscheln. Verbreitet. **Eßbar.**

Ⓔ **Veilchen-Rötelritterling** *Lepista irina* 2/3 nat. Gr.

Ⓔ **Zweifarbener Rötelritterling** *Lepista saeva* 1/2 nat. Gr.

Veilchen-Rötelritterling *Lepista irina* (Fr.) Bigelow
Hut: 5–10 cm breit, anfangs halbkugelig, später flacher gewölbt, am Rand oft gewellt, schmutzigrosa bis rötlich-braun. **Stiel:** 60–100 × 10–20 mm, schmutzigweiß bis blaß bräunlich, in lange Fasern eingehüllt, am Grunde oft dunkler bräunlich. **Fleisch:** dick, weiß. Geruch und Geschmack deutlich nach Veilchen. **Lamellen:** emarginat, dicht, fleischfarben, später eher zimt- oder rötlichbraun. Sporenpulver schmutzigrosa. Sporen fein warzig, elliptisch, 7–9 × 3,5–4 µm. In lichten Wäldern, bevorzugt an grasigen, sonnigen Stellen. September–November. Zerstreut. **Eßbar.**

Zweifarbener Rötelritterling *Lepista saeva* (Fr.) Orton (= *L. personata*)
Hut: 6–10 cm breit, anfangs gewölbt, später flacher ausgebreitet oder eingedellt, auch mitunter unregelmäßig verbogen, am Rande wellig, blaß oder schmutzigbraun. **Stiel:** 30–60 × 15–25 mm, an der Basis stark angeschwollen, blau-lila, netzfaserig. **Fleisch:** dick, weißlich bis fleischfarben. Geruch und Geschmack aromatisch. **Lamellen:** dicht gedrängt, weißlich bis blaßrötlich. Sporenpulver blaßrosa. Sporen elliptisch, fein warzig-stachelig, 7–8 × 4–5 µm. In wärmeren Gebieten auf Wiesen, Weiden und an Waldrändern. Verbreitet. **Eßbar.**

Dünentrichterling *Rhodocybe popinalis* (Fr.) Sing.
Hut: 2–6 cm breit, flach ausgebreitet oder in der Mitte eingedrückt, hell oder dunkler schmutzig graubraun oder braun, oberseits sehr rissig. **Stiel:** 15–25 × 5–10 mm, heller als Hut. **Fleisch:** bräunlich. Geschmack mehligbitter. Geruch stark mehlig. **Lamellen:** grau. Sporenpulver rosa. Sporen kugelig, fein warzig, 6,5–7 × 6 µm. Nur auf Sanddünen in Küstennähe. Selten. **Ungenießbar!**

Silbergrauer Märzrötling *Entoloma saundersii* (Fr.) Sacc.
Hut: 3–12 cm breit, anfangs glockig, später flacher ausgebreitet mit deutlichem Buckel, bleich elfenbeinfarben oder gelblich lederfarben bis blaß silbergrau-braun. **Stiel:** 20–50 × 10–24 mm, weiß. **Fleisch:** weiß, fest. **Lamellen:** schmutzigweiß, später blaßrosa. Geruch und Geschmack deutlich ranzig. Sporenpulver rosafarben. Sporen eckig-kugelig, 9–12 × 8–10 µm. Vor allem unter Bäumen und Strauchwerk aus der Familie der Rosengewächse (Rosaceae). Verbreitet. Mai–September. **Eßbar,** aber besser gemieden, da leicht mit giftigen Arten verwechselbar.

Riesenrötling *Entoloma sinuatum* (Bull. ex Fr.) Kummer
Hut: 6–20 cm breit, gewölbt oder ausgebreitet, elfenbeinfarben bis dunkler graubraun. **Stiel:** 60–100 × 10–30 mm, weiß. **Fleisch:** fest, weiß. Geruch mehlig. **Lamellen:** blaß ockergelb, später zunehmend fleischfarben. Sporenpulver rosa. Sporen eckig-kantig, 8–10 × 7–8,5 µm. In wärmeren Gebieten in Laubwäldern, besonders unter Eichen. Jüngere Exemplare können eventuell mit Steinpilzen, Maipilzen oder eßbaren Rötlingen verwechselt werden! Juli–September. **Stark giftig!**

Schildrötling, Frühlingsrötling *Entoloma clypeatum* (L. ex Fr.) Kummer
Hut: 3–10 cm breit, anfangs stärker, später flacher gewölbt und mit niedrigem, breitem Buckel, graubraun, oft auch etwas gelblich, radial streifig. **Stiel:** 30–50 × 8–15 mm, weiß

Ⓤ *Rhodocybe popinalis* 2/3 nat. Gr.

Ⓔ **Silbergrauer Märzrötling** *Entoloma saundersii* 1/2 nat. Gr.

Ⓖ **Riesenrötling** *Entoloma sinuatum* 1/3 nat. Gr.

Ⓤ *Entoloma clypeatum* 1/3 nat. Gr.

Ⓖ *Entoloma rhodopolium* 1/3 nat. Gr.

Ⓤ *Entoloma nidorosum* 1/3 nat. Gr.

oder leicht hutfarben, mit langen, seidigen Fasern verhüllt. **Fleisch:** weiß, fest. Geruch und Geschmack mehlig. **Lamellen:** blaßgrau bis fleischrosa. Sporenpulver rosafarben. Sporen eckig-kugelig, 8–11 × 7,5–9 µm. Unter Holzpflanzen der Familie Rosengewächse (Rosaceae), z. B. Obstbäume oder Schlehen. Meist büschelweise und gesellig. März–Juni. **Ungenießbar!**

Niedriger Rötling *Entoloma rhodopolium* (Fr.) Kummer
Hut: 3–7 cm breit, anfangs gewölbt, später mit breitem Buckel oder eingedellt, graubraun bis gelblich-lederfarben, trocken auch seidig grau. **Stiel:** 40–80 × 5–10 mm, weiß bis seidig grau. **Fleisch:** dünn, weiß. Geruch und Geschmack mehlig. **Lamellen:** weißlich bis fleischfarben. Sporenpulver rosafarben. Sporen eckig, 8–11 × 6–8 µm. Gesellig, aber nicht büschelig in Laubwäldern. August–Oktober. Häufig. **Schwach giftig!**

Stinkender Rötling *Entoloma nidorosum* (Fr.) Quél.
Hut: 3–7 cm breit, anfangs gewölbt, später flacher und leicht bucklig eingedellt, blaßgrau, am Rande oft gewellt. **Stiel:** 50–100 × 3–15 mm, weißlich. **Fleisch:** weiß, wäßrig. Geruch unangenehm. **Lamellen:** weißlich bis hellrosa. Sporenpulver rosa. Sporen eckig-kugelig, 7–9 × 6–8 µm. In feuchten Laubwäldern. August–Oktober. **Ungenießbar!**

Ⓔ **Braunroter Rötling** *Entoloma porphyrophaeum* 2/3 nat. Gr.

Ⓔ **Früher Rötling** *Entoloma aprile* 1/2 nat. Gr.

Ⓔ *Leptonia euchroa* 1/1 nat. Gr.

Ⓖ *Leptonia sericella* 1/1 nat. Gr.

Ⓖ *Leptonia incana* 3/4 nat. Gr.

Braunroter Rötling *Entoloma porphyrophaeum* (Fr.) Karst
Hut: 3–9 cm breit, anfangs stärker gewölbt bis glockig, mit deutlichem Buckel, dunkel graubraun, besonders zum Rand leicht violettrötlich getönt, radial faserig. **Stiel:** 40–80 × 5–10 mm, purpurn graubraun und faserig, an der Basis weißflaumig umsponnen. **Fleisch:** dünn, weißlich. **Lamellen:** ziemlich weitständig, anfangs weißlich, später dunkel fleischfarben-rosa. Sporenpulver rosa. Sporen eckig-länglich, 10–13 × 5–7 µm. Auf Wiesen und Weiden. Verbreitet. Mai–Oktober. **Eßbar,** aber besser gemieden, da Verwechslung mit giftigen Rötlingsarten leicht möglich!

Früher Rötling *Entoloma aprile* (Britz.) Sacc.
Hut: 3–6 cm breit, anfangs stark gewölbt, später glockig mit deutlichem Buckel, feucht dunkelbraun, trocken blasser und graubraun. **Stiel:** 30–70 × 5–10 mm, weißlich bis blaß graubraun, gestreift. **Fleisch:** weißlich-grau, fest, im Stiel allmählich hohl. Geschmack und Geruch mehlig. **Lamellen:** weißlich-grau, später rötlich. Sporenpulver lachsrosa. Sporen eckig-kugelig, 9–12 × 7,5–10 µm. Im Gebüsch und unter Laubbäumen auf sandigen

Ⓖ *Leptonia lazulina* 3/4 nat. Gr.

Ⓖ *Leptonia serrulata* 3/4 nat. Gr.

Ⓖ *Nolanea hirtipes* 2/3 nat. Gr.

Ⓤ *Nolanea cetrata* 3/4 nat. Gr.

Schwarzblauer Zärtling *Leptonia lazulina* (Fr.) Quél.
Hut: 1–2 cm breit, gewölbt bis flach, schwarzblau, in der Mitte tiefschwarz, radial faserstreifig, am Rande gestreift oder gerieft. **Stiel:** 30–40 × 1–2 mm, dunkel- bis schwarz- oder violettblau. **Fleisch:** dünn, dunkelblau. Geruch stark nach Pilzen. **Lamellen:** anfangs kräftig blau oder blaugrau, später mehr rosafarben. Sporenpulver rosa. Sporen länglich-eckig, 10–12 × 6,5–8 µm. Im Gras auf Wiesen, Weiden und Waldlichtungen. Selten. September–November. **Schwach giftig!**

Gesägter Zärtling *Leptonia serrulata* (Pers. ex Fr.) Kummer
Hut: 1–3 cm breit, anfangs gewölbt, später flacher, zuletzt auch eingedellt, blauschwarz, später bräunlich, am Rande leicht gestreift. **Stiel:** 15–20 × 1–2 mm, blaugrau bis schwärzlich, im oberen Teil typischerweise schwarzfleckig, am Grunde weißlich umsponnen. **Fleisch:** dünn, bläulich. **Lamellen:** blaugrau mit schwärzlichen Schneiden. Sporenpulver rosa. Sporen kantig-elliptisch, 10–12 × 6–8 µm. An grasigen Stellen auf Lichtungen oder an Waldrändern. Selten. Juli–Oktober. **Schwach giftig!**

Brüchiger Glöckling *Nolanea hirtipes* (Schum. ex Fr.) Kummer
Hut: 2–5 cm breit, glockig, mittelbraun bis bräunlich-schwarz oder blaß braun-lederfarben, im Bereich des auffallenden Buckels dunkler braun. **Stiel:** 70–150 × 2–5 mm, hutfarben oder heller, am leicht verdickten Grund mit weißem Flaum umsponnen. **Fleisch:** dünn, grau-bräunlich. Geruch deutlich nach Gurken. **Lamellen:** weißlich, später rosabräunlich. Sporenpulver rosafarben. Sporen eckig-kantig, 11–14 × 7–8 µm. Auf Weiden, Kahlschlägen, in Wäldern, meist in Gruppen. September–Oktober. **Schwach giftig!**

Böden. Verbreitet bis zerstreut. April–Mai. **Eßbar,** aber wegen Verwechslungsgefahr besser zu meiden.

Bläulicher Zärtling *Leptonia euchroa* (Pers. ex Fr.) Kummer
Hut: 1–4 cm breit, glockenförmig, blauviolett getönt, manchmal in der Mitte etwas bräunlich, seidig-faserig. **Stiel:** 20–60 × 2–4 mm, hutfarben. **Fleisch:** bläulich. Geruch und Geschmack unspezifisch. **Lamellen:** dunkelviolett. Sporenpulver rosa. Sporen eckig, 9–11 × 5–7,5 µm. Auf Stümpfen oder abgebrochenen Ästen von Erle, Hasel, Hainbuche oder Birke. Zerstreut. August–Oktober. **Eßbar.**

Bleicher Zärtling *Leptonia sericella* (Fr. ex Fr.) Barb.
Hut: 1–2 cm breit, anfangs kegelig gewölbt, später flacher oder glockig, mitunter eingedellt, blaß ocker-lederfarben, trocken auch weißlich. **Stiel:** 15–25 × 2–4 mm, hutfarben. **Fleisch:** dünn. Geruch pilzig. **Lamellen:** weiß, später hellrosa. Sporenpulver rosafarben. Sporen eckig-länglich, 9–13 × 6–8,5 µm. Auf Weiden und Waldlichtungen. Selten bis zerstreut. Juli–September. **Giftverdächtig!**

Braungrüner Zärtling *Leptonia incana* (Fr.) Gillet
Hut: 1–3 cm breit, gewölbt, oft in der Mitte stärker eingedrückt und leicht genabelt, gelb- bis olivbraun, in der Mitte dunkler, am Rande deutlich streifig. **Stiel:** 20–40 × 1–3 mm, gelblichgrün bis grasgrün, bei Verletzung blaugrün, am Grunde weißlich umsponnen. **Fleisch:** dünn, grünlich. **Lamellen:** grünlichweiß bis blaßrosa. Sporenpulver rosa. Sporen eckig-länglich, 11–14 × 8–9 µm. Im Gras entlang von Waldrändern oder auf Heiden, besonders auf Kalkböden. Selten. August–Oktober. **Schwach giftig!**

Moor-Glöckling *Nolanea cetrata* (Fr. ex Fr.) Kummer
Hut: 1–3 cm breit, glockig gewölbt, ockerbraun bis blaß lederfarben, in der Mitte immer etwas dunkler, streifig. **Stiel:** 25–60 × 2–4 mm, blaß lederfarben, lang seidig-faserig umsponnen. **Fleisch:** dünn, im Hut dunkelbraun, im Stiel blasser. Geruch und Geschmack unspezifisch. **Lamellen:** fleischfarben. Sporenpulver rosa. Sporen eckig, 9–12 × 6,5–8 µm. Basidien zweisporig. Unter Nadelbäumen oder (häufiger) zwischen Torfmoos. Zerstreut bis verbreitet. September–November. **Ungenießbar!**

Ⓤ *Nolanea staurospora* ²/₃ nat. Gr.

Ⓤ *Nolanea farinolens* ²/₃ nat. Gr.

Ⓤ *Nolanea lucida* ²/₃ nat. Gr.

Kreuzsporiger Glöckling *Nolanea staurospora* Bres.
Hut: 1–3 cm breit, gewölbt, mit undeutlichem Buckel, dunkel, rötlich- oder graubraun, feucht dunkler, trocken sehr bleich, am Rande fein gestreift. **Stiel:** 20–60 × 1–3 mm, heller als Hut, mit langen, seidig weißen Fasern. **Fleisch:** hut- oder stielfarben. Geruch mehlig. **Lamellen:** zunächst weiß, dann rosa. Sporenpulver rosa. Sporen quadratisch bis sternförmig, 9–10 × 7–9 µm. Häufig im Gras von Wiesen und Waldwegen, besonders auch an Rändern von Nadelgehölzen. Juni–September. **Ungenießbar!**

Mehliger Glöckling *Nolanea farinolens* Orton
Hut: 1–3 cm breit, formenreich, gewölbt oder stärker abgeflacht bis leicht eingedellt oder gebuckelt, dunkelbraun oder braun-schwärzlich, trocken heller, feucht, fein gestreift. **Stiel:** 20–70 × 2–3 mm, hutfarben oder heller. Geschmack und Geruch (nach Zerreiben) stark mehlig. **Lamellen:** weißlich-grau, später bräunlich-rosa. Sporenpulver rosa. Sporen kugelig bis breit elliptisch, 6,5–9 × 5,5–7 µm. An schattigen Stellen im Gras oder in Wäldern. Juli–Oktober. Verbreitet. **Ungenießbar!**

Glänzender Glöckling *Nolanea lucida* Orton
Hut: 1–4(5) cm breit, anfangs kegelig gewölbt, dann flacher oder glockig mit breitem Buckel, braungrau, in der Mitte dunkler, trocken stark glänzend und heller, feucht am Rande gestreift. **Stiel:** 20–60 × 2–5 mm, knorpelig, blaßgrau, am Grunde fein umsponnen. **Fleisch:** hut- und stielfarben. Geruch und Geschmack stark mehlig. **Lamellen:** zunächst weißlich, später rosa oder braunrosa. Sporenpulver rosa. Sporen breit elliptisch bis kugelig, etwas kantig, 7,5–10 × 5,5–7 µm. In Laubwäldern im Gras oder Moos. Selten. August–Oktober. **Ungenießbar!**

Pluteus (Dachpilz) Pilze mit freien Lamellen, die sich zur Reifezeit rosa verfärben. Fast alle Arten wachsen auf (totem) Holz. Ca. 30 Arten in Mitteleuropa.

Dunkelbrauner Dachpilz *Pluteus podospileus* Sacc. & Cubb.
Hut: 1–4 cm breit, anfangs gewölbt, später flacher ausgebreitet und manchmal bucklig, dunkel- bis schwärzlich-braun, mit sehr feinen Schuppen besetzt. **Stiel:** 10–40 × 2–3 mm, mitunter leicht knollig verdickt, weißlich oder mit feinen schwärzlichen Schuppen punktiert. **Fleisch:** im Hut weißlich, im Stiel graubraun. Geruch schwach. **Lamellen:** anfangs weiß, später rosa. Sporenpulver rosa. Sporen breitoval bis kugelig, 4–7 × 3,5–5 µm. Wächst in kleinen Büscheln auf verrottendem Laubholz. Verbreitet. Juli–Oktober. **Ungenießbar!**

Rehbrauner Dachpilz *Pluteus cervinus* (Schaeff. ex Fr.) Kummer
Hut: 4–12 cm breit, anfangs glockig gewölbt, später flacher oder weniger stark gewölbt, hellbraun, graubraun oder grau, mit feinen radialen Streifen. **Stiel:** 70–100 × 5–15 mm, am Grunde leicht angeschwollen, weißlich und zunehmend bräunlich-längsstreifig. **Fleisch:** weiß. Geruch und Geschmack unspezifisch. **Lamellen:** anfangs weiß, später rosa. Sporenpulver rosa. Sporen breit elliptisch, 7–8 × 5–6 µm. Sehr weit verbreitet. Meist einzeln auf Stümpfen und Blöcken oder umgestürzten, modernden Stämmen verschiedener Laubholzarten. Juni–September. **Eßbar.**

Samtiger Dachpilz *Pluteus umbrosus* (Pers. ex Fr.) Kummer
Hut: 3–9 cm breit, anfangs stärker, später flacher gewölbt, hell- bis mittelbraun, mit dunkelbraunen Schuppen fein samtig bedeckt, an den unregelmäßig gestalteten Rändern und in der Hutmitte am dichtesten. **Stiel:** 30–90 × 4–12 mm, weißlich, mit feinen dunkleren Schuppen. **Fleisch:** weiß. **Lamellen:** weißlich, später rosafarben, mit auffallend dunkelbraunen Schneiden. Sporenpulver rosa. Sporen kugelig, 6–7 × 4–5 µm. Auf verrottendem Holz verschiedener Laubbäume. Verbreitet. September–Oktober. **Eßbar.**

Grauer Dachpilz *Pluteus salicinus* (Pers. ex Fr.) Kummer
Hut: 2–5 cm breit, anfangs gewölbt, später stark abgeflacht und leicht eingedellt, mit niedrigem, breitem Buckel, bläulich- oder grünlich-grau, in der Mitte etwas dunkler, feucht fein radial gestreift. **Stiel:** 30–50 × 2–6 mm, weiß, manchmal am Grunde auch leicht hutfarben angehaucht. **Fleisch:** weiß oder hellgrau. **Lamellen:** weiß, später rosa. Sporenpulver rosa. Sporen elliptisch. Zerstreut bis selten. Gesellig und in kleinen Büscheln auf Laubholzstümpfen. Mai–September. **Eßbar.**

Knolliger Dachpilz *Pluteus semibulbosus* (Lasch apud Fr.) Gillet
Hut: 1,5–3 cm breit, glockenförmig oder stumpf-bucklig gewölbt, weißlich bis blaß fleischfarben, im Alter zunehmend radial runzlig und flockig beschuppt. **Stiel:** 20–30 × 3–7 mm, am Grunde knollig verdickt, sehr gedrungen, weißlich. **Fleisch:** weiß. **Lamellen:** weiß, zur Reifezeit rosa. Sporenpulver rosa. Sporen breit elliptisch bis fast kugelig, 6–7 × 5–5,5 µm. In kleinen Büscheln auf verrottendem Holz, auch auf Sägemehl. September–November. **Ungenießbar!**

Ⓤ *Pluteus podospileus* ²/₃ nat. Gr.

Ⓔ **Rehbrauner Dachpilz** *Pluteus cervinus* 1/2 nat. Gr.

Ⓔ **Samtiger Dachpilz** *Pluteus umbrosus* 2/3 nat. Gr.

Ⓔ **Grauer Dachpilz** *Pluteus salicinus* 1/1 nat. Gr.

Ⓤ **Knolliger Dachpilz** *Pluteus semibulbosus* 3/4 nat. Gr.

Ⓤ *Pluteus luteovirens* 2/3 nat. Gr.

Ⓤ *Pluteus leoninus* 2/3 nat. Gr.

Ⓤ *Pluteus lutescens* 3/4 nat. Gr.

Ⓤ *Pluteus aleuriatus* 2/3 nat. Gr.

Ⓤ *Pluteus depauperatus* 1/1 nat. Gr.

Gelbgrüner Dachpilz *Pluteus luteovirens* Rea
Hut: 2–4 cm breit, anfangs glockig, später flacher gewölbt und in der Mitte eingedrückt oder buckelig, senfgelb bis oliv-ockergelb. **Stiel:** 20–60 × 2–5 mm, weiß bis cremefarben. **Fleisch:** dünn, gelblich im Hut und in der Stielbasis, sonst weiß. Geruch und Geschmack unspezifisch. **Lamellen:** anfangs weiß, später rosa. Sporenpulver rosa. Sporen fast kugelig, 5–6 × 6 µm. Auf Stümpfen oder verrottenden Zweigen von Ulmen. September–Oktober. Selten. **Ungenießbar!**

Löwengelber Dachpilz *Pluteus leoninus* (Schaeff. ex Fr.) Kummer
Hut: 4–6 cm breit, gewölbt oder flach ausgebreitet bis leicht gebuckelt, fein samtig, tief goldgelb, am Rand fein streifig. **Stiel:** 50–75 × 3–10 mm, weißlich, später mehr gelblich angelaufen. **Fleisch:** dünn, weißlich, im Stiel zunehmend bräunlich. **Lamellen:** blaßrosa, oft mit gelben Schneiden. Sporenpulver rosa. Sporen annähernd kugelig, 6,5–7,5 × 5–6 µm. Vorzugsweise auf Stümpfen von Laubhölzern, manchmal jedoch auch auf Nadelholzresten. September–Oktober. Selten. **Ungenießbar!**

Bereifter Dachpilz *Pluteus lutescens* (Fr.) Bres.
Hut: 1,5–5 cm breit, flach gewölbt oder gebuckelt, dunkel- bis zimtbraun, am Rand blasser und gelblich, kaum gestreift, zur Mitte hin aber oft etwas runzlig. **Stiel:** 15–70 × 2–6 mm, hell zitronengelb, zur Basis tief chromgelb. **Fleisch:** dünn, gelblich. **Lamellen:** anfangs chromgelb, dann gelblich-rosa. Sporenpulver rosa. Sporen annähernd kugelig, 6,5 × 5,5 µm. Wächst auf dem Boden zwischen verrottender Laubstreu und anderem pflanzlichen Abfall, bevorzugt unter Rotbuchen. Mai–September. Verbreitet. **Ungenießbar!**

Klebriger Dachpilz *Pluteus aleuriatus* (Fr. ex Fr.) Kummer
Hut: 1,5–4 cm breit, flach gewölbt oder leicht eingedrückt, graulila oder bräunlich-hellgrau, streifig, klebrig, feucht glänzend. **Stiel:** 25–40 × 2–3 mm, weiß, am Grunde oft angeschwollen. **Fleisch:** dünn, weißlich. **Lamellen:** anfangs weißlich, später rosafarben, zuletzt zimtbraun. Sporenpulver rostfarben. Sporen schmal-elliptisch, 9–10,5 × 4–5 µm. Einzeln oder in kleinen Büscheln auf verrottendem Sägemehl oder anderem Abfall von Laubhölzern. Zerstreut. **Ungenießbar!**

Weißlicher Dachpilz *Pluteus depauperatus* Romagn.
Hut: 2,5–3,5 cm breit, anfangs halbkugelig, später flacher gewölbt, am Rand höckerig-streifig, in der Mitte in blaß lederfarbene Schuppen aufbrechend, sonst blaß rosa-weißlich bis bleich-lederfarben, trocken weißlich. **Stiel:** 25–35 × 3–4 mm, weiß, zunehmend gelblich oder lederfarben, besonders im Bereich der leicht verdickten Stielbasis. **Fleisch:** dünn, weißlich bis gelblich. Geschmack und Geruch schwach. **Lamellen:** lederfarben-rosa. Sporenpulver rosa. Sporen breit elliptisch bis fast kugelig, 7–8 × 5,5–6,5 µm. Wächst meist einzeln auf verrottenden Ästen und Zweigen von Buchen, auch auf Sägemehl. Selten bis zerstreut. September–Oktober. **Ungenießbar!**

Lamellenpilze mit braunen Sporen

Cortinarius (Schleierling) Pilze mit rostfarbenen Sporen, einem Schleier, einem feinen Netzwerk zwischen Hutrand und Stiel. Zusätzlich tragen die Pilze im sehr jungen Zustand noch eine weitere Hülle, deren Reste häufig an der Stielbasis und am Hutrand vorhanden sind. Zur sicheren Bestimmung müssen immer junge Pilze herangezogen werden. Umfangreiche Gattung mit annähernd 150 Arten in Europa, die in verschiedene Untergattungen gegliedert wurde.

Cortinarius Untergattung **Myxacium** Hut und Stiel dieser Arten sind von den Hüllresten des Velum universale klebrig. Bei Trockenheit kleben Erdteilchen oder Laubreste an den Pilzen. Somit kann auch dann auf das Vorhandensein klebriger Hüllreste geschlossen werden, wenn diese längst eingetrocknet sind.

Natternstieliger Schleimfuß *Cortinarius trivialis* Lange.
Hut: 3,5–11 cm breit, anfangs kegelig gewölbt, später flacher und etwas gebuckelt, ockergelb bis gelb oder dunkelbraun, in der Mitte dunkler, sehr klebrig. **Stiel:** 50–120 × 10–20 mm, klebrig, im oberen Teil weißlich, weiter unten hutfarben, von weißlichen Schuppen bedeckt. **Fleisch:** blaßgelb, unter der

Ⓤ **Natternstieliger Schleimfuß** *Cortinarius trivialis* 1/2 nat. Gr.

Ⓤ **Lilastieliger Schleimfuß** *Cortinarius pseudosalor* 1/2 nat. Gr.

Huthaut und an der Stielbasis bräunlich. Geschmack mild, ohne Geruch. **Lamellen:** blaß- bis ockergelb oder rostbraun. Sporenpulver rostbraun. Sporen mandelförmig, rauh, 10–13 × 6–7 µm. In Laubwäldern, vorzugsweise unter Espen. August–Oktober. **Ungenießbar!**

Lilastieliger Schleimfuß *Cortinarius pseudosalor* Lange
Hut: 3–8 cm breit, kegelig gewölbt, später flach und etwas bucklig, ockerbraun, in der Mitte dunkelbraun, am Rande glatt oder furchig, feucht sehr klebrig, trocken etwas glänzend. **Stiel:** 80–100 × 10–20 mm, weißlich, mit schleimigen, violetten Hüllresten bedeckt. **Fleisch:** weißlich bis blaß gelblich, besonders unter der Huthaut etwas dunkler. Geschmack mild, ohne besonderen Geruch. **Lamellen:** dunkel cremefarben, später bräunlich-rostfarben. Sporenpulver rostbraun. Sporen mandelförmig, rauh, 12–14 × 7–9 µm. Gesellig in Laubwäldern unter Buchen, gelegentlich auch in Nadelbeständen. Juli–Oktober. **Ungenießbar!**

Blaustieliger Schleimfuß *Cortinarius collinitus* (Sow. ex Fr.) Lange
Hut: 2–10 cm breit, anfangs kugelig gewölbt, später wenig flacher mit einem breiten, hohen Buckel, gelb- bis rehbraun oder dunkel rostfarben, in der Mitte meist dunkler, klebrig-schleimig, trocken etwas glänzend, am Rand anfangs eingerollt. **Stiel:** 50–120 × 7–20 mm, im oberen Teil weiß bis bläulich, unterhalb der Schleierregion hutfarben und von bläulichen Hüllresten bedeckt. **Fleisch:** weißlich bis gelblich. Geschmack mild, ohne besonderen Geruch. **Lamellen:** blaßviolett, später rostbraun. Sporenpulver rostfarben. Sporen elliptisch bis mandelförmig, rauh, 12–20 × 7–9 µm. Zahlreich in Fichten- und Kiefernbeständen. Juli–Oktober. **Eßbar.**

Blaugelber Schleimfuß *Cortinarius croceo-caeruleus* (Pers. ex Fr.) Fr.
Hut: 2–5 cm breit, anfangs stark kugelig gewölbt, zunehmend flacher ausgebreitet und manchmal leicht eingedellt, leuchtend violettblau, später zunehmend ockergelblich, Umfärben beginnt in der Mitte, schleimig-klebrig.

Ⓔ *Cortinarius collinitus* 1/3 nat. Gr.

Stiel: 40–60 × 5–12 mm, spindelförmig in eine schlanke Basis verschmälert, weißlich bis gelblich. **Fleisch:** weißlich bis gelblich, unter der Huthaut auch violett getönt. Geschmack bitter, Geruch unangenehm. **Lamellen:** weißlich, anfangs mit bläulichen Tönen, zuletzt zimtbraun. Sporenstaub rostbraun. Sporen elliptisch bis mandelförmig, ziemlich glatt, 7,5–8,5 × 4,5–5,5 µm. In Laubwäldern, bevorzugt unter Rotbuchen. Verbreitet. **Ungenießbar!**

Ⓤ *Cortinarius croceo-caeruleus* 1/3 nat. Gr.

Ⓤ **Kiefern-Schleimfuß** *Cortinarius pinicola* 1/2 nat. Gr.

Ⓔ **Heidenschleimfuß** *Cortinarius mucosus* 1/2 nat. Gr.

Ⓤ *Cortinarius delibutus* 1/3 nat. Gr.

Ⓤ *Cortinarius causticus* 1/2 nat. Gr.

Ⓤ *Cortinarius ochroleucus* 1/2 nat. Gr.

Kiefern-Schleimfuß *Cortinarius pinicola* Orton
Hut: 3,5–10 cm breit, gewölbt oder flacher ausgebreitet, mit breitem Buckel, leder- bis mittelbraun, zum Rand hin heller, feucht stark klebrig. **Stiel:** 15–150 × 8–16 mm, weißlich, oft auch gelblich-bräunlich getönt (besonders im oberen Abschnitt), oberhalb der Schleierzone seidig weiß, unterhalb von Hüllresten mit weißen, wolligen Schuppen. **Fleisch:** weißlich bis gelblich-ockerfarben, besonders an der Stielbasis. Geschmack mild, ohne auffälligen Geruch. Selten nach Honig duftend. **Lamellen:** weißlich bis blaßgrau, zuletzt gelblich-bräunlich. Sporenpulver rostbraun. Sporen zitronenförmig, rauh, 13,5–16 × 7–8,5 µm. August–Oktober. Hauptsächlich in Kieferbeständen. Selten. **Ungenießbar!**

Heidenschleimfuß *Cortinarius mucosus* (Bull. ex Fr.) Kickx.
Hut: 4–10 cm breit, anfangs gewölbt, später flacher ausgebreitet, mittel- bis kastanienbraun, sehr schleimig-klebrig, am Rande zunächst eingerollt, dann glatt, oft gestreift. **Stiel:** 50–150 × 15–25 mm, seidigweiß, nicht in Schuppen aufbrechend. **Fleisch:** weißlich bis leicht bräunlich, besonders unterhalb der Huthaut. Geschmack mild, Geruch unauffällig. **Lamellen:** anfangs weißlich, später blaß gelblich und zuletzt zimtbraun. Sporenpulver rostbraun. Sporen länglich-elliptisch, rauh, 14,5–17,5 × 6,5–7,5 µm. Wächst häufig in

Ⓤ Prächtiger Dickfuß *Cortinarius auroturbinatus* ½ nat. Gr.

Kiefernwäldern und in Birkenheiden mit eingestreuten Kiefern. August–Oktober. **Eßbar.**

Blaublättriger Schleimfuß *Cortinarius delibutus* Fr.
Hut: 3–9 cm breit, anfangs gewölbt, später flacher und leicht gebuckelt, gelblich mit etwas hellerer Mitte oder gleichmäßig bräunlich-lederfarben, sehr klebrig. **Stiel:** 50–100 × 7–15 mm, am Grunde leicht verdickt, weiß bis gelblich von der Basis bis zur Schleierzone, im oberen Teil blaßlila, am Grunde weiß umsponnen. **Fleisch:** im Stiel weißlich, gelblich im Hut, in jungen Pilzen leicht violett. Geschmack mild oder leicht bitter, Geruch schwach nach Meerrettich. **Lamellen:** blauviolett, bald aber mehr gelblich bis zimtbraun. Sporenpulver rostbraun. Sporen breit elliptisch bis eiförmig, warzig-rauh, 7–8,5 × 6,5–7,5 µm. Verbreitet in Laubwäldern, dort vor allem unter Buchen. September–November. **Ungenießbar!**

Bereifter Schleimfuß *Cortinarius causticus* Fr.
Hut: 3–8 cm breit, breitbuckelig, blaß gelblichbraun, in der Mitte nur wenig dunkler, trocken blaß und leicht glänzend, feucht ziemlich klebrig. **Stiel:** 30–80 × 4–12 mm, am Grunde oft fleckig, sonst weißlich bis gelblichbraun, im unteren Teil leicht klebrig. **Fleisch:** zitronen- bis hellgelb, im Hut oft einfach weiß. Geschmack mild (Huthaut jedoch sehr bitter), Geruch spezifisch. **Lamellen:** anfangs blaß gelblich, später zunehmend rotbraun bis rostzimtfarben. Sporenpulver rostbraun. Sporen elliptisch, fast glatt, 6,5–7(8) × 4–5 µm. In Nadelwäldern, häufiger in Laubwäldern mit Buche und Eiche. Mai–Oktober. **Ungenießbar!**

Hellgelber Schleimfuß *Cortinarius ochroleucus* (Schaeff. ex Fr.) Fr.
Hut: 3–8 cm breit, anfangs gewölbt, später flacher ausgebreitet und stumpf gebuckelt, bleich weißlich mit dunkler gelblich getönter Mitte, Buckel hellgelblich, leicht seidig glänzend; Seidenglanz kann durch Rubbeln entfernt werden. **Stiel:** 25–90 × 5–12 mm, seidig weiß, zur Basis verschmälert, fest. **Fleisch:** weiß bis sehr blaßgelb. Geschmack bitter, ohne auffälligen Geruch. **Lamellen:** anfangs weißlich, später hellgelb und zuletzt zimtbraun. Sporenpulver rostbraun. Sporen elliptisch, annähernd glatt, 7–8 × 4–5 µm. In Laubwäldern, besonders unter Eichen. Ziemlich selten. August–Oktober. **Ungenießbar!**

Cortinarius Untergattung Phlegmacium

Pilze mit klebrigem Hut, aber trockenem, nicht schleimig-klebendem Stiel. Oft mit stark verdickter Stielbasis.

Prächtiger Dickfuß *Cortinarius auroturbinatus* (Secr.) Lange
Hut: 4,5–12 cm breit, anfangs gewölbt, später etwas flacher, am Rande immer eingerollt, zunächst schwefelgelb, später rötlich, besonders in der Hutmitte. **Stiel:** 60–120 × 10–18 mm, etwa 20–40 mm breit an der verdickten, durch einen Rand abgesetzten Basis, gelb bis lederbraun. **Fleisch:** weiß, nur unter der Huthaut und an der Stielbasis schwefelgelb. Geschmack mild. Geruch süßlich. **Lamellen:** anfangs gelb, später olivfarben, zuletzt blaß rostrot. Sporenpulver rostbraun. Sporen zitronenförmig, sehr warzig, 11,5–15 × 7–8,5 µm. Keine Reaktion des Fleisches gegen NaOH, Huthaut verfärbt sich mit diesem Reagenz jedoch rötlichbraun bis purpurschwarz. Nur in Buchenwäldern auf Kalkböden. Zerstreut. September–Oktober. **Ungenießbar!**

Knolliger Schleierritterling *Leucocortinarius bulbiger* (Fr.) Sing.
Hut: 5–8 cm breit, anfangs stärker gewölbt, später flacher, blaß bräunlich, manchmal mit Hüllresten, die besonders zum Rand hin spinnwebige Fetzen lassen. **Stiel:** 50–100 × 10–12 mm, am Grunde in eine breite, flache Knolle verdickt, weißlich. Hüllreste lassen an der Stielbasis einen deutlichen Ring zurück. **Fleisch:** weiß, im Stiel bleicher bräunlich. Geruch und Geschmack unauffällig. **Lamellen:** anfangs weiß, später cremefarben und zuletzt hellgrau, nie zimtfarben- bräunlich. Sporenpulver weiß. Sporen breit elliptisch, 7–9 × 4–5 µm. Meist gesellig in Nadelwäldern. September–Oktober. Selten. **Ungenießbar!**

Ⓤ *Leucocortinarius bulbiger* ½ nat. Gr.

U **Orangenduftender Schleierling** *Cortinarius osmophorus* $^{1}/_{2}$ nat. Gr.

U **Matter Klumpfuß** *Cortinarius subfulgens* $^{2}/_{3}$ nat. Gr.

E **Schwachknolliger Klumpfuß** *Cortinarius glaucopus* $^{1}/_{2}$ nat. Gr.

U **Buchen-Klumpfuß** *Cortinarius amoenolens* $^{1}/_{2}$ nat. Gr.

Orangenduftender Schleierling *Cortinarius osmophorus* Orton
Hut: 4–10 cm breit, anfangs gewölbt, später flacher, am Rande eingerollt, hellgelb, zunehmend etwas bräunlich gefleckt. **Stiel:** 30–40 × 10–15 mm, am gerandeten Stielknollenbereich etwa 20–30 mm breit, anfangs weißlich, später gelblich und zuletzt rost-lederfarben. **Fleisch:** weißlich. Geschmack mild. Geruch sehr stark nach Orangenblüten **Lamellen:** weiß, bald aber nach gelb- und zimtbraun umfärbend. Sporenpulver rostbraun. Sporen zitronen-mandelförmig, warzig-rauh, 9–10 × 5–6 µm. Fleisch reagiert mit NaOH leicht gelb, Huthaut verfärbt sich rötlichbraun. Selten in Buchenwäldern auf Kalkböden. September–Oktober. **Ungenießbar!**

Matter Klumpfuß *Cortinarius subfulgens* Orton
Hut: 6–10 cm breit, anfangs stärker gewölbt, später flacher, goldgelb bis gelbbraun, am eingeschlagenen Rand meist leuchtender gelb. **Stiel:** 40–70 × 15–25 mm, etwa 30–50 mm an der verdickten und berandeten Stielbasis breit, gelblich-bräunlich, im oberen Teil blasser, Schleier gelblich. **Fleisch:** blaßgelb, an der Stielbasis dunkler. Geschmack mild, ohne auffälligen Geruch. **Lamellen:** zuerst gelb, später rostfarben. Sporenpulver rostbraun. Sporen länglich bis zitronenförmig, warzig-rauh, 10–11,5 × 5,5–6 µm. KOH verfärbt Huthaut und Stielbasis blutrot. An grasigen Stellen in Buchen- und Eichenwäldern. Juli–Oktober. Ziemlich selten. **Ungenießbar!**

Schwachknolliger Klumpfuß *Cortinarius glaucopus* (Schaeff. ex Fr.) Fr.
Hut: 4–10 cm breit, halbkugelig gewölbt bis flacher ausgebreitet, in der Mitte wenig eingedellt, feucht leicht schleimig, fahlgelb, gelborange oder rostfarbig, mit dunkleren, eingewachsenen Fasern, am Rande zeitweise auch leicht grünlich. **Stiel:** 50–100 × 10–25 mm, an der verdickten Stielbasis um 30 mm dick, anfangs lilabläulich, im unteren Teil später gelblich-weiß. **Fleisch:** gelblich-weiß, im oberen Teil leicht bläulich. Geschmack mild. Geruch unauffällig oder leicht mehlig. **Lamellen:** zunächst blaulila, zur Sporenreife blaß zimtfarben. Sporenpulver rostbraun. Sporen elliptisch bis mandelförmig, fein warzig-rauh, 6,5–8,5 × 4,5–5 µm. In Laubmisch- und Nadelwäldern. September–Oktober. **Eßbar.**

Buchen-Klumpfuß *Cortinarius amoenolens* Henry ex Orton
Hut: 3–13 cm breit, halbkugelig gewölbt bis stumpf rundlich, strohgelb oder fahlbraun, manchmal auch leicht olivbräunlich überflogen, am Rande eingerollt und oft mit Resten von Hülle oder Schleier bedeckt. **Stiel:** 45–140 × 10–22 mm, verdickte Stielbasis ohne deutlichen Rand, anfangs violett getönt, später weißlich. Stielknolle mit lederbraunen Hüllresten; Schleier weißlich oder leicht violett. **Fleisch:** weißlich in Hut und Stielknolle, sonst intensiv blauviolett. Fleisch mild, Huthaut sehr bitter. Geruch fruchtig nach Pflaumen. **Lamellen:** anfangs tiefviolett, später grauviolett. Sporenpulver rostbraun. Sporen zitronenförmig, warzig-rauh, 9–12 × 5,5–7 µm. In Laubwäldern auf Kalkböden. Selten. September–Oktober. **Ungenießbar!**

Lederbrauner Klumpfuß *Cortinarius subturbinatus* Henry
Hut: 6–16 cm breit, halbkugelig oder wenig flacher gewölbt, am Rande meist dauernd eingerollt, blaß bräunlich bis mittelbraun, im Alter zunehmend dunkler, anfangs am Rand heller lederfarben. **Stiel:** 35–100 × 7–20 mm, an der umrandeten Stielbasis 18–45 mm breit, zunächst weißlich, später gelb. **Fleisch:** dick, sehr fest, weiß. Geschmack mild. Geruch zunächst fruchtig, bald etwas säuerlich. **Lamellen:** zuerst blaßgrau, dann hellgelb und zuletzt rostbraun. Sporenpulver rostbraun. Sporen zitronen- bis mandelförmig, rauh, 11,5–13 × 6–7,5 µm. NaOH reagiert nicht mit dem Fleisch, verfärbt aber die Huthaut dunkelbraun. In Buchenwäldern auf Kalkböden. Zerstreut. September–Oktober. **Ungenießbar!**

Ⓔ **Lederbrauner Klumpfuß** *Cortinarius subturbinatus* 1/2 nat. Gr.

Ⓤ *Cortinarius splendens* 1/2 nat. Gr.

Schwefelklumpfuß *Cortinarius splendens* Henry
Hut: 3–6(8) cm breit, anfangs gewölbt, später flach ausgebreitet und häufig unregelmäßig gewellt, leuchtend schwefelgelb mit bräunlicher oder punktiert-fleckiger Mitte. **Stiel:** 25–60 × 7–12 mm, 15–25 mm an der deutlich umrandeten Stielverdickung breit, schwefelgelb, rostbraun-gelblich zum Grunde, Mycelreste an der Stielbasis schwefelgelb, Schleier leuchtend gelb. **Fleisch:** tiefgelb. Geschmack mild, Geruch unauffällig. **Lamellen:** leuchtend schwefelgelb, später rostbraun. Sporenpulver rostbraun. Sporen mandelförmig, warzig-rauh, 10–11(14) × 5–6,5 µm. NaOH verfärbt die Huthaut dunkelrot bis rötlich-braun. Unter Buchen, auf Kalkböden. Nicht häufig. September–Oktober. **Ungenießbar!**

ⓤ **Weißlicher Klumpfuß** *Cortinarius caroviolaceus* 1/2 nat. Gr.

ⓤ **Hecken-Klumpfuß** *Cortinarius rickenianus* 2/3 nat. Gr.

ⓤ **Bläulichgrauer Klumpfuß** *Cortinarius caesiocyaneus* 1/2 nat. Gr.

ⓤ **Violetter Klumpfuß** *Cortinarius sodagnitus* 2/3 nat. Gr.

Weißlicher Klumpfuß *Cortinarius caroviolaceus* Orton
Hut: 4–12 cm breit, anfangs gewölbt, später flacher ausgebreitet, zunächst weiß, später etwas gelblich-lederbräunlich nachdunkelnd, am eingerollten Rand immer etwas heller, klebrig, oft mit anliegenden, weißen, schuppigen Hüllresten. **Stiel:** 50–80 × 10–15 mm, an der verdickten Basis 20–40 mm breit, zuerst weiß, dann gelblich, im oberen Teil auch selten etwas bläulich. **Fleisch:** weiß, dann mehr gelblich, gelegentlich leicht violett. Geschmack mild. Geruch unangenehm. **Lamellen:** weiß, später leicht grau, zuletzt rostbraun. Sporenpulver rostbraun. Sporen mandel- bis zitronenförmig, rauh, 9–11 × 5,5–7 µm. In Laubwäldern auf Kalkböden, besonders unter Buchen. Selten. September–Oktober. **Ungenießbar!**

Hecken-Klumpfuß *Cortinarius rickenianus* Maire
Hut: 4–6 cm, bräunlich-cremefarben, oft mit violetten Tönen durchmischt. **Stiel:** 20–40 × 10–15 mm, an der umrandeten Stielbasis 20–30 mm breit, cremefarben mit Resten der violetten Hülle. **Fleisch:** weißlich bis hellbraun, im oberen Stiel auch leicht violett. Geruch und Geschmack unauffällig. **Lamellen:** zunächst violett, später grauviolett bis rostbraun. Sporenpulver rostbraun. Sporen elliptisch, rauhwarzig, 9–11 × 5–6 µm. Fleisch reagiert nicht mit NaOH, Huthaut verfärbt sich rosenrot. Im Gebüsch und in Hecken in der Nähe von Laubbäumen. Selten. September–Oktober. **Ungenießbar!**

Bläulichgrauer Klumpfuß *Cortinarius caesiocyaneus* Britz
Hut: 3–8 cm breit, anfangs gewölbt, später flacher, meist mit eingerolltem Rand, anfangs graublau bis blauviolett, allmählich mehr fleckig falbbraun. **Stiel:** 25–70 × 10–20 mm, an der umrandeten Stielbasis etwa 20–40 mm breit, blauviolett, vom Grunde her allmählich gelblich, Schleier bläulich. **Fleisch:** mittel- bis dunkelbraun mit NaOH, keine Reaktion der Huthaut. Geschmack mild. Geruch ziemlich unangenehm, senfartig. **Lamellen:** blauviolett, später graubraun und zuletzt rostbraun. Sporenpulver rostbraun. Sporen elliptisch bis mandelförmig, rauh, 8,5–10 × 5–6 µm. In Laubwäldern, besonders unter Buchen, auf Kalkböden. Selten. September–Oktober. **Ungenießbar!**

Violetter Klumpfuß *Cortinarius sodagnitus* Henry
Hut: 3–10 cm breit, gewölbt oder leicht abgeflacht, leuchtend violettlila, später auch zunehmend bräunlich bis leicht silbrig, am Rand aber auch im Alter immer lila. **Stiel:** 25–100 × 5–18 mm, 12–30 mm im Bereich der auffällig umrandeten Stielknolle breit, lebhaft lilaviolett, später etwas verblassend und hell bräunlich, ausgenommen eine schmale Zone im oberen Stielbereich; Schleier violett. **Fleisch:** weißlich, im Stiel manchmal auch leicht violett überflogen. Geschmack der Huthaut stark bitter, sonst mild. Geruch schwach. **Lamellen:** zunächst violett, dann hellgrau-bräunlich, an den Schneiden immer violett. Sporenpulver rostbraun. Sporen mandelförmig, rauhwarzig, 10–12 × 5,5–6,5 µm. Huthaut verfärbt sich mit NaOH hellrot. In Rotbuchenwäldern auf Kalkböden. September–Oktober. Selten bis zerstreut. **Ungenießbar!**

Kupferroter Klumpfuß *Cortinarius rufo-olivaceus* (Pers. ex Fr.) Fr.
Hut: 6–10 cm breit, gewölbt bis breit gebukkelt, kupferrot mit hellerem Rand, trocken glänzend, am Rand anfangs leicht violett und eingerollt. **Stiel:** 50–90 × 12–20 mm, am umrandeten Fuß 20–40 mm breit, weißlich bis hellviolett oder grünlich-gelb, zuletzt annähernd hutfarben. **Fleisch:** weißlich, unterhalb der Huthaut leicht violett, im Stiel leicht rötlich-purpurn. Geschmack bitter. Geruch schwach. **Lamellen:** grünlich-gelb, später olivrostbraun. Sporenpulver rostbraun. Sporen mandelförmig, warzig-rauh, 11–13 × 6,5–7,5 µm. In Laubwäldern, besonders unter Buchen, auf Kalkböden. Selten bis zerstreut. September–Oktober. **Ungenießbar!**

Ⓤ **Kupferroter Klumpfuß** *Cortinarius rufo-olivaceus* ½ nat. Gr.

Gelbköpfiger Klumpfuß *Cortinarius xanthocephalus* Orton
Hut: 2–6 cm breit, anfangs kugelig gewölbt, später flacher ausgebreitet und breit buckelig, ocker- bis zitronengelb, manchmal olivbraun gefleckt oder gestreift. **Stiel:** 25–70 × 4–8 mm, am Grunde zugespitzt, weißlich oder leicht bräunlich-gelb, im oberen Abschnitt eher lila. Schleier sehr hinfällig und zart. **Fleisch:** weißlich bis blaß lederfarben, im oberen Stielabschnitt auch leicht violett. Geschmack mild, ohne besonderen Geruch. **Lamellen:** anfangs lila, dann bräunlich-grau und zuletzt zimtbraun. Sporenpulver rostbraun. Sporen kugelig, rauhwarzig, 7,5–9 × 6–7 µm. Unter Nadel- oder Laubbäumen. Selten. September–November. **Ungenießbar!**

Ⓤ *Cortinarius xanthocephalus* ⅔ nat. Gr.

Ⓤ **Purpurfleckender Klumpfuß** *Cortinarius purpurascens* ½ nat. Gr.

Purpurfleckender Klumpfuß *Cortinarius purpurascens* Fr.
Hut: 5–15 cm breit, anfangs halbkugelig, dann flacher und oft gebuckelt, am Rande allmählich unregelmäßig gewellt, lederbraun bis dunkel braungrau, oft auch violett getönt, gestreift oder gepunktet. **Stiel:** 50–120 × 15–25 mm, mit umrandeter oder nicht umrandeter Stielbasis, dort etwa 20–30 mm breit, braunviolett, zum Grund häufig verblassend. Schleier violett-purpurn. **Fleisch:** violett, beim Anschneiden bald purpurrot. Geschmack mild. Geruch schwach. **Lamellen:** meist violett, bei Verletzung tief purpurn. Sporenpulver rostbraun. Sporen mandelförmig bis elliptisch, rauh, 8,5–10 × 4,5–6 µm. In Laubwäldern. September–Oktober. Zerstreut. **Ungenießbar!**

Trügerischer Klumpfuß *Cortinarius fraudulosus* Britz
Hut: 2,5–6 cm breit, anfangs stärker gewölbt, später flacher, leicht gebuckelt, rosabräunlich bis lederbraun, in der Mitte meist etwas kräftiger braun, am Rande anfangs durch Hüllreste seidig weiß, etwas schmierig, aber nicht klebrig. **Stiel:** 25–80 × 10–15 mm, im Bereich der verdickten Stielbasis um 25 mm breit, reinweiß, nach blaßgelb umschlagend, fein wolligfaserig. **Fleisch:** weiß bis blaßgelb. Geschmack mild, Geruch schwach, aber angenehm. **Lamellen:** anfangs weiß, später beigebraun. Sporenpulver rostbraun. Sporen elliptisch bis mandelförmig, rauh, 11–15,5 × 6,5–8 µm. Keine Reaktion mit KOH. Schwer bestimmbar! Unter Buchen oder Fichten. Selten. August–Oktober. **Ungenießbar!**

Blaßvioletter Klumpfuß *Cortinarius largus* Fr.
Hut: 3–12 cm breit, anfangs blaßlila bis violett, später zunehmend leder- oder rötlichbraun, in der Mitte etwas kräftiger gefärbt. **Stiel:** 50–100 × 10–20 mm, am Grunde leicht angeschwollen bis knollig, anfangs violett, dann weißlich bis blaßbraun. Schleierregion im oberen Stielabschnitt. Am Grunde weißlich umsponnen. **Fleisch:** lila-weißlich, zur Mitte hin heller, nach dem Anschneiden verblassend. Geschmack mild. Geruch unauffällig oder leicht süßlich (nur frisch!). **Lamellen:** anfangs lila, später bräunlich und zuletzt graubraun. Sporenpulver rostbraun. Sporen mandel- bis zitronenförmig, fein aufgerauht, 11–13 × 5,5–6,5 µm. In Laubwäldern auf Kalkböden, in der Nähe von Buchen. August–Oktober. Selten bis zerstreut. **Ungenießbar!**

Weißstieliger Schleimkopf *Cortinarius olidus* Lange
Hut: 5–10 cm breit, anfangs gewölbt, später flach bis breit bucklig, lebhaft gelb-bräunlich oder ledergelb, in der Mitte etwas kräftiger als am helleren Rand, oft in feine, kleine Schuppen aufbrechend. **Stiel:** 50–80 × 10–15 mm, am Grunde knollig verdickt (etwa 15–25 mm breit), im oberen Teil weiß oder weißlich, unterhalb eher gelblich und mit großen dunkelgelben Schuppen. Schleier weißlich-gelb. **Fleisch:** weiß. Geschmack mild. Geruch stark und sehr unangenehm. **Lamellen:** weißlich bis blaß lederfarben, kräftig bräunlich. Sporenpulver rostbraun. Sporen mandelförmig, 9,5–12 × 5–6,5 µm. Huthaut verfärbt sich mit NaOH bräunlich. Meist in Laubwäldern. September–Oktober. **Ungenießbar!**

Braunvioletter Schleimkopf *Cortinarius balteato-cumatilis* Henry
Hut: 5–15 cm breit, gewölbt oder leicht abgeflacht, am Rande lange Zeit eingeschlagen, rosa-bräunlich bis lederbraun, randlich auch leicht violett. **Stiel:** 50–70 × 18–30 mm, am Grunde angeschwollen, zunächst weißlich, zunehmend aber violett oder rostbraun mit vergänglichen Hüllresten nahe der Basis. **Fleisch:** hart, weißlich mit leichter violetter Tönung. Geschmack mild. Geruch unangenehm. **Lamellen:** anfangs hellbräunlich bis leicht violett, später zimtbraun. Sporenpulver rostbraun. Sporen elliptisch bis mandelförmig, aufgerauht, 9,5–13 × 6–6,5 µm. Fleisch reagiert nicht mit NaOH; Ammoniak verfärbt das Fleisch deutlich gelblich. Besonders unter Rotbuchen. Selten. August–Oktober. **Ungenießbar!**

Honig-Schleimkopf *Cortinarius melliolens* Schaeff.
Hut: 4–10 cm, glockenförmig, ockergelb bis blaßbraun, jung mit weißseidigen Fasern bedeckt, breit gebuckelt. **Stiel:** 50–80 × 10–15 mm, am Grunde in eine undeutlich berandete Stielknolle verdickt, weißlich bis lederbraun, am Grunde weißfilzig umsponnen. **Fleisch:** weißlich, Stielbasis gelblicher. Geschmack mild. Geruch nach Honig. **Lamellen:** weißlich, später kräftig zimtbraun. Sporenpulver rostbraun. Sporen elliptisch bis mandelförmig, ziemlich glatt, 8–9 × 4,5–6 µm. In Laub- und Nadelwäldern. August–Oktober. Selten bis zerstreut. **Ungenießbar!**

Ⓤ *Cortinarius fraudulosus* ⅓ nat. Gr.

Ⓤ **Blaßvioletter Klumpfuß** *Cortinarius largus* 1/2 nat. Gr.

Ⓤ **Weißstieliger Schleimkopf** *Cortinarius olidus* 2/3 nat. Gr.

Ⓤ **Braunvioletter Schleimkopf** *Cortinarius balteato-cumatilis* 1/2 nat. Gr.

Ⓤ **Honig-Schleimkopf** *Cortinarius melliolens* 1/2 nat. Gr.

Ⓤ **Gelbgestiefelter Schleimkopf** *Cortinarius crocolitus* 1/2 nat. Gr.

Gelbgestiefelter Schleimkopf *Cortinarius crocolitus* Quél.
Hut: 5–12 cm breit, gewölbt, später leicht gebuckelt, gelbocker bis fuchsigbraun, im Randbereich meist deutlich heller und gelber als in der Mitte. **Stiel:** 70–170 × 10–25 mm, am Grunde leicht verdickt oder schmal zugespitzt, im oberen Teil weißlich, unterhalb gelb und mit Bändern gelbbrauner, schuppiger Hüllreste bedeckt. Schleier weißlich. **Fleisch:** cremefarben, oft mit gelblichen Tönen. Geschmack mild. Geruch schwach oder fehlend. **Lamellen:** blaß cremefarben oder leicht lila, später zimt- bis rostbraun. Sporenpulver rostbraun. Sporen mandelförmig, 10–12,5 × 5,5–7 μm. In Torfmooren. Selten. September–Oktober. **Ungenießbar!**

Bitterer Schleimkopf *Cortinarius infractus* (Pers. ex Fr.) Fr.
Hut: 3–10 cm breit, gewölbt, später gebuckelt, am Rande oft gewellt, kastanien- bis olivbraun, in der Mitte zuweilen etwas heller. **Stiel:** 30–80 × 6–25 mm, am Grunde meist deutlich angeschwollen, weißlich bis olivbraun, oberhalb manchmal leicht violett. Schleierreste immer deutlich, blaßgrau. **Fleisch:** weißlich bis hell bräunlich, oben auch leicht violett. Geschmack bitter. Geruch nach Meerrettich. **Lamellen:** olivbraun, später braunrötlich. Sporenpulver rostbraun. Sporen fast kugelig, warzig-rauh, 7–10 × 5–7 μm. $AgNO_3$ verfärbt das Fleisch sehr rasch schwarz. In Laubwäldern. August–Oktober. **Ungenießbar!**

Verfärbender Schleimkopf *Cortinarius nemorensis* (Fr.) Lange
Hut: 4–10 cm breit, anfangs gewölbt, später flacher, violett bis haselbraun, am Rande anfangs schwach violett, faserig, oft trocken und rissig gefeldert. **Stiel:** 40–80 × 10–30 mm, am Grunde leicht verdickt oder zugespitzt, dann violett, verblassend. Schleier blaß violett. **Fleisch:** weißlich, anfangs violett. Geschmack mild. Geruch erdig. **Lamellen:** blaßviolett, dann zimtbraun. Sporenpulver rostbraun. Sporen mandelförmig, 9–12 × 5–7 μm. KOH und Ammoniak verfärben das Fleisch chromgelb. In Laubwäldern. August–Oktober. Zerstreut. **Ungenießbar!**

Cortinarius Untergattung Sericeocybe

Hüte oft seidig, glänzend oder fetzig mit Hüllresten, bei Feuchte kein Farbwechsel. Stiele meist verdickt oder knollig. Manche Arten mit starkem Geruch.

Lederbrauner Dickfuß *Cortinarius malachius* Fr.
Hut: 4–11 cm breit, anfangs gewölbt, dann ausgebreitet, zunächst blaßviolett bis grau, dann mehr leder- bis gelbbraun, anfangs mit weißlichen Hüllresten bedeckt. **Stiel:** 40–140 × 10–20 mm, verdickt bis knollig, anfangs leicht violett, später zunehmend schmutzigweiß bis blaßbraun, am Grunde weißlich umsponnen. **Fleisch:** leicht violettrötlich, sonst weißlich. Geschmack und Geruch schwach, angenehm. **Lamellen:** hellviolett, später zimtbraun. Sporenpulver rostbraun. Sporen elliptisch, aufgerauht, 7,5–9(10) × 4,5–5,5 μm. In Nadelholzbeständen. Verbreitet. August–Oktober. **Ungenießbar!**

Weißvioletter Dickfuß *Cortinarius alboviolaceus* (Pers. ex Fr.) Fr.
Hut: 3–9 cm breit, anfangs stark kugelig, dann breiter, am Rande im Alter häufig zersplitternd, bläulichweiß bis blaßviolett, allmählich gelb-bräunlich werdend, jung mit blaß blauvioletten oder seidigweißen Hüllresten. **Stiel:** 80–100 × 10–18 mm, zur Basis hin angeschwollen, hutfarben, im oberen Teil dunkler violett. Schleier weiß. **Fleisch:** blaßviolett. Geschmack nach Meerrettich. Geruch schwach, angenehm. **Lamellen:** anfangs violett, später zunehmend rotbraun bis zimtfarben. Sporenpulver rostbraun. Sporen elliptisch, angerauht, 8–10 × 5–6 μm. In Laubwäldern unter Eichen. September–Oktober. **Ungenießbar!**

Schuppenstieliger Dickfuß *Cortinarius pearsonii* Orton
Hut: 4–15 cm breit, anfangs halbkugelig, später leicht gebuckelt, am Rande meist wellig, blaß lederbraun bis rötlich-braun, mit weißlichen Hüllresten besetzt, die in kleine, flache Schuppen aufbrechen. **Stiel:** 100–150 × 10–25 mm, zum Grunde angeschwollen, zunächst blaß lavendellila, dann verbleichend und mit wenigen ringartigen Banden aus Hüllresten fetzig bzw. rötlich-braun streifig. **Fleisch:** blaßlila, später bräunlich, vor allem an der Stielbasis. Geruch und Geschmack angenehm. **Lamellen:** bleich, dann zimt- bis rostbraun. Sporenpulver rostbraun. Sporen elliptisch bis mandelförmig, 6–8 × 3–4 μm. In Laubmischwäldern. Verbreitet. August–Oktober. **Ungenießbar!**

Ⓤ *Cortinarius infractus* 1/3 nat. Gr.

Verfärbender Schleimkopf *Cortinarius nemorensis* 1/2 nat. Gr.

Lederbrauner Dickfuß *Cortinarius malachius* 1/2 nat. Gr.

Weißvioletter Dickfuß *Cortinarius alboviolaceus* 1/2 nat. Gr.

Schuppenstieliger Dickfuß *Cortinarius pearsonii* 1/2 nat. Gr.

Ⓤ **Schuppiger Dickfuß** *Cortinarius pholideus* ²/₃ nat. Gr.

Ⓤ *Cortinarius lepidopus* ¹/₃ nat. Gr.

Schuppiger Dickfuß *Cortinarius pholideus* (Fr. ex Fr.) Fr.
Hut: 3–10 cm breit, anfangs halbkugelig, später ausgebreitet, mitunter in der Mitte eingedellt und am Rande häufig gewellt und verbogen, hell graubraun bis mittel- oder dunkelbraun, in der Mitte dunkler, mit feinen, faserigen Schuppen besetzt. **Stiel:** 50–120 × 8–15 mm, schmutzig bräunlich, zum Grunde dunkler, anfangs im oberen Teil violett überlaufen, unterhalb auffällig faserig-schuppig. Schleier blaßbraun. **Fleisch:** bleich bis lederfarben, zur Stielbasis etwas dunkler. Geruch schwach, angenehm. **Lamellen:** blaßviolett, später zunehmend graubraun und zuletzt blaß rostbraun. Sporenpulver rostbraun. Sporen breit elliptisch, rauh, 6,5–8,5 × 5–6 µm. In feuchten Wäldern, meist unter Birken. September–November. **Ungenießbar!**

Ockerblättriger Dickfuß *Cortinarius humicolus* (Quél.) Maire
Hut: 1–5 cm breit, anfangs kegelig gewölbt, später glockig oder flach, aber immer mit Buckel, chrom- bis ockergelb, mit dunkleren, rostfarbenen Schuppen, sparrig. **Stiel:** 30–70 × 3–10 mm, zur Basis verschmälert bis spitz, hutfarben, im oberen Teil faserig, unten sparrig schuppig. **Fleisch:** im Hut weiß, gelblich im Stiel, am Grunde rostbraun. Geschmack süßlich. Geruch angenehm. **Lamellen:** anfangs weiß, dann ockergelb, zuletzt rostfarben-ocker. Sporenpulver rostbraun. Sporen elliptisch, 8–10,5 × 5–6 µm. In Laubwäldern unter Buchen. Selten. September–Oktober. **Ungenießbar!**

Unregelmäßiger Dickfuß *Cortinarius lepidopus* Cke.
Hut: 2,5–7 cm breit, anfangs gewölbt, später flacher, heller oder dunkler rötlich-braun, später schmutzigbraun, am Rand oft leicht violett, besonders an jungen Exemplaren. **Stiel:** 50–80 × 4–12 mm, zur Basis leicht verdickt, im oberen Teil hellviolett getönt, weiter unterhalb weißlich-gelblich, unregelmäßig mit Bändern schuppiger Hüllreste von gelblicher Färbung besetzt. **Fleisch:** weißlich, zuweilen auch leicht violett. Geruch schwach, aber angenehm. **Lamellen:** anfangs hellviolett, dann zunehmend graubraun und zuletzt gelbrostbraun. Sporenpulver rostbraun. Sporen breit elliptisch bis fast kugelig, fein angerauht, 6,5–8,5 × 5,5–7 µm. In Laub- und Nadelgehölzen, besonders unter Birken und Kiefern. Verbreitet. Meist gruppenweise. September–Oktober. **Ungenießbar!**

Violettgestiefelter Dickfuß *Cortinarius azureovelatus* Orton
Hut: 4–8 cm breit, anfangs kugelig, später glockig und zuletzt flach gewölbt bis breit bucklig, zuerst graublau, dann zunehmend gelblich-braun, am Rande meist eingerollt und leicht violettblau getönt, dort meist mit Resten der weißlich-gelben Hülle. **Stiel:** 50–100 × 10–18 mm, im unteren Teil verdickt und etwa 15–30 mm breit, jung violett getönt, später zunehmend weißlich mit gelblichen Flecken und deutlicher Ringzone. **Fleisch:** weißlich, in jüngeren Exemplaren deutlich violett, bei älteren mehr gelblich. Geschmack angenehm. Geruch süßlich. **Lamellen:** zuerst violett, dann graubraun, zuletzt zimtbraun-rostfarben. Sporenpulver rostbraun. Sporen annähernd kugelig, fein angerauht, 8–10 × 7–8 µm. In Laubwäldern. August–Oktober. Selten bis zerstreut. **Ungenießbar!**

Ⓤ *Cortinarius humicolus* ²/₃ nat. Gr.

U *Cortinarius azureovelatus* 1/3 nat. Gr.

Liladickfuß *Cortinarius traganus* (Fr.) Fr.
Hut: 4–12 cm breit, anfangs gewölbt, später mehr ausgebreitet, zunächst blaßlila, dann blaß gelblich bis bleich rostfarben, fein seidig schuppig mit Hüllresten am Hutrand, später seidig glatt. **Stiel:** 60–120 × 10–20 mm, am verdickten Grund 15–30 mm breit, keulig-knollig, lila, auch weißlich oder blaßgelb, später rostbraun, mit Hüllfetzen fleckig lila-violett. Schleier lilafarben. **Fleisch:** im Hut blaß gelblich, im Stiel bräunlich marmoriert. Geschmack leicht bitter. Geruch oft süßlich. **Lamellen:** blaßbraun, später leder- bis rostbraun. Sporenpulver rostbraun. Sporen elliptisch, rauh, 8–10 × 5–6 µm. Unter Laub- und Nadelbäumen. August–Oktober. **Ungenießbar!**

Cortinarius Untergattung Cortinarius

Nur zwei violett gefärbte Arten.

Dunkelvioletter Dickfuß *Cortinarius violaceus* (L. ex Fr.) Fr.
Hut: 3,5–15 cm breit, gewölbt, am Rande immer eingerollt, dunkelviolett bis blauschwarz, mit feinen samtigen Schuppen besetzt. **Stiel:** 60–120 × 10–20 mm, etwa 20–40 mm breit an der verdickten Stielbasis, dunkelviolett, mit wolligen Fasern überzogen. **Fleisch:** violett, unter der Huthaut und im Stiel noch dunkler. Geschmack mild. Geruch leicht, erinnert an Zedernholz. **Lamellen:** dunkelviolett, später purpurbraun. Sporenpulver rostfarben. Sporen elliptisch bis mandelförmig, rauh, 12–15 × 7–8,5 µm. Verbreitet bis häufig in feuchten Laubwäldern. Gelegentlich auch unter Nadelbäumen. August–Oktober. **Eßbar.**

Cortinarius Untergattung Leprocybe

Oliv-, orange- oder rotfarbene Pilze, einige stark giftig.

Gelbfaseriger Wasserkopf *Cortinarius saniosus* Fr. s. Moser
Hut: 1–2,5 cm breit, glockig oder breiter mit deutlichem Buckel, ocker- bis zimtbraun, mit radial verlaufenden, gelblichen Fasern. **Stiel:** 30–60 × 3–4 mm, blaß ocker-lederfarben, im oberen Teil heller, mit ockergelben Fasern wollig eingehüllt. Schleier gelb. **Fleisch:** gleichfarben, im Hut blaß bräunlich. **Lamellen:** gelbbraun, später zimtfarben. Sporenpulver rostbraun. Sporen mandelförmig, 8–9 × 5–6 µm. An feuchten Stellen, meist in der Nähe von Pappeln und Weiden. Verbreitet bis selten. September–November. **Ungenießbar!**

U **Liladickfuß** *Cortinarius traganus* 1/2 nat. Gr.

U *Cortinarius saniosus* 2/3 nat. Gr.

E *Cortinarius violaceus* 1/4 nat. Gr.

Ⓖ **Prächtiger Schleierling** *Cortinarius speciosissimus* 2/3 nat. Gr.

Prächtiger Schleierling *Cortinarius speciosissimus* Kühn & Romagn.
Hut: 2,5–8 cm breit, anfangs stark halbkugelig oder spitzkegelig gewölbt, dann flacher ausgebreitet und bucklig, orangerot oder rotbräunlich, am Rande heller, mit feinen, anliegenden Schuppen besetzt oder radialfaserig, in der Mitte bald auch völlig glatt. **Stiel:** 50–110 × 5–15 mm, bis etwa 20 mm an der verdickten Stielbasis, seidig-faserig, hutfarben oder etwas blasser, im unteren Teil mit Fetzen oder Flecken der Hüllreste behangen. **Fleisch:** blaßgelb, unterhalb der Huthaut und an der Stielbasis dunkler gelb bis bräunlich. Geschmack unauffällig. Geruch schwach nach Meerrettich. **Lamellen:** anfangs blaß ockergelb, später bräunlich bis rostfarben. Sporen breit elliptisch bis annähernd kugelig, rauh, 9–12 × 6,5–8,5 µm. In feuchten Nadelbeständen und Mooren. Zerstreut bis selten. September–November. **Stark giftig!** Es kann vorkommen, daß dieser Pilz von Unkundigen mit Pfifferlingen verwechselt wird. Die in diesem Schleierling enthaltenen Gifte aus dem Orellalin-Komplex schädigen vor allem die Nieren. Die Vergiftungserscheinungen treten erst nach einiger Zeit, oft erst nach Tagen auf. Meist bestehen dann schlechte Erholungschancen, da die Nierenschäden nicht mehr ausheilen können.

Orangefuchsiger Schleierling *Cortinarius orellanus* Fr. (ohne Bild)
Hut: 3–7 cm breit, anfangs halbkugelig, später flacher und nur undeutlich gebuckelt, orangerot bis fuchsbraun, mit feinen Schuppen körnig. Sonst im Aussehen der vorigen Art sehr ähnlich (daher nicht abgebildet). In Laubwäldern, selten in der Nähe von Nadelbeständen, auf sauren Sandböden. August–Oktober. **Tödlich giftig!**

Rotschuppiger Dickfuß *Cortinarius bolaris* (Pers. ex Fr.) Fr.
Hut: 3–5 cm breit, gewölbt, mit zahlreichen feinen, anliegenden rosabraunen bis ziegelroten Schuppen auf bleichbraunem Hintergrund besetzt. **Stiel:** 25–40 × 12–20 mm, im oberen Teil weißlich, unterhalb wie der Hut mit ziegelroten Schuppen, bei Verletzung bräunlich bis rötlich verfärbend. Anhaftendes Mycel orangerot. **Fleisch:** im Hut weiß, hellgelblich oder kräftig gelb im Stiel, nach dem Anschneiden meist schwefelgelb nachdunkelnd, zuletzt dunkelrot oder rotbraun. Geruch schwach oder fehlend, angenehm. **Lamellen:** zunächst blaß gelblich-cremefarben, später blaß zimtfarben. Sporenpulver rostbraun. Sporen breit oval bis kugelig, rauhwarzig, 6–7,5 × 4,5–5,5 µm. Wächst in Laubwäldern, besonders unter Buchen. Ziemlich selten. August–September. **Giftig!**

Rotbrauner Gürtelfuß *Cortinarius callisteus* (Fr. ex Fr.) Fr.
Hut: 2,5–9 cm breit, anfangs stärker gewölbt, später zunehmend flacher, zuletzt eingedellt und leicht buckelig, leuchtend rotbraun, in der Mitte meist etwas dunkler braun. **Stiel:** 50–120 × 8–20 mm, oberhalb gelborange, zur Basis mehr rotbraun bis rostrot, mit Resten gelber Hüllfetzen behangen. Schleier gelb. **Fleisch:** gelb bis goldgelb, unterhalb der Huthaut auch bräunlich, in der Stielbasis dunkler. Geruch schwach, erinnert etwas an rohe Kartoffeln. **Lamellen:** ziemlich bald goldbraun, später rostbraun. Sporenpulver rostfarben. Sporen breit oval bis kugelig, warzig rauh, 6,5–8 × 5,5–7 µm. In Nadelwäldern, meist unter Kiefern. Meist ziemlich selten, vor allem in Nordeuropa heimisch. September–Oktober. **Ungenießbar!**

Goldgelber Gürtelfuß *Cortinarius gentilis* Fr.
Hut: 1–3 cm breit, anfangs kegelig gewölbt, später ausgebreitet und deutlich bis spitz gebuckelt, gold- bis rostbraun, fein wollig-samtig. **Stiel:** 50–100 × 3–8 mm, hutfarben mit blassen gelben Resten der Hülle behangen. **Fleisch:** gelb bis goldgelb. Geschmack mild. Geruch nach Meerrettich (nach dem Anschneiden!). **Lamellen:** braungelb, manchmal auch olivbraun, zuletzt rostbraun. Sporenpulver rostbraun. Sporen elliptisch, 7,5–9 × 5,5–6,5 µm. Im hohen Moos der Nadelwälder, meist auf sauren Böden. Verbreitet. August–Oktober. **Giftig!**

Birken-Gürtelfuß *Cortinarius betuletorum* (Mos.) Mos.
Hut: 3–6 cm breit, anfangs kegelig gewölbt, später glockig, ausgebreitet und breit bucklig, hell graubraun mit leichter olivbrauner Tönung. **Stiel:** 40–80 × 8–12 mm, am Grunde bis etwa 20 mm breit, blaß lederbraun, im oberen Teil mit Resten des oliv- bis bleichbraunen Schleiers. **Fleisch:** leicht bräunlich, im Stiel hohl werdend. Geruch und Geschmack deutlich nach Meerrettich. **Lamellen:** blaß ockerbraun, zur Sporenreife rostbraun. Sporenpulver rostfarben. Sporen elliptisch, 7–7,5 × 5,5–6 µm. In Laubwäldern, dort bevorzugt unter Birken. August–Oktober. Verbreitet. **Ungenießbar!**

Ⓖ **Rotschuppiger Dickfuß** *Cortinarius bolaris* 1/2 nat. Gr.

Ⓤ **Rotbrauner Gürtelfuß** *Cortinarius callisteus* 1/2 nat. Gr.

Ⓖ **Goldgelber Gürtelfuß** *Cortinarius gentilis* 1/1 nat. Gr.

Ⓤ **Birken-Gürtelfuß** *Cortinarius betuletorum* 2/3 nat. Gr.

8–20 mm, am Grunde in eine große, unten spitze Knolle verdickt, annähernd hutfarben, sehr faserig. Schleier weiß. **Fleisch:** gelblichbraun, etwas heller gelblich im Stiel. Geruch widerlich. **Lamellen:** blaß orangefarben, später zimtbraun. Sporenpulver rostbraun. Sporen elliptisch, 8,5–10 × 4,5–5,5 µm. $AgNO_3$ verfärbt das Fleisch purpurrosa. In Laubwäldern. September–Oktober. Selten. **Ungenießbar!**

Wohlriechender Gürtelfuß *Cortinarius torvus* (Bull. ex Fr.) Fr.
Hut: 3–10 cm breit, gewölbt oder abgeflacht, schmutzig gelbbraun bis rotbraun, mit dunkleren, eingewachsenen Fasern. **Stiel:** 40–60 × 10–15 mm, am Grunde leicht angeschwollen. hutfarben, oberhalb der Ringzone hellviolett überflogen. **Fleisch:** blaß gelblich, im oberen Stielteil violett. Geschmack leicht bitter. Geruch stark süßlich-aromatisch. **Lamellen:** anfangs graulila, später bräunlich bis rostfarben, Sporenpulver rostbraun. Sporen elliptisch, fein warzig-rauh, 8–10 × 5–6,5 µm. In Laubwäldern, vor allem unter Buchen. Verbreitet. August–Oktober. **Ungenießbar!**

Zinnoberroter Gürtelfuß *Cortinarius bulliardii* (Fr.) Fr.
Hut: 4–8 cm breit, anfangs gewölbt, später eher abgeflacht und ausgebreitet, tief dunkelbraun-rötlich, zinnoberrot oder kastanienbraun, bei Trockenheit braun-lederfarben. **Stiel:** 50–100 × 10–15 mm, weißlich im oberen Stielteil, zum Grunde hin rostrot und mit rötlichen Fasern bedeckt. **Fleisch:** weißlich, im Stielbereich mitunter rötlich. Geschmack und Geruch unauffällig. **Lamellen:** anfangs violettrot, später rostfarben. Sporenpulver rostbraun. Sporen elliptisch, warzig, 8–10 × 5–6 µm. In Laubwäldern, besonders unter Rotbuchen. August–Oktober. **Giftverdächtig!**

Knolliger Gürtelfuß *Cortinarius bulbosus* Fr. s. Rick.
Hut: 3–7 cm breit, breit glockig und gebuckelt, hygrophan, rötlichbraun bis dunkel kastanienbraun, trocken ziegelrot. **Stiel:** 30–70 × 10–15 mm, knollig verdickt, blaß bräunlich, am Grunde in einer weißlichen, wolligen Hülle, die einen deutlichen Ring bildet. **Fleisch:** hut- und stielfarben, trocken weißlich. Geruch schwach nach Meerrettich. **Lamellen:** anfangs blaßbraun, später zimtbraun bis rostfarben. Sporenpulver rostbraun. Sporen elliptisch, rauh, 7–8 × 4,5–5 µm. In Nadel- und Laubgehölzen. Zerstreut bis selten. August–Oktober. **Ungenießbar!**

Ⓤ **Geschmückter Gürtelfuß** *Cortinarius armillatus* 2/3 nat. Gr.

Cortinarius Untergattung **Telamonia** Umfangreiche Gruppe mit meist kleineren, braunen Schleierlingen. Viele stimmen darin überein, bei Feuchte dunkler gefärbt (= hygrophan) zu sein. Wichtige Kennzeichen sind die Lamellenfarbe, die Farbe des Schleiers sowie eventuell auffallende Gerüche.

Geschmückter Gürtelfuß *Cortinarius armillatus* (Fr.) Fr.
Hut: 4–12 cm breit, halbkugelig bis glockig gewölbt, später auch flach ausgebreitet und zuletzt am Rande hochgeschlagen, rostbraun, in der Mitte meist dunkler, in faserige Schuppen aufbrechend. **Stiel:** 60–150 × 10–30 mm, an der Basis verdickt; Hüllreste bilden am Grunde ein oder zwei orangerote Gürtel. Schleier rötlich-weiß. **Fleisch:** bleich, im Stiel etwas dunkler. Geschmack bitter. Geruch schwach nach Meerrettich. **Lamellen:** anfangs blaß zimtfarben, dann zunehmend dunkel rostbraun. Sporenpulver rostbraun. Sporen breit elliptisch bis mandelförmig, 7–12 × 6–7 µm. Meist im Moos und in Laubstreu unter Birken in feuchten Nadelbeständen. August–Oktober. **Ungenießbar!**

Fester Gürtelfuß *Cortinarius firmus* Fr.
Hut: 4–10 cm breit, anfangs gewölbt, später ausgebreitet und flach, zuletzt stumpf gebukkelt, unregelmäßig verbogen und verdreht, hell leder- bis tief rostbraun. **Stiel:** 30–90 × 10–20 mm, an der verdickten Stielbasis um 15–25 mm breit, weißlich, bald auch zunehmend blaß bräunlich. Geschmack unauffällig. Geruch etwas ranzig. **Lamellen:** braungelb, dann rostfarben-gelblich. Sporenpulver rostbraun. Sporen elliptisch, rauh, 7–8 × 4–5 µm. In Laub- und Nadelwäldern. Selten. August–Oktober. **Ungenießbar!**

Faseriger Gürtelfuß *Cortinarius pseudoprivignus* R. Hy s. Kühn & Rom.
Hut: 2–6 cm breit, kegelig bis rundlich gewölbt, später flacher und breit gebuckelt, lederbraun-gelblich. **Stiel:** 30–50 ×

Ⓤ *Cortinarius firmus* 1/2 nat. Gr.

Ⓤ **Faseriger Gürtelfuß** *Cortinarius pseudoprivignus* 2/3 nat. Gr.

Ⓤ **Wohlriechender Gürtelfuß** *Cortinarius torvus* 1/3 nat. Gr.

Ⓖ **Zinnoberroter Gürtelfuß** *Cortinarius bulliardii* 2/3 nat. Gr.

Ⓤ **Knolliger Gürtelfuß** *Cortinarius bulbosus* 2/3 nat. Gr.

U **Violetter Rettichgürtelfuß** *Cortinarius evernius* 1/2 nat. Gr.

U **Hirschbrauner Wasserkopf** *Cortinarius hinnulus* 1/4 nat. Gr.

U **Feuerblättriger Wasserkopf** *Cortinarius subbalaustinus* 2/3 nat. Gr.

E **Honiggelber Wasserkopf** *Cortinarius armeniacus* 2/3 nat. Gr.

Ⓤ *Cortinarius obtusus* 1/2 nat. Gr.

Violetter Rettichgürtelfuß *Cortinarius evernius* Fr.
Hut: 3–9 cm breit, anfangs kegelig bis glockig, später flacher und stumpf gebuckelt, sehr hygrophan, purpurbräunlich im feuchten Zustand, bei Trockenheit rötlich-ockerbraun bis beigebraun. **Stiel:** 70–150 × 10–15 mm, violett, mit weißlichen Bändern und Streifen von Hüllresten behangen. **Fleisch:** hut- und stielfarben. Geschmack und Geruch stark nach Rettich. **Lamellen:** anfangs violett, später zunehmend blaßgrau bis zimtbraun. Sporenpulver rostbraun. Sporen elliptisch, 8,5–10 × 5–6 µm. In Nadel- und Laubmischwäldern. September–Oktober. **Ungenießbar!**

Hirschbrauner Wasserkopf *Cortinarius hinnulus* (Sow.) Fr.
Hut: 2,5–6 cm breit, kegelig bis glockig, später flacher gewölbt und gebuckelt, feucht dunkel ockerbraun, trocken blasser und eher gelblich, am Rande bleich und mit einem spinnwebigen, weißen Schleier behangen. **Stiel:** 30–100 × 5–12 mm, blasser als Hut, im unteren Teil mit weißen, seidigen Hüllresten, die oft eine deutlich abgesetzte, ringähnliche Zone bilden. Schleier weiß. **Fleisch:** weißlich, hutfarben getönt, bei jungen Exemplaren auch leicht violett. Geschmack leicht bitter. Geruch schwach. Lamellen anfangs violett, später bräunlich und zuletzt zimtfarben. Sporenpulver rostbraun. Sporen schmal elliptisch, fein angerauht, 7–8(9) × 4–4,5 µm. Im Moos und Gras feuchter Wälder, meist in der Nähe von Weiden und Pappeln. September–November. **Ungenießbar!**

Feuerblättriger Wasserkopf *Cortinarius subbalaustinus* Henry
Hut: 4–8 cm breit, anfangs gewölbt, später verflachend, in der Mitte deutlich gebuckelt, hygrophan, feucht gelblich-braun bis leicht rötlich, trocken ockerbraun verblassend. **Stiel:** 40–70 × 5–10 mm, am Grunde leicht verdickt, bräunlich, mit weißen seidigen Fasern bedeckt. **Fleisch:** leicht gelbbraun. Geschmack und Geruch unauffällig. **Fleisch:** anfangs okkerfarben, später mehr zimtbraun. Sporenpulver rostbraun. Sporen eiförmig bis spindelig, angerauht, 7,5–9 × 4,5–5,5 µm. Meist unter Birken in Laub- oder Laubmischwäldern. Verbreitet. August–Oktober. **Ungenießbar!**

Honiggelber Wasserkopf *Cortinarius armeniacus* (Schaeff. ex Fr.) Fr.
Hut: 3–7 cm breit, kegelig bis glockig gewölbt, später stärker abgeflacht und breit gebuckelt, gelbbraun, honiggelb oder orange-zimtfarben. **Stiel:** 40–80 × 8–14 mm, am Grunde meist deutlich angeschwollen, faserig, weißlich, bräunlich-rostig verfärbt. **Fleisch:** weißlich bis lederfarben, im Stiel allmählich hohl. Geschmack mild (Huthaut oft ziemlich bitter). Geruch schwach nach Rettich oder Jodoform. **Lamellen:** zuerst bleich gelblich, dann leuchtend ocker-zimtbraun. Sporenpulver rostbraun. Sporen elliptisch bis eiförmig, fein warzig, 7,5–9,5 × 5–5,5 µm. In Nadelwäldern, besonders unter Fichten. September–November. **Eßbar,** aber wertlos.

Ⓤ *Cortinarius paleaceus* 1/2 nat. Gr.

Stumpfer Wasserkopf *Cortinarius obtusus* Fr.
Hut: 1–4 cm breit, anfangs kegelig bis glockig, später stärker abgeflacht und breit gebuckelt, feucht rötlich-braun und streifig, trocken hellbräunlich verblassend, manchmal am Rand aufsplitternd. **Stiel:** 40–80 × 4–10 mm, spindelförmig zur Basis verschmälert, gelblichbraun mit weißlichen Fasern. Schleier weiß. **Fleisch:** gelblich-braun. Geruch stark nach Meerrettich. **Lamellen:** anfangs gelblichbraun, später zimtfarben. Sporenpulver rostbraun. Sporen elliptisch, 6–8,5 × 4,5–5,5 µm. In Nadelwäldern, besonders unter Kiefern. Juni–Oktober. Verbreitet. **Ungenießbar!**

Ⓤ *Cortinarius croceofolius* 3/4 nat. Gr.

Bleicher Wasserkopf *Cortinarius paleaceus* (Weinm.) Fr.
Hut: 1–3 cm breit, anfangs kegelig, dann ausgebreitet und gebuckelt, feucht dunkelbraun, besonders in der Hutmitte, trocken falbbraun verblassend, mit feinen, weißen, faserigen Schuppen besetzt. **Stiel:** 30–70 × 2–6 mm, bräunlich, anfangs mit den Resten der weißlichen, wolligen Hülle bedeckt, die einen kurzlebigen Ring bildet und später wollige Schuppen im unteren Teil zurückläßt. **Fleisch:** weißlich-gelblich. Geruch erinnert an Pelargonien. **Lamellen:** anfangs hell gelblichbraun, später zimtbraun. Sporenpulver rostbraun. Sporen breit elliptisch, 6,5–9 × 4–6 µm. An feuchten Stellen in Heiden und in Laubwäldern. Verbreitet bis zerstreut. September–Oktober. **Ungenießbar!**

Cortinarius Untergattung Dermocybe

Diese Pilzgruppe kann an ihren sehr schlanken Stielen verhältnismäßig gut erkannt werden. Die Hüte sind bei den hier vereinigten Arten auffallend gelb, rötlich oder grünlich.

Safranblättriger Hautkopf *Cortinarius croceofolius* Peck.
Hut: 1,5–3 cm breit, anfangs stärker gewölbt, später flacher und gebuckelt, gelblich leder- bis ockerbraun, in der Mitte meist dunkler, zuletzt auch rostbraun. **Stiel:** 25–80 × 2–5 mm, anfangs leuchtend chromgelb, später vom Grunde her bräunlich, im oberen Teil immer gelb. **Fleisch:** chromgelb. Geschmack leicht bitter oder nach Rettich. Ohne besonderen Geruch. **Fleisch:** zunächst chromgelb, dann allmählich bräunlich und zuletzt rostfarben. Sporenpulver rostbraun. Sporen elliptisch, angerauht, 6,5–7,5 × 4,5–5 µm. Vor allem in Fichtengehölzen. Juli–Oktober. **Ungenießbar!**

Rotbrauner Hautkopf *Cortinarius cinnamomeobadius* Henry
Hut: 1–6 cm breit, gewölbt bis flach ausgebreitet und stumpf gebuckelt, rostfarben gelblich- bis kastanien- oder rotbraun, am Rande lange Zeit gelblich. **Stiel:** 30–80 × 3–8 mm, chromgelb, in der Lamellenregion gelegentlich auch olivbraun. Geschmack mild. Geruch schwach nach Meerrettich. **Lamellen:** chrom- bis goldgelb, später lederfarben und zuletzt rostbraun. Sporenpulver rostbraun. Sporen elliptisch, ziemlich glatt, 6,5–8,5(9) × 4,5–5 µm. In Laub- und Nadelwäldern. Selten bis zerstreut. September–Oktober. **Ungenießbar!**

Ⓤ *Cortinarius cinnamomeobadius* 1/2 nat. Gr.

Ⓤ **Blutblättriger Hautkopf** *Cortinarius semisanguineus* 2/3 nat. Gr.

Ⓖ **Purpurroter Schleierling** *Cortinarius phoeniceus* 2/3 nat. Gr.

Ⓤ *Cortinarius cinnamomeus* 1/2 nat. Gr.

Ⓤ *Cortinarius sanguineus* 2/3 nat. Gr.

Ⓤ *Cortinarius uliginosus* 1/2 nat. Gr.

Blutblättriger Hautkopf *Cortinarius semisanguineus* (Fr.) Gillet
Hut: 2–6 cm, anfangs gewölbt, später flacher ausgebreitet und gebuckelt, dunkel olivbraun, in der Mitte oft dunkler oder rötlich, am Rande mit feinen Fasern oder in kleine Schuppen aufbrechend. **Stiel:** 20–100 × 4–12 mm, bräunlich bis olivfarben, im oberen Teil blasser, unterhalb spärlich mit olivbraunen Fasern bedeckt, am Grunde manchmal rosabräunlich umsponnen. **Fleisch:** gelbbräunlich im Stiel, olivbraun im Hut. Geschmack leicht bitter. Geruch nach Meerrettich. **Lamellen:** blutrot. Sporenpulver rostbraun. Sporen elliptisch, 6–8 × 4–5 µm. In feuchten Nadelwäldern und unter Buchen. Juli–Oktober. **Ungenießbar!**

Purpurroter Schleierling *Cortinarius phoeniceus* (Bull.) Maire
Hut: 2,5–6 cm breit, anfangs stark gewölbt, später flacher und unregelmäßig lappig verbogen, braun bis rot- oder kastanienbraun, zuweilen mit kupferrotem Glanz, seidig glatt oder mit wenigen anliegenden Schuppen, besonders in der Mitte. **Stiel:** 25–90 × 5–12 mm, bei ausgewachsenen Exemplaren zum Grunde verschmälert, gelblich, mit bräunlichen bis roten Fasern bedeckt, diese bilden unterhalb der Schleierzone manchmal konzentrische Banden kleiner Schuppen. **Fleisch:** weißlich bis gelblich, unter der Huthaut auch deutlich rötlich, ebenfalls im oberen und unte-

ren Stielbereich dunkler rötlich. Geschmack fehlend oder leicht bitter. Geruch schwach, aber angenehm. **Lamellen:** anfangs blutrot, später zimtfarben. Sporenpulver rostbraun. Sporen mandel- bis spindelförmig, fein angerauht, 6–7(8) × 3,5–4,5 µm. Meist unter Birken, Fichten oder Kiefern. August–Oktober. **Schwach giftig!**

Zimtbrauner Hautkopf *Cortinarius cinnamomeus* (L. ex Fr.) Fr.
Hut: 1,5–6 cm breit, gewölbt oder ausgebreitet bis leicht gebuckelt, olivgelb bis olivbraun, in der Mitte meist rötlich-braun, bald auch leuchtend rotbraun bis kupferrot, mit radialen Fasern. **Stiel:** 25–100 × 3–10 mm, zitronen- bis chromgelb, unterhalb der Hülle allmählich mit faserigen Schuppen geringelt. Schleier gelblich. **Fleisch:** zitronengelb, oberhalb der Lamellen mehr olivbräunlich. Geschmack bitter und nach Rettich. Geruch nur schwach. **Lamellen:** tief chromgelb, später goldgelb oder bräunlich und zuletzt leuchtend goldrot. Sporenpulver rostbraun. Sporen elliptisch, fast glatt, 8–9,5 × 4–5 µm. Meist unter Kiefern oder Birken in Laubmischwäldern. Verbreitet. **Ungenießbar!**

Ⓤ *Cortinarius puniceus* 3/4 nat. Gr.

Ⓔ **Reifpilz** *Rozites caperata* 2/3 nat. Gr.

Blutroter Hautkopf *Cortinarius sanguineus* (Wulf. ex Fr.) Fr.
Hut: 2–5 cm breit, flach gewölbt, karmin- bis dunkel blutrot, mit feinen, radial verlaufenden Fasern (Lupenmerkmal!). **Stiel:** 30–60 × 3–8 mm, am Grunde leicht verdickt, hutfarben oder dunkler, an der Basis rosa oder gelblich umsponnen. Schleier rot. **Fleisch:** hut- und stielfarben, dunkel purpurrot oberhalb der Lamellen und unter der Huthaut. Geruch schwach, angenehm. **Lamellen:** hutfarben oder dunkler, zuletzt rostrot. Sporenpulver rostbraun. Sporen elliptisch, fein warzig, 7–9 × 4–6 µm. Nicht sehr häufig. In der Nähe von Nadelholzstümpfen. August–Oktober. **Ungenießbar!**

Sumpf-Hautkopf *Cortinarius uliginosus* Berk.
Hut: 1,5–5 cm breit, anfangs kegelig, später flacher gewölbt und meist gebuckelt, leuchtend orangebraun bis ziegelrot, am Rande heller oder eher gelblich, dort auch mit wolligen Fasern bedeckt. **Stiel:** 25–65 × 3–10 mm, am Grunde mehr oder weniger verdickt, hutfarben oder blasser, am Grunde und im oberen Teil stärker gelblich, oben mit gelblichen Faserbüscheln bedeckt, Fasern im unteren Teil eher rostrot. Schleier gelb. **Fleisch:** hell zitronen- bis schwefelgelb, im Hut auch leicht bräunlich. Geruch nach Meerrettich. **Lamellen:** anfangs leuchtend gelb, zuletzt bräunlich-rostfarben. Sporenpulver rostbraun. Sporen elliptisch, fein angerauht, 8–11 × 5–6 µm. In feuchten Gehölzen, meist in der Nähe von Erlen oder Weiden. Selten. September–Oktober. **Ungenießbar!**

Scharlachroter Hautkopf *Cortinarius puniceus* Orton
Hut: 1,5–4 cm breit, anfangs gewölbt, später stärker abgeflacht und stumpf gebuckelt, purpurn-blutrot oder in der Mitte leicht bräunlich bis kastanienbraun, gelblich-rötlich am Rand, radial streifig-faserig. **Stiel:** 35–70 × 3–9 mm, zur Basis leicht verdickt, hutfarben oder etwas blasser, am Grunde fein rosafarben oder hellbräunlich umsponnen. Schleier gelblich oder goldbraun. **Fleisch:** scharlachrot, zuletzt tief rostbraun-kastanienbraun. Sporenpulver rostbraun. Sporen elliptisch, fast glatt, 6,5–8,5 × 4–5 µm. Ziemlich selten bis zerstreut in Laubwäldern. September–Oktober. **Ungenießbar!**

Reifpilz *Rozites caperata* (Pers. ex Fr.) Karst
Hut: 5–10 cm breit, anfangs kegelig gewölbt, später flach ausgebreitet und deutlich gebukkelt, lehmgelb bis ockerbraun, spinnwebig mit seidigweißen Fasern bedeckt, zur Mitte hin dichter werdend. **Stiel:** 40–70 × 10–15 mm, am Grunde leicht angeschwollen, weißlich, mit hellgelbem oder weißlichem Ring, dieser sehr schmal und abstehend. **Fleisch:** weißlich. Geschmack und Geruch angenehm mild. **Lamellen:** blaß graubraun. Sporenpulver gelblichbraun. Sporen elliptisch, fein warzig, 10–13 × 8–9 µm. Meist gesellig in Laub- und Nadelwäldern. August–Oktober. Schmackhafter Speisepilz. **Eßbar.**

Kahler Krempling *Paxillus involutus* (Fr.) Fr.
Hut: 5–12 cm breit, rotbraun oder olivocker, später hasel- oder mittelbraun, feucht am Rande klebrig, meist völlig glatt oder nur randlich wenig samtig, dort auch deutlich eingerollt, sonst flach oder eingedellt. **Stiel:** bis 75 × 8–12 mm, hutfarben, bei Verletzung oder im Alter eher kastanienbraun. **Fleisch:** im Hut bleich bräunlich, rotbraun im Stiel, beim Anschneiden nachdunkelnd. Geschmack säuerlich. Geruch nach Pilzen. **Lamellen:** herablaufend, gegabelt, teilweise auch miteinander verbunden, blaßbräunlich. Sporenpulver gelbbraun. Sporen elliptisch, 8–10 × 5–6 µm. Oft in großen Gruppen in Laub- und Nadelwäldern. Genuß kann bei manchen Personen zu schweren Nierenschäden führen! **Giftig!**

Ⓖ **Kahler Krempling** *Paxillus involutus* 2/3 nat. Gr.

Muschelkrempling *Paxillus panuoides* (Fr.) Fr.
Hut: 1–6 cm breit, muschel- oder löffelförmig, anfangs weißlich, später gelblich- oder olivbraun, samtig bis fein geschuppt, oft auch am Grunde filzig. **Stiel:** bis 10 mm lang oder völlig fehlend, wenn vorhanden, am Hut seitlich ansitzend. **Fleisch:** gelblichbraun, ohne besonderen Geruch und Geschmack. **Lamellen:** dicht, herablaufend, verzweigt und etwas wellig, blaß bräunlich oder (nach Verletzung) etwas dunkelnd. Sporenpulver bräunlich. Sporen elliptisch, 4–5,5 × 3–4 µm. Auf Nadelhölzern, Holzabfällen und verbautem Holz. Juni–November. **Ungenießbar!**

Orangeroter Tannenflämmling *Gymnopilus hybridus* (Fr. ex Fr.) Sing.
Hut: 2–8 cm breit, gewölbt bis ausgebreitet, anfangs blaß ockerfarben, später leuchtend orange-braunrot, am eingerollten Rand immer heller. **Stiel:** 25–50 × 4–8 mm, anfangs hell gelblich-braun, mit weißlicher Schleierzone, später am Grunde rostbraun, dort auch weiß umsponnen. **Fleisch:** im Hut blaßgelb, im Stiel hohl und eher rostbraun. Geschmack bitter. Geruch würzig. **Lamellen:** ockergelb. Sporenpulver rotbraun. Sporen mandelförmig, warzig, 7–9 × 3,5–4,5 µm. Auf Stümpfen von Nadelbäumen oder verschiedenem Holzabfall. Meist in kleinen Büscheln. August–September. **Ungenießbar!**

Ⓤ *Paxillus panuoides* 2/3 nat. Gr.

Ⓤ *Gymnopilus hybridus* 2/3 nat. Gr.

Samtfußkrempling *Paxillus atrotomentosus* (Fr.) Fr.
Hut: 12–28 cm breit, gelb- bis graubraun oder dunkler braun, meist mit gelblichen Flecken zur Mitte hin, am Rande eingerollt, fein samtig. **Stiel:** 30–90 × 20–50 mm, oft auch am Rand ansitzend, fein olivbraun samtig überzogen, im Alter eher dunkelbraun und gröber samtig oder leicht rauh. **Fleisch:** cremefarben, im Stiel gelblich. Geschmack und Geruch unauffällig. **Lamellen:** dicht, in Stielnähe vielfach miteinander verbunden und vernetzt. Sporenpulver gelbbraun. Sporen elliptisch, 5–6,5 × 3–4,5 µm. In Büscheln auf Stümpfen und umgestürzten Stämmen von Nadelbäumen. August–Oktober. **Ungenießbar!**

Ⓤ **Samtfußkrempling** *Paxillus atrotomentosus* 1/3 nat. Gr.

Gefleckblättriger Tannenflämmling *Gymnopilus penetrans* (Fr.) Murr.
Hut: 3–8 cm breit, anfangs gewölbt, später etwas flacher und am Rand oft gewellt, goldbraun, glatt. **Stiel:** 40–70 × 5–10 mm, im oberen Teil gelblich, zum Grunde hin dunkler bis bräunlich, mit feinen Fasern behangen. **Fleisch:** gelblich, im Stiel auch bräunlich. Geschmack bitter. Geruch unauffällig. **Lamellen:** goldgelb, später bräunlich gefleckt. Sporenpulver rostbraun. Sporen mandelförmig, warzig, 8–9 × 4–5 µm. Einzeln oder in kleinen Büscheln auf Stümpfen von Nadelbäumen. August–September. **Ungenießbar!**

Moor-Tännling *Gymnopilus fulgens* (Favre & Maire) Sing.
Hut: 0,5–2 cm breit, anfangs gewölbt, später flach ausgebreitet, feucht lederbraun oder zimtfarben, trocken hellbraun verblassend. **Stiel:** 5–20 × 1–3 mm, leder- bis dunkelbraun. **Fleisch:** dünn, hut- und stielfarben. Geschmack mild. Geruch sehr stark. **Lamellen:** ocker- bis zimtfarben. Sporenpulver rostbraun. Sporen breit elliptisch, 8–11 × 5–7 µm. In sumpfigem Heideland und im Moor zwischen Torfmoos *(Sphagnum)*. Selten. September–Oktober. **Ungenießbar!**

Ⓤ *Gymnopilus penetrans* 1/2 nat. Gr.

Ⓤ *Gymnopilus fulgens* 1/1 nat. Gr.

Ⓤ **Beringter Flämmling** *Gymnopilus junonius* ½ nat. Gr.

Ⓤ *Pholiota flammans* ½ nat. Gr.

Beringter Flämmling *Gymnopilus junonius* (Fr.) Orton
Hut: 5–15 cm breit, anfangs stark gewölbt, später ausgebreitet, gold- bis orangegelb, überall mit feinen, faserigen Schuppen bedeckt. **Stiel:** 50–120 × 15–35 mm, im unteren Teil meist etwas verdickt, an der Basis aber wieder verschmälert und etwas zugespitzt, chrom- bis ledergelb, faserig, mit häutigem, gelblich-rostbraunem Ring, der sich bald zusammenzieht. **Fleisch:** blaß gelblich. Geschmack bitter. Ohne besonderen Geruch. **Lamellen:** zuerst gelblich, später rostbraun. Sporenpulver rostbraun. Sporen elliptisch bis mandelförmig, angerauht, 8–10 × 5–6 µm. Büschelig oder einzeln an Stümpfen von Nadelbäumen, seltener auf Laubholz. August–Dezember. **Ungenießbar!**

Ⓤ *Pholiota adiposa* ⅓ nat. Gr.

Ⓤ *Pholiota ochrochlora* ½ nat. Gr.

Schleimiger Schüppling *Pholiota adiposa* (Fr.) Kummer
Hut: 5–12 cm breit, goldgelb, klebrig-schleimig, mit rostbraunen, gelatinösen, aufgebogenen Schuppen besetzt, besonders in der Hutmitte. **Stiel:** 20–50 × 5–10 mm, oft gebogen und gedreht, gelb, oberhalb der undeutlichen Ringzone glatt, mit Zonen klebriger Schuppen unterhalb. **Fleisch:** zäh, blaßgelb im Hut, dunkelgelb bis bräunlich im Stiel. **Lamellen:** anfangs gelb, später rostfarben-braun. Sporenpulver rostbraun. Sporen oval, glatt, 5–6,5 × 3–3,5 µm. Meist in dichten Büscheln auf den Wurzeln von Buchen oder auf deren Stümpfen. August–November. Verbreitet. **Ungenießbar!**

Blaßgrüner Schüppling *Pholiota ochrochlora* (Fr.) Orton
Hut: 2–5 cm breit, anfangs gewölbt, später ausgebreitet oder leicht eingedellt, anfangs auch leicht klebrig, aber bald trocken, blaß strohfarben bis leicht grünlich am Rande, in der Mitte mit strohgelben oder olivfarbenen Schuppen, am Rand zuerst noch mit Hüllresten. **Stiel:** 25–50 × 4–8 mm, im oberen Teil weißlich, weiter unten strohgelb oder dunkel-

bis rostbraun an der Basis, unterhalb der undeutlichen Ringzone auch mit aufgebogenen, grünlichen oder strohgelben Schuppen versehen. **Fleisch:** weißlich bis gelblich, zur Stielbasis auch mehr bräunlich getönt. Geschmack mild. Ohne auffälligen Geruch. **Lamellen:** weißlich-gelb, dann olivfarben und zuletzt zimtbraun. Sporenpulver rostfarben. Sporen elliptisch bis eiförmig, 6–8 × 4–5 μm. In kleinen Büscheln an totem Holz von Nadel- und Laubbäumen. Verbreitet. September–Oktober. **Ungenießbar!**

Feuerschüppling *Pholiota flammans* (Fr.) Kummer
Hut: 2–8 cm breit, anfangs gewölbt, später ausgebreitet, etwas schmierig, lebhaft zitronen- bis schwefelgelb, mit kräftig gelben sparrigen Schuppen besetzt, am Rande meist eingebogen. **Stiel:** 40–80 × 4–10 mm, leuchtendgelb mit einem wollig-faserigen Ring im oberen Teil, unterhalb mit gleichfarbenen Schuppen ziemlich dicht besetzt. **Fleisch:** blaßgelb. **Lamellen:** anfangs blaßgelb, später deutlicher rostfarben-gelblich. Sporenpulver rostbraun. Sporen elliptisch, 4–4,5 × 2–2,5 μm. Einzeln oder in kleinen Büscheln auf den Stümpfen oder gefällten Stämmen von Nadelbäumen. August–Oktober. **Ungenießbar!**

Sparriger Schüppling *Pholiota squarrosa* (Müller ex Fr.) Kummer
Hut: 3–10(15) cm breit, anfangs halbkugelig, später wenig flacher, am Rand immer stark eingeschlagen, blaß strohgelb, sehr dicht mit sparrigen rotbraunen Schuppen besetzt, nicht klebrig oder schleimig. **Stiel:** 50–120 × 10–15 mm, oberhalb des häutigen Ringes glatt und blaßgelb, unterhalb dicht mit sparrigen aufgebogenen rotbraunen Schuppen besetzt, zum Grunde hin dunkler bis dunkelbraun. **Fleisch:** zäh, blaßgelb, in der Stielbasis rotbraun. Geschmack und Geruch nach Meerrettich. **Lamellen:** dicht, anfangs blaßgelb, später zimtbraun. Sporenpulver rostbraun. Sporen oval, glatt, 5,5–9 × 3,5–5 μm. In dichten Büscheln am Fuß oder auf den Stümpfen von Laub-, seltener von Nadelbäumen. **Ungenießbar!**

Knolliger Schüppling *Pholiota tuberculosa* (Schaeff. ex Fr.) Kummer
Hut: 2–5 cm breit, anfangs annähernd kugelig, später flacher gewölbt oder ausgebreitet, schwefelgelb bis orangefarben, mit flachen, rostfarbenen, kleinen Schuppen besetzt. **Stiel:** 30–60 × 3–10 mm, oberhalb des kurzlebigen Ringes glatt und gelblich, unterhalb flockig beschuppt und zur Basis hin dunkler. **Fleisch:** gelb, nach dem Anschneiden rötlich-braun. Geschmack und Geruch schwach, manchmal etwas bitter. **Lamellen:** anfangs blaßgelb, später rostfarben fleckig. Sporenpulver rostbraun. Sporen nierenförmig, glatt, 6,5–9 × 4–5 μm. Auf abgestorbenen Zweigen und Ästen und auf Sägemehl. Juli–September. **Ungenießbar!**

Erlen-Schüppling *Pholiota alnicola* (Fr.) Sing.
Hut: 2–6(11) cm breit, anfangs gewölbt, später etwas flacher, glatt und schmierig, leuchtend hellgelb, später am Rande oliv-bräunlich, dort auch häufig mit weißlichen Hüllresten behangen. **Stiel:** 20–80 × 5–10 mm, blaß zitronengelb, unterhalb der Hüllrestzone zum Grund hin dunkler rostbraun, nicht klebrig. **Fleisch:** im Hut gelb, im Stiel bräunlich. Geschmack mild bis leicht bitter. Geruch angenehm süßlich. **Lamellen:** blaßgelb bis zimtbraun. Sporenpulver rostbraun. Sporen oval, glatt, 8,5–11,5 × 5–5,5 μm. Einzeln oder in kleinen Büscheln auf oder unter Weichholz, besonders in der Nähe von Birke, Erle und Weide. Juli–Oktober. **Ungenießbar!**

Ⓤ **Sparriger Schüppling** *Pholiota squarrosa* 1/2 nat. Gr.

Ⓤ *Pholiota tuberculosa* 1/2 nat. Gr.

Ⓤ *Pholiota alnicola* 1/3 nat. Gr.

Ⓤ *Pholiota carbonaria* 1/2 nat. Gr.

Ⓤ *Pholiota myosotis* 3/4 nat. Gr.

Ⓖ **Rettichfälbling** *Hebeloma sinapizans* 1/2 nat. Gr.

Kohlenschüppling *Pholiota carbonaria* (Fr. ex Fr.) Sing.
Hut: 2–5 cm breit, ziemlich flach gewölbt, allmählich noch stärker abgeflacht und am Rande wellig, glatt, ocker- bis lederbraun, am Rande heller, klebrig, trocken etwas glänzend. **Stiel:** 35–70 × 4–8 mm, oberhalb der Ringzone blaßgelb, zur Basis hin mehr mit wolligen Fasern bedeckt und dunkler rötlich-braun. **Fleisch:** blaßgelb, nur an der Stielbasis rostbraun. Geruch und Geschmack unauffällig. **Lamellen:** anfangs blaß graubraun, später zunehmend zimtfarben bis olivbraun. Sporenpulver braun. Sporen elliptisch, glatt, 6,5–8 × 3,5–4,5 µm. Wächst im Wald auf alten Feuerstellen. Meist gesellig in großen Gruppen. Häufig. Mai–Oktober. **Ungenießbar!**

Graubrauner Schüppling *Pholiota myosotis* (Fr. ex Fr.) Sing.
Hut: 1,5–3 cm breit, anfangs gewölbt, später abgeflacht und unregelmäßig wellig verbogen, glatt, olivgrau bis olivbraun, klebrig. **Stiel:** 70–110 × 2–5 mm, sehr schlank, brüchig, am Grunde wurzelnd, im oberen Teil schmutziggelb, weiter unten hutfarben. **Fleisch:** weißlich, leicht gelblich-oliv getönt, im Stiel zuletzt hohl. Geruch leicht mehlig. **Lamellen:** blaß grau- bis olivbraun mit blassen Schneiden. Sporenpulver blaßbraun. Sporen mandelförmig, ziemlich glatt, 14,5–19 × 7–9 µm. Meist einzeln oder in kleinen Gruppen zwischen Torfmoosen *(Sphagnum)* in Mooren und Sümpfen. Verbreitet bis selten. September–Oktober. **Ungenießbar!**

Hebeloma (Fälbling) Nur wenige recht häufige Arten. Hüte meist bräunlich, glatt und gelegentlich klebrig. Stiele faserig oder körnig. Geruch meist nur nach dem Anschneiden wahrnehmbar. Ca. 20 Arten in Mitteleuropa.

Rettichfälbling *Hebeloma sinapizans* (Paulet ex Fr.) Gillet
Hut: 4–12(20) cm breit, halbkugelig gewölbt, später zunehmend abgeflacht, wellig oder am Rand aufgebogen, ocker- bis lederbraun, am Rande heller, anfangs etwas schmierig-klebrig. **Stiel:** 50–120 × 10–20 mm, am Grunde angeschwollen, weißlich und mit braunen Schuppen besetzt, die ein Ring- und Zonenmuster bilden. **Fleisch:** weißlich, im Stiel meist hohl, in die Stielhöhlung ragt meist noch ein zapfenförmiges Stück Hutfleisch. Geruch deutlich nach Meerrettich. **Lamellen:** anfangs graubräunlich, später zimtfarben überflogen. Sporenpulver rostbraun. Sporen mandelförmig, warzig, 10–14,5 × 6–8 µm. Wächst auf der Erde in feuchten Laub- und Nadelwäldern. Verbreitet bis häufig. August–Oktober. **Giftverdächtig!**

Tränender Rettichfälbling *Hebeloma crustuliniforme* (Bull. ex St.Amans) Quél.
Hut: 4–10 cm breit, zunächst gewölbt, später zunehmend flacher und oft stumpf gebuckelt, am Rande immer eingerollt und zuweilen etwas gelappt; blaß lederbraun bis hell ockerbraun, in der Mitte etwas dunkler, feucht leicht schleimig bis schmierig. **Stiel:** 40–70 × 10–20 mm, weißlich, mehlig, besonders im oberen Teil. **Fleisch:** dick, weiß. Geschmack bitter. Geruch stark nach Meerrettich. **Lamellen:** blaß falbbraun, feucht mit kleinen Flüssigkeitströpfchen, die von den Schneiden abgeschieden werden. Sporenpulver rostbraun. Sporen mandelförmig, warzig, 10–12 × 5,5–6,5 µm. In lichten Laubmischwäldern. August–Oktober. Verbreitet bis häufig. **Giftig!**

Ⓖ **Tränender Rettichfälbling** *Hebeloma crustuliniforme* ½ nat. Gr.

Ⓤ **Marzipanfälbling** *Hebeloma radicosum* ½ nat. Gr.

Marzipanfälbling *Hebeloma radicosum* (Bull. ex Fr.) Ricken
Hut: 6–9 cm breit, gewölbt, cremefarben bis blaß gelblich-braun, bei feuchtem Wetter stark klebrig. **Stiel:** 50–80 × 10–15 mm, zur Basis lang und sehr dünn verschmälert, oberhalb der Ringzone weiß und mehlig, unterhalb mit bräunlichen, faserigen Schuppen bedeckt. **Fleisch:** weiß. Geschmack süßlich. Geruch nach Marzipan oder Bittermandeln. **Lamellen:** bleich bräunlich, später zunehmend dunkler. Sporenpulver lehmbraun. Sporen mandelförmig, fein warzig angerauht, 9–10 × 5–6 µm. Meist einzeln auf zerfallenden Baumstümpfen oder Wurzelwerk in Laubwäldern. August–September. **Ungenießbar!**

Dunkelscheibiger Fälbling *Hebeloma mesophaeum* (Pers.) Quél.
Hut: 2–4,5 cm breit, anfangs stärker gewölbt, dann zunehmend flacher, gelblichbraun, dunkler braun bis erdbraun in der Hutmitte, bei Feuchtigkeit ziemlich klebrig, am Rande oft mit weißlich-gelben Resten der Hülle behangen, besonders bei jüngeren Exemplaren. **Stiel:** 40–70 × 4 mm, im oberen Teil weißlich, mit schwach ausgebildeter Ringzone, unterhalb dunkler bräunlich. **Fleisch:** im Hut weiß, in der Stielbasis bräunlich. Geschmack bitter. Geruch stark nach Meerrettich. **Lamellen:** lehmbraun. Sporenpulver mittel- bis rostbraun. Sporen elliptisch, sehr fein punktiert, 8–10 × 5–6 µm. In feuchten Wäldern, oft auch auf alten Brandstellen. August–Oktober. Verbreitet. **Ungenießbar!**

Ⓤ *Hebeloma mesophaeum* ½ nat. Gr.

Ⓤ *Hebeloma sacchariolens* ½ nat. Gr.

Duftender Fälbling *Hebeloma sacchariolens* Quél.
Hut: 2–7 cm breit, anfangs gewölbt, später flacher, manchmal mit undeutlichem Buckel, ocker-lederfarben, in der Mitte bräunlich, am Rande immer heller und weißlich-braun, schmierig. **Stiel:** 40–80 × 5–12 mm, im oberen Teil mehlig, weiter unten seidig-faserig. **Fleisch:** weiß. Geschmack bitter. Geruch süßlich und blumig, sehr angenehm. **Lamellen:** zunächst lehmbraun, später zunehmend rostfarben. Sporenpulver dunkel rostbraun. Sporen zitronen- bis mandelförmig, fein warzig, 12–17 × 7–9 µm. An feuchten Stellen in Wäldern, meist in der Laubstreu. Einzeln oder in kleinen Gruppen, vor allem in der Ebene. September–November. **Ungenießbar!**

U *Hebeloma strophosum* 1/2 nat. Gr.

U *Hebeloma truncatum* 1/2 nat. Gr.

U *Hebeloma pusillum* 3/4 nat. Gr.

Bitterer Rettichfälbling *Hebeloma strophosum* (Fr.) Sacc.
Hut: 3–4 cm breit, gewölbt, lehmbraun. **Stiel:** 25–35 × 3–5 mm, oben weiß, unten schmutzig erdbraun, wollig-faserig. **Fleisch:** weiß, ockerbräunlich im Stiel. Geschmack bitter. Geruch stark nach Rettich. **Lamellen:** blaßbraun mit deutlich fleischfarbener Tönung. Sporenpulver dunkelbraun. Sporen elliptisch, 7,5–9 × 4,5–6 µm. Verbreitet in Laubwäldern. Juli–September. **Ungenießbar!**

Dickstämmiger Fälbling *Hebeloma truncatum* (Schaeff. ex Fr.) Kummer
Hut: 4–6 cm breit, gewölbt, dunkel- bis kakaobraun, schmierig. **Stiel:** 50–80 × 5–10 mm, weiß, ziemlich gedrungen und stämmig. **Fleisch:** weiß. Geschmack bitter. Geruch schwach nach Rettich. **Lamellen:** zunächst weiß, später milchkaffeefarben. Sporenpulver braun. Sporen mandelförmig, ziemlich glatt, 7–11 × 4,5–5,5 µm. Im Gras von Nadelgehölzen. September–Oktober. **Ungenießbar!**

Zwergfälbling *Hebeloma pusillum* Lange
Hut: 1–2,5 cm breit, anfangs kegelig gewölbt, später glockig oder flach, mit kleinem Buckel, blaß lehmfarben, in der Mitte dunkler, leicht klebrig. **Stiel:** 20–40 × 2–3 mm, mehlig, weiß bis bräunlich zur Basis. **Fleisch:** dünn, blaß. Geschmack bitter. Geruch nach Rettich. **Lamellen:** blaß lehmfarben, braun. Sporenpulver lehmbraun. Sporen mandelförmig, fein warzig, 10–14 × 5,5–7 µm. Meist unter Weiden. August–September. **Ungenießbar!**

Inocybe (Rißpilz) Meist kleine Pilze mit dunkel gefärbten, kegeligen oder buckligen Hüten. Wichtige Merkmale sind die Stielbasis, die Beschaffenheit der Hutoberfläche und der Geruch. Pilze dieser Gattung sollten nicht verzehrt werden. Ca. 90 Arten in Mitteleuropa.

Rötender Rißpilz *Inocybe goodeyi* Gillet
Hut: 2–5 cm breit, anfangs kegelig, später flacher gewölbt, creme- bis ockerfarben, an Druckstellen rot, auch einheitlich rötlich, glatt, seidig, im Alter etwas furchig oder radial rissig. **Stiel:** 40–60 × 3–8 mm, am Grunde mit umrandeter Knolle, weißlich, später rötlich, mehlig bis zum Grund. **Fleisch:** weiß, rot verfärbend. Geschmack säuerlich. Geruch stark und unangenehm. **Lamellen:** anfangs weißlich, später zimtbraun. Sporenpulver tabakbraun. Sporen mandelförmig, glatt, 9–11,5 × 5,5–7 µm. In Buchenwäldern, auch unter Eichen und Hasel. Juli–September. **Schwach giftig!**

Schuppiger Rißpilz *Inocybe jurana* Pat.
Hut: 2–6 cm breit, kegelig gewölbt bis glockig, lederbraun mit radialen dunkelbraunen Fasern, bald auch leicht rötlich-braun oder purpurn angelaufen, oft schwarzschimmelig. **Stiel:** 20–60 × 4–10 mm, weiß, bald aber rötlichbraun, am Grunde leicht verdickt. **Fleisch:** weiß, im Hut und in der Stielbasis rötlich. Geschmack mild oder mehlig. Geruch stark mehlig. **Lamellen:** adnat oder frei, anfangs weiß, später lehmbraun, an den Schneiden immer weißlich. Sporenpulver tabakbraun. Sporen bohnenförmig, glatt, 10–15 × 5–7 µm. Besonders in Buchenwäldern. September–Oktober. **Ungenießbar!**

Blaufüßiger Rißpilz *Inocybe calamistrata* (Fr.) Gillet
Hut: 1–5 cm breit, kegelig bis glockig gewölbt, dunkelbraun, mit aufrechten, warzigen, spitzen Schuppen besetzt. **Stiel:** 30–70 ×

G *Inocybe goodeyi* 2/3 nat. Gr.

U *Inocybe jurana* 1/2 nat. Gr.

U *Inocybe calamistrata* 1/2 nat. Gr.

Ⓤ **Duftender Rißpilz** *Inocybe bongardii* 3/4 nat. Gr.

Ⓖ **Ziegelroter Rißpilz** *Inocybe patouillardii* 2/3 nat. Gr.

5–10 mm, hutfarben, oben heller, mit zurückgekrümmten braunen Schuppen, an der Basis bläulich-grün umsponnen. **Fleisch:** weiß bis rötlich, an der Stielbasis bläulich-grün. Geschmack mild. Geruch fischig oder säuerlich. **Lamellen:** zuerst weißlich, dann rostbraun. Sporenpulver tabakbraun. Sporen bohnenförmig, glatt, 9,5–11 × 5–6,5 µm. In Mischwäldern. Juli–September. Selten. **Ungenießbar!**

Duftender Rißpilz *Inocybe bongardii* (Weinm.) Quél.
Hut: 3–6 cm breit, anfangs kegelig gewölbt, später glockig, blaß zimtbraun, rosa überlaufen, mit wenig dunkleren Schuppen dicht besetzt. **Stiel:** 50–100 × 5–10 mm, seidig, weißlich, bei Verletzung rötlich, zuletzt bräunlich verfärbend. **Fleisch:** weiß, bald rötlichbräunlich. Geschmack mild. Geruch nach Birnen. **Lamellen:** blaßoliv bis hellgrau, olivzimtfarben, an den Schneiden immer weißlich. Sporenpulver tabakbraun. Sporen bohnenförmig, glatt, 10–12 × 6–7 µm. Unter Laubbäumen. August–September. **Ungenießbar!**

Ziegelroter Rißpilz *Inocybe patouillardii* Bres.
Hut: 2,5–8 cm breit, kegelig oder glockig gewölbt, am Rand breit lappig und aufsplitternd, elfenbeinfarben, mit rötlichen oder braunen Fasern radial bedeckt. **Stiel:** 30–100 × 10–20 mm, weiß, nach Verletzung (oft erst nach Stunden) oder im Alter ziegelrot verfärbend, am Grunde manchmal knollig verdickt. **Fleisch:** weiß, verfärbt sich nicht. Geschmack mild. Geruch alter Exemplare ziemlich unangenehm. **Lamellen:** adnat, rosarot, später creme- bis olivfarben, bei Verletzung rot. Sporenpulver dunkelbraun. Sporen bohnenförmig, glatt, 10–13 × 5,5–7 µm. Unter Laubbäumen. Mai–Juni. **Stark giftig!** Verwechslungsgefahr mit dem Maipilz!

Knolliger Rißpilz *Inocybe cookei* Bres.
Hut: 2–5 cm breit, kegelig bis glockig, dann flacher, mit deutlichem Buckel, am Rande aufbrechend und rissig, ockerbraun, mit langen Fasern radialstreifig. **Stiel:** 30–60 × 4–8 mm, weißlich bis ocker, knollige Verdickung umrandet. **Fleisch:** weißlich, dann strohgelb werdend. **Lamellen:** adnex, weißlich, später zimtfarben. Sporenpulver tabakbraun. Sporen glatt, bohnenförmig, 7–8 × 4–5 µm. In Nadelgehölzen oder Laubmischwäldern. Juli–November. **Giftig!**

Ⓖ *Inocybe cookei* 2/3 nat. Gr.

Grünbuckliger Rißpilz *Inocybe corydalina* Quél.
Hut: 2–6 cm breit, glockig, später flacher, am Rande rissig, schmutzigweiß, mit braunen Fasern, im radial gefaserten Buckel oliv-grünlich. **Stiel:** 30–60 × 5–10 mm, weißlich bis bräunlich, am Grunde verdickt und zuweilen bläulich-grün. **Fleisch:** weiß, auch gelblich. **Lamellen:** adnex, blaß lehmbraun mit weißen Schneiden. Sporenpulver tabakbraun. Sporen glatt, elliptisch, 8–10 × 5–6,5 µm. In Buchenwäldern. Zerstreut. **Ungenießbar.**

Ⓤ *Inocybe corydalina* 1/2 nat. Gr.

Ⓖ **Kegeliger Rißpilz** *Inocybe fastigiata* 2/3 nat. Gr.

Ⓖ **Gefleckter Rißpilz** *Inocybe maculata* 1/1 nat. Gr.

Kegeliger Rißpilz *Inocybe fastigiata* (Schaeff. ex Fr.) Quél.
Hut: 2–10 cm breit, kegelig bis glockig mit breitem Buckel, der die Hutmitte deutlich überragt, beim Ausbreiten aufsplitternd, strohgelb oder lederfarben, mit langen seidigen Fasern bedeckt. **Stiel:** 30–90 × 4–12 mm, im oberen Teil weiß, weiter unten bräunlich, keine knollige Verdickung. **Fleisch:** unverändert weiß. Geschmack mild mit bitterem Nachgeschmack. Geruch leicht mehlig. **Lamellen:** adnex oder adnat, gelblich-braun mit weißen Schneiden. Sporenpulver tabakbraun. Sporen glatt, bohnenförmig, 9–12 × 4,5–7 µm. Ziemlich häufig in Wäldern, entlang von Hekken, an Wegen und Alleen. Juli–September. **Giftig!**

Gefleckter Rißpilz *Inocybe maculata* Boud.
Hut: 2–8 cm breit, kegelig bis glockig, mit langen kastanienbraunen Fasern und anfangs mit einer dichten, weißlich-samtigen Hülle, die auf dem deutlichen Buckel in der Hutmitte bleibt, oft radial aufgesplittert oder zerrissen. **Stiel:** 30–80 × 5–12 mm, weiß, allmählich bräunlich, am Grunde oft wenig aufgehellt. **Fleisch:** weiß. Geschmack mild. Geruch stark, etwas fruchtig. **Lamellen:** adnat, blaß graubraun, mit weißen Schneiden. Sporenpulver tabakbraun. Sporen glatt, bohnenförmig, 9–11 × 4,5–5,5 µm. Meist gesellig an Waldrändern oder auf Waldlichtungen, vorzugsweise in Buchenwäldern auf Kalkböden. September–Oktober. **Schwach giftig!**

Bittersüßer Rißpilz *Inocybe dulcamara* (Alb. & Schw.) Kummer
Hut: 1–4 cm breit, gewölbt und ziemlich bald abgeflacht ausgebreitet, grünlich-ocker bis hellbräunlich, jung mit weißlicher Hülle. **Stiel:** 25–40 × 3–8 mm, hutfarben, manchmal mit undeutlichem wolligen Ring. Die schleierartige Hülle könnte zu Verwechslungen dieses Pilzes mit einer *Cortinarius*-Art führen. Sicheres Kennzeichen ist die Sporenfarbe! **Fleisch:** lederbraun oder hell bräunlich. Geschmack mild. Geruch süßlich. **Lamellen:** adnat, gelblich-braun, dann zunehmend dunkler braun. Sporenpulver tabakbraun. Sporen glatt, bohnenförmig, 7,5–10,5 × 5–5,5 µm. In Nadelwäldern, entlang von Waldwegen oder auf Kahlschlägen. Meist gesellig. Juli–Oktober. **Ungenießbar!**

Erdblättriger Faserkopf *Inocybe geophylla* (Sow. ex Fr.) Kummer
Hut: 1,5–3,5 cm breit, kegelig, frühzeitig ausgebreitet, mit auffallendem Buckel, seidig glatt, weiß mit leicht gelblichem Anflug. **Stiel:** 10–60 × 3–6 mm, weiß, seidig faserig. **Fleisch:** unverändert weiß. Geschmack mild. Geruch erdig oder mehlig. **Lamellen:** dicht, adnex, anfangs cremefarben, dann allmählich lehmbraun. Sporenpulver tabakbraun. Sporen glatt, mandelförmig, 8–10,5 × 5–6 µm. An Wegrändern unter Laub- oder Nadelbäumen. Juni–November. **Ziemlich giftig!**

Inocybe geophylla var. ***lilacina*** Gillet gleicht der Nominatform mit Ausnahme der auffälligen lilavioletten Färbung, die im Bereich des Hutbuckels in leicht bräunliche Töne übergehen kann. Alle übrigen Merkmale siehe oben. **Giftig!**

Lilaspitziger Rißpilz *Inocybe cincinnata* (Fr.) Quél.
Hut: 1–2 cm breit, zunächst glockig, später ausgebreitet und stark gebuckelt, rötlichbraun, dicht mit aufrechten, kleinen Warzen bestanden. **Stiel:** 20–30 × 2–4 mm, im oberen Teil leicht violett-weißlich getönt, zur Basis fein mit bräunlichen, wolligen Faserbüscheln bedeckt. **Fleisch:** weißlich, im Hut und oberen Stielabschnitt leicht violett verfärbt. Geschmack leicht bitter. Geruch mehlig. **Lamellen:** anfangs bleich, dann dunkler rostbraun mit braunen Schneiden. Sporenpulver rostbraun. Sporen schief eiförmig-elliptisch, glatt, 7,5–9,5 × 4,5–6 µm. Meist gesellig in Laub- und Nadelwäldern. Juli–September. **Giftverdächtig!**

Grauvioletter Rißpilz *Inocybe griseolilacina* Lange
Hut: 1,5–2,5 cm breit, kegelig gewölbt, zunehmend flacher und zuletzt gebuckelt, jung okkerbraun mit violettem Anflug, später zunehmend grau-bräunlich, besonders in der Hutmitte, mit kleinen, fetzigen Schuppen besetzt. **Stiel:** 30–70 × 2–4 mm, jung blaßlila, später braun, mit weißen Fasern wollig bedeckt, am Grunde deutlich verdickt. **Fleisch:** zunächst lilafarben, später schmutzigweiß oder bräunlich. Geschmack mild. Geruch stark mehlig. **Lamellen:** adnat, zunächst weißlich, später mehr tabakbraun. Sporenpulver tabakbraun. Sporen elliptisch bis mandelförmig, 8,5–11 × 5–6 µm. Entlang von Wegen und unter Laub- und Nadelbäumen. September–Oktober. Verbreitet. **Ungenießbar!**

Birnen-Rißpilz *Inocybe pyriodora* (Pers. ex Fr.) Kummer
Hut: 3–7 cm breit, glockig, am Rand bald aufsplitternd, ockerbraun mit deutlich rötlichen Tönen. **Stiel:** 40–80 × 8–12 mm, weiß-

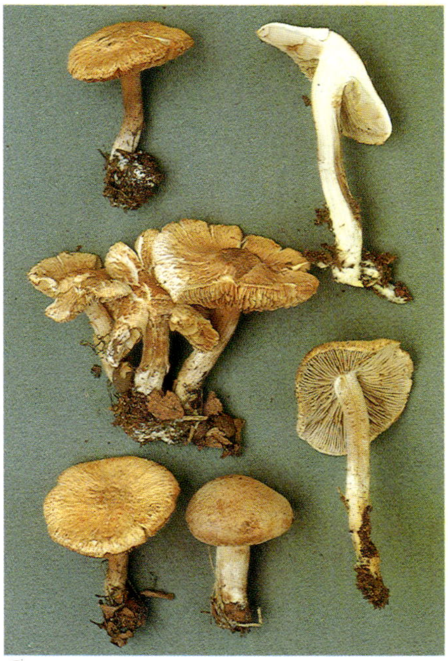

Ⓤ *Inocybe dulcamara* 3/4 nat. Gr.

Ⓖ *Inocybe geophylla* var. *lilacina* 3/4 nat. Gr.

Ⓖ *Inocybe geophylla* 3/4 nat. Gr.

Ⓖ *Inocybe cincinnata* 1/1 nat. Gr.

Ⓤ *Inocybe griseolilacina* 3/4 nat. Gr.

Ⓤ *Inocybe pyriodora* 1/2 nat. Gr.

Ⓤ *Inocybe hirtella* 3/4 nat. Gr.

lich oder hutfarben, im oberen Stielabschnitt jedoch immer hell weißlich bleibend. **Fleisch:** zunächst weiß, später leicht rosa oder lederfarben. Geschmack mild. Geruch stark fruchtig nach überreifen Birnen. **Lamellen:** adnat, anfangs weißlich, dann graurosa oder hellbräunlich mit weißen Schneiden. Sporenpulver tabakbraun. Sporen glatt, mandelförmig, 8–11 × 5–7 µm. In Laub- und Nadelwäldern und in Parks. September–Oktober. Zerstreut bis verbreitet. **Ungenießbar!**

Bittermandel-Rißpilz *Inocybe hirtella* Bres. **Hut:** 1–3 cm breit, gewölbt bis glockig, deutlich gebuckelt, stroh- bis goldgelb, in kleine, anliegende Schuppen zerrissen. **Stiel:** 20–45 × 2–4 mm, am Grunde deutlich verdickt, mehlig, weißlich bis leicht fleischfarben getönt. **Fleisch:** im Hut weiß, im Stiel blaß bräunlich. Geschmack mild. Geruch deutlich nach Bittermandeln. Der typische Geruch kann bei frisch gesammelten Exemplaren mitunter auch sehr schwach ausfallen und erst dann wahrgenommen werden, wenn die Pilze eine Zeitlang im geschlossenen Behälter aufbewahrt wurden. **Lamellen:** weißlich bis strohfarben, später zunehmend olivbraun. Sporenpulver braun. Sporen mandelförmig, glatt, 8–12 × 5–7 µm. Basidien meist zweisporig. An grasigen, meist etwas feuchten Stellen im Laubwald, oft unter Hasel oder Erlen. August–Oktober. **Ungenießbar!**

Ⓤ *Inocybe eutheles* 3/4 nat. Gr.

Ⓖ *Inocybe hystrix* 3/4 nat. Gr.

Ⓤ *Inocybe longicystis* 3/4 nat. Gr.

Ⓖ *Inocybe flocculosa* 2/3 nat. Gr.

Ⓖ *Inocybe lacera* 1/1 nat. Gr.

Ⓤ *Inocybe praetervisa* 3/4 nat. Gr.

Bleicher Rißpilz *Inocybe eutheles* (Berk. & Br.) Quél.
Hut: 2–4 cm breit, glockenförmig mit breitem Buckel, bleich lederfarben, in faserige, grobe Schuppen zerrissen, am Rande meist heller. **Stiel:** 40–70 × 5–10 mm, weiß oder leicht fleischfarben angelaufen, am Grunde leicht verdickt und wurzelnd. **Fleisch:** unverändert weiß. Geschmack mild. Geruch erdig. **Lamellen:** adnat, blaß lehmfarben mit weißen Schneiden. Cystidien dickwandig, länglich-faserig. Sporenpulver tabakbraun. Sporen glatt, mandelförmig, 8,5–10 × 4–5 µm. Vor allem in Nadelwäldern. Häufig. September–Oktober. **Ungenießbar!**

Rauher Rißpilz *Inocybe hystrix* (Fr.) Karst.
Hut: 2–4 cm breit, gewölbt oder eingedellt und mit breitem Buckel, dicht mit warzigen, spitzen, aufrechten Schuppen besetzt, meist dunkler braun auf hellerem Untergrund. **Stiel:** 40–80 × 5–8 mm, zuweilen zum Grunde leicht verdickt, mit zurückgekrümmten, dunkelbraunen Schuppen besetzt, nur im oberen Teil glatt und heller. **Fleisch:** weißlich. Geschmack mild. Geruch schwach und unspezifisch. **Lamellen:** adnat, anfangs weißlich, später blaß lehmfarben, immer mit weißen Schneiden. Sporenpulver tabakbraun. Sporen mandelförmig, glatt, 9–11,5 × 4,5–5 µm. In Laubwäldern, besonders unter Rotbuchen. Selten. In Nord- und Nordwesteuropa etwas häufiger. September–Oktober. **Giftig!**

Birken-Rißpilz *Inocybe longicystis* Aitk.
Hut: 2–4 cm breit, anfangs gewölbt, später verflachend, zimtfarben bis dunkelbraun, besonders in der Mitte mit aufrechten, fetzigen, faserigen Schuppen besetzt. **Stiel:** 40–70 × 5–7 mm, braun, mit fetzigen Schuppen ziemlich zottig. **Fleisch:** weiß. Geruch leicht und unspezifisch. **Lamellen:** breit, adnat bis adnex, zimtbraun. Sporenpulver tabakbraun. Sporen länglich, etwas warzig, 8–10 × 5–6 µm. Im Moos von Nadelgehölzen, dort besonders unter Birken. September–Oktober. Zerstreut. **Ungenießbar!**

Flockiger Rißpilz *Inocybe flocculosa* (Berk.) Sacc.
Hut: 2–4 cm breit, glockig gewölbt mit sehr breitem Buckel, blaß zimtbraun, cremefarben oder mausgrau filzig-faserig, am Rande heller und mit einem weißlichen Schleier zum Stiel verbunden. **Stiel:** 30–50 × 5–10 mm, weiß, allmählich falbbraun, am Grunde hell bleibend. **Fleisch:** weiß, im Stiel allenfalls leicht rötlich. Geschmack mild. Geruch fruchtig bis mehlig. **Lamellen:** adnex, ziemlich dicht, anfangs blaßbraun, später zunehmend zimtbraun. Sporenpulver tabakbraun. Sporen mandelförmig, glatt, 8–11 × 4,5–5 µm. Im feuchten Waldhumus in Laub- oder Laubmischwäldern. September–Oktober. Weitere ähnliche Arten. **Giftig!**

Gemeiner Wirrkopf *Inocybe lacera* (Fr.) Kummer
Hut: 1,3 cm breit, flach gewölbt mit leicht angedeutetem Buckel, tabakbraun, faserig, manchmal vom Rand zur Mitte aufsplitternd. **Stiel:** 20–30 × 3–6 mm, im oberen Stielteil

Ⓤ *Inocybe tigrina* ²/₃ nat. Gr.

Ⓤ *Inocybe grammata* ²/₃ nat. Gr.

Ⓤ *Inocybe napipes* ²/₃ nat. Gr.

Ⓤ *Inocybe umbrina* ¹/₁ nat. Gr.

Ⓤ *Inocybe margaritispora* ²/₃ nat. Gr.

weißlich, sonst bräunlich, am Grunde leicht angeschwollen, faserig-schuppig. **Fleisch:** weiß, Geschmack mild. Geruch mehlig. **Lamellen:** adnex, anfangs weiß, später bräunlich, mit weiß bleibenden Schneiden. Sporenpulver tabakbraun. Sporen zylindrisch, glatt, 11–15 × 4,5–6 µm. Besonders auf sandigen Böden entlang von Wegen oder auf Kahlschlägen von Nadelgehölzen. Mai–November. Kann leicht mit eßbaren Schwindlingen verwechselt werden. **Sehr giftig!**

Knolliger Rißpilz *Inocybe praetervisa* Quél.
Hut: 3–5 cm breit, anfangs stark kugelig, dann glockig gewölbt, zuletzt flach ausgebreitet, schmutzig gelblichbraun, faserig, vom Rand zur Mitte aufsplitternd. **Stiel:** 50–60 × 3–8 mm, am Grunde knollig verdickt, Knolle umrandet, zunächst weiß, später graubraun, fein mehlig bestäubt. **Fleisch:** weiß, im Stiel gelb verfärbend. Geschmack mild. Geruch schwach nach Mehl. **Lamellen:** zunächst weißlich, zunehmend lehmbraun. Sporenpulver erdbraun. Sporen länglich, mit zahlreichen kantigen Buckeln und Warzen, 10–12 × 7–9 µm. Besonders unter Buchen. August–Oktober. Zerstreut. **Ungenießbar!**

Gescheckter Rißpilz *Inocybe tigrina* Heim
Hut: 2–5 cm breit, kegelig gewölbt, nach dem Ausbreiten ziemlich flach, mit kastanienbraunen Fasern scheckig gestreift, manchmal wie gekämmt aussehend. **Stiel:** 30–60 × 3–6 mm, anfangs weiß, später blaß hutfarben. **Fleisch:** unverändert weiß. **Lamellen:** adnat, zunächst weiß, dann zunehmend graurosa-bräunlich. Sporenpulver tabakbraun. Sporen länglich-elliptisch, glatt, 8–11 × 4,5–5,5 µm. Ziemlich selten in Laub- und Laubmischwäldern. September–Oktober. **Ungenießbar!**

Gestreifter Rißpilz *Inocybe grammata* Quél.
Hut: 1,5–4 cm breit, kegelig bis glockig, in der Mitte mit spitzem, weißlichem Buckel, sonst honiggelb oder leicht rosa angehaucht, mit feinen, weißlichen, radialen Fasern überzogen. **Stiel:** 40–75 × 3–10 mm, am Grunde mit auffällig großer, verdickter, umrandeter Knolle, weiß, später zunehmend hellrosa, zur Basis fein mehlig bestäubt. **Fleisch:** in der Hutmitte weiß, sonst sehr blaß fleischfarben. Geschmack mild. Geruch stark, angenehm. **Lamellen:** zunächst weiß, dann zunehmend zimtbraun. Sporenpulver tabakbraun. Sporen länglich, etwas bucklig oder gewellt, 7–9 × 5–5,5 µm. Im Gras in Laub- und Laubmischwäldern. Verbreitet. Juli–September. **Ungenießbar!**

Rübenstieliger Rißpilz *Inocybe napipes* Lange
Hut: 2–5 cm breit, kegelig bis glockig, mit spitzem Buckel, kastanien- bis graubraun, radial faserstreifig. **Stiel:** 30–60 × 5–7 mm, im oberen Teil und an der verdickten Stielbasis weißlich, sonst hutfarben getönt. **Fleisch:** im Hut weißlich-bräunlich, im Stiel dunkler. Geschmack mild. Geruch schwach und unspezifisch. **Lamellen:** adnex, weißlich bis schmutzigbraun. Sporenpulver tabakbraun. Sporen länglich mit mehreren warzigen Verdickungen, 9–10 × 6–7 µm. Auf feuchten, meist sauren Böden im Laub- und Nadelwald. Meist gesellig. August–Oktober. Häufig. **Ungenießbar!**

Büscheliger Rißpilz *Inocybe umbrina* Bres.
Hut: 1,5–4 cm breit, glockig gewölbt mit deutlichem, hohem Buckel, grau- bis kastanienbraun, anfangs von einem leicht grauen Schleier bedeckt. **Stiel:** 30–50 × 3–5 mm, im oberen Stielteil und an der knollig verdickten Stielbasis weißlich, sonst hutfarben. **Fleisch:** weißlich, im Stiel zunehmend bräunlich. Geschmack mild. Geruch unspezifisch. **Lamellen:** adnat, blaß lehmbraun. Sporenpulver tabakbraun. Sporen länglich mit mehreren vorspringenden Knöpfen und Warzen, 7–8 × 5–6 µm. Gruppenweise auf nassen und sauren Böden in Nadelwald, auch in Laubwäldern. Verbreitet. Juli–Oktober. **Ungenießbar!**

Sternsporiger Rißpilz *Inocybe margaritispora* (Berk.) Sacc.
Hut: 3–6 cm breit, glockig gewölbt, Hutoberfläche bricht in zerstreute, gelblich-braune Schuppen auf weißlichem Untergrund auf. **Stiel:** 40–100 × 4–10 mm, ziemlich schlank und gerade, mit einer leicht abgeflachten Stielknolle, weißlich, zur Basis hellbräunlich, im oberen Teil fein mehlig bestäubt. **Fleisch:** weiß. Geruch fruchtig. **Lamellen:** anfangs weißlich, dann lehmbraun. Sporenpulver braun. Sporen sternförmig mit langen Fortsätzen, 8,5–11 × 6–7,5 µm. Meist in der Nähe von Hasel. Ziemlich selten. Juni–August. **Ungenießbar!**

Ⓤ *Inocybe petiginosa* 3/4 nat. Gr.

Zwergrißpilz *Inocybe petiginosa* (Fr. ex Fr.) Gillet
Hut: 5–10 mm breit, gewölbt oder stumpf bucklig, anfangs mit kleinen, weißlichen Schuppen besetzt, die jedoch bald abfallen und eine seidig-faserige Oberfläche zurücklassen, in der Mitte eher bräunlich, am Rande sehr bleich. **Stiel:** 15–40 × 1 mm, mehlig, cremefarben, zuweilen auch rötlich-braun. **Fleisch:** in der Hutmitte dicklich, weißlich im Hut, bräunlich im Stiel. Geschmack mild. Geruch unauffällig. **Lamellen:** anfangs hell weißlich, später olivbraun, an den Schneiden haarig (Lupenmerkmal). Sporenpulver tabakbraun. Sporen eiförmig mit mehreren stumpfen Spitzen, 6,5–8,5 × 4–6 µm. Im Moos unter Laubbäumen, besonders unter Buchen. September–Oktober. Verbreitet. **Ungenießbar!**

Ⓤ *Bolbitius vitellinus* 3/4 nat. Gr.

Goldmistpilz *Bolbitius vitellinus* (Pers. ex Fr.) Fr.
Hut: 1–4 cm breit, anfangs eichelförmig, später glockig, zuletzt ausgebreitet und ziemlich flach, sehr dünn und durchscheinend, chromgelb, am Rand nach Graubraun verblassend, jung etwas klebrig, im Alter trocken und glänzend, am Rand tief gefurcht. **Stiel:** 30–100 × 2–4 mm, sehr zart, weißlich-gelb, fein mehlig bestäubt, am Grunde samtig. **Fleisch:** dünn und häutig, im Stiel hohl. **Lamellen:** dicht, blaßgelb, zuletzt zimtfarben bis rostbraun. Sporenpulver rostbraun. Sporen elliptisch, glatt, 11–15 × 6–9 µm. In Gruppen im Gras an Wegrändern, in vermoderndem Stroh und in Dung. Mai–September. **Ungenießbar!**

Bleigraues Samthäubchen *Conocybe plumbeitincta* (Atk.) Sing.
Hut: 1–2 cm breit, glockig, blaßgrau bis bleigrau oder graubraun, glatt. **Stiel:** 40–60 × 2–3 mm, bleich, zur Basis etwas dunkler, ohne Ring. **Fleisch:** dünn, hut- und stielfarben. Geruch und Geschmack unspezifisch. **Lamellen:** adnat, blaß lederbraun. Sporenpulver hellbraun. Sporen breit elliptisch, 9–16 × 5–9,5 µm. Auf nackter Erde an Wegrändern, in Gärten oder auf Feldern. September–Oktober. **Ungenießbar!**

Dung-Samthäubchen *Conocybe rickenii* (Schaeff.) Kühn.
Hut: 1–2 cm breit, kegelig bis glockig, cremefarben bis ockerbraun, in der Mitte eher graubraun, fast nie streifig erscheinend. **Stiel:** 40–70 × 1–2 mm, weißlich, cremefarben oder (im Alter) dunkelbraun. **Fleisch:** dünn, graubraun im Hut, ockerbraun im Stiel. Geruch und Geschmack unspezifisch. **Lamellen:** ocker-cremefarben, zunehmend rostbräunlich. Sporenpulver braun. Sporen elliptisch bis oval, 10–20 × 6–12 µm. Basidien zweisporig. Auf Dung und Komposthaufen. Mai–September. **Ungenießbar!**

Gürtel-Samthäubchen *Conocybe percincta* Orton
Hut: 1–3,5 cm breit, kegelig gewölbt und oft etwas bucklig, blaß oder zitronengelb, in der Mitte dunkler ockergelb, später gelbbraun. **Stiel:** 25–45 × 2–5 mm, blaß gelblich, oberhalb des Ringes seidig, wollig im unteren Stielteil, zur Basis oft dunkler. **Fleisch:** gelblich, zur Basis dunkler braun. Geruch leicht säuerlich oder mehlig. **Lamellen:** anfangs blaß lehmbraun, später schmutzig gelblich, zuletzt rostfarben. Sporenpulver rostfarben. Sporen elliptisch bis mandelförmig, mit Keimpore, 10–12 × 5–6 µm. Basidien zweisporig. Auf nackter Erde oder verrottendem Stroh. Juli–Oktober. **Ungenießbar!**

Faden-Samthäubchen *Conocybe filaris* (Fr.) Kühn.
Hut: 5–10 mm breit, glockig gewölbt, gelblich-cremefarben, frisch mit undeutlichen Linien radial gestreift. **Stiel:** 30–50 × 1–3 mm, anfangs weiß, später gelblich oder bräunlich. Der gut erkennbare Ring ist anfangs weiß, färbt sich später durch Sporen rostbraun. **Fleisch:** hutfarben. Geruch und Geschmack unspezifisch. **Lamellen:** adnat, blaß ockerbräunlich. Sporenpulver rostbraun. Sporen elliptisch, 6–10 × 4–5 µm. Meist einzeln im Gras. September–Oktober. Nicht sehr häufig. **Ungenießbar!**

Zartes Samthäubchen *Conocybe tenera* (Schaeff. ex Fr.) Kühn.
Hut: 1–4 cm breit, stumpf kegelig bis glockig, nicht verflachend, ockerbraun oder zimtfarben, bei Trockenheit gelblich. **Stiel:** 50–100 × 4–7 mm, weißlich, mit Hutfarbe überflogen, brüchig, leicht puderig erscheinend. **Fleisch:** dünn, hutfarben, im Stiel bald hohl. **Lamellen:** adnat, dicht, anfangs weißlich, dann zimtfarben. Sporenpulver leuchtend gelbbraun. Sporen oval, 8,5–14,5 × 5–8 µm. Im Gras auf Waldlichtungen, an Waldwegen und in Feldern. Mai–Dezember. **Ungenießbar!**

Milchweißes Samthäubchen *Conocybe lactea* (Lange) Métrod
Hut: 1–2,5 cm breit, kegelig bis schmal glokkig, nicht verflachend, weißlich oder gelblich-cremefarben, nicht hygrophan oder streifig. **Stiel:** 30–110 × 1–2 mm, am Grunde in einer rundlichen Verdickung endend, weiß, im oberen Teil puderig. **Fleisch:** dünn. **Lamellen:** zimtbraun. Sporenpulver braun. Sporen elliptisch, mit Keimpore, 11,5–15 × 7–10 µm. Basidien viersporig. Auf Wiesen, an Wegrändern, auf Sägemehl und in Sanddünen. August–November. **Ungenießbar!**

Ockerbraunes Samthäubchen *Conocybe ochracea* (Kühn.) Sing.
Hut: 1–2 cm breit, glockig, ocker- bis rehbraun, trocken blasser, vom Rande bis zur Hutmitte deutlich streifig. **Stiel:** 30–60 × 2–3 mm, im oberen Stielteil weißlich, weiter unten hutfarben, am Grunde fein weißlich umsponnen. **Fleisch:** blaßbräunlich. **Lamellen:** adnex bis frei, ocker- bis zimtbraun. Sporenpulver ockerbraun. Sporen länglich-elliptisch, 8,5–11,5 × 5–7 µm. Auf Wiesen und in Rasen. Häufig. Juni–September. **Ungenießbar!**

Braunstieliges Samthäubchen *Conocybe subovalis* (Kühn.) Kühn.
Hut: 1,5–3,5 cm breit, gewölbt bis flach glokkig, dunkel ocker- bis leicht zimtbraun, trokken heller, glatt. **Stiel:** 60–100 × 1–2 mm, ockerbraun bis dunkler braun, zur Basis fein puderig, in einer rundlichen Verdickung endend. **Fleisch:** sehr dünn, im Hut ockerbräunlich, im Stiel zimtbraun. **Lamellen:** frei, ziemlich dicht, zuletzt zimtfarben. Sporenpulver rostbraun. Sporen oval, 11–14 × 6–8 µm. In Wiesen und auf Weiden im Gras. September–Oktober. **Ungenießbar!**

Ockergelbes Samthäubchen *Conocybe pseudopilosella* (Kühn.) Kühn.
Hut: 0,5–1,2 cm breit, schmal kegelig bis glockenförmig, nicht ausbreitend, ockergelb, trocken blasser cremefarben. **Stiel:** 40–80 × 1–2 mm, brüchig, zart, im oberen Teil bleich, an der Basis kräftig bräunlich. **Fleisch:** sehr dünn, ockerfarben, im Stiel bald hohl. **Lamellen:** adnat, ocker-zimtfarben. Sporenpulver ockerbraun. Sporen elliptisch, 13–14,5 × 7–8,5 µm. Im Gras an Wegrändern, in Wäldern und auf Wiesen oder Rasen. August–Oktober. **Ungenießbar!**

Ⓤ *Conocybe plumbeitincta* 1/1 nat. Gr.

Ⓤ *Conocybe rickenii* 1/1 nat. Gr.

Ⓤ *Conocybe percincta* 1/1 nat. Gr.

Ⓤ *Conocybe filaris* 1/1 nat. Gr.

Ⓤ *Conocybe tenera* 2/3 nat. Gr.

Ⓤ *Conocybe lactea* 2/3 nat. Gr.

Ⓤ *Conocybe ochracea* 3/4 nat. Gr.

Ⓤ *Conocybe subovalis* 3/4 nat. Gr.

Ⓤ *Conocybe pseudopilosella* 1/1 nat. Gr.

Ⓔ **Stockschwämmchen** *Kuehneromyces mutabilis* 3/4 nat. Gr.

Ⓤ *Galerina mniophila* 1/1 nat. Gr.

Ⓤ *Galerina mycenopsis* 2/3 nat. Gr.

Stockschwämmchen *Kuehneromyces mutabilis* (Schaeff. ex Fr.) Sing.
Hut: 3–6 cm breit, anfangs gewölbt, dann ausgebreitet und zuletzt deutlich gebuckelt, leuchtend orangebraun bis zimtfarben, nach Trockenheit blaß ockerbraun verbleichend und dann häufig deutlich zweifarbig mit hellerem Buckel. **Stiel:** 30–80 × 5–10 mm, im oberen Teil weißlich, weiter unten dunkler braun bis fast schwärzlich, unterhalb der Ringzone schuppig. **Fleisch:** weißlich bis bräunlich. Geruch und Geschmack unauffällig. **Lamellen:** anfangs ziemlich bleich, später zimtbraun. Sporenpulver tief ockergelb. Sporen oval bis leicht mandelförmig, mit Keimpore, 6–7,5 × 4–5 µm. In Büscheln auf den Stümpfen von Laubbäumen. Schmackhafter Pilz. Mai–November. **Eßbar.**

Moos-Häubling *Galerina mniophila* (Lasch) Kühn.
Hut: 1–1,5 cm breit, glockig, schmutzig gelbbraun, feucht deutlich streifig, trocken blaß lehmbraun. **Stiel:** 40–80 × 2 mm, weißlich im oberen Teil jüngerer Exemplare, sonst blaß gelblich-braun. **Fleisch:** hut- und stielfarben. Geruch mehlig. **Lamellen:** blaß ockerfarben, später schmutzig gelblich-braun. Sporenpulver ockerfarben. Sporen mandelförmig, fein gemustert, 9,5–13 × 5,5–7,5 µm. Im Moos an feuchten Stellen in Wäldern und Sümpfen. September–Oktober. **Ungenießbar!**

Glockiger Häubling *Galerina mycenopsis* (Fr. ex Fr.) Kühn.
Hut: 0,5–2 cm breit, halbkugelig bis breit glockig, leuchtend ockerbraun, feucht deutlich gestreift, trocken blaßgelb. **Stiel:** 30–60 × 1–2 mm, ockerbräunlich, bei jungen Exemplaren mit weißen Seidenfasern. **Fleisch:** gelblich. Geschmack und Geruch unspezifisch. **Lamellen:** gelblich, blasser als Hut. Sporenpulver ockerfarben. Sporen elliptisch, glatt, 9–13 × 5–6,5 µm. Im Moos in Wäldern, meist an feuchteren Stellen. August–November. **Ungenießbar!**

Gürtel-Häubling *Galerina cinctula* Orton
Hut: 0,5–1,5 cm breit, kegelig gewölbt oder glockig, später auch etwas ausgebreitet und bucklig, feucht ockerbraun und streifig, trokken gelblich verblassend. **Stiel:** 10–25 × 1–2 mm, ockerfarben, im unteren Teil mit seidigen Fasern. **Fleisch:** dünn, hut- und stielfarben. Geschmack und Geruch mehlig. **Lamellen:** blaßgelb, später rostfarben-bräunlich. Sporenpulver rostbraun. Sporen mandelförmig, 10–13 × 5–6 µm. Basidien zweisporig. Meist im Moos in Kiefernwäldern. Zerstreut bis selten. Juli–Oktober. **Ungenießbar!**

Sumpf-Häubling *Galerina phillipsii* Reid
Hut: 8–18 mm breit, kegelig gewölbt, später ausgebreitet und spitz gebuckelt, hygrophan, feucht dunkel olivbraun, nach Trocknung rostbraun, streifig. **Stiel:** 20–40 × 2–3 mm, hutfarben, nur im oberen Teil etwas heller. Geruch unauffällig. **Fleisch:** hut- und stielfarben. **Lamellen:** olivbraun bis rostfarben. Sporenpulver braun. Sporen mandelförmig, fein gemustert, 9–12 × 4,5–5(6) µm. Im Moos an feuchten, sumpfigen Stellen. Verbreitungsgebiet noch ungenügend bekannt. April–Mai. **Ungenießbar!**

Ⓤ *Galerina cinctula* 3/4 nat. Gr.

Ⓤ *Galerina phillipsii* 3/4 nat. Gr.

Ⓤ *Naucoria scolecina* 3/4 nat. Gr.

Ⓤ *Naucoria centunculus* 3/4 nat. Gr.

Ⓤ *Naucoria bohemica* 1/1 nat. Gr.

Ⓤ *Naucoria escharoides* 2/3 nat. Gr.

Naucoria (Erlenschnitzling) Kleine Pilze mit bräunlicher Färbung, die meist ausschließlich unter Erlen wachsen. Ohne mikroskopische Merkmale ist eine sichere Bestimmung der häufig zusammen vorkommenden Arten nicht möglich. Etwa 20 Arten in Mitteleuropa.

Gestreifter Erlenschnitzling *Naucoria scolecina* (Fr.) Quél.
Hut: 0,5–3 cm breit, flach gewölbt, schmutzig- bis dunkelbraun, besonders bei Feuchtigkeit am Rande deutlich streifig, bei Trockenheit lederbraun verblassend. **Stiel:** 30–50 × 2–5 mm, hutfarben, leicht seidig-faserig, zur Basis dunkler. **Fleisch:** braun. **Lamellen:** bräunlich-lederfarben. Sporenpulver braun. Sporen mandelförmig, warzig rauh, 10–14 × 5–6,5 µm. Unter Erlen. September–Oktober. **Ungenießbar!**

Samtiger Erlenschnitzling *Naucoria centunculus* (Fr.) Kummer
Hut: 4–25 mm breit, flach gewölbt, unter der Lupe samtig, lederbraun bis dunkler braun, oft auch mit olivbrauner Tönung. **Stiel:** 6–30 × 1–3 mm, olivbraun. **Fleisch:** olivbraun. Geruch leichter oder stärker säuerlich. **Lamellen:** blaß lederbraun, oft deutlicher olivfarben überlaufen. Sporenpulver braun. Sporen bohnenförmig, glatt, 5,5–10 × 4–4,5 µm. Auf den Stümpfen verschiedener Laubbäume, am häufigsten unter Erlen. September–Oktober. **Ungenießbar!**

Dunkler Erlenschnitzling *Naucoria bohemica* Vel.
Hut: 1–4 cm breit, anfangs kegelig, später breiter glockig, leicht gebuckelt, dunkelbraun oder tief rötlich-braun, trocken etwas heller, dann auch am Rande sehr fein oder nur schwach streifig. **Stiel:** 30–70 × 2–5 mm, weiß seidig-faserig, im oberen Teil hutfarben, im unteren Abschnitt dunkelbraun-schwärzlich. **Fleisch:** dünn, blaß lederbraun. Geruch und Geschmack unspezifisch. **Lamellen:** blaßbraun. Sporenpulver braun. Sporen breit zitronenförmig, rauh, 11–14 × 6,5–8 µm. Basidien zweisporig. Huthaut überwiegend zellig, aber zusätzlich auch mit einer feinen Lage fädiger Hyphen. Unter Weiden und Erlen. September–Oktober. **Ungenießbar!**

Gemeiner Erlenschnitzling *Naucoria escharoides* (Fr. ex Fr.) Kummer
Hut: 0,7–4 cm breit, feucht blaß gelblich-lederfarben, trocken noch heller, am Rand nicht streifig, schwach faserflockig, gewölbt bis ausgebreitet. **Stiel:** 15–40 × 1–4 mm, hutfarben oder heller gelblich im oberen Abschnitt. **Fleisch:** dünn, braun bis lederfarben. Geschmack nach Rettich oder etwas bitter. Geruch süßlich. **Lamellen:** adnex bis frei, ockerfarben bis ockerbraun. Sporenpulver braun, mandelförmig, rauh, 9–13 × 5–6,5 µm. Auf feuchtem, sumpfigem Grund im Erlengebüsch. September–Oktober. **Ungenießbar!**

Ⓤ *Flocculina granulosa* 3/4 nat. Gr.

Ⓤ *Tubaria furfuracea* 3/4 nat. Gr.

Ⓤ *Tubaria autochthona* 1/1 nat. Gr.

Ⓖ **Grünblättriger Schwefelkopf** *Hypholoma fasciculare* 1/2 nat. Gr.

Ⓤ *Hypholoma marginatum* 1/2 nat. Gr.

Ⓤ *Hypholoma udum* 1/1 nat. Gr.

Ⓔ **Graublättriger Schwefelkopf** *Hypholoma capnoides* ½ nat. Gr.

Ⓤ **Ziegelroter Schwefelkopf** *Hypholoma sublateritium* ½ nat. Gr.

Körniger Flöckling *Flocculina granulosa* (Lange) Orton
Hut: 5–15 mm breit, rundlich gewölbt, ocker- oder rötlichbraun, trocken lederbraun, flockig-körnig bis warzig-schuppig. **Stiel:** 10–20 × 1–2 mm, im oberen Abschnitt ockerfarben, unten dunkler braun, wollig-faserig und flockig-schuppig. **Fleisch:** hut- und stielfarben. **Lamellen:** ockerbraun. Sporenpulver rostbraun. Sporen mandelförmig, glatt, 8–9,5 × 4,5–5 µm. In Laubmischwäldern im Moos. Verbreitet. September–Oktober. **Ungenießbar!**

Schüppchen-Trompetenschnitzling *Tubaria furfuracea* (Pers. ex Fr.) Gillet
Hut: 1–4 cm breit, gewölbt, später flacher oder in der Mitte eingedellt, zimt- bis lederbraun, feucht vom Rand zur Mitte streifig, trocken blaßbraun und leicht schuppig. **Stiel:** 20–50 × 2–4 mm, fast hutfarben. Geschmack und Geruch unspezifisch. **Fleisch:** hut- und stielfarben. **Lamellen:** breit, weitständig, adnat bis leicht herablaufend, zimtbraun. Sporenpulver blaß ockerbraun. Sporen elliptisch mit gerundeten Enden, 7–9 × 4,5–5 µm. Auf abgefallenen Ästen, in der Laubstreu. Ganzjährig. **Ungenießbar!**

Blasser Trompetenschnitzling *Tubaria autochthona* (Berk. & Br.) Sacc.
Hut: 0,5–2 cm breit, gewölbt oder leicht abgeflacht, später in der Mitte eingedrückt, fein filzig, ocker-lederbraun, am Rande gestreift. **Stiel:** 15–30 × 1–2 mm, weißlich, im oberen Teil etwas verdickt, nach unten schmäler und oft gebogen und gekrümmt. **Fleisch:** weiß. Geruch und Geschmack unauffällig. **Lamellen:** blaßgelb, später dunkler. Sporenpulver ockerfarben, Sporen elliptisch, sehr fein angerauht, 4,5–7,5 × 2,5–5 µm. Unter Weißdornhekken. Juli–Oktober. **Ungenießbar!**

Grünblättriger Schwefelkopf *Hypholoma fasciculare* (Huds. ex Fr.) Kummer
Hut: 2–7 cm breit, halbkugelig oder flach kegelig, in der Mitte auch leicht gebuckelt, am Rande oft mit Resten der blaßgelben Hülle schwefelgelb, zur Mitte dunkler orangebraun. **Stiel:** 40–100 × 5–10 mm, oft gebogen und gekrümmt, oben schwefelgelb, unten schmutzig gelblichbraun, zuweilen mit schwacher Ringzone. **Fleisch:** schwefelgelb, im Stiel mehr bräunlich. Geschmack sehr bitter. Geruch nach Pilzen. **Lamellen:** schwefelgelb, später zunehmend olivbraun, zuletzt dunkelbraun. Sporenpulver purpurbraun. Sporen oval, mit Keimpore, 6–7 × 4–4,5 µm. In Büscheln auf Stümpfen und Hölzern. Ganzjährig. Häufig. **Giftig!**

Nadelholzschüppling *Hypholoma marginatum* (Pers. ex Fr.) Schroet.
Hut: 1,5–4 cm breit, breit glockig gewölbt, in der Mitte gebuckelt, falbbraun mit hellerem Rand. **Stiel:** 30–70 × 2–5 mm, bräunlich, mit weißen, seidigen Fasern (Silberschimmer), beim Berühren an Druckstellen bräunend. **Fleisch:** im Hut weißlich, zur Stielbasis bräunlicher. Geschmack sehr bitter. **Lamellen:** jung gelblich, später olivbraun. Sporenpulver dunkelbraun. Sporen elliptisch, mit deutlicher Keimpore, 7–9,5 × 4–5 µm. Gesellig auf modernden Nadelholzstümpfen und in Fichtengehölzen. Juli–Oktober. **Ungenießbar!**

Moor-Schwefelkopf *Hypholoma udum* (Pers. ex Fr.) Kühn.
Hut: 1–2 cm breit, gewölbt oder glockig, später auch flacher ausgebreitet, dunkel ocker- bis lederbraun, am Rande etwas heller, leicht klebrig, trocken blaß ockerbraun. **Stiel:** 30–100 × 2–3 mm, im oberen Teil blaß gelblich, weiter unten zunehmend dunkel rötlich-braun. **Fleisch:** Geruch schwach nach Pilzen. **Lamellen:** anfangs blaß olivbraun, später dunkelbraun. Sporenpulver dunkelbraun. Sporen elliptisch bis faserförmig, fein gemustert, 13–15 × 6–6,5 µm. Auf torfigem Grund oder zwischen Torfmoosen. Zerstreut. Juli–Oktober. **Ungenießbar!**

Graublättriger Schwefelkopf *Hypholoma capnoides* (Fr. ex Fr.) Kummer
Hut: 2–6 cm breit, gewölbt, mit undeutlichem Buckel, blaß ockerbraun, in der Mitte etwas mehr rötlich-braun, am Rande später lederfarben. **Stiel:** 40–100 × 5–10 mm, im oberen Teil lederbraun, zur Basis rötlich-braun, mit weißlicher Schleierzone. **Fleisch:** gelblich. Geschmack süßlich. Geruch unauffällig. **Lamellen:** anfangs weißlich, dann graulila. Sporenpulver dunkelbraun. Sporen elliptisch-oval, mit deutlicher Keimpore, 7–8 × 4–5 µm. In Büscheln auf Stümpfen und Wurzeln von Nadelbäumen. März–Dezember. **Eßbar.**

Ziegelroter Schwefelkopf *Hypholoma sublateritium* (Fr.) Quél.
Hut: 3–10 cm breit, gewölbt, dann zunehmend ausgebreitet, zähfleischig, ziegelrot bis rötlichbraun, an den Rändern gelbbraun oder blaßgelb, dort oft auch mit den faserigen Resten der Hülle behangen. **Stiel:** 50–180 × 5–12 mm, im oberen Teil blaßgelb, weiter unten ockerbraun, mit ringförmigen Hüllresten. **Fleisch:** blaßgelb, zur Stielbasis auch rötlich-braun. Geschmack bitter. Geruch undeutlich oder nach Pilzen. **Lamellen:** blaßgelb, später olivbraun. Sporenpulver purpurbraun. Sporen elliptisch, mit deutlicher Keimpore, 6–7 × 3–4 µm. Auf den Stümpfen von Laubholzarten, seltener auf Nadelholz. Mai–November. Verwechslungsgefahr mit dem Grünblättrigen Schwefelkopf! **Ungenießbar!**

Ⓤ *Hypholoma elongatum* 3/4 nat. Gr.

Langstieliger Schwefelkopf *Hypholoma elongatum* (Pers. ex Fr.) Ricken
Hut: 1–2 cm breit, gewölbt oder glockig, später ausgebreitet flach, feucht blaß honiggelb bis olivbraun, trocken blasser bräunlich. **Stiel:** 50–100 × 1–2 mm, sehr schlank, hutfarben, im oberen Teil jedoch etwas heller, am Grunde fein weiß umsponnen. **Stiel:** dünn, weißlich-gelb. Geschmack und Geruch pilzig. **Lamellen:** blaßrosa. Sporenpulver dunkelbraun. Sporen elliptisch, mit Keimpore, 9,5–11,5 × 6–6,5 µm. Zwischen Torfmoosen in Mooren und Sümpfen. Häufig bis verbreitet. September–Oktober. **Ungenießbar!**

Agaricus früher **Psalliota (Egerling, Champignon)** Sehr bekannte Pilzgattung mit zahlreichen eßbaren Arten. Die meisten Arten verfärben sich beim Anschneiden meist gelblich, rötlich oder hellrosa. Junge Lamellen oft noch weißlich, später jedoch immer dunkler braun. Immer auch mit deutlichem Ring. Die gelbverfärbenden Arten sollten vor dem Verzehr besonders gründlich überprüft werden. Etwa 40 Arten in Mitteleuropa.

Echter Waldchampignon *Agaricus silvaticus* Schaeff. ex. Secr.
Hut: 5–10 cm breit, gewölbt, breit glockig oder flacher ausgebreitet, auf hellem Untergrund meist mit bräunlichen, anliegenden Schuppen besetzt. **Stiel:** 50–80 × 10–12 mm, weißlich, manchmal mit bräunlichen faserigen Schuppen unterhalb vom schmutzigbraunen Stielring. **Fleisch:** weiß, beim Anschneiden rötlich, später bräunend. Geruch und Geschmack unauffällig. **Lamellen:** anfangs blaß, später rötlich, zuletzt dunkel schokoladenbraun. Sporenpulver braun. Sporen elliptisch, 4,5–6 × 3–3,5 µm. In Fichtengehölzen. Schmackhaft. Juli–Oktober. **Eßbar.**

Großer Waldegerling *Agaricus langei* (Møll.) Møll.
Hut: 4–12 cm breit, anfangs halbkugelig, später flacher gewölbt, mit feinen, rostbraunen, breitfaserigen Schuppen bedeckt. **Stiel:** 30–120 × 15–30 mm, weißlich oder leicht rosa angehaucht, unterhalb des Ringes leicht mehlig-flockig. **Fleisch:** weiß, nach dem Anschneiden rot. Geruch und Geschmack angenehm pilzig. **Lamellen:** blaßrosa, später dunkler und zuletzt braunschwarz. Sporenpulver purpurbraun. Sporen elliptisch, 7–9 × 3,5–5 µm. Meist im Nadelwald. August–Oktober. Guter Speisepilz. **Eßbar.**

Ⓔ **Echter Waldchampignon** *Agaricus silvaticus* 2/3 nat. Gr.

Dünen-Egerling *Agaricus bernardii* (Quél.) Sacc.
Hut: 5–15 cm breit, anfangs halbkugelig, später flacher gewölbt, weißlich bis hellbraun, an Druckstellen rötlich anlaufend, Oberfläche früh in grobe, dickliche Schuppen aufbrechend, dadurch bräunlich gefeldert, **Stiel:** 50–70 × 20–40 mm, weißlich, zur Basis leicht verschmälert, dort grau-bräunlich; Ring dünn, weißlich, einfach, nach unten abziehbar. **Fleisch:** weiß, beim Anschneiden rötlich-orange verfärbend. Geschmack unangenehm. Geruch fischig. **Lamellen:** anfangs blaßgrau, dann fleischfarben, zuletzt dunkelbraun. Sporenpulver dunkelbraun. Sporen breit elliptisch, 5,5–7 × 5–5,5 µm. Sanddünen und Salzwiesen an den Meeresküsten. September–Oktober. **Eßbar.**

Garten-Egerling *Agaricus vaporarius* (Vitt.) Moser
Hut: 10–15 cm breit, anfangs kugelig gewölbt, später flacher und ausgebreitet, schmutzigbraun, in große, breitfaserige Schuppen aufreißend. **Stiel:** 60–120 × 25–50 mm, zum Grunde verschmälert, meist weiß und glatt, anfangs jedoch auch schuppig-braun faserig. Steckt meist tief im Grund. Ring dick und weiß, hängend, brüchig. **Fleisch:** weiß, beim Anschneiden nur leicht rötlich verfärbend. Geschmack nußartig. Geruch typisch nach Pilzen. **Lamellen:** anfangs rosafarben, zuletzt schokoladenbraun. Sporenpulver braun. Sporen kugelig, 6–7 × 4,5–6 µm. In Gärten, auf Abfall- und Komposthaufen sowie entlang von Straßenrändern. Guter Speisepilz. August–Oktober. **Eßbar.**

Rotbrauner Egerling *Agaricus porphyrocephalus* Møll.
Hut: 3–8 cm breit, anfangs halbkugelig, später flacher ausgebreitet, rötlichbraun, mit dunkleren, strahlig angeordneten Fasern. **Stiel:** 30–40 × 10–20 mm, weiß, zum Grunde leicht verschmälert, mitunter aber auch verdickt und etwas angeschwollen. Stielring dünn und weiß. **Fleisch:** weiß bis blaßgelb. Geschmack und Geruch typisch pilzig. **Lamellen:** anfangs rosa, später schokoladenbraun. Sporenpulver braun. Sporen breit elliptisch, 5–7 × 3–4,5 µm. Selten. Auf Wiesen und Weiden. August–Oktober. **Eßbar.**

Großer Waldegerling *Agaricus langei* 2/3 nat. Gr.

Dünen-Egerling *Agaricus bernardii* 1/2 nat. Gr.

Garten-Egerling *Agaricus vaporarius* 1/2 nat. Gr.

Rotbrauner Egerling *Agaricus porphyrocephalus* 3/4 nat. Gr.

Ⓔ **Wiesenchampignon** *Agaricus campestris* 1/2 nat. Gr.

Wiesenchampignon, Feldegerling *Agaricus campestris* L. ex Fr.
Hut: 3–10 cm breit, meist immer stärker gewölbt, erst recht spät weiter ausgebreitet, weiß, manchmal auch leicht cremefarben, schuppig oder glatt. **Stiel:** 30–100 × 10–15(20) mm, weiß, zuweilen auch gelblich, am Grunde etwas verschmälert, Stielring dünn, weiß, hinfällig. **Fleisch:** weiß, besonders oberhalb der Lamellen beim Anschneiden hellrosa verfärbend. Geruch und Geschmack angenehm pilzig. **Lamellen:** auch an den allerjüngsten Exemplaren immer dunkelrosa, später dunkelbraun. Sporenpulver braun. Sporen eiförmig, 7–8 × 4–5 µm. Auf Feldern und in Wiesen, manchmal auch in Gärten. Juli–September. Sehr schmackhaft. **Eßbar.**

Ⓔ *Agaricus devoniensis* 1/2 nat. Gr.

Ⓔ *Agaricus semotus* 1/2 nat. Gr.

Ⓔ *Agaricus comtulus* 2/3 nat. Gr.

Ⓤ *Agaricus litoralis* 1/2 nat. Gr.

Ⓔ **Zuchtchampignon** *Agaricus bisporus* 1/2 nat. Gr.

Ⓔ **Scheidenegerling** *Agaricus bitorquis* 3/4 nat. Gr.

Sandegerling *Agaricus devoniensis* Orton
Hut: 3–15 cm breit, anfangs stärker gewölbt, später flacher ausgebreitet, weißlich, seidig-violett oder leicht rosa überflogen. **Stiel:** 30–40 × 10–15 mm, weiß, schuppig mit Hüllresten, rötlich verfärbend an Druckstellen; Ring häutig, weiß, kurzlebig. **Fleisch:** weiß, oberhalb der Lamellen und an der Stielbasis rosa. Geschmack und Geruch schwach. **Lamellen:** frei, graurosa bis bräunlich. Sporenpulver dunkelbraun. Sporen annähernd kugelig, 6,5–7 × 5–5,5 µm. Auf Sanddünen. Nur im Küstengebiet Nordwesteuropas. Selten. August–Oktober. **Eßbar.**

Weinrötlicher Zwergegerling *Agaricus semotus* Fr.
Hut: 2–5 cm breit, anfangs stumpf eiförmig gewölbt, später flacher gewölbt, zunächst weiß, dann mit feinen lilafarbenen Schuppen in der Mitte dunkler, zuletzt mit weinroten Fasern strahlig zum hellen Rand, zuweilen auch schmutzig gelblich-braun. **Stiel:** 30–60 × 4–8 mm, weiß, am Grunde gelblich und etwas verdickt; Ring doppelt, hängend. **Fleisch:** weiß, verfärbt sich an der Stielbasis gelblich. Geschmack und Geruch unspezifisch. **Lamellen:** anfangs blaßrosa, zuletzt graubraun. Sporenpulver braun. Sporen elliptisch, 4,5–5 × 2,5–3 µm. Meist in Nadelwäldern auf Lichtungen oder an den Waldrändern. Juli–Oktober. Für manche Personen unverträglich. **Eßbar.**

Dickstieliger Zwergegerling *Agaricus comtulus* Fr.
Hut: 2–4 cm breit, anfangs gewölbt, später ziemlich flach ausgebreitet, weiß bis hell cremefarben. **Stiel:** 30–50 × 4–8 mm, weiß oder cremefarben, nicht gelb verfärbend; Ring häutig, weiß. **Fleisch:** weiß, nur an der Stielbasis leicht gelblich verfärbend. Geschmack mandelartig. Geruch schwach mandelartig oder nach Anis. **Lamellen:** fleischrosa, später zunehmend bräunlich. Sporenpulver braun. Sporen oval, 4,5–5,5 × 3–3,5 µm. Auf Wiesen und Weiden. Verbreitet. August–September. **Eßbar.**

Strandegerling *Agaricus litoralis* (Wakef. & Pears.) Konrad & Maubl.
Hut: 5–8 cm breit, gewölbt oder flacher ausgebreitet, anfangs blaß lederfarben, später stärker bräunlich, mit feinen, faserigen Schuppen bedeckt, am Rand überhängend und leicht zottig. **Stiel:** 30–40 × 15–20 mm, weiß, zum Grund leicht bräunlich, Ring weiß, häutig, flockig. **Fleisch:** dick, im Hut weiß, an der Stielbasis gelblich. Geruch unspezifisch. **Lamellen:** sehr dicht, frei, blaßrosa bis schokoladenbraun. Sporenpulver braun. Sporen elliptisch, 6–8 × 4,5–5 µm. Auf Salzwiesen in Küstennähe. Ziemlich selten. August–September. **Ungenießbar!**

Zuchtchampignon *Agaricus bisporus* (Lange) Pilát
Hut: 5–10 cm breit, halbkugelig gewölbt, später ausgebreitet und deutlich flacher, hell bräunlich-grau bis graubraun, mit braunen Fasern strahlig überzogen, im Alter auch leicht schuppig. **Stiel:** 35–55 × 8–14 mm, weiß, oft oberhalb des häutigen Ringes glatt, unterhalb schuppig. **Fleisch:** weiß, nach dem Anschneiden schwach rötlich verfärbend. Geruch und Geschmack pilzig. **Lamellen:** schmutzigrosa, später nachdunkelnd. Sporenpulver braun. Sporen oval, 4–7,5 × 4–5,5 µm. Basidien zweisporig, wichtiges Merkmal, das diese Art von allen übrigen der Gattung trennt. Wild auf fetten Böden in Gärten und an Wegrändern. Stammart vieler Kulturrassen. Mai–November. **Eßbar.** Wertvoller Speisepilz.

Scheidenegerling *Agaricus bitorquis* (Quél.) Sacc.
Hut: 4–10 cm breit, anfangs gewölbt, später flacher, weiß, mit dunkleren und bräunlichen Schuppen besetzt. **Stiel:** 30–60 × 15–20 mm, weiß, mit doppeltem, häutigem Ring, der untere davon ist dünner und ähnelt einer Scheide. **Fleisch:** weiß, beim Anschneiden schwach rosa verfärbend. Geschmack pilzig. Geruch angenehm. **Lamellen:** schmutzigrosa, später zunehmend bräunlich, zuletzt schokoladenbraun. Sporenpulver braun. Sporen fast kugelig, 4–6,5 × 4–5 µm. In Gärten und an Straßen- oder Wegrändern, durchwächst manchmal den Straßenbelag. Mai–Oktober. Verbreitet. Guter Speisepilz. **Eßbar.**

Ⓔ *Agaricus lanipes* ⅓ nat. Gr.

Ⓤ *Agaricus bresadolianus* ½ nat. Gr.

Ⓔ **Riesenegerling** *Agaricus augustus* ½ nat. Gr.

Buckelegerling *Agaricus lanipes* (Møll. & Schaeff.) Sing.
Hut: 5–10 cm breit, anfangs gewölbt, ziemlich bald schon abgeflacht und eingedrückt, zuletzt ziemlich unregelmäßig gewellt und gelappt, grau-schokoladenbraun, in breitfaserige, große Schuppen aufbrechend, besonders zum Rand hin. **Stiel:** 40–60 × 20–35 mm, gedrungen, zur Basis stark verschmälert und in einen langen, fingerähnlichen, wurzelnden Bereich verlängert, der aus 1–10 mm dicken Mycelsträngen besteht. Oberhalb des Stielringes weiß, im unteren Stielteil bräunlich und leicht schuppig, an Druckstellen rostbraun verfärbend. Stielring häutig, oberseits weiß, unterseits bräunlich. **Fleisch:** weiß, beim Anschneiden rötlich verfärbend, an der Stielbasis deutlich orangegelb werdend. Geschmack süßlich. Geruch pilzig. **Lamellen:** dicht, frei, anfangs blaßrosa, später dunkelbraun. Sporenpulver dunkelbraun. Sporen elliptisch, 5,5–6,5 × 3,5–4 µm. In Laubwäldern und auf Feldern, bevorzugt gedüngten Boden. Juli–Oktober. Selten. **Eßbar.**

Wurzelstieliger Egerling *Agaricus bresadolianus* Bohus
Hut: 5–10 cm breit, anfangs gewölbt, später ausgebreitet und in der Mitte leicht eingedrückt, am Rande etwas gewellt, weißlich bis lederbraun in der Mitte, mit graubraunen Fasern strahlig überzogen. **Stiel:** 30–70 × 8–16 mm, zunächst zur Basis leicht angeschwollen, weißlich, später auch zunehmend blaß lederbraun-gelblich getönt; Stielring weiß, schmal, kurzlebig, häutig, bei älteren Exemplaren nur noch als undeutliche Ringmarke erkennbar. Stiel geht am Grunde in kräftige gelbbraune Mycelstränge über. **Fleisch:** weißlich, unter der Huthaut schwach braun verfärbend. Geschmack und Geruch undeutlich, aber angenehm. **Lamellen:** dicht, anfangs blaßrosa, zuletzt schwärzlichbraun. Sporenpulver dunkelbraun. Sporen elliptisch bis oval, 6–7 × 4–4,5 µm. Im Gras in Laubwäldern oder in Gärten. Sehr selten. Juni–August. **Ungenießbar!**

Riesenegerling *Agaricus augustus* Fr.
Hut: 10–20 cm breit, anfangs eiförmig oder kugelig gewölbt, später flacher, gelblichbraun, mit kastanien- oder rostbraunen Faserschuppen bedeckt. **Stiel:** 100–200 × 20–40 mm, weißlich, mit kleinen anliegenden Schuppen unterhalb des Ringes, die bei älteren Pilzen zunehmend braun verfärben, an Druckstellen oder bei Verletzung gelblich umfärbend. Stielring groß, häutig, herabhängend. **Fleisch:** dick und weiß, in alten Pilzen leicht rötlich. Geschmack pilzig. Geruch stark nach Bittermandeln. **Lamellen:** frei, anfangs weiß, später braun. Sporenpulver purpurbraun. Sporen elliptisch, 7–10 × 4,5–5,5 µm. In Laub- und Nadelwäldern, vor allem an den sonnigen Waldrändern. Nur in wärmeren Gebieten. Juli–September. Sehr schmackhaft. **Eßbar.**

Großsporiger Egerling *Agaricus macrosporus* (Møll. & Schaeff.) Pilát
Hut: 8–25(50) cm breit, gewölbt, zuletzt in der Mitte auch etwas niedergedrückt, weiß, seidig glatt, in große hellbräunliche Schuppen oder Flecken gefeldert, am Rande zuweilen auch gezähnt. **Stiel:** 50–100 × 25–35 mm, meist mit wurzelnder Basis, weißlich-cremefarben, mit leicht entfernbaren Flocken bedeckt. Stielring dick, mit gezähntem Rand. **Fleisch:** fest und dick, weißlich, manchmal auch leicht rötlich, besonders nach dem Anschneiden. Geschmack pilzig. Geruch leicht nach Bittermandeln oder (bei alten Exemplaren) etwas nach Ammoniak. **Lamellen:** anfangs weißlichgrau, zuletzt dunkelbraun. Sporenpulver braun. Sporen elliptisch, 8–12 × 5,5–6,5 µm. Mitunter in Ringen auf Wiesen und Weiden. Juli–September. Guter Speisepilz. **Eßbar.**

E **Großsporiger Egerling** *Agaricus macrosporus* $^{2}/_{3}$ nat. Gr.

Ⓔ Anischampignon *Agaricus arvensis* 2/3 nat. Gr.

Anischampignon *Agaricus arvensis* Schaeff. ex Secr.
Hut: 8–20 cm breit, anfangs kugelig, später flacher gewölbt und zuletzt flach ausgebreitet, cremeweiß, bei Verletzung oder im Alter zunehmend gelblich. **Stiel:** 80–100 × 20–30 mm, oft am Grunde keulig verdickt, hutfarben. Stielring doppelt, häutig, unterer bald in eine strahlige Manschette aufbrechend. **Fleisch:** weiß, dick, fest, im Hut kompakt, im Stiel schwammig oder hohl. Geschmack typisch nach Pilzen. Geruch stark nach Anis. **Lamellen:** frei, weiß bei jungen Exemplaren, dann schmutzigrosa, zuletzt schokoladenbraun, Sporenpulver dunkel purpurbraun. Sporen elliptisch, 7–8 × 4,5–5 µm. Vor allem in humusreichen Wäldern und in wärmeren Gegenden auch in Fichtengehölzen. Sehr schmackhafter Speisepilz. Verwechslungsmöglichkeiten bestehen mit dem Grünen Knollenblätterpilz und dem Giftchampignon! Juni–September. **Eßbar.**

Giftchampignon *Agaricus xanthodermus* Genev.
Hut: 5–15 cm breit, anfangs halbkugelig gewölbt, später flacher und in der Mitte etwas eingedrückt, zunächst weiß, dann zunehmend mit undeutlichen, kleinen, graubraunen Schuppen besetzt, verfärbt sich bei Verletzung oder an Druckstellen chromgelb, besonders in Randnähe. **Stiel:** 50–150 × 10–20 mm, weiß, an der Basis knollig verdickt; Stielring weiß, mit dicklichem Rand und manchmal doppelt erscheinend. **Fleisch:** weiß, verfärbt sich an der Stielbasis chromgelb. Geschmack unangenehm. Geruch erinnert an Tinte. **Lamellen:** zunächst weiß, später blaßrosa, zuletzt graubraun. Sporenpulver purpurbraun. Sporen elliptisch, 5–6,5 × 3–4 µm. In Laub- und Nadelwäldern, auch in Parks und auf Wiesen. Juli–September. Vergiftungssymptome sind Schweißausbrüche, Durchfall, mitunter auch Magenkrämpfe. Nicht alle Personen werden davon betroffen. **Giftig!**

Weißgrauer Karbolegerling *Agaricus pilatianus* Bohus
Hut: 6–12 cm breit, stumpf gewölbt und etwas unregelmäßig gebuckelt, zunächst weiß, dann rauchig bis graubraun. Nur junge Pilze verfärben sich an Schadstellen chromgelb. **Stiel:** 40–80 × 15–30 mm, zylindrisch, am Grunde keulig oder verschmälert, anfangs weiß, zunehmend bräunlich. Ring doppelt, weiß. **Fleisch:** weiß, verfärbt sich in der Stielbasis nach dem Anschneiden chromgelb. Geschmack stark und unangenehm. Geruch stark nach Karbolsäure. **Lamellen:** zunächst weiß, dann schmutzigrosa, zuletzt schokoladenbraun. Sporenpulver braun. Sporen breit oval, 5,5–6,5 × 4,5–5,5 µm. Im Gras auf Wiesen oder in Parks. Selten. Oft nur als Kleinart aus dem Formenkreis des Giftchampignons angesehen. August–September. **Giftig!**

Seidenweißer Egerling *Agaricus excellens* (Møll.) Møll.
Hut: 10–15 cm breit, halbkugelig oder stärker gewölbt, weiß, seidig glatt, nur bei alten Exemplaren in der Hutmitte leicht gelblich, mit weißen, sehr feinen Schuppen der gleichen Färbung besetzt. **Stiel:** 100–140 × 20–35 mm, weiß. Ring weiß, dick, unterseits schuppig. **Fleisch:** weiß, dick, beim Anschneiden undeutlich rosa verfärbend. Geschmack süßlich. Geruch schwach nach Anis. **Lamellen:** graurosa. Sporenpulver braun. Sporen elliptisch, 9–12 × 5–7 µm. Im Gras in lichten Wäldern, vor allem in Fichtenbeständen. In Mitteleuropa selten. September–Oktober. **Eßbar.**

Ⓖ **Giftchampignon** *Agaricus xanthodermus* 2/3 nat. Gr.

Ⓖ *Agaricus pilatianus* 1/3 nat. Gr.

Ⓔ *Agaricus excellens* 1/3 nat. Gr.

Ⓔ **Dünnfleischiger Anisegerling** *Agaricus silvicola* 2/3 nat. Gr.

Dünnfleischiger Anisegerling *Agaricus silvicola* (Vitt.) Peck
Hut: 5–10 cm breit, gewölbt, cremefarben, an Druck- oder Schadstellen sofort braungelb anlaufend, auch im Alter etwas dunkler gelblich gefärbt. **Stiel:** 50–80 × 10–15 mm, hutfarben, am Grunde meist knollig verdickt. Stielring groß, röckchenartig hängend, häutig, oberseits weiß. **Fleisch:** dünn, weiß. Geschmack pilzig. Geruch nach Anis. **Lamellen:** frei, jung blaß graurosa, später schokoladenbraun. Sporenpulver purpurbraun. Sporen elliptisch, 5–6 × 3–4 µm. Juli–September. Meist gesellig in Laub- und Nadelwäldern. Von Pilzsammlern meist nicht vom Anischampignon unterschieden. Guter Speisepilz. **Eßbar.**

Halbkugeliger Erdschüppling *Agrocybe semiorbicularis* (Bull. ex St. Amans) Fayod
Hut: 1–2 cm breit, halbkugelig oder flacher gewölbt, ockergelb bis hell lederbräunlich. **Stiel:** 25–40 × 2–3 mm, bleich oder hutfarben. **Fleisch:** gelblich, zur Stielbasis deutlich dunkler. Geruch mehlig. **Lamellen:** adnat, sehr breit, blaß gelblich-braun, später zunehmend zimtbraun. Sporenpulver zigarrenbraun. Sporen oval, 11–13 × 7,5–8 µm. Bei feuchtem Wetter im Gras entlang von Wegen und auf Wiesen und Weiden. Juli–Oktober. **Eßbar,** aber wertlos.

Knolliger Egerling *Agaricus abruptibulbus* Peck
Hut: 8–12 cm breit, gewölbt, oft mit leichtem Buckel, weißlich, an Schad- und Druckstellen gelblich anlaufend. **Stiel:** 80–120 × 10–30 mm, am Grunde mit knolliger, wie abgeschnitten aussehender Verdickung, hutfarben, Stielring groß, weiß, hängend, unterseits zahnradartig gemustert. **Fleisch:** weiß, nach dem Anschneiden gelblich bis bräunlich. Geruch nach Anis. **Lamellen:** anfangs bleich, später lehmbraun. Sporenpulver braun. Sporen elliptisch, 6–8 × 4–5 µm. In der Nadelstreu von Fichtengehölzen. August–Oktober. Guter Speisepilz. **Eßbar.**

Großschuppiger Egerling *Agaricus placomyces* Peck
Hut: 5–9 cm breit, anfangs eiförmig-kugelig gewölbt, später zunehmend flacher, dicht mit größeren und kleinen graubraunen Schuppen besetzt, besonders zur Mitte später auch grob gefeldert, Hintergrund weißlich-cremefarben. **Stiel:** 60–90 × 10–12 mm, am Grunde knollig verdickt, weißlich, anfangs unterhalb des häutigen weißen Ringes deutlich flockig. **Fleisch:** weißlich, zunehmend auch schwach gelblich und später bräunlich. Hut, Stiel und Fleisch verfärben sich bei Verletzung und beim Anschneiden chromgelb. Geschmack und Geruch unangenehm. **Lamellen:** lange Zeit rosa, zuletzt schwärzlich-braun. Sporenpulver braun. Sporen elliptisch, 4–6 × 3–4 µm. In Waldlichtungen und im Gras zwischen Gestrüpp. Zerstreut. Juli–August. **Schwach giftig!**

Lederbrauner Erdschüppling *Agrocybe erebia* (Fr.) Kühn.
Hut: 3–6 cm breit, anfangs gewölbt, später zunehmend flacher und in der Mitte breit gebuckelt. Rand älterer Exemplare wellig. Trocken dunkel lehmbraun, feucht dunkler braun und leicht klebrig. **Stiel:** 60–80 × 8–12 mm, anfangs weißlich, dann mehr braun bis rotbraun. Ring weißlich, furchig. **Fleisch:** blaß bräunlich. **Lamellen:** zunächst bleich, dann dunkelbraun. Sporenpulver tief dunkelbraun. Sporen elliptisch, 10–13 × 5–6 µm. Im Laubwald auf nackter Erde oder in der Laubstreu, auch in Parks. Häufig. Mai–September. **Ungenießbar!**

Früher Erdschüppling *Agrocybe praecox* (Pers. ex Fr.) Sing.
Hut: 3–6 cm breit, anfangs halbkugelig, später flacher gewölbt, blaßgelblich-cremefarben oder hell lederbraun, trocken fast weißlich mit etwas dunklerem Rand. **Stiel:** 40–60 × 4–8 mm, cremefarben, mit Ring. **Fleisch:** bräunlich-cremefarben, im Stiel später braun. Geruch mehlig. **Lamellen:** adnat, blaß rötlichbraun, später auch dunkler braun. Sporenpulver zigarrenbraun. Sporen eiförmig-elliptisch, 9–10 × 5–5,5 µm. Huthaut zellig. Einzeln oder büschelig an grasigen Stellen in Gärten, auf Wiesen oder Waldlichtungen. Mai–Juli. Verbreitet. **Eßbar.**

Ⓔ *Agrocybe semiorbicularis* 3/4 nat. Gr.

Ⓔ **Knolliger Egerling** *Agaricus abruptibulbus* 2/3 nat. Gr.

Ⓖ **Großschuppiger Egerling** *Agaricus placomyces* 2/3 nat. Gr.

Ⓤ **Lederbrauner Erdschüppling** *Agrocybe erebia* 2/3 nat. Gr.

Ⓔ **Früher Erdschüppling** *Agrocybe praecox* 2/3 nat. Gr.

E **Pappel-Schüppling** *Agrocybe aegerita* 2/3 nat. Gr.

Pappel-Schüppling *Agrocybe aegerita* (Brig.) Quél.
Hut: 4–10 cm breit, anfangs halbkugelig, später flacher gewölbt, in der Hutmitte manchmal eingedellt und am Rande wellig, blaß lederfarben bis fast weiß, im Alter auch ziegelrot oder fuchsbraun, oft felderig zerrissen. **Stiel:** 50–100 × 10–15 mm, anfangs cremefarben, später dunkler bräunlich, mit bleibendem Ring, der bald sporenfarbig eingestäubt wird. **Fleisch:** im Hut und Stiel weiß, an der Stielbasis braun. Geschmack nach Nüssen. Geruch nach Weinkorken. **Lamellen:** adnat oder leicht herablaufend, anfangs cremeweiß, später tabakbraun. Sporenpulver tabakbraun. Sporen eiförmig-elliptisch, 8,5–10,5 × 5–6 µm. Huthaut zellig. Vor allem auf Pappelstrünken, zuweilen auch unter Weiden. Besonders in südlichen Gegenden verbreitet, sonst selten. Mai–Oktober. Seit dem Altertum als Speisepilz geschätzt. **Eßbar.**

Rissiger Ackerling *Agrocybe dura* (Bolt. ex Fr.) Sing.
Hut: 3–7 cm breit, anfangs stärker gewölbt, später flacher und ausgebreitet, elfenbeinweiß bis gelblich-cremefarben. **Stiel:** 50–80 × 3–7 mm, weißlich, mit wolligem Ring im oberen Stielteil. **Fleisch:** dick, fest, weißlich. Geschmack leicht bitter. Geruch pilzig. **Lamellen:** adnat, anfangs blaß, später dunkel lehmbraun. Sporenpulver zigarrenbraun. Sporen eiförmig-elliptisch, 12–13 × 6–7,5 µm. Huthaut zellig. Einzeln oder in kleinen Gruppen im Gras an Wegen oder in Wiesen. Mai–August. **Eßbar,** aber ohne besonderen Wert.

E *Agrocybe dura* 1/2 nat. Gr.

U *Agrocybe paludosa* 3/4 nat. Gr.

Sumpf-Ackerling *Agrocybe paludosa* (Lange) Kühn. & Romagn.
Hut: 1,5–3 cm breit, anfangs stärker gewölbt, später zunehmend abgeflacht und breit gebukkelt, schmutzig cremefarben bis blaß lederbraun, besonders in der Mitte etwas dunkler. **Stiel:** 40–70 × 2–3 mm, cremefarben oder leicht hutfarben überlaufen; Ring im oberen Stielteil, ziemlich breit, brüchig. **Fleisch:** dünn, im Hut weißlich, im Stiel bräunlich. Geruch mehlig. **Lamellen:** adnat, anfangs blaß, zuletzt zigarrenbraun. Sporenpulver zigarrenbraun. Sporen eiförmig-elliptisch, 9–10 × 5–5,5 µm. Huthaut zellig. An sumpfigen Stellen in Gräben oder in feuchten Wiesen, auch im Torfmoor. Mai–August. Zerstreut. **Ungenießbar!**

Grünspanträuschling *Stropharia aeruginosa* (Curt. ex. Fr.) Quél.
Hut: 2–8 cm breit, anfangs stärker kugelig, später glockig gewölbt oder abgeflacht und leicht bucklig, grau- bis grünlichgrau oder kupferoxidgrün, schlüpfrig-klebrig, mit weißen Schuppen fleckig, später ockerbraun. **Stiel:** 40–100 × 4–12 mm, weißlich-blaugrün, im oberen Teil glatt, unterhalb des häutigen, abstehenden Ringes mit kleinen weißlichen Schuppen dicht besetzt. **Fleisch:** weißlich-bläulich, ohne besonderen Geruch. **Lamellen:** zunächst weiß, später lehmbraun, oft mit weißen Schneiden. Sporenpulver bräunlich-purpurn. Sporen elliptisch, 7–10 × 5 µm. Meist gesellig in Laub- und Nadelwäldern. Juni–November. **Schwach giftig!**

Ⓖ **Grünspanträuschling** *Stropharia aeruginosa* 3/4 nat. Gr.

Dung-Träuschling *Stropharia merdaria* (Fr.) Quél.
Hut: 2–5 cm breit, stumpf glockenförmig gewölbt oder stärker abgeflacht, ockergelb, feucht dunkler bis zimtfarben, leicht klebrig. **Stiel:** 50–75 × 4–6 mm, trocken, weißlich bis strohgelb, an der Basis fein weißlich umsponnen. **Fleisch:** weiß, im Stiel bräunlich, besonders bei älteren Pilzen, ohne besonderen Geruch. **Lamellen:** anfangs bleich, dann purpurbraun. Sporenpulver braun-schwarz. Sporen breit elliptisch und oft etwas eckig-kantig, mit Keimpore, 10–16 × 8–9 µm. Auf Pferdedung. Juli–Oktober. Zerstreut. **Ungenießbar!**

Halbkugeliger Träuschling *Stropharia semiglobata* (Batsch. ex Fr.) Quél.
Hut: 1–3 cm breit, halbkugelig, hellgelb, klebrig. **Stiel:** 60–100 × 2–3 mm, gelblich, im oberen Teil fast weiß, unterhalb des Ringes klebrig; Ring oft unvollständig und nur von einer Zone schwärzlicher Fasern angedeutet. **Fleisch:** dünn, weißlich. **Lamellen:** purpurbraun, später schwarzfleckig. Sporenpulver dunkel purpurbraun. Sporen elliptisch, 15–17 × 9–10 µm. Auf Dung, besonders auf Kuhfladen. Mai–Oktober. Häufig. **Ungenießbar!**

Ⓤ *Stropharia merdaria* 2/3 nat. Gr.

Ⓤ *Stropharia semiglobata* 1/2 nat. Gr.

Ⓤ **Orangeroter Träuschling** *Stropharia aurantiaca* 3/4 nat. Gr.

Ⓔ **Krönchen-Träuschling** *Stropharia coronilla* 1/1 nat. Gr.

Ⓖ **Bläuender Kahlkopf** *Psilocybe cyanescens* 2/3 nat. Gr.

Ⓤ **Behangener Faserling** *Psathyrella candolleana* 2/3 nat. Gr.

Ⓤ *Psilocybe bullacea* 2/3 nat. Gr.

Ⓤ *Psilocybe coprophila* 1/2 nat. Gr.

Ⓖ *Psilocybe crobula* 2/3 nat. Gr.

Orangeroter Träuschling *Stropharia aurantiaca* (Cke.) Orton
Hut: 1,5–3,5 cm breit, anfangs stark halbkugelig gewölbt, später etwas flacher, orangerot, trocken mit helleren, gelblichen Flecken, feucht klebrig, am Rande oft mit weißlichen Hüllresten. **Stiel:** 20–100 × 2–10 mm, am Grunde leicht verdickt, weißlich, allmählich im unteren Teil bräunlich oder orangerot längsstreifig. **Fleisch:** blaßbräunlich bis hut- und stielfarben. **Lamellen:** anfangs weißlich, später zunehmend oliv-bräunlich. Sporenpulver dunkel purpurbraun. Sporen elliptisch, 11–13 × 6–7,5 µm. Auf verrottendem Sägemehl oder anderem pflanzlichen Abfall, auch in Gärten und in Parkanlagen. August–Oktober. Zerstreut bis selten. **Ungenießbar!**

Krönchen-Träuschling *Stropharia coronilla* (Bull. ex Fr.) Quél.
Hut: 2–5 cm breit, gewölbt oder stärker abgeflacht, hell- bis ockergelb, leicht klebrig oder schmierig, manchmal auch etwas schuppig. **Stiel:** 25–40 × 6–8 mm, weiß, zur Basis leicht verschmälert, Ring weiß, oft aber durch herabfallende Sporen gefärbt. **Fleisch:** dick, weiß. **Lamellen:** zunächst weiß, dann erdigbraun. Sporenpulver purpurbraun. Sporen elliptisch mit undeutlicher Keimpore, 7–9 × 4–6 µm. Auf fetten, gedüngten Böden in Wiesen und an Wegrändern. Juli–Oktober. Häufig. **Eßbar,** aber wertlos.

Bläuender Kahlkopf *Psilocybe cyanescens* Wakefield
Hut: 2–4 cm breit, anfangs gewölbt, später flach ausgebreitet und unregelmäßig verbogen und wellig, hygrophan, trocken ockerbräunlich- cremefarben, feucht dunkler rötlichbraun, an Druck- und Schadstellen ziemlich bald blaugrün verfärbend. **Stiel:** 25–50 × 5–8 mm, weiß, stark blau bis blaugrün an Verletzungsstellen, nur mit undeutlicher Ringzone. **Fleisch:** weißlich, stellenweise bläulich verfärbt. Geruch mehlig. **Lamellen:** blaß ockerbräunlich und erst später dunkelbraun. Sporenpulver dunkel purpurbraun. Sporen elliptisch bis mandelförmig, 9–12 × 5–7 µm. Auf Erde, auf verrottendem Sägemehl und auf anderem pflanzlichen Abfall. Kein Mistpilz wie viele andere Vertreter der Gattung. Selten. Nicht ungefährlich wegen seiner halluzinogenen Eigenschaften. November–Dezember. **Schwach giftig!**

Behangener Faserling *Psathyrella candolleana* (Fr.) Maire
Hut: 2–6 cm breit, anfangs glockig gewölbt, später flacher und ausgebreitet, blaß ockerbräunlich, trocken fast weiß oder nur leicht bräunlich überflogen, am Rande oft mit Hüllresten behangen und etwas gezähnt erscheinend. **Stiel:** 40–80 × 4–8 mm, weiß, hohl, brüchig. Geschmack und Geruch nicht auffällig. **Lamellen:** graulila, später schokoladenbraun nachdunkelnd. Sporenpulver dunkelbraun. Sporen elliptisch bis eiförmig, 6–8 × 3,5–4,5 µm. Auf oder in der Nähe von Laubbäumen, auch an geschnittenem Holz und an Stümpfen. Mai–Oktober. Häufig. **Ungenießbar!**

Moos-Kahlkopf *Psilocybe bullacea* (Bull. ex Fr.) Kummer
Hut: 0,5–2 cm breit, halbkugelig bis breit glockig oder flacher, kastanienbraun, mit abwischbarem, klebrigem Belag, trocken ockerbraun. **Stiel:** 15–30 × 2–3 mm, blasser als Hut, mit feinen, weißlichen, wollig-seidigen Fasern bedeckt. **Fleisch:** hut- und stielfarben. Ohne besonderen Geruch und Geschmack. **Lamellen:** breit, anfangs weißlich, später leder- bis dunkelbraun. Sporenpulver violettbraun. Sporen mandelförmig, 7–9 × 5–6 µm. Zwischen Moos und Flechten. Ziemlich selten. Mai–Juni. **Ungenießbar!**

Mist-Kahlkopf *Psilocybe coprophila* (Bull. ex Fr.) Kummer
Hut: 0,5–2,5 cm breit, halbkugelig bis breit glockig, oft auch gebuckelt, leder- bis rötlichbraun, mit abwischbarem klebrigem Belag. **Stiel:** 25–40 × 1–3 mm, bleich oder blaß hutfarben, weiter unten mit feinen weißlichen Faserbüscheln. **Fleisch:** dünn, hut- und stielfarben. Geschmack mehlig. **Lamellen:** dicht, breit, blaß graubraun, zunehmend unklar braun. Sporenpulver braunviolett. Sporen zitronenförmig, 12–14 × 6,5–8 µm. Auf Dung. Juli–Oktober. Selten. **Ungenießbar!**

Weißflockiger Kahlkopf *Psilocybe crobula* (Fr.) Kühn.
Hut: 0,5–1 cm breit, anfangs gewölbt, später flacher ausgebreitet, mit einer klebrigen, entfernbaren Haut, blaßbraun mit kleinen, weißlichen, anliegenden Schuppen (Hüllrest), Hüllreste am Rand bleibend, dort fein oder undeutlich streifig. **Stiel:** 5–12 × 1 mm, hutfarben, mitunter auch etwas dunkler, mit weißlichen, zottig-faserigen Schuppen. **Fleisch:** blaß. **Lamellen:** blaß lehmbraun, später kräftig rostrot. Sporenpulver zigarrenbraun. Sporen linsenförmig, 6–7,5 × 3,5–4,5 µm. Auf Erde, Zweigen und anderen Holzresten. September–Oktober. Wirkt halluzinogen. **Schwach giftig!**

Spitzkegeliger Kahlkopf *Psilocybe semilanceata* (Fr. ex Secr.) Kummer
Hut: 0,5–1,5 cm breit, spitzkegelig mit deutlichem, knopfigem bis spitzem Buckel, am Rande leicht gefältelt, hygrophan, gelblichbraun bis leicht olivbraun, trocken ockerlederfarben, mit klebrigem Belag. **Stiel:** 25–75 × 1–2 mm, weiß bis cremefarben,

Ⓖ *Psilocybe semilanceata* 1/1 nat. Gr.

manchmal am Stielgrund bläulich getönt. **Fleisch:** bleich bis cremefarben. **Lamellen:** zunächst lehmbraun, zuletzt dunkel rostbraun. Sporenpulver dunkel purpurbraun. Sporen elliptisch, 11,5–14,5 × 7–9 µm. Auf gedüngten Wiesen und an Wegrändern. August–Oktober. Häufig. Halluzinogen. **Schwach giftig!**

Ⓤ **Büscheliger Faserling** *Psathyrella multipedata* 2/3 nat. Gr.

Ⓔ **Wäßriger Saumpilz** *Psathyrella hydrophila* 2/3 nat. Gr.

Büscheliger Faserling *Psathyrella multipedata* (Peck) Smith
Hut: 1–3 cm breit, kegelig gewölbt oder spitzglockig, schmutzig lehmbraun, trocken oder im Alter cremefarben-bräunlich, gestreift. **Stiel:** 70–120 × 2–4 mm, weißlich. **Fleisch:** dünn, weißlich, ohne auffälligen oder besonderen Geruch oder Geschmack. **Lamellen:** dunkel purpurbraun. Sporenpulver dunkelbraun. Sporen elliptisch, 6,5–10 × 3,5–4,5 µm. Gewöhnlich in sehr dichten Büscheln. Bis zu 70 Einzelhüte können von einer gemeinsamen Basis ausgehen. Im Gras oder an Wegrändern, auch in Parkanlagen oder auf Waldlichtungen. Juni–August. **Ungenießbar!**

Wäßriger Saumpilz *Psathyrella hydrophila* (Bull. ex Mérat) Maire
Hut: 2–3 cm breit, gewölbt, zunehmend abgeflacht und aufschirmend, leder-, rötlich- oder kastanienbraun, trocken blasser und oft nur leicht bräunlich in der Hutmitte, am Rand zottig mit Hüllresten behangen. **Stiel:** 40–100 × 5–10 mm, weißlich, weiter unten auch hutfarben angelaufen, brüchig. **Fleisch:** dünn, weißlich. Geschmack bitter. Geruch nicht weiter auffällig. **Lamellen:** dicht, lehmbraun, später schokoladenbraun. Sporenpulver dunkelbraun. Sporen elliptisch, 4,5–7 × 3–4 µm. In großen und recht dichten Büscheln auf Stümpfen und Wurzeln verschiedener Laubholzarten. September–Dezember. **Eßbar.**

Brand-Faserling *Psathyrella pennata* (Fr.) Pears. & Dennis
Hut: 1–2,5 cm breit, breit glockenförmig, grau- bis rötlichbraun oder ockerbräunlich, mit weißlichen, wolligen Fasern bedeckt, zuweilen auch etwas schuppig, besonders am Rand. **Stiel:** 25–50 × 2–4 mm, weißlich. **Fleisch:** dünn, im Hut bräunlich, im Stiel heller gelblich. **Lamellen:** blaß bis purpurgrau. Sporenpulver dunkel purpurbraun. Sporen spindelförmig, 8–9 × 4–4,5 µm. In Wäldern, bevorzugt auf frischen oder älteren Feuerstellen. Häufig. Juni–Oktober. **Ungenießbar!**

Stumpfer Faserling *Psathyrella obtusata* (Fr.) Smith
Hut: 1–3 cm breit, halbkugelig gewölbt, dann leicht abgeflacht und wenig niedergedrückt, zuletzt am Rande wellig, feucht dunkelbraun, trocken nach Ocker- oder Gelbbraun verblassend, aber in der Mitte immer wenig dunkler als am Rand. **Stiel:** 30–70 × 2–4 mm, weiß, seidig, brüchig. **Fleisch:** dünn, weißlich, im Stiel hohl. **Lamellen:** anfangs rosabräunlich, später schokoladenbraun. Sporenpulver dunkelbraun. Sporen länglich elliptisch, 7,5–10 × 4,5–5,5 µm. In Wäldern auf der Erde oder im Moos. Mai–Dezember. Häufig. **Ungenießbar!**

Schuppiger Faserling *Psathyrella squamosa* (Karst.) Moser
Hut: 2,5–3,5 cm breit, anfangs stark kugelig oder eiförmig gewölbt, später glockig oder noch weiter aufschirmend, feucht ockerbraun, mit breiter randlicher Zone unter weißlich-seidigen Fasern, trocken ocker-cremefarben, im Alter schmutzigbraun. **Stiel:** 35–50 × 3–5 mm, weiß, flockig. **Fleisch:** ockerbraun, im Stiel hohl. Geruch und Geschmack unauffällig. **Lamellen:** anfangs weiß, dann ockerbraun, zuletzt violettbraun. Sporenpulver purpurbraun. Sporen elliptisch, mit Keimpore, 8,5–9,5 × 4,5–5 µm. Meist gesellig in kleineren oder größeren Gruppen in Buchenwäldern. September–Oktober. **Ungenießbar!**

Blaßgelber Faserling *Psathyrella marcescibilis* (Britz.) Sing.
Hut: 1,5–4(8) cm breit, kegelig bis glockig gewölbt, nicht verflachend, feucht graubraun, trocken weißlich-gelb oder hell lehmfarben, am Rande etwas zottig mit Hüllresten. **Stiel:** 30–100 × 2–5 mm, weiß, zerbrechlich. **Fleisch:** dünn, weiß, im Stiel hohl. Geschmack und Geruch unauffällig. **Lamellen:** fast frei, zunächst graugelb, später purpurn-schwärzlich. Sporenpulver dunkelbraun. Sporen elliptisch, mit Keimpore, 12–16 × 6–7 µm. In Laubwäldern auf Kalkboden. Zerstreut. Mai–Oktober. **Ungenießbar!**

Ⓤ *Psathyrella pennata* 1/1 nat. Gr.

Ⓤ *Psathyrella obtusata* 2/3 nat. Gr.

Ⓤ *Psathyrella squamosa* 2/3 nat. Gr.

Ⓤ *Psathyrella marcescibilis* 2/3 nat. Gr.

Ⓤ *Psathyrella marcescibilis,* weiße Form 1/2 nat. Gr.

Ⓤ *Psathyrella microrhiza* 2/3 nat. Gr.

Wurzelnder Zärtling *Psathyrella microrhiza* (Lasch) Konrad & Maubl.
Hut: 1–3 cm breit, glockig gewölbt, ocker- bis gelbbraun oder stärker rötlich, besonders bei Feuchtigkeit, trocken blaß graugelb. **Stiel:** 40–100 × 2–3 mm, weiß, zerbrechlich, am Grunde fein weißlich umsponnen. **Fleisch:** sehr dünn, weißlich. Geschmack und Geruch unauffällig. **Lamellen:** anfangs bleich, bald aber dunkler und braunschwarz mit rötlichen Schneiden. Sporenpulver dunkelbraun. Sporen elliptisch, mit Keimpore, 10–14 × 6–7 µm. Auf nackter Erde in Gärten, im Wald oder an Hecken. Gedüngter Boden wird deutlich bevorzugt. September–Oktober. **Ungenießbar!**

Glanzstieliger Faserling *Psathyrella pellucidipes* (Romagn.) Gall.
Hut: 1–2 cm breit, gewölbt oder breit glockig, hygrophan, dunkel lederbraun, trocken hell gelbbraun und fein streifig. **Stiel:** 50–70 × 2–3 mm, am Grunde wurzelnd, weißlich bis blaßbraun. **Fleisch:** dünn, weißlich-braun im Hut, im Stiel blasser. **Lamellen:** breit, adnat, grau-bräunlich, mit weißen Schneiden. Sporenpulver schwärzlich. Sporen elliptisch bis mandelförmig, 11,5–13,5 × 6,5–7 µm. Auf Sandböden. Mai–September. Selten. **Ungenießbar!**

Ⓤ *Psathyrella pellucidipes* 1/1 nat. Gr.

Ⓤ **Tränender Saumpilz** *Lacrymaria velutina* ½ nat. Gr.

Ⓤ *Lacrymaria pyrotricha* ⅓ nat. Gr.

Stroh-Tintling *Coprinus macrocephalus* (Berk.) Berk.
Hut: 1–3 cm hoch, zylindrisch bis kegelig, später ausgebreitet und breit glockig, anfangs weiß, dann grau, oft auch ein wenig bräunlich, rauhfaserig, in bräunliche Schuppen aufbrechend. **Stiel:** 40–190 × 2–7 mm, durchscheinend weiß. **Lamellen:** anfangs weiß, später tintenschwarz. Sporen violett-schwarz, elliptisch, 11–14 × 7,5–8,5 µm. Auf Dung und verrottendem Stroh. Verbreitet. **Ungenießbar!**

Schopftintling *Coprinus comatus* (Müll. ex Fr.) S. F. Gray
Hut: 5–15 cm hoch, anfangs zylindrisch, weiß, mit leicht bräunlicher Spitze, Huthaut allmählich in große, bräunliche, zottige Schuppen aufbrechend. **Stiel:** 100–370 × 10–25 mm, am Grunde etwas verdickt, weiß; Ring weiß, oft locker und zur Stielbasis gerutscht. Geruch angenehm. **Lamellen:** weiß, dann rosa oder weinrot, zuletzt tintenschwarz verflüssigend. Sporen schwarz, mandelförmig, glatt, mit Keimpore, 10–13 × 6,5–8 µm. Auf gedüngten Böden, auf Komposthaufen, in Rasen oder an Wegrändern. August–Oktober. **Jung eßbar.** Mit Alkohol schwach giftig.

Lamellenpilze mit schwarzen Sporen

Tränender Saumpilz *Lacrymaria velutina* (Pers. ex Fr.) Konrad & Maubl.
Hut: 1,5–10 cm breit, anfangs stark gewölbt, später flacher ausgebreitet und mit einem deutlichen Buckel, anfangs ockerbraun oder semmelgelb, später mehr rötlich-braun, zunächst auch mit filzig-wolligen Fasern bedeckt und am Rand mit Hüllresten behangen, später glatt. **Stiel:** 40–80 × 5–10 mm, im oberen Abschnitt weißlich, weiter unten hutfarben und mit kleinen faserigen Schuppen unterhalb der filzig-wolligen Ringzone, dort auch durch herabrieselnde Sporen dunkel verfärbt. **Fleisch:** gelblich bis bräunlich. Geschmack leicht bitter. **Lamellen:** dicht, gesprenkelt dunkel purpurbraun mit weißen Schneiden, bei feuchtem Wetter mit Tröpfchen einer milchigen Flüssigkeit benetzt, die nach dem Eintrocknen schwarze Tupfen hinterlassen. Sporenpulver schwarz. Sporen zitronenförmig, warzig, mit Keimpore, 8–11 × 5–6 µm. Meist büschelweise im Gras von Parks und Gärten, in Wäldern und entlang von Wegrändern. Juli–September. **Ungenießbar!**

Orangegelber Saumpilz *Lacrymaria pyrotricha* (Holms. ex. Fr.) Konrad & Maubl.
Hut: 4–8 cm breit, leuchtend orangebraun. Sonst in Aussehen und Aufbau der vorigen Art sehr ähnlich. Sporen 10–12 × 5,5–7 µm. Einzeln oder in Büscheln im Gras. Juli–Oktober. **Ungenießbar!**

Coprinus (Tintling) Die Pilze dieser Gattung zeichnen sich durch einige besondere Merkmale aus. Die Lamellen zerfließen bei der Sporenreife zu einer schwarzen, tintenartigen Flüssigkeit. Die Sporen beginnen am Rand zu reifen, folglich setzt außen am Hut auch die Lamellenverflüssigung ein. Viele Arten tragen in der Jugend dicke, filzig-wollige Hüllen (Velum), die auf dem Hut große, filzige Schuppen zurücklassen. Besondere Geruchsnoten helfen bei der Bestimmung vieler Arten. Umfangreiche Gattung.

Ⓤ *Coprinus macrocephalus* ⅔ nat. Gr.

E **Schopftintling** *Coprinus comatus* 2/3 nat. Gr.

Ⓤ **Spechttintling** *Coprinus picaceus* 1/2 nat. Gr.

Ⓔ **Grauer Faltentintling** *Coprinus atramentarius* 1/2 nat. Gr.

Spechttintling, Elsterntintling *Coprinus picaceus* (Bull. ex Fr.) S. F. Gray
Hut: 5–9 cm hoch, zylindrisch-oval, später mehr kegelig, nach dem Aufschirmen auch breit glockig, anfangs weißlich, dann mehr bräunlich und zuletzt schwarz, mit großen weißlichen bis schmutzigrosa gefärbten schuppigen Hüllresten. **Stiel:** 90–300 × 6–15 mm, am Grunde leicht knollig verdickt und weißwollig umsponnen. Geruch unangenehm. **Lamellen:** zuerst weißlich, dann zunehmend grau und schließlich schwarz-tintig zerfließend. Sporen schwarz, elliptisch, 13–17 × 10–12 µm. Meist in Gruppen auf fetten Böden in Laubwäldern, gewöhnlich unter Rotbuchen. Zerstreut. August–Oktober. **Ungenießbar!**

Grauer Faltentintling *Coprinus atramentarius* (Bull. ex Fr.) Fr.
Hut: 3–7 cm hoch, anfangs oval gewölbt, später aufschirmend und breit glockig bis kegelig, am Rande anfangs stark gefältelt, später aufsplitternd, Hüllreste in Form winziger Schuppen besonders in der Hutmitte, grau oder grauweißlich, seltener auch leicht braungrau. **Stiel:** 70–170 × 9–15 mm, weißlich, glatt, mit ringähnlicher Marke (von der Hülle) nahe der Stielbasis. Geruch schwach und angenehm. **Lamellen:** dicht, anfangs weiß, später schwarz und frühzeitig tintig zerfließend. Sporen dunkelbraun, elliptisch oder mandelförmig, 8–11 × 5–6 µm. Meist in Büscheln auf Schuttplätzen, an Wegen, an Baumstümpfen und auf Wiesen. Mai–Oktober. **Jung eßbar.** Bei gleichzeitigem Genuß von Alkohol, seltener auch nach Kaffee, kann es jedoch zu schwereren Vergiftungserscheinungen mit starker Übelkeit und Erbrechen kommen. Dieser Effekt wurde zeitweise zur Therapie von Alkoholismus verwendet. Früher wurde aus Faltentintlingen durch Aufkochen mit Wasser eine gut deckende Schreibtinte hergestellt.

Kohlentintling *Coprinus lagopides* Karst.
Hut: 2–6 cm hoch, zylindrisch bis kegelig, schirmt auf und rollt dabei den Hutrand ein, weißlich-grau, anfangs auffällig mit weißlichgrauen Hüllresten bedeckt, später glatter und streifig-fältelig vom Rand zur Mitte. **Stiel:** 30–110 × 3–12 mm, weiß, anfangs etwas filzig, später glatt und nur an der Basis wollig umsponnen. Ohne besonderen Geruch. **Lamellen:** ziemlich frühzeitig schwärzend und tintig zerfließend. Sporen schwarzviolett, elliptisch bis fast kugelig, 6–9 × 5–7 µm. Auf Brandstellen im Wald und auf angekohltem Holz, dadurch von der folgenden, zunächst ähnlich scheinenden Art deutlich unterscheidbar. Zerstreut. September–November. **Ungenießbar!**

Hasen-Tintling *Coprinus lagopus* (Fr.) Fr.
Hut: 2–4 cm hoch, zylindrisch-oval, später mehr kegelig und zuletzt breit aufschirmend, grau, mit weißlichen bis hellgrauen faserigen Hüllresten bedeckt. **Stiel:** 65–130 × 2–3 mm, am Grunde verdickt, weiß, anfangs wie Hut weißlich faserig-schuppig, später glatt. Ohne Geruch. **Lamellen:** zunächst weiß, ziemlich frühzeitig schwarz verfärbend. Sporen schwarzviolett, elliptisch, 11–13 × 6–7 µm. Auf der Erde oder in der Laubstreu schattiger Wälder, selten auch außerhalb von Wäldern. August–Oktober. **Eßbar,** aber wertlos.

Mist-Tintling *Coprinus narcoticus* (Batsch. ex Fr.) Fr.
Hut: 1–1,5 cm breit, zylindrisch-oval bis weit aufgeschirmt-flach, am Rande zersplittert und aufgerollt, blaßgrau, weißlich-mehlig gekörnt, zur Mitte mehr bräunlich und warzig. **Stiel:** 15–65 × 2–8 mm, weiß, am Grunde manchmal wurzelnd. Geruch stark nach Leuchtgas. **Lamellen:** anfangs weiß, ziemlich bald schwarz verfärbt. Sporen schwarz, elliptisch bis mandelförmig, 11–13,5 × 5,5–7 µm. Mehliger Belag des Hutes aus dünnwandigen kugeligen Zellen, die mit körnigen Warzen besetzt sind. Selten. Auf Dunghaufen oder gedüngter Erde. September–Oktober. **Ungenießbar!**

Kuhfladen-Tintling *Coprinus pachyspermus* Orton
Hut: 1–3 cm hoch, elliptisch-glockig, manchmal mit leicht knopfiger Spitze, breit kegelig öffnend und am Rande aufgesplittert, grau oder cremefarben, mit groben, mehligen, flokkigen Schuppen besetzt. **Stiel:** 30–110 × 2–4 mm, zerbrechlich, weiß, manchmal am Grunde mit Hüllresten. Ohne besonderen Geruch. **Lamellen:** anfangs cremefarben, später schwarz. Sporen schwarz, elliptisch bis oval, 15–17 × 12,5–14 µm. Basidien zweisporig. Mehliger Belag der Huthaut aus glatten, dünnwandigen, kugeligen Zellen. Juni–August. Auf Kuhdung. Zerstreut bis selten. **Ungenießbar!**

Schneeweißer Tintling *Coprinus niveus* (Pers. ex Fr.) Fr.
Hut: 1,5–3 cm hoch, eiförmig bis kegelig, dann zunehmend aufschirmend und glockig bis flach kegelig und am Rand aufgesplittert oder aufge-

(U) *Coprinus lagopides* $^2/_3$ nat. Gr.

(E) *Coprinus lagopus* $^3/_4$ nat. Gr.

(U) *Coprinus narcoticus* $^1/_1$ nat. Gr.

(U) *Coprinus pachyspermus* $^2/_3$ nat. Gr.

(U) *Coprinus niveus* $^2/_3$ nat. Gr.

(U) *Coprinus impatiens* $^2/_3$ nat. Gr.

rollt, weiß, mit kalkweißem, mehligem Belag. **Stiel:** 30–90 × 4–7 mm, weiß, mit kalkweißem, mehligem Belag. Am Grunde leicht verdickt. Ohne besonderen Geruch. **Lamellen:** anfangs weiß, ziemlich bald schwarz. Sporen schwarz, elliptisch oder wenig mandelförmig, 15–19 × 11–13 μm. Mehliger Belag der Huthaut aus dünnwandigen, kugeligen Zellen. Wächst meist büschelig in Kuh- oder auf Pferdedung. Juni–Oktober. Verbreitet. **Ungenießbar!**

Graublättriger Zwergtintling *Coprinus impatiens* (Fr.) Quél.
Hut: 1–3 cm hoch, anfangs elliptisch-glockig, dann breiter kegelig, zuletzt flach ausgebreitet, blaß bräunlich-zimtfarben, trocken in der Mitte weißlich, vom Rand zur Mitte stark gefurcht bis gefältelt. **Stiel:** 70–100 × 2–4 mm, weiß. Ohne besonderen Geruch. **Lamellen:** blaß-grau-bräunlich, später dunkler grau, kaum tintig zerfließend. Sporenpulver dunkelgrau. Sporen elliptisch, 9–12 × 5–6 μm. Auf der Erde in Laubwäldern oder in der Laubstreu. Sehr kurzlebig und vergänglich. August–Oktober. **Ungenießbar!**

Büscheliger Zwergtintling *Coprinus congregatus* (Bull. ex St. Amans) Fr.
Hut: 0,5–2 cm hoch, anfangs zylindrisch-elliptisch, später breit glockig und zuletzt flach aufgeschirmt, lederbraun mit dunklerer Mitte, vom Rande her allmählich grau werdend. **Stiel:** 20–80 × 1–4 mm, weiß, manchmal etwas wurzelnd. Geruch schwach, angenehm. **Lamellen:** zunächst cremefarben, dann schwarz und zerfließend. Sporen schwarz, elliptisch, 12–14 × 6–7 μm. Auf Dung oder verrottendem Stroh. Selten. Juni–August. **Ungenießbar!**

(U) *Coprinus congregatus* $^1/_2$ nat. Gr.

(E) **Glimmertintling** *Coprinus micaceus* 3/4 nat. Gr.

(U) **Ring-Düngerling** *Panaeolus semiovatus* 2/3 nat. Gr.

Glimmertintling *Coprinus micaceus* (Bull. ex Fr.) Fr.
Hut: 1–4 cm hoch, anfangs eiförmig gewölbt, nur glockig geöffnet, am Rande aufsplitternd und leicht zurückgerollt, strahlig gefurcht, gelb- bis zimtbraun, besonders jung puderig mit Hüllresten bedeckt. **Stiel:** 40–100 × 2–5 mm, weißlich, im unteren Teil bräunlich. Ohne auffälligen Geruch. **Lamellen:** zunächst weiß, zunehmend dunkelbraun und zuletzt schwarz und gemeinsam mit dem Hutrand zerfließend. Sporen dunkelbraun, birnenförmig, 7–10 × 4,5–6 µm. In Büscheln auf dem Boden in der Nähe von Laubbäumen. Juni–September. **Jung eßbar.** Zusammen mit Alkohol kann es zu Vergiftungserscheinungen kommen.

(U) *Coprinus domesticus* 2/3 nat. Gr.

Ring-Düngerling *Panaeolus semiovatus* (Sow. ex Fr.) Lund
Hut: 2–6 cm breit, eiförmig-glockig, niemals ausgebreitet flach, hellgrau-weißlich, zur Mitte leicht gelblichbraun, klebrig, trocken etwas glänzend, am Rand oft mit Hüllresten behangen. **Stiel:** 50–100 × 4–8 mm, am Grunde leicht verdickt, weißlich; Ring weiß und häutig, bleibend. **Fleisch:** weißlich, im Stiel mehr gelblich. **Lamellen:** breit, weißlich, ziemlich bald braun-schwarz, oft mit weißen Schneiden. Sporenpulver schwarz. Sporen spindelförmig, 16–20 × 10–12 µm. Auf Dung und auf stark gedüngten Böden. Mai–November. **Ungenießbar!**

Haus-Tintling *Coprinus domesticus* (Bolt. ex Fr.) S. F. Gray
Hut: 1–3 cm hoch, anfangs eiförmig gewölbt, später glockig aufschirmend, am Rande meist aufsplitternd, blaß bräunlich mit dunklerer Mitte, anfangs auch mit weißlichen oder lederbraunen Hüllresten bestäubt, später völlig glatt und vom Rand zur Mitte gefurcht. **Stiel:** 40–155 × 2–10 mm, am Grunde stärker verdickt, weiß, zur Basis leicht bräunlich getönt, oft mit rostbraunem Mycel. Ohne besonderen Geruch. **Lamellen:** anfangs weißlich, später schnell schwarz, meist nicht zerfließend, sondern welkend. Sporen dunkelbraun, zylindrisch-elliptisch, 7,5–10 × 4–5 µm. Auf totem Holz verschiedener Laubbaumarten, auf Ästen, Wurzeln und gelegentlich auch auf feuchtem Schnittholz (Bretter). Verbreitet. Mai–Oktober. **Ungenießbar!**

Rauhsporiger Tintling *Coprinus silvaticus* Peck
Hut: 1–3 cm hoch, anfangs eiförmig gewölbt, später glockig geöffnet, nicht flach aufschirmend, cremefarben-bräunlich, mit dunklerer, annähernd zimtbrauner Mitte, oft auch grau umfärbend, vom Rand zur Mitte gefältelt bis gefurcht. **Stiel:** 40–85 × 3–6 mm, weiß, im unteren Teil bräunlich, zerbrechlich. Ohne besonderen Geruch. **Lamellen:** dicht, weiß, später graubraun, zuletzt einheitlich schwarz. Sporen schwarz, mandelförmig, mit Warzen und Kanten fein gemustert, 11–15 × 8–10 µm. Büschelig auf Holz oder Erde in Laubwäldern. September–Oktober. Verbreitet–zerstreut. **Ungenießbar!**

Glimmeriger Scheibchentintling *Coprinus plicatilis* (Fr.) Fr.
Hut: 0,5–3 cm hoch, zylindrisch-oval, später kegelig gewölbt und zuletzt flach aufschirmend, blaß bräunlich mit dunklerer Mitte, dünn und durchscheinend, ziemlich bald vom Rand zur Mitte tief gefurcht oder gefältelt. **Stiel:** 30–70 × 1–2 mm, weiß, zur Basis hin bräunlich. Ohne besonderen Geruch. **Lamellen:** anfangs blaßgrau, zuletzt tiefschwarz, jedoch selten zerfließend. Sporen schwarz, elliptisch bis mandelförmig, 10–13 × 8,5–10,5 µm. Einzeln oder in kleinen Gruppen im Gras auf Wiesen und Rasen oder an Wegrändern. April–Dezember. Verbreitet. **Ungenießbar!**

Ⓤ *Coprinus silvaticus* ¾ nat. Gr.

Ⓤ *Coprinus plicatilis* ¾ nat. Gr.

Ⓤ *Coprinus disseminatus* ½ nat. Gr.

Gesäter Tintling *Coprinus disseminatus* (Pers. ex Fr.) S. F. Gray
Hut: 0,5–1,5 cm hoch, anfangs eiförmig gewölbt, später kegelig oder glockig geöffnet, blaß lederbraun bis ockerbräunlich, besonders in der Mitte leicht dunkler, tief gefurcht, brüchig. **Stiel:** 15–40 × 1–3 mm, weißlich, am Grunde meist bräunlich und fein weißlich umsponnen. Ohne besonderen Geruch. **Lamellen:** anfangs weiß, dann graubraun und zuletzt schwarz, aber nicht zerfließend. Sporen dunkelbraun, elliptisch bis mandelförmig, 7–9,5 × 4–5 µm. In großen Gruppen (meist Hunderte Einzelpilze!) und Kolonien an Stümpfen von Laubbäumen oder in deren Nähe auf der Erde. Häufig. Mai–Oktober. **Ungenießbar!**

Schaf-Düngerling *Panaeolus speciosus* Orton
Hut: 2–7 cm breit, kegelig gewölbt, leder-oder dunkelbraun, später mehr grau getönt und am Rande olivbraun, in der Mitte ockerbräunlich, trocken heller und etwas rissig. **Stiel:** 70–175 × 2–5 mm, weißlich- bräunlich oder graurosa, am Grunde weißlich bestäubt. **Fleisch:** hutfarben, im Stiel hohl. Geruch schwach nach Pilzen. **Lamellen:** adnat, anfangs lehmbraun, später schwarz gesprenkelt. Sporenpulver schwärzlich. Sporen kantig zitronenförmig, 14–20 × 8–10 µm. Verbreitet in kleinen Büscheln auf Schaf- oder Pferdedung. August–Oktober. **Ungenießbar!**

Wiesendüngerling *Panaeolus rickenii* Hora
Hut: 1–2 cm breit, kegelig bis breit glockig gewölbt, mit deutlichem Buckel in der Hutmitte, hygrophan, dunkelbraun und am Rande gestreift, trocken blaßlederfarben oder rotbraun, zur Mitte etwas dunkler. **Stiel:** 50–100 × 2–3 mm, braunrötlich oder braun, schwach weißlich bereift. **Fleisch:** dünn, bräunlich. Geschmack unauffällig. Geruch pilzig. **Lamellen:** adnat, anfangs grau, später schwarz. Sporenpulver schwarz. Sporen zitronenförmig, 13–16 × 9,5–11 µm. In Mischwäldern, häufiger auf feuchten Weiden. Juli–Oktober. **Ungenießbar!**

Glockendüngerling *Panaeolus campanulatus* (Bull. ex Fr.) Quél.
Hut: 2–4 cm breit, halbkugelig oder breit glockig gewölbt, am Rande blaß lederbraun, zur Mitte rötlich- oder schokoladenbraun, feucht insgesamt dunkler und leicht klebrig. **Stiel:** 70–100 × 2–3 mm, grau oder graubraun. **Fleisch:** braun. Geruch schwach, unauffällig. **Lamellen:** adnat, zunächst grau, später tiefschwarz. Sporenpulver schwarz. Sporen zitronenförmig, 12–14 × 7–8 µm. Enthält halluzinogene Verbindungen. Auf Weiden, vor allem auf Pferdedung verbreitet. Juli–Oktober. **Schwach giftig!**

Ⓤ *Panaeolus rickenii* ⅔ nat. Gr.

Ⓤ *Panaeolus speciosus* ½ nat. Gr.

Ⓖ *Panaeolus campanulatus* ½ nat. Gr.

Ⓤ *Panaeolus subbalteatus* 2/3 nat. Gr.

Ⓤ *Panaeolus sphinctrinus* 2/3 nat. Gr.

Ⓤ *Panaeolus ater* 2/3 nat. Gr.

Ⓤ *Panaeolina foenisecii* 3/4 nat. Gr.

Garten-Düngerling *Panaeolus subbalteatus* (Berk. & Br.) Sacc.
Hut: 2–6 cm breit, anfangs gewölbt, später sehr flach mit einem deutlichen Buckel, feucht dunkel rötlichbraun, trocken bleich lederbraun von der Mitte nach außen, aber am Rand mit einer deutlich abgesetzten, dunkleren Zone. **Stiel:** 60–90 × 3–5 mm, leder- oder dunkler braun, im oberen Teil sehr hell. **Fleisch:** dünn, bräunlich. Geschmack unspezifisch. Geruch schwach pilzig. **Lamellen:** adnat, anfangs blaßbraun, später ziemlich rasch schwarz. Sporenpulver schwarz. Sporen zitronenförmig, 12–14 × 7–9 µm. Auf stark gedüngten Böden in Gärten und auf Komposthaufen. Juni–Oktober. Verbreitet. **Ungenießbar!**

Gezähnter Düngerling *Panaeolus sphinctrinus* (Fr.) Quél.
Hut: 2–4 cm breit, breit kegelig bis glockig gewölbt, manchmal leicht gebuckelt, feucht dunkelgrau bis fast schwarz, trocken fast weißgrau, aber mit dunklerer Mitte. Hutrand löst sich in kleine, helle Zähne auf. **Stiel:** 60–120 × 2–3 mm, grau, im oberen Teil weißlich. **Fleisch:** dünn, blaßgrau. **Lamellen:** adnat, ziemlich bald schwarz, mit weißen Schneiden. Sporenpulver schwarz. Sporen zitronenförmig, 14–18 × 10–12 µm. Auf Weiden auf oder in der Nähe von Dung. Mai–Oktober. Verbreitet. **Ungenießbar!** Wird oft zusammen mit dem Glockendüngerling (S. 181) als eine Art angesehen.

Dunkler Düngerling *Panaeolus ater* (Lange) Kühn. & Romagn.
Hut: 1,5–4,5 cm breit, halbkugelig mit breitem Buckel, feucht dunkelbraun, trocken heller braun oder lederbraun. **Stiel:** 20–80 × 2–5 mm, bräunlich, meist etwas heller als Hut, am Grunde fein weißlich umsponnen. **Fleisch:** dünn, braun. **Lamellen:** adnat, anfangs grau, später fleckig- bis tiefschwarz. Sporenpulver schwarz. Sporen zitronenförmig, 10–14 × 7–8 µm. Auf Wiesen oder im Gras unter Bäumen. Verbreitet. Mai–Oktober. **Ungenießbar!**

Heudüngerling *Panaeolina foenisecii* (Pers. ex Fr.) Maire
Hut: 1–2 cm breit, glockenförmig bis stark gewölbt, niemals ganz flach, feucht dunkel rötlich- bis schokoladenbraun, trocken von der Mitte aus heller braun, vom dunkel bleibenden Rand deutlich abgesetzt. **Stiel:** 40–70 × 2–3 mm, blasser als der Hut. **Fleisch:** bräunlich. Geruch unauffällig. **Lamellen:** adnat, jung blaßbraun, später gesprenkelt schwarz. Sporenpulver schwarz. Sporen zitronenförmig, rauh, mit Keimpore, 12–15 × 7–8,5 µm. Häufig im Gras von Rasen und Wiesen oder an Wegrändern. Juli–Oktober. **Ungenießbar!**

Lamellenpilze mit seitlichem Stiel

Mehlweißer Seitling *Pleurotus lignatilis* (Pers. ex Fr.) Kummer
Hut: 1,5–5 cm breit, anfangs gewölbt, später niedergedrückt und unregelmäßig verbogen, creme- oder mehlweiß. **Stiel:** 5–20 × 4–8 mm, seitlich ansitzend oder (selten) auch mittenständig. **Fleisch:** weiß. **Lamellen:** dicht, weiß, später gelblich. Sporenpulver weiß. Sporen oval, 4,5 × 2,5 µm. Auf totem Holz von Laubbäumen, meist in Astlöchern oder in hohlen Stämmen von Buchen und Ulmen. September–Oktober. **Ungenießbar!**

Austernseitling, Austernpilz *Pleurotus ostreatus* (Jaqu. ex Fr.) Kummer
Hut: 6–14 cm breit, muschelförmig, anfangs noch leicht gewölbt, später flach und wellig gelappt, am Rand aufsplitternd, fleischfarbenbräunlich, braun- oder blaugrau. **Stiel:** 20–30 × 10–20 mm, exzentrisch oder seitlich angebracht, manchmal auch fehlend, am Grunde filzig. **Fleisch:** weiß. Geruch und Geschmack angenehm. **Lamellen:** herablaufend, weiß, später gelblich. Sporenpulver lila. Sporen zylindrisch, 7,5–11 × 3–4 µm. Auf Stämmen von Laubhölzern. Ganzjährig. Schmackhafter Speisepilz. **Eßbar.** Wird zunehmend als Kulturpilz angebaut.

Ⓤ *Pleurotus lignatilis* 2/3 nat. Gr.

E **Austernseitling** *Pleurotus ostreatus* 1/1 nat. Gr.

E **Rillstieliger Seitling** *Pleurotus cornucopiae* $^{1}/_{1}$ nat. Gr.

Rillstieliger Seitling *Pleurotus cornucopiae* (Paul. ex Pers.) Rolland
Hut: 5–12 cm breit, anfangs gewölbt, dann stärker abgeflacht und niedergedrückt oder füllhorn-trichterförmig, am Rande gelappt und wellig, anfangs cremeweiß oder hellgelblich, glatt, kahl. **Stiel:** 20–30 × 10–25 mm, meist exzentrisch ansitzend, am Grunde mit mehreren anderen Stielen zu einer gemeinsamen Basis verbunden, weißlich oder hutfarben. **Fleisch:** weiß. Geschmack angenehm. Geruch etwas mehlig. **Lamellen:** weit herablaufend, weiß bis blaß gelblich oder rosa- cremefarben. Sporenpulver lila. Sporen annähernd zylindrisch, 8–11 × 3,5–5 µm. In dichten Büscheln auf geschnittenem Laubholz, häufig auf Ulme oder Eiche. Mai–Oktober. **Eßbar.**

Lungen-Seitling *Pleurotus pulmonarius* (Fr.) Quél.
Hut: 2–10 cm breit, fächer- oder muschelförmig, meist in überlappenden, dicht gedrängten Gruppen, weißlich bis cremefarben. **Stiel:** sehr kurz, seitlich ansitzend. **Fleisch:** weiß. Geruch angenehm mehlig. **Lamellen:** dicht, zunächst weiß, später gelblich-bräunlich. Sporenpulver weiß. Sporen zylindrisch, 7,5–11 × 3–4 µm. In Büscheln an abgestorbenen Laubbäumen. August–November. Verbreitet. **Eßbar.** Manchmal nur als Varietät des Austernseitlings aufgefaßt.

Kleiner Seitling *Pleurotus acerosus* (Fr.) Konrad & Maubl.
Hut: 1–3 cm breit, leicht nierenförmig, am Rande oft gelappt und gebuchtet, feucht dunkel graubraun, trocken heller grau, am Rande filzig-weiß. **Stiel:** 5–10 × 5–10 mm, seitlich ansitzend, weiß. **Fleisch:** dünn, blaß gelblich. **Lamellen:** adnat bis herablaufend, grauweiß. Sporenpulver weiß. Sporen spindelförmig, 7–8 × 3–4 µm. Auf verrottendem Holz oder auf der Erde im Humus zwischen Moos. August–Dezember. Zerstreut. **Ungenießbar!**

Kräuter-Seitling *Pleurotus eryngii* (DC. ex Fr.) Quél.
Hut: 3–10 cm, anfangs leicht gewölbt, aber schon frühzeitig eingedrückt und flach trichterig, am Rande umgeschlagen, zunächst leicht samtig, von der Mitte her verkahlend, schmutzigweiß bis bräunlich. **Stiel:** 30–100 × 10–30 mm, meist etwas exzentrisch ansitzend, weißlich. **Fleisch:** weiß. Geschmack und Geruch angenehm. **Lamellen:** herablaufend, grauweiß. Sporenpulver weiß. Sporen schmal elliptisch, 10–14 × 4–5 µm. Auf Wurzeln und vergehendem Kraut von Doldengewächsen, besonders von Mannstreu *(Eryngium)* und Bärenklau *(Heracleum)*. Juni–Oktober. Vor allem im Bergland und in wärmeren Gegenden. **Eßbar.**

E **Lungen-Seitling** *Pleurotus pulmonarius* $^{3}/_{4}$ nat. Gr.

U *Pleurotus acerosus* $^{2}/_{3}$ nat. Gr.

E *Pleurotus eryngii* $^{1}/_{2}$ nat. Gr.

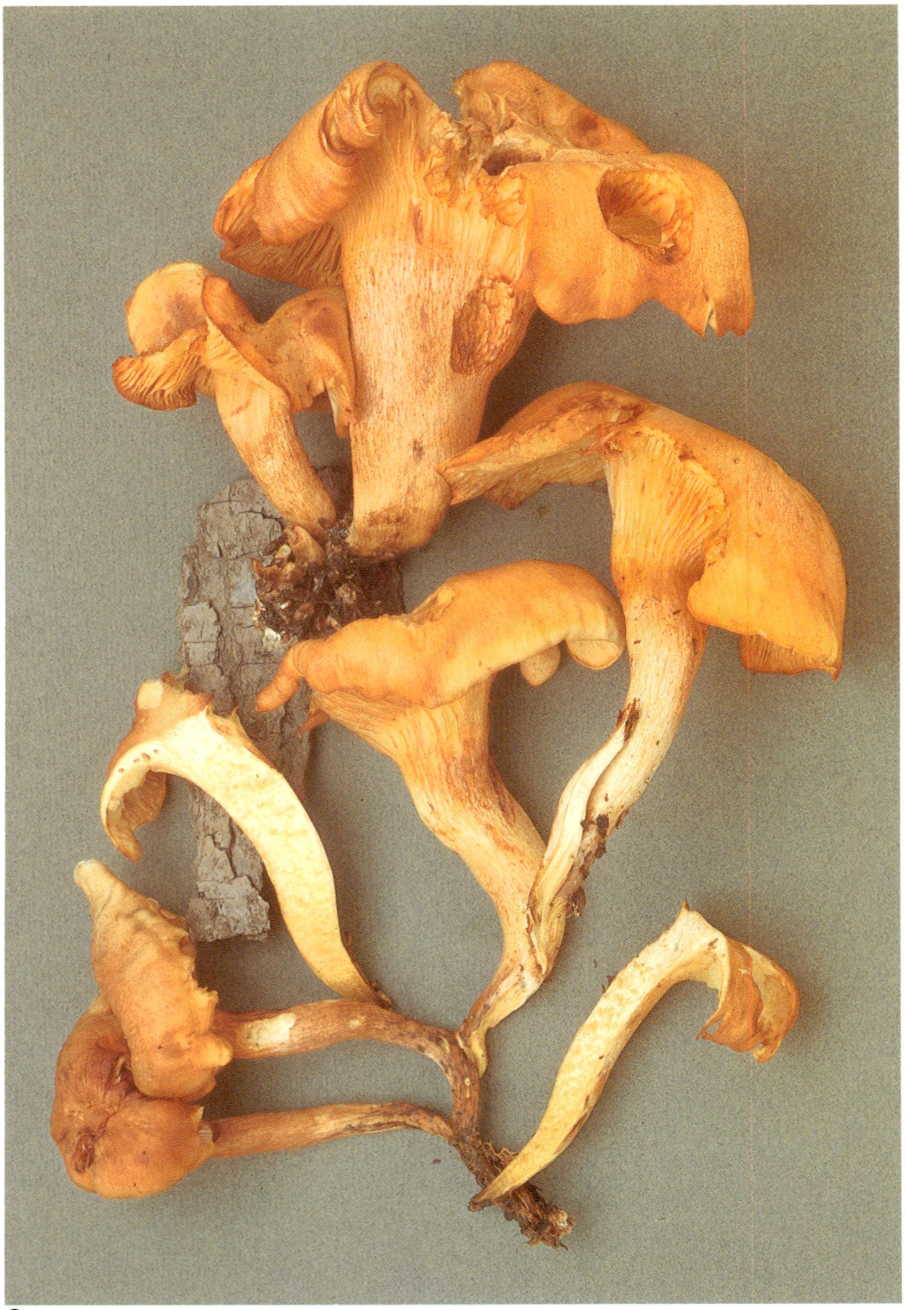

Ⓖ **Ölbaumpilz** *Omphalotus olearius* 2/3 nat. Gr.

Ⓤ *Pleurotellus porrigens* 1/3 nat. Gr.

Ölbaumpilz *Omphalotus olearius* (DC. ex Fr.) Sing.
Hut: 5–10 cm breit, stark niedergedrückt und trichterförmig, leuchtend orange. **Stiel:** 40–140 × 7–28 mm, faserig, zäh, biegsam, zum Grunde keilförmig verschmälert, heller als Hut. **Fleisch:** gelblich, zur Stielbasis dunkler. Geschmack unauffällig. Geruch stark und unangenehm. **Lamellen:** herablaufend, goldgelb bis orange. Sporenpulver weiß. Sporen fast kugelig, 5–7 × 4,5–6,5 µm. Auf Stämmen und Wurzeln von Eichen und Kastanien, in Südeuropa bevorzugt an Ölbäumen. Nur in wärmeren Gegenden. Ziemlich selten. August–Oktober. **Giftig!** Im Dunkeln kann der Pilz bei Sporenreife leicht phosphoreszieren.

Ohrförmiger Seitling *Pleurotellus porrigens* (Pers. ex Fr.) Kühn. & Romagn.
Hut: 2–10 cm breit, weiß, sitzend und ungestielt, zungen- bis ohrförmig, am Rande gewellt und gelappt, Fruchtkörper durch gegenseitigen Schub oft stark verbogen. **Fleisch:** weiß. **Lamellen:** elfenbeinfarben. Sporen kugelig, 5–6 µm Durchmesser, nicht amyloid. Meist in dichten Büscheln auf vermoderndem Holz, auf moosbedecktem, totem Astwerk. Nur in Nadelwäldern des Berglandes. Selten. September–Oktober. **Ungenießbar!**

Birkenknäueling *Panus conchatus* (Bull. ex Fr.) Pilát
Hut: 4–8 cm breit, anfangs gewölbt, ziemlich frühzeitig jedoch stärker eingedellt und trichterförmig, am Rand oft gewellt und verbogen, ocker- bis rötlichbraun, nur jung leicht lila getönt, später rissig und schuppig. **Stiel:** 10–20 × 10–20 mm, seitlich oder exzentrisch ansitzend, zum Grunde verschmälert, hutfarben, anfangs noch leicht lila bereift. **Fleisch:** weißlich. Geschmack und Geruch nicht spezifisch. **Lamellen:** weit herablaufend, gelbbraun, deutlich fleischfarben-lila bei jungen Pilzen. Sporenpulver weiß. Sporen länglich elliptisch, nicht amyloid, 5–6 × 3–3,5 µm. In kleinen Büscheln auf Stümpfen und auf Holzabfall, vor allem von Birke. Ausgesprochen zäh und unverdaulich. August–Oktober. **Ungenießbar!**

Gemeiner Spaltblättling *Schizophyllum commune* Fr.
Hut: 1–4 cm breit, fächerförmig, oft gelappt oder mit anderen Hüten verbunden, weich ledern, sitzend oder sehr kurz gestielt, dünn, auf der Oberfläche weißlich-grau borstig, mitunter auch leicht lila überflogen. **Stiel:** nur sehr kurz oder fehlend. **Lamellen:** vom Ansatzpunkt aus strahlig, splittern häufig der Länge nach auf und verschließen die Lamellenzwischenräume durch zweiseitiges Umbiegen entlang der Schneiden. Sporenpulver weiß. Sporen zylindrisch, glatt, 6–3 µm. Meist auf abgestorbenen Ästen und Holzabfällen von Laubbäumen. Januar–Dezember. **Ungenießbar!**

Erd-Muschelseitling *Hohenbuehelia geogenia* (DC. ex Fr.) Sing.
Hut: 3–16 cm breit, fächer- oder löffelförmig, Rand anfangs eingeschlagen, später gewellt und vielfach gelappt, ockerbräunlich bis haselbraun, manchmal auch noch dunkler bis schokoladenbraun, etwas gelatinös auf der Huthaut und anfangs leicht bereift. **Stiel:** 5–10 × 5–10 mm, weißlich, sehr zäh, exzentrisch ansitzend. **Fleisch:** weiß, sehr zäh. Geruch und Geschmack mehlig. **Lamellen:** herablaufend, anfangs weiß, später creme-gelblich. Sporenpulver weiß. Sporen elliptisch, 7–7,5 × 3,5–4 µm. Ziemlich selten in Laub- und Nadelwäldern wärmerer Gegenden. Juli–September. **Eßbar.**

Rötlicher Adernseitling *Rhodotus palmatus* (Bull. ex Fr.) Maire
Hut: 5–10 cm breit, anfangs stärker gewölbt, später zunehmend flacher und etwas platt gedrückt, orangerot bis aprikosengelb, etwas runzlig, am Rand meist immer eingerollt; Huthaut etwas gelatinös, dick und zäh, leicht abziehbar. **Stiel:** 30–70 × 10–15 mm, weiß bis rosa, mit weißlichen Fasern überzogen, meist gekrümmt. **Fleisch:** weißlich bis hellorangerötlich. Geschmack bitter. **Lamellen:** blasser als Hut, untereinander verbunden. Sporenpulver rosa. Sporen kugelig, fein warzig, 5–7 µm Durchmesser. Ursprünglich nur in Nordamerika. Bevorzugt auf abgestorbenem Ulmenholz. Da wegen des Ulmensterbens (dessen Verursacher dieser Pilz nicht ist!) auch in Europa zunehmend Siedlungsraum zur Verfügung steht, kann mit dem Pilz sicher schon stellenweise gerechnet werden. September–Dezember. **Ungenießbar!**

Ⓤ **Birkenknäueling** *Panus conchatus* $^{1}/_{1}$ nat. Gr.

Ⓤ **Gemeiner Spaltblättling** *Schizophyllum commune* $^{1}/_{1}$ nat. Gr.

Ⓔ **Erd-Muschelseitling** *Hohenbuehelia geogenia* $^{1}/_{2}$ nat. Gr.

Ⓤ **Rötlicher Adernseitling** *Rhodotus palmatus* $^{2}/_{3}$ nat. Gr.

Ⓔ *Lentinellus cochleatus* 2/3 nat. Gr.

Ⓤ *Crepidotus variabilis* 1/2 nat. Gr.

Ⓤ *Crepidotus applanatus* 1/2 nat. Gr.

Aniszähling *Lentinellus cochleatus* (Pers. ex Fr.) Karst.
Hut: 2–6 cm breit, unregelmäßig trichterig, fleischfarben oder rötlichbraun. **Stiel:** 20–50 × 8–15 mm, seitlich oder in der Mitte ansitzend, oft auch wurzelnd, rötlichbraun, zum Grunde dunkler. **Fleisch:** hellrosa, zäh. Geschmack mild. Geruch deutlich nach Anis. **Lamellen:** herablaufend, blaß fleischfarben, Sporenpulver weiß. Sporen kugelig, amyloid, 4,5–5 × 3,5–4 µm. In dichten Büscheln auf Baumstümpfen oder an Wurzeln. Nur junge Pilze sind noch nicht zäh. Juli–September. **Eßbar.**

Gemeines Stummelfüßchen *Crepidotus variabilis* (Pers. ex Fr.) Kummer
Hut: 0,5–2 cm breit, nierenförmig, weiß, filzig, oft gelappt. **Stiel:** fehlt oder nur in frühester Jugend erkennbar. **Lamellen:** anfangs weißlich, später gelblich-fleischfarben. Sporenpulver graurosa. Sporen elliptisch, fein stachelwarzig, 5–7 × 3–3,5 µm. Häufig auf abgefallenen Zweigen verschiedener Laubbäume oder auf anderem pflanzlichem Abfall. Juni–Oktober. **Ungenießbar!**

Ⓤ *Crepidotus mollis* 1/2 nat. Gr.

Ⓤ *Crepidotus luteolus* 3/4 nat. Gr.

Ⓤ *Panellus serotinus* 1/2 nat. Gr.

Ⓤ *Panellus mitis* 1/2 nat. Gr.

Ⓤ *Panellus stipticus* 3/4 nat. Gr.

Ⓔ **Rosa Schmierling** *Gomphidius roseus* 3/4 nat. Gr.

Ⓔ **Großer Schmierling** *Gomphidius glutinosus* 2/3 nat. Gr.

Kurzstieliges Stummelfüßchen *Crepidotus applanatus* (Pers. ex Fr.) Kummer
Hut: 1–4 cm breit, muschel- oder nierenförmig, cremeweiß, manchmal zum Rand fein gestreift. **Stiel:** nur sehr kurz, aber erkennbar, weiß. **Lamellen:** horizontal, anfangs weiß, später blaß zimtbraun. Sporenpulver tabakbraun. Sporen kugelig, fein stachelig, 4–6 µm Durchmesser. Auf moderndem Holz im Waldbodenhumus. Selten. September–Oktober. **Ungenießbar!**

Gallertfleischiges Stummelfüßchen *Crepidotus mollis* (Schaeff. ex Fr.) Kummer
Hut: 1,5–6 cm breit, glockig oder nierenförmig, oft sitzend und dachziegelig, ockerbräunlich bis cremefarben-graubraun, feucht auch fein gestreift, trocken fast weiß, oberseits schwach schmierig-glänzend. **Stiel:** fehlt oder sehr kurz. **Lamellen:** dicht, blaß, später zimtfarben. Sporenpulver tabakbraun. Sporen breit elliptisch, glatt, 7–9 × 5–7 µm. Auf Laubholzstümpfen und vermoderndem Holz. Juli–Oktober. Verbreitet. **Ungenießbar!**

Flaumiges Stummelfüßchen *Crepidotus luteolus* (Lamb.) Sacc.
Hut: 1–2,5 cm breit, nierenförmig, anfangs schwefelgelb, dann zunehmend weißlich ausblassend. **Stiel:** fehlt oder sehr kurz, anfangs gelb, später weißlich. **Lamellen:** zunächst weiß, zunehmend fleischfarben-rostbraun. Sporenpulver graurosa. Sporen schmal-elliptisch, 7,5–10 × 3,5–5 µm. Auf größeren, vermodernden Kräutern und auf Laubholz, oft bei Eschen. Verbreitet. September–November. **Ungenießbar!**

Gelbstieliger Zwergknäueling *Panellus serotinus* (Schrad. ex Fr.) Kühn.
Hut: 3–7 cm breit, ausnahmsweise auch etwas größer, nierenförmig, ockerbräunlich bis olivgrün, feucht auch etwas klebrig. **Stiel:** 10–25 × 8–15 mm, seitlich ansitzend, manchmal auch stark verkümmert, gelblich, mit feinen Schuppen samtig. **Fleisch:** weiß, unterhalb der Huthaut gelatinös. **Lamellen:** blaß- bis orangegelb, im Alter verblassend. Sporenpulver weiß. Sporen gekrümmt zylindrisch, amyloid, 4–5,5 × 1–2 µm. Auf totem Holz und auf Laubbaumstümpfen. September–Dezember. Nicht sehr häufig. **Ungenießbar!**

Milder Zwergknäueling *Panellus mitis* (Pers. ex Fr.) Sing.
Hut: 0,5–1,5 cm breit, fächerförmig, horizontal ausgebreitet, weiß, zunehmend graurosa, Huthaut abtrennbar. **Stiel:** 5–10 × 3–5 mm, seitlich ansitzend, abgeflacht, weißlich, mit weißen, mehligen Körnchen. **Fleisch:** weiß. Geschmack mild. **Lamellen:** dicht, mit gelatinösen Schneiden, weiß bis cremefarben. Sporenpulver weiß. Sporen zylindrisch, amyloid, 3,5–5 × 1–1,5 µm. Meist in größeren Gruppen auf Nadelholzästchen. Typischer Winterpilz. Oktober–Januar. Nicht häufig. **Ungenießbar!**

Eichen-Zwergknäueling *Panellus stipticus* (Bull. ex Fr.) Karst.
Hut: 1–3 cm breit, nierenförmig, blaß ocker- bis zimtbraun, fein schuppig. **Stiel:** 5–20 × 2–5 mm, seitlich ansitzend, zur Basis verschmälert, hutfarben oder blasser. **Fleisch:** weiß bis blaßgelb, bitter. **Lamellen:** blaß zimtbraun. Sporenpulver weiß. Sporen elliptisch, amyloid, 3–6 × 2–3 µm. Oft in großen Gruppen dicht gedrängt auf abgestorbenen Ästen und Stubben von Laubbäumen, besonders von Eichen. Januar–Dezember. Verbreitet. **Ungenießbar!**

Rosa Schmierling *Gomphidius roseus* (Fr.) Karst.
Hut: 2–5 cm breit, korallenrot, später mehr ziegelrot, anfangs gewölbt, später stärker abgeflacht, sehr schmierig-klebrig. **Stiel:** 25–45 × 4–10 mm, weißlich, mitunter auch leicht rosa oder weinrot überlaufen; die weiße, klebrige Hülle hinterläßt meist nur eine undeutliche Ringzone. **Fleisch:** schmutzigweiß, manchmal korallenrot getönt. Geruch und Geschmack unauffällig. **Lamellen:** tief herablaufend, grauweiß bis mausgrau, zuweilen leicht olivfarben. Sporenpulver schwärzlich. Sporen faserförmig, 15,5–17,5 × 5–5,5 µm. In Kiefernwäldern. September–Oktober. Nicht allzu häufig. **Eßbar,** aber weniger empfehlenswert.

Großer Schmierling *Gomphidius glutinosus* (Fr.) Fr.
Hut: 5–12 cm breit, grauviolett oder purpurgrau, gewölbt bis ausgebreitet, stark schleimig. **Stiel:** 35–100 × 10–20 mm, oberhalb weißlich, im unteren Teil graubraun, an der Basis manchmal zitronen- oder chromgelb, mit schleimiger Hülle, die Hutrand und Stiel verbindet und im oberen Stielabschnitt manchmal eine schwärzliche Zone zurückläßt. **Fleisch:** weißlich, im Hut leicht weinrot angelaufen, chromgelb in der Stielbasis. Geruch und Geschmack unspezifisch. **Lamellen:** herablaufend, weitständig, weißlich, später zunehmend grau oder dunkel. Sporenpulver bräunlich. Sporen spindelförmig, 17–20 × 5,5–6 µm. In Nadelwäldern, meist einzeln. Selten. September–November. **Eßbar,** aber nicht empfehlenswert.

E **Kupferroter Gelbfuß** *Chroogomphus rutilus* 1/2 nat. Gr.

E **Rostfleckiger Pfifferling** *Cantharellus ferruginascens* 1/2 nat. Gr.

E **Trompeten-Pfifferling** *Cantharellus infundibuliformis* 1/1 nat. Gr.

E **Herbsttrompete** *Craterellus cornucopioides* 1/2 nat. Gr.

Ⓔ *Gomphidius maculatus* ¾ nat. Gr.

Ⓔ **Pfifferling** *Cantharellus cibarius* ⅔ nat. Gr.

Kupferroter Gelbfuß *Chroogomphus rutilus* (Fr.) Miller
Hut: 3–15 cm breit, gewölbt und deutlich gebuckelt, orangegelb, ziegelrot oder (im Alter) auch weinrot, klebrig, trocken glänzend. **Stiel:** 60–120 × 2–8 mm, im oberen Teil weinrot, weiter unterhalb gelblich-braun, an der Stielbasis chromgelb, leicht klebrig mit einer Hülle, deren Reste unregelmäßig begrenzte Zonen auf dem Stiel lassen. **Fleisch:** im Hut weinrötlich, an der Stielbasis chromgelb. Geschmack und Geruch etwas adstringierend. **Lamellen:** tief herablaufend, olivbraun bis schmutzigpurpurn. Sporenpulver bräunlich. Sporen spindelförmig, 15–22 × 5,5–7 µm. Häufig in Nadelwäldern, vor allem unter Kiefern. Juni–Oktober. **Eßbar.**

Leistenpilze

Rostfleckiger Pfifferling *Cantharellus ferruginascens* Orton
Hut: 2–6 cm breit, anfangs gewölbt, ziemlich bald tiefer eingedellt und unregelmäßig verbogen und gelappt, am Rande auch aufgebogen, hellgelb-lederfarben, an Druck- und Schadstellen rostrot verfärbend. **Stiel:** 20–40 × 5–20 mm, kräftig, stämmig, zum Grunde verschmälert, gelblich-cremefarben, wie Hut fleckend. **Fleisch:** weißlich bis gelblich. Geschmack mild. Geruch schwach, aber angenehm. **Lamellen:** herablaufend, schmal, gabelig, untereinander verbunden, anfangs hell, später dunkler gelblich. Sporenpulver blaß cremefarben-gelb. Sporen breit elliptisch, 7,5–10 × 5–6 µm. Meist gesellig in Mischwäldern auf Kalkboden. Nur in wärmeren Gegenden. Selten. August–Oktober. **Eßbar.**

Trompeten-Pfifferling *Cantharellus infundibuliformis* (Scop.) Fr.
Hut: 2–5 cm breit, anfangs gewölbt und immer etwas eingedellt, später tief trichterförmig, mit unregelmäßig welligem Rand, dunkel- bis schmutzigbraun. **Stiel:** 50–80 × 4–9 mm, hohl, schmutzig- oder dottergelb, oft furchig oder abgeflacht. **Fleisch:** dünn und zäh, gelblich. Geschmack bitter. Geruch aromatisch. **Lamellen:** schmal, unregelmäßig verzweigt, eher aderähnlich, herablaufend, anfangs gelblich, später graugelb. Sporenpulver gelblich. Sporen glatt, kugelig, 9–12 × 7–8 µm. Recht häufig in Gruppen in Gebirgswäldern, vor allem in Nadelbeständen. August–Oktober. **Eßbar.**

Herbsttrompete, Kraterpilz *Craterellus cornucopioides* (L. ex Fr.) Pers.
Hut: 2–8 cm breit, tief röhrig-trichterförmig, am Rande unregelmäßig kraus und gelappt, dünn und lederig, dunkelbraun bis schwärzlich, feucht etwas schuppig, trocken glatt und wenig heller. Sporentragende Außenseite aschgrau, im Alter runzlig-wellig. Sporenpulver weiß. Sporen elliptisch, 10–11 × 6–7 µm. Meist in größeren Gruppen büschelweise in der Laubstreu von Buchenwäldern. Sehr guter, recht würziger Speisepilz. August–Oktober. **Eßbar.**

Fleckender Schmierling *Gomphidius maculatus* Fr.
Hut: 3–6 cm breit, weißlich oder weißlich-grau, bei älteren Exemplaren mit großen, schwarzen Flecken, schmierig-klebrig. **Stiel:** 45–75 × 10–20 mm, weißlich bis streifig gelbbraun, am Grunde gelblich, im oberen Teil nicht klebrig. **Fleisch:** im Hut weißlich, in allen Teilen rötlich verfärbend, mit zunehmendem Alter stellenweise auch schwarz. Geruch und Geschmack unauffällig. **Lamellen:** weitständig, herablaufend, weißlich bis weinrot-grau, zuletzt noch dunkler. Sporenpulver braunschwarz. Sporen spindelig, 17–23 × 6–8 µm. Verbreitet. Vor allem in lichten Lärchenbeständen. August–Oktober. **Eßbar,** aber kaum empfehlenswert.

Pfifferling, Eierschwamm *Cantharellus cibarius* Fr.
Hut: 3–10 cm breit, anfangs flach mit unregelmäßig eingeschlagenem Rand, später in der Mitte trichterig eingetieft und vielfach gewellt und gelappt, blasser oder kräftiger dottergelb, im Alter etwas verblassend. **Stiel:** 30–80 × 5–15 mm, kompakt, hutfarben oder etwas heller, zur Basis verschmälert. **Fleisch:** gelblich. Geschmack anfangs mild, dann ein wenig pfefferartig. Geruch schwach, aber angenehm. **Lamellen:** schmal, aderartig miteinander verbunden und vielfach gegabelt, herablaufend, dottergelb. Sporenpulver blaßgelb. Sporen elliptisch, 8–10 × 4,5–5,5 µm. Gesellig in Laub- und Nadelwäldern, meist in feuchten Fichten- und Kiefernbeständen, im Moos. Juni–September. Ausgezeichneter Speisepilz. **Eßbar.**

Ⓔ **Schwarzer Steinpilz** *Boletus aereus* $^1/_2$ nat. Gr.

Ⓔ *Pseudocraterellus sinuosus* $^1/_4$ nat. Gr.

Steinpilz *Boletus edulis* Bull. ex Fr.
Hut: 8–20(30) cm breit, anfangs halbkugelig, später ausladend gewölbt, heller oder dunkler kastanienbraun, anfangs mit weißlichem Reifbelag, der später nur noch am Rande eine weiße Linie zurückläßt, zunächst glatt, später auch leicht klebrig und glänzend, besonders bei feuchtem Wetter. **Stiel:** 30–230 × 30–70 (110) mm, kräftig, keulen- oder walzenförmig, bleichbraun mit weißem Netz. **Fleisch:** unverändert weißlich, im Hut leicht strohgelb. Geschmack und Geruch angenehm. **Röhren:** anfangs weiß, später graugelb. Poren ähnlich gefärbt, klein, rund. Sporenpulver gelblich-tabakbraun. Sporen spindelförmig, 14–17 × 4,5–5,5 µm. Im Sommer meist in Kiefernwäldern, im Herbst auch in Fichten-, Eichen- und Buchengehölzen anzutreffen. August–November. Sehr schmackhafter Speisepilz, in der Umgebung der größeren Städte schon nahezu ausgerottet. **Eßbar.**

Röhrlinge

Boletus (Röhrling) Pilze mit meist großen, gewölbten Hüten, aber ohne Stielring. Manche Arten sind etwas klebrig, aber niemals schmierig oder schleimig. Röhrenschicht kann leicht vom Hut entfernt werden. Vorsicht ist geboten bei allen Arten mit roten oder orangefarbenen Sporen. Viele wertvolle Speisepilze. Ca. 40 Arten in Mitteleuropa.

Schwarzer Steinpilz *Boletus aereus* Bull. ex Fr.
Hut: 7–16 cm breit, dunkel zigarrenbraun, schmutzigbraun oder braungrau, am Rande mitunter dunkel ziegelbraun, auf der Oberseite fein zerrissen und dadurch etwas aufgerauht, anfangs auch leicht samtig, später kahl. **Stiel:** 60–80 × 11–12 mm, stämmig, mit feinem Netzwerk, das im oberen Teil braun, in der Mitte graurosa oder lederbraun und an der Stielbasis rostbraun gefärbt ist. **Fleisch:** weiß, unverändert oder schmutzig rötlich verfärbend beim Anschneiden. Geschmack mild. Geruch stark erdig. **Röhren:** weiß bis cremefarben, zuletzt schwefelgelb. Poren ähnlich gefärbt, aber an Druck- und Schadstellen rötlich anlaufend, später rostfarben. Sporenpulver oliv- bis tabakbraun. Sporen spindelförmig, 13,5–15,5 × 4–5,5 µm. Vor allem in südlichen Gegenden Mitteleuropas in Laubwäldern, besonders unter Eichen und Buchen. Juni–Oktober. Ausgezeichneter Speisepilz. **Eßbar.**

Verbogener Leistling *Pseudocraterellus sinuosus* (Fr.) Reid
Hut: 1–5 cm breit, unregelmäßig trichterförmig mit gewelltem und gelapptem Rand, graubraun, faserig. **Stiel:** 5–10 cm lang, zur Basis verschmälert, im unteren Teil grau, im oberen Abschnitt blasser und cremefarben, dort auch mit dem sporenbildenden Hymenium bedeckt und unregelmäßig runzlig und faltig, scheinbar mit aderartigen Lamellen ausgestattet. Geruch fruchtig. Sporenpulver weiß. Sporen eiförmig, 8–10 × 5–7 µm. In Gruppen in der Laubstreu von Laubbäumen. September–Oktober. Selten. **Eßbar.**

E **Steinpilz** *Boletus edulis* 2/3 nat. Gr.

E **Kiefernsteinpilz** *Boletus pinicola* 1/3 nat. Gr.

E **Sommer-Steinpilz** *Boletus aestivalis* 1/3 nat. Gr.

Kiefernsteinpilz *Boletus pinicola* (Vitt.) Venturi
Hut: 8–20 cm breit, rot-oder kastanienbraun, mit weißem Rand, anfangs glatt und etwas schmierig, dann trocken und zunehmend samtig. **Stiel:** kräftig, im unteren Teil keulig verdickt und dunkler braun als in der oberen Hälfte, mit feinem weißlichen oder zimtbraunem Netz, das sich an Druckstellen rötlich verfärbt. **Fleisch:** weißlich, unter der Haut beim Anschneiden tief weinrot. Geschmack und Geruch angenehm. **Röhren:** weißlich, später gelblich-grün. Poren klein, rund, zunächst weiß, dann grünlich-gelb. Sporenpulver oliv-tabakbraun. Sporen spindelförmig, 13–17 × 4–5 µm. Nicht allzu häufig in sandigen Kiefernbeständen, seltener auch unter Buchen. Mai–November. **Eßbar.**

Sommer-Steinpilz *Boletus aestivalis* Fr.
Hut: 7–20 cm breit, blaß strohgelb bis blaß tabakbraun, nicht klebrig, frühzeitig rauh und in kleine Schuppen zerrissen, besonders in der Hutmitte. **Stiel:** 60–150 × 20–50 mm, kräftig, mit dichtem, weißlichem Netz. **Fleisch:** weiß, zuweilen auch mit leicht gelblicher Tönung. Geruch und Geschmack stark, aber angenehm. **Röhren:** anfangs weiß, später grünlich-gelb. Poren klein, rund, ähnlich gefärbt. Sporenpulver oliv-tabakbraun. Sporen spindelförmig, 13–15 × 4,5–5,5 µm. Besonders in Laubwäldern mit Buche und Eiche anzutreffen. Juni–Oktober. Nicht sehr häufig. **Eßbar.**

Pfefferröhrling *Boletus piperatus* Bull. ex Fr.
Hut: 3–7 cm breit, zimt- bis rotbraun, anfangs leicht klebrig, später völlig trocken, glatt und

E *Boletus piperatus* 1/3 nat. Gr.

glänzend. **Stiel:** 40–75 × 5–20 mm, hutfarben, schlank, zur Basis verschmälert, dort deutlich zitronen- oder chromgelb. **Fleisch:** rötlich überlaufen oberhalb der Röhren, kräftig chromgelb in der Stielbasis. Geschmack pfefferartig scharf. Geruch undeutlich. **Röhren:** anfangs zimt-, dann rostbraun, nicht verfärbend, am Stiel etwas herablaufend. Poren eckig, zur Zeit der Sporenreife deutlich rostbraun. Sporenpulver tabakbraun mit leicht zimtfarbener Tönung. Sporen spindelförmig bis elliptisch, 8–11 × 3–4 µm. Meist in Gruppen im Moos von Kieferngehölzen, aber auch unter Birken. Als Würzpilz gut verwendbar. Juli–Oktober. **Eßbar.**

Gelbfleischiger Steinpilz *Boletus appendiculatus* Schaeff. ex Fr.
Hut: 8–14 cm breit, halbkugelig oder kissenförmig, verwachsen, rot- oder ockerbraun mit deutlich dunklerer Tönung in der Mitte, dort auch unregelmäßig rissig gefeldert. **Stiel:** 110–125 × 34–40 mm, im oberen Teil zitronengelb, weiter unten dunkler oder mit rötlichen Flecken, Netz cremefarben oder blaß zitronengelb. **Fleisch:** weiß oder blaßgelb, beim Anschneiden im oberen Stielteil oft bläulich verfärbend, im unteren eher rostbraun. Geschmack angenehm. **Röhren:** zitronengelb, bei Verletzung schwach grünlich-blau verfärbend. Poren anfangs zitronengelb, später leicht rostbraun und größer werdend. Sporenpulver oliv-tabakbraun. Sporen spindelförmig, 12–15 × 3,5–4,5 µm. Meist unter Laubbäumen (vorzugsweise Eiche), selten in Nadelwäldern. Auch bei größerer Trockenheit anzutreffen. Juli–September. **Eßbar.**

E **Gelbfleischiger Steinpilz** *Boletus appendiculatus* 1/1 nat. Gr.

Maronenröhrling *Boletus badius* 2/3 nat. Gr.

Starkriechender Röhrling *Boletus fragrans* Vitt.
Hut: 5 – 12 cm breit, polster- bis kissenförmig, verbogen, braun oder dunkelbraun, anfangs samtig-filzig, später kahl und glatt. **Stiel:** 70 – 90 × 30 – 50 mm, spindelförmig, im oberen Teil gelb, im unteren mehr rötlich-braun, bei jüngeren Exemplaren an der Basis weißlich und ganz unten schwarz. **Fleisch:** zitronengelb, unterhalb der Huthaut auch leicht rötlich, beim Anschneiden oft erst nach Stunden blau verfärbend. Geruch und Geschmack stark, angenehm. **Röhren:** zitronengelb, manchmal leicht olivfarben angeflogen. Poren zitronen- bis chromgelb, schwach blau anlaufend nach Verletzung. Sporen olivbraun, elliptisch, 9 – 16 × 4,5 – 6,5 µm. Nur in wärmeren, südlichen Gegenden in Laubwäldern. Im Norden Mitteleuropas sehr selten. August – September. **Eßbar.**

Fahler Röhrling *Boletus impolitus* Fr.
Hut: 5 – 15 cm breit, lehmfarben, zuweilen auch mit bräunlichen oder olivfarbenen Tönen, anfangs leicht samtig-faserig, später glatt. **Stiel:** 60 – 100 × 30 – 50 mm, gedrungen und kräftig, im oberen Teil strohfarben, zur Basis eher dunkler braun. **Fleisch:** hellgelb, oberhalb der Poren dunkler gelb. Nach dem Anschneiden schwach rosa oder selten auch blau anlaufend, oft aber erst nach längerer Zeit umfärbend. Geschmack mild. Geruch nach Jodoform an der Stielbasis. **Röhren:** zitronen- bis chromgelb. Poren klein, ähnlich gefärbt. Sporenpulver olivbraun. Sporen spindelförmig, 10 – 14 × 4,5 – 5,5 µm. Selten bis zerstreut in feuchten Laubwäldern. Juli – Oktober. **Eßbar.**

Maronenröhrling *Boletus badius* Fr.
Hut: 4 – 14 cm breit, schmutzig- oder dunkelbraun, zuweilen auch braunrötlich oder ockerbraun, anfangs filzig, später glatt und bei feuchtem Wetter etwas klebrig. **Stiel:** 45 – 125 × 8 – 40 mm, hutfarben oder blasser, an der Oberfläche netzig-wollig. **Fleisch:** weiß bis zitronengelb, oberhalb der Lamellen und im oberen Stielteil beim Anschneiden schwach blau verfärbend, im Hut eher rötlich. Geschmack und Geruch mild und pilzig. **Röhren:** cremefarben bis zitronengelb, bei Verletzung bläulich-grün anlaufend. Poren groß, an Druckstellen schnell bläulich-grün. Sporenpulver olivbraun. Sporen spindelförmig, 13 – 15 × 4,5 – 5,5 µm. Verhältnismäßig häufig unter Fichten und Kiefern, seltener unter Eichen und Buchen. Juli – Oktober. Guter Speisepilz, meist frei von Insektenfraß. **Eßbar.**

Wurzelnder Bitterröhrling *Boletus albidus* Roques
Hut: 8 – 16 cm breit, schmutzigweiß bis graulederfarben oder bräunlich, am Rand rauchgrau, anfangs filzig, später kahl und glatt oder in der Mitte fein felderig zerrissen. **Stiel:** 50 – 80 × 30 – 40 mm, kräftig, gedrungen, am Grunde verdickt und wurzelnd, manchmal rötlich überlaufen, im oberen Teil gelb, zur Basis rostrot oder schmutzig braungelb gefleckt; Netz strohgelb und besonders im oberen Teil deutlich erkennbar. **Fleisch:** gelb, beim Anschneiden im Hut rasch weiß verblassend, im Stiel meist blaßblau anlaufend, aber rasch verblassend. Geschmack unangenehm oder bitter. Geruch würzig. **Röhren:** zitronengelb, bei Verletzung blau anlaufend. Poren klein, rund, zitronengelb, blau anlaufend bei Verletzung. Sporenpulver olivbraun. Sporen spindelförmig, 12 – 16 × 4 – 5,5 µm. Vor allem unter Eichen und Buchen in Laubwäldern. Nur in warmen Gegenden. Juli – September. **Ungenießbar!**

Ⓤ **Wurzelnder Bitterröhrling** *Boletus albidus* 1/2 nat. Gr.

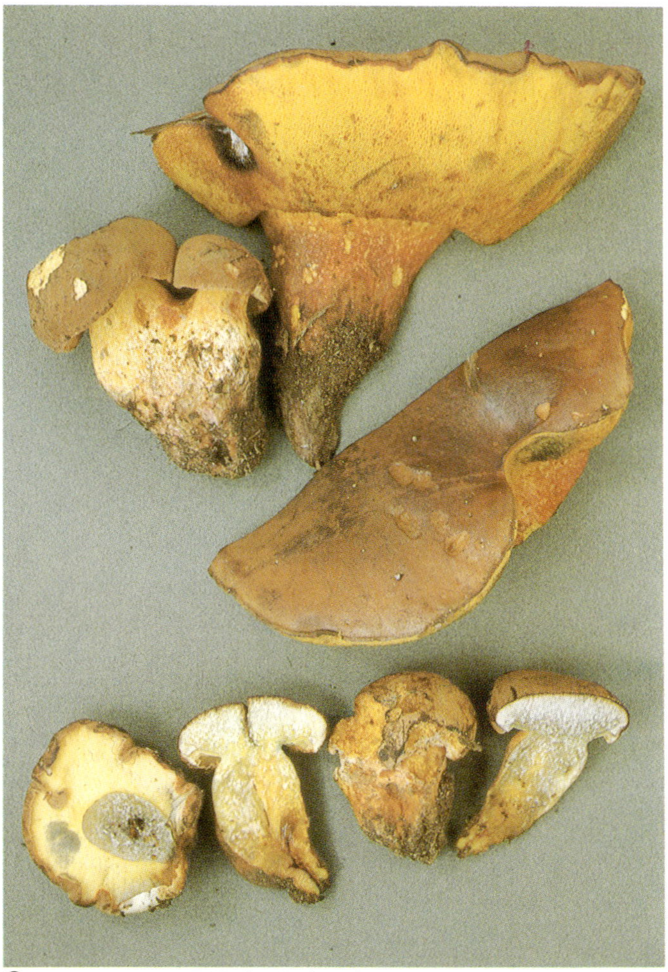

Ⓔ **Starkriechender Röhrling** *Boletus fragrans* 1/2 nat. Gr.

Ⓔ **Fahler Röhrling** *Boletus impolitus* 1/3 nat. Gr.

Ⓔ **Fahler Röhrling** *Boletus impolitus* 1/3 nat. Gr.

G **Teufelsröhrling** *Boletus satanoides* 3/4 nat. Gr.

Teufelsröhrling *Boletus satanoides* Smotl.
Hut: 5–14 cm breit, anfangs weißlich oder milchkaffeefarben, dann grau-oliv und zuletzt braunrötlich, besonders zum Rand hin rötlich, nur nach starker Verletzung oder grobem Umgang bläulich verfärbend. **Stiel:** 80–160 × 20–40 mm, oberhalb der roten Mitte orangerot, weiter unten zitronengelb oder korallenrot, nur im oberen Teil mit gut erkennbarem, orangefarbenem Netz, an Druckstellen blau anlaufend. **Fleisch:** weiß bis blaßgelb, nach dem Anschneiden in Hut und Stiel blau anlaufend, nur an der Stielbasis rot. Geschmack unangenehm. Geruch würzig. **Röhren:** zitronen- bis chromgelb, bei Verletzung blau anlaufend. Poren klein, orangerot, später zunehmend dunkler rot, zum Hutrand hin heller. Sporenpulver olivbraun. Sporen spindelförmig, 10,5–12,5 × 4,5–5 µm. Ziemlich selten. In Nadel- und Laubmischwäldern, besonders in der Bergregion. Juli–September. **Giftig!**

Netzstieliger Hexenröhrling *Boletus luridus* Schaeff. ex Fr.
Hut: 6–14 cm breit, hell- oder olivbraun mit rostbraunen oder schmutzigbraunen Tönen, anfangs leicht samtig, später zunehmend glatt, dunkelbräunlich oder schwarzblau anlaufend an Druck- oder Schadstellen. **Stiel:** 80–140 × 10–30 mm, gelblich-rot mit orangerotem Netz, an Druckstellen blau anlaufend. **Fleisch:** im Hut zitronengelb, nach dem Anschneiden sehr rasch grünlich-blau oder dunkelblau verfärbend mit einer bleibenden roten Linie oberhalb der Röhren, im unteren Stielteil schwärzlich-rot. Geschmack und Geruch unauffällig. **Röhren:** gelblich-grün, bei Verletzung blau. Poren klein, orangerot, zum Rand hin gelblicher, dunkelblau anlaufend nach Verletzung oder Anschneiden. Sporenpulver olivbraun. Sporen breit elliptisch, 11–15 × 4,5–6,5 µm. In Laubwäldern auf Kalkboden, meist unter Eichen und Buchen. Juli–September. Verbreitet. Wird von manchen Personen schlecht vertragen. Daher **ungenießbar!**

(U) **Netzstieliger Hexenröhrling** *Boletus luridus* 1/2 nat. Gr.

Schwarzblauer Röhrling *Boletus pulverulentus* Opat.
Hut: 4–9 cm breit, gewölbt bis kissenförmig, sattbraun bis milchkaffeefarben oder rötlichbraun angehaucht, anfangs fein samtig-filzig, später glatt, an Druckstellen sehr rasch blau bis schwarzblau anlaufend. **Stiel:** 50–65 × 8–14 mm, im oberen Teil chromgelb, weiter unten mehr bräunlich und blutrot streifig oder fleckig, an Schadstellen dunkelblau-schwarz anlaufend. **Fleisch:** zitronengelb, beim Anschneiden sofort blau anlaufend. Geruch und Geschmack angenehm. **Röhren:** kräftig gelb, dunkelblau verfärbend. Poren dunkel schwefel- oder dottergelb, ebenfalls schwarzblau verfärbend. Sporenpulver olivbraun. Sporen spindelförmig, 10–14 × 3,5–6,5 µm. Wächst einzeln oder in kleinen Gruppen unter Laubbäumen in Wäldern und in Parks. Juni–September. Guter Speisepilz. **Eßbar.**

(E) *Boletus pulverulentus* 1/3 nat. Gr.

(U) *Boletus luridus* 1/4 nat. Gr.

E **Flockenstieliger Hexenröhrling** *Boletus erythropus* 3/4 nat. Gr.

Flockenstieliger Hexenröhrling *Boletus erythropus* (Fr. ex Fr.) Secr.
Hut: 8–20 cm breit, anfangs halbkugelig, später flacher ausgebreitet, satt- bis dunkelbraun, zum Rand hin mehr ockerbräunlich, zunächst leicht samtig, später ziemlich glatt, feucht etwas klebrig, an Druckstellen blauschwarz anlaufend. **Stiel:** 45–145 × 20–50 mm, kräftig, gedrungen, gelblich, ziemlich dicht rot geschuppt, zur Basis oliv-gelblich, an Druckstellen blauschwarz. **Fleisch:** gelb, beim Anschneiden sofort blauschwarz. Geschmack und Geruch unauffällig. **Röhren:** zitronengelb bis grünlich, bei Verletzung blauschwarz. Poren klein, rund, orangerot, später rostrot, sofort schwarzblau verfärbend nach dem Anschneiden oder Verletzen. Sporenstaub dunkel olivbraun. Sporen spindelförmig, 12–15 × 4–6 µm. Einzeln oder in kleinen Gruppen in Laubwäldern unter Buchen, selten auch unter Nadelbäumen. Mai–November. **Nur gut abgekocht eßbar. Roh schwach giftig!**

Glattstieliger Hexenröhrling *Boletus queletii* Schulze
Hut: 5–15 cm breit, rotbraun bis ziegelrot, anfangs zum Rand fein aufgerauht, später ziemlich glatt, an Druckstellen schwarzblau. **Stiel:** 70–100 × 25–45 mm, gelblich bis rotbraun, besonders an der Basis dunkler, ohne Netz. **Fleisch:** zitronengelb, beim Anschneiden im Hut sofort schwarzblau (manchmal mit feiner roter Linie oberhalb der Röhren), im unteren Stielabschnitt schwärzlich-purpurn. Geschmack und Geruch unauffällig. **Röhren:** schmutziggelb, bei Verletzung blauschwarz. Poren anfangs honiggelb, später zunehmend orangerot oder rostrot, am Rande etwas blasser, blauschwarz anlaufend. Sporenpulver olivbraun. Sporen spindelförmig, 12–14 × 5,5–6,5 µm. Ziemlich selten in Laubwäldern unter Eiche und Buche. August–September. **Ungenießbar!**

Purpurröhrling *Boletus purpureus* Pers.
Hut: 7–20 cm breit, ziemlich fleischig und fest, langsam öffnend, weißlich oder lederbraun bis rosa-ockerbraun, im Alter schmutzig blutrot-schwärzlich, leicht samtig, in der Hutmitte felderig zerrissen, an Schadstellen blauschwarz anlaufend. **Stiel:** 60–90 × 18–55 mm, zitronengelb im oberen Teil, zum Grunde rötlich überlaufen, mit rotem Netz, an Druckstellen dunkelviolett bis schwärzlich. **Fleisch:** zitronengelb, stellenweise auch grünlich-gelb, beim Anschneiden sehr rasch dunkelblau bis schwarz, an der Stielbasis blutrot. Geschmack undeutlich. Geruch fruchtig. **Röhren:** zitronengelb bis grünlich-gelb, bei Verletzung blau. Poren klein, anfangs orange, später rötlich und zunehmend olivbraun. Sporenpulver olivbraun. Sporen spindelförmig, 10,5–13,5 × 4–5,5 µm. In lichten Laubwäldern und Gebüsch. Juli–Oktober. **Ungenießbar!**

Rosahütiger Röhrling *Boletus rhodoxanthus* (Kromnh.) Kall.
Hut: 6–20 cm breit, halbkugelig, weißlich-rosa, zum Rand hin heller, im Alter zunehmend gelblich, mit rosagrauem Belag, an Druckstellen schmutzig gelbbraun oder unter dem Belag rosarötlich. **Stiel:** 50–150 × 30–50 mm, mit purpurrotem Netz über orangegelbem Grund, weniger deutlich erkennbar an der olivgrauen Stielbasis. **Fleisch:** zitronengelb, im Hut beim Anschneiden hellblau verfärbend, zuweilen auch wieder nach gelb verblassend. Geschmack süßlich. Geruch typisch nach Pilzen. **Röhren:** gelb, bei Verletzung leicht blau. Poren goldgelb bis leuchtend blutrot. Sporenpulver olivbraun, Sporen spindelförmig, 10–16 × 4–5,5 µm. Ziemlich selten in Buchen- und Eichengehölzen. August–Oktober. **Giftig!**

Ⓤ **Glattstieliger Hexenröhrling** *Boletus queletii* 1/2 nat. Gr.

Ⓤ *Boletus purpureus* 1/4 nat. Gr.

Ⓖ *Boletus rhodoxanthus* 1/4 nat. Gr.

Ⓤ **Dickfußröhrling** *Boletus calopus* 2/3 nat. Gr.

Gefelderter Röhrling *Boletus porosporus* (Imler) Walt.
Hut: 4–8 cm breit, dunkel oliv- bis zigarrenbraun, anfangs leicht gelblich-filzig, später dunkler und von der Mitte her in unregelmäßige, eckige Schuppen gefeldert, an Druckstellen dunkler. **Stiel:** 90–100 × 20–30 mm, im oberen Teil zitronengelb, unten mit rötlicher Zone und an der Basis dunkler braun, beim leichten Reiben olivbraun anlaufend, dunkler bei kräftigem Drücken und Quetschen. **Fleisch:** blaßgelb, oberhalb der Röhren nach dem Anschneiden langsam blau anlaufend. Geruch und Geschmack unauffällig. **Röhren:** zitronengelb bis olivfarben, bei Verletzung blau anlaufend. Poren groß, eckig, anfangs hellgelb, später dunkler, bei Verletzung blauend. Sporenpulver olivbraun. Sporen spindelförmig, mit Keimpore (einzige europäische Art mit diesem Merkmal!), 13–15 × 4,5–5,5 µm. Ziemlich selten in Laub- oder Laubmischwäldern, besonders unter Eichen. September–Oktober. **Eßbar,** aber nicht empfehlenswert.

Honiggelber Röhrling *Boletus leonis* Reid
Hut: 3–5 cm breit, halbkugelig gewölbt, kräftig honiggelb bis ockerbräunlich oder lederbraun, auf der Oberseite unregelmäßig fleckig-filzig, besonders in der Mitte, sonst glatt. **Stiel:** 30–75 × 9–13 mm, am Grunde wurzelnd, im oberen Teil cremefarben, weiter unten ockerbräunlich. **Fleisch:** cremefarben, zur Stielbasis kräftiger gelb. **Röhren:** grünlich- bis zitronengelb, nicht verfärbend. Poren gleichfarben. Sporenpulver ockergelb. Sporen elliptisch, 9–13 × 4,5–5,5 µm. Unter Eichen in lichten Wäldern oder in Parks. Verbreitungsgebiet ungenügend bekannt. September–Oktober. **Ungenießbar!**

Dickfußröhrling *Boletus calopus* Fr.
Hut: 5–14 cm breit, rauchgrau, falbbraun oder schwach olivbraun, halbkugelig und am Rande etwas wellig, anfangs auch leicht samtig, im Alter in der Mitte felderig zerrissen. **Stiel:** 70–90 × 35–40 mm, gedrungen, im oberen Teil zitronengelb, sonst rotbraun, zur Basis oft keilförmig verschmälert, mit weißlichem oder strohfarbenem Netz. **Fleisch:** blaß strohgelb, nach dem Anschneiden sofort weiß verblassend, oberhalb der Röhren und im oberen Stiel auch leicht blau angehaucht. Geschmack bitter, Geruch stark. **Röhren:** schmutzig schwefelgelb, bei Verletzung bläulich-grün, Poren ähnlich gefärbt, rasch bläulich-grün. Sporenpulver olivbraun. Sporen spindelförmig, 12–16 × 4,5–5,5 µm. In höheren Lagen im Nadelwald, seltener auch unter Laubbäumen. Juni–Oktober. **Ungenießbar!** Roh auch manchmal schwach giftig.

Samtiger Röhrling *Boletus lanatus* Fr.
Hut: 4–10 cm breit, meist flach ausgebreitet, satt- bis graubraun, sehr samtig-filzig, an Druckstellen dunkler. **Stiel:** 30–80 × 10–15 mm, im oberen Teil bleich, weiter unten zur Mitte gelb mit einem Netz aus dunkel ziegelroten Adern, die zur Stielbasis verblassen. **Fleisch:** im Hut weiß, unter der Huthaut mit dunkelbrauner Linie, oberhalb der Röhren rostrot und an der Stielbasis gelblich. Beim Anschneiden kaum blauend. Huthaut verfärbt sich mit Ammoniak sofort gelblich- oder bläulich-grün, Verfärbung verblaßt wieder. Geruch und Geschmack unauffällig. **Röhren:** chromgelb, leicht blauend. Poren groß, eckig, ähnlich gefärbt, an Druckstellen blauend. Sporenpulver olivbraun. Sporen elliptisch, 9–11,5 × 3,5–4,5 µm. Ziemlich zerstreut in Laubwäldern, besonders unter Birken. September–Oktober. **Ungenießbar!**

Satanpilz *Boletus satanas* Lenz
Hut: 8–25 cm breit, silbrigweiß bis hell olivfarben oder lederfarben, am Rande auch leicht rötlich, etwas filzig und in der Mitte rissig, an Druckstellen bräunlich. **Stiel:** 60–90 × 50–110 mm, am Grunde oft stark angeschwollen, unter dem Hut chromgelb, zur Basis hin rötlich bis ocker oder olivbraun, mit rotem Netz in der Mitte. **Fleisch:** blaß strohgelb im Hut, weiß oder hellgelb im Stiel, beim Anschneiden allmählich himmelblau mit rostroten Flecken anlaufend, schmutzigbraun bis grünlich verblassend oder rotfleckig in der Stielbasis. Geruch und Geschmack unangenehm. **Röhren:** gelblich-grün, später olivbräunlich, beim Anschneiden blauend. Poren klein, rund, blutrot, zum Hutrand orangerot, grünlich anlaufend. Sporenpulver olivbraun. Sporen spindelförmig, 11–14 × 4,5–6 µm. Meist einzeln auf Kalkböden in warmen Laubwäldern unter Hasel, Eiche, Hainbuche und Weißdorn. August–September. **Stark giftig!** Dem Teufelsröhrling insgesamt recht ähnlich.

U **Samtiger Röhrling** *Boletus lanatus* $^{1}/_{2}$ nat. Gr.

E **Gefelderter Röhrling** *Boletus porosporus* $^{2}/_{3}$ nat. Gr.

U **Honiggelber Röhrling** *Boletus leonis* $^{3}/_{4}$ nat. Gr.

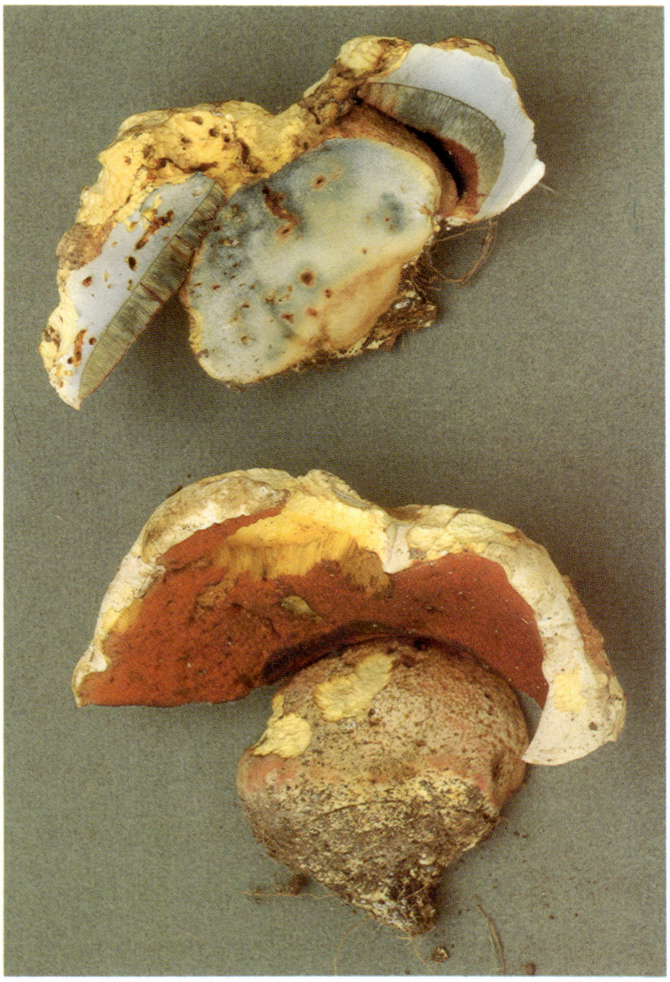

G **Satanpilz** *Boletus satanas* $^{1}/_{3}$ nat. Gr.

E **Rotfußröhrling** *Boletus chrysenteron* 1/2 nat. Gr.

E **Bereifter Röhrling** *Boletus pruinatus* 1/2 nat. Gr.

E **Bunter Röhrling** *Boletus versicolor* 1/1 nat. Gr.

U **Parasitenröhrling** *Boletus parasiticus* 1/1 nat. Gr.

Rotfußröhrling *Boletus chrysenteron* Bull. ex St. Amans
Hut: 4–11 cm breit, schmutzig- bis blaßbraun oder lederfarben mit olivfarbenem Anflug, manchmal auch rötlich angelaufen, anfangs leicht samtig, später glatt und zuletzt grob rissig gefeldert, wobei das korallenrote Hutfleisch sichtbar wird. **Stiel:** 40–80 × 10–15 mm, unter dem Hut zitronengelb, von der Mitte bis zur Basis rot bis bräunlich. **Fleisch:** unter der Huthaut rot, sonst cremeweiß bis gelb, an der Stielbasis rötlich-braun, beim Anschneiden stellenweise leicht bläulich verfärbend. Geschmack und Geruch schwach und unspezifisch. **Röhren:** schwefel- bis zitronengelb, zunehmend etwas grünlich. Poren groß, eckig, ähnlich gefärbt, bei Verletzung grün verfärbend. Sporenpulver olivbraun. Sporen spindelförmig, 12–15 × 3,5–5 µm. In Laub- und Nadelwäldern bis etwa 1000 m Höhe. Juni–Dezember. In der kühleren Jahreszeit gesammelte Exemplare eignen sich besser zum Verzehr. **Eßbar.**

Bereifter Röhrling *Boletus pruinatus* Fr. & Hök.
Hut: 4–10 cm breit, dunkel rot- oder kastanienbraun, später etwas heller oder leicht rosafarben, anfangs mit abwischbarem, eisgrauem Reifbelag, der beim Anfassen verschwindet. **Stiel:** 90–100 × 20–30 mm, unter dem Hut gelb, unregelmäßig mit feinen roten Flecken und Streifen überzogen, am Grunde einheitlicher rötlich und von einem rotgelben Mycel aufsteigend. **Fleisch:** zitronengelb, am Grunde braun, beim Anschneiden langsam blaugrün anlaufend. Geschmack und Geruch unspezifisch. **Röhren:** zitronengelb, manchmal etwas bläulich. Poren klein, ähnlich gefärbt. Sporenpulver olivbraun. Sporen spindelförmig, 11,5–14 × 4,5–5,5 µm. In Laub- und Laubmischwäldern unter Rotbuchen. Zerstreut und nicht sehr häufig. Juni–Oktober. **Eßbar.**

Bunter Röhrling *Boletus versicolor* Rostk.
Hut: 3–6 cm breit, rot, scharlach- oder weinrot, am Rand auch etwas olivfarben. **Stiel:** ziemlich schlank und recht lang, bis etwa 75 mm, im oberen Teil zitronengelb, sonst mehr rostrot-bräunlich. **Fleisch:** schmutzig leder- oder strohfarben im Hut, hellgelb im oberen Stielabschnitt und dunkler bräunlich an der Stielbasis, beim Anschneiden über den Röhren leicht blauend. Geschmack und Geruch unauffällig. **Röhren:** zitronengelb oder im Alter gelb-grünlich. Poren groß, eckig, ähnlich gefärbt, bei Verletzung langsam blau anlaufend. Sporenpulver olivbraun. Sporen spindelförmig, 11–14 × 4,5–5,5 µm. Im Gras unter Laubbäumen. Zerstreut bis selten. August–Oktober. **Eßbar,** nicht empfehlenswert.

Parasitenröhrling *Boletus parasiticus* Bull. ex Fr.
Hut: 2–4 cm breit, oliv-strohfarben oder bräunlich, leicht samtig. **Stiel:** bis etwa 40 × 10 mm, hutfarben, im unteren Teil oft gekrümmt und zur Basis verschmälert. **Fleisch:** blaßgelb, unverändert beim Anschneiden, an der Stielbasis leicht rostbraun. Geruch und Geschmack unauffällig. **Röhren:** gelblich oder etwas rostfarben, adnat bis leicht herablaufend. Poren zitronengelb, später rostfarben. Sporenpulver olivbraun. Sporen länglich, 11–21 × 3,5–5 µm. Parasitisch auf Kartoffelbovist und daher leicht zu erkennen. September–Oktober. Selten. **Ungenießbar!**

Gallenröhrling *Tylopilus felleus* (Fr.) Karst.
Hut: 6–12 cm breit, honigfarben, graubraun oder braun, anfangs etwas samtig, zuletzt ziemlich glatt und kahl. **Stiel:** 70–100 × 20–30 mm, creme-ockerfarben, im oberen Teil etwas heller, mit grobem, braunem Netzwerk. **Fleisch:** weißlich-cremefarben, weich, unterhalb der Huthaut lehmbraun. Geschmack sehr bitter. Geruch unangenehm. **Röhren:** blaß lachsfarben oder korallenrötlich. Poren ähnlich gefärbt, bräunlich verfärbend an Druck- und Schadstellen. Sporenpulver bräunlich-rosa bis weinrot. Sporen spindelförmig, 11–15 × 4–5 µm. Auf sauren Böden unter Nadelbäumen. Juli–November. **Schwach giftig!**

Ⓖ **Gallenröhrling** *Tylopilus felleus* 1/2 nat. Gr.

Kirschroter Goldröhrling *Aureoboletus cramesinus* (Secr.) Watl.
Hut: 2,5–5 cm breit, anfangs kugelig, später stark ausgebreitet, rosa-bräunlich bis schmutzigrosa, klebrig, trocken etwas glänzend. **Stiel:** 50–80 × 5–10 mm, am Grunde wurzelnd, etwas zugespitzt, glatt und klebrig, gelb mit rötlichen Flecken oder zur Basis rötlich-bräunlich angehaucht. **Fleisch:** weißlich, unter der Hutmitte auch hellrötlich, über den Röhren kräftig gelb. Geruch und Geschmack angenehm. **Röhren:** chrom- bis goldgelb, unverändert. Poren ähnlich gefärbt, groß, unregelmäßig. Sporenpulver olivbraun. Sporen spindelig, 11–15 × 4,5–5,5 µm. Wächst einzeln oder in kleinen Gruppen im Laubwald, manchmal an alten Feuerstellen. August–Oktober. **Eßbar.**

Ⓔ *Aureoboletus cramesinus* 2/3 nat. Gr.

E **Strubbelkopf** *Strobilomyces floccopus* 2/3 nat.

E *Uloporus lividus* 1/3 nat. Gr.

Strubbelkopf *Strobilomyces floccopus* (Vahl. ex Fr.) Karst.
Hut: 5–12 cm breit, rauchgrau mit weißlichen Flecken oder zigarrenbraun mit olivfarbenen Stellen, mit großen, dicken, warzenähnlichen Schuppen bedeckt, am Rande herunterhängend, daher insgesamt sehr wirr und zottig. **Stiel:** 80–120 × 10–20 mm, unter dem Hut weiß bis mausgrau, weiter unten mit gleichfarbenen groben Schuppen bedeckt. **Fleisch:** fest, beim Anschneiden allmählich rötlich bis bräunlich anlaufend. Geruch und Geschmack unauffällig. **Röhren:** weiß bis grau, deutlich rötlich anlaufend bei Verletzung. Poren groß, eckig, ähnlich gefärbt. Sporenpulver schwarzviolett. Sporen annähernd kugelig, 10–12 × 8,5–11 µm. Selten in Laubgehölzen, häufiger in Fichten- und Tannenwäldern. Juli–Oktober. Nicht sehr schmackhaft. **Eßbar.**

Erlen-Grübling *Uloporus lividus* (Fr.) Quél.
Hut: 2–10 cm breit, strohgelb oder blaßlederbraun, mitunter auch leicht rostfarben überlaufen, anfangs etwas klebrig, später glatt. Huthaut leicht ablösbar. **Stiel:** 30–70 × 10–20 mm, hutfarben oder etwas blasser, zuletzt rötlich-braun angehaucht. **Fleisch:** im Hut weißlich-gelb, oberhalb der Röhren und im oberen Stielteil bläulich, an der Stielbasis rostbraun anlaufend. Geruch und Geschmack unauffällig. **Röhren:** kräftig chromgelb, bei Verletzung grünlich-blau anlaufend und bald wieder bräunlich verblassend. Poren groß, eckig, unregelmäßig, ähnlich gefärbt, dunkel blaugrau anlaufend. Sporenpulver olivbraun. Sporen elliptisch, 4,5–6 × 3–4 µm. Meist büschelig. Nur in feuchten Gebüschen und Wäldern unter Erlen oder Hasel. **Eßbar.**

Hasenröhrling *Gyroporus castaneus* (Bull. ex Fr.) Quél.
Hut: 3–10 cm breit, zimt- bis kastanienbraun, im Alter auch etwas dunkler braun, anfangs auch leicht samtig-filzig, später glatt. **Stiel:** 35–95 × 10–30 mm, hohl, hutfarben oder im oberen Teil etwas blasser. **Fleisch:** fest, weiß, unverändert. Geschmack mild, süßlich nach Nüssen. Geruch schwach. **Röhren:** zunächst weiß, dann zunehmend strohfarben oder dunkler. Poren scheinbar frei, klein, rundlich, ähnlich gefärbt, unverändert bei Verletzung. Sporenpulver blaß strohgelb. Sporen elliptisch, 8–11 × 4,5–6 µm. In Laub-, seltener in Nadelwäldern, meist unter Eichen. Juli–Oktober. Zerstreut. Guter Speisepilz. **Eßbar.**

Kornblumenröhrling *Gyroporus cyanescens* (Bull. ex Fr.) Quél.
Hut: 6–12 cm breit, schmutzig gelblich bis ockerbräunlich, rauh samtig, an Druckstellen bläulich oder rostig verfärbt, am Rand oft etwas zottig. **Stiel:** 50–100 × 20–85 mm, allmählich hohl, unter dem Hut blaßgelb, weiter unterhalb dunkler gelb oder hutfarben, oft etwas rissig und mit ringähnlichen Bändern. **Fleisch:** fest, weiß, beim Anschneiden sofort blaugrün anlaufend. Geschmack und Geruch unauffällig. **Röhren:** anfangs weißlich, später blaßgelb oder grünlich-gelb. Poren scheinbar frei, klein, rundlich, an Schadstellen blau anlaufend. Sporenpulver blaßgelb. Sporen elliptisch, 9–11 × 4,5–6 µm. In trockenen Laub- und Nadelwäldern in Nähe von Birken und Kiefern oder im Heidekraut. August–November. **Eßbar.**

Hohlfußröhrling *Boletus cavipes* (Opat.) Kalchbr.
Hut: 3–8 cm breit, anfangs gewölbt, später gebuckelt und ausgebreitet, am Rand unregelmäßig gelappt, einheitlich goldbraun oder goldgelb, weich, filzig-schuppig. **Stiel:** 40–80 × 10–20 mm, zitronengelb und mit unscheinbarem Netz im oberen Teil, braunfaserig unten. **Fleisch:** weißlich, im Hut zuweilen auch hellrosa, im Stiel leicht bräunlich. Geschmack und Geruch angenehm. **Röhren:** kurz, gelboliv. Poren groß, eckig, unregelmäßig, röhrenfarben. Sporenpulver olivfarben. Sporen zylindrisch bis spindelig, 7–10 × 3–4 µm. In Nadelholzbeständen besonders unter Lärchen. Juli–Oktober. **Eßbar.**

Düsterer Röhrling *Porphyrellus pseudoscaber* (Secr.) Sing.
Hut: 5–15 cm breit, tabak- bis olivbraun oder sepia, am Rand zuweilen etwas heller, anfangs fein samtig, später glatt, an Druckstellen dunkler braun anlaufend. **Stiel:** 40–150 × 10–35 mm, hutfarben, zur Basis mehr olivbraun, anfangs samtig, später kahl. **Fleisch:** lederbräunlich bis strohfarben, beim Anschneiden hellrötlich bis grauoliv anlaufend, oberhalb der Röhren auch leicht bläulich verfärbend. Geschmack und Geruch unangenehm säuerlich. **Röhren:** weinrot-bräunlich, bei Verletzung bläulich-grün verfärbend. Poren ähnlich gefärbt, im Mündungsbereich okkergelblich. Sporen spindelig, 12–16 × 5–6,5 µm. Meist in Fichtenwäldern der Gebirgsregion. Juli–Oktober. Kein besonders empfehlenswerter Speisepilz. **Ungenießbar!**

Ⓔ **Hasenröhrling** *Gyroporus castaneus* 1/2 nat. Gr.

Ⓔ **Kornblumenröhrling** *Gyroporus cyanescens* 1/2 nat. Gr.

Ⓔ **Hohlfußröhrling** *Boletus cavipes* 2/3 nat. Gr.

Ⓤ **Düsterer Röhrling** *Porphyrellus pseudoscaber* 1/2 nat. Gr.

E **Heide-Rotkappe** *Leccinum versipelle* 2/3 nat. Gr.

E **Eichen-Rauhfuß** *Leccinum quercinum* 1/1 nat. Gr.

Ⓔ **Espen-Rotkappe** *Leccinum aurantiacum* 1/1 nat. Gr.

Leccinum Kleinere Gruppe innerhalb der Röhrlinge mit trockenen, nicht klebrigen Hüten und kleinen, flockigen Schuppen am Stiel. Verfärbungen beim Anschneiden treten oft erst nach einiger Zeit (etwa nach einer halben Stunde) deutlicher auf.

Heide-Rotkappe *Leccinum versipelle* (Fr. & Hök.) Snell.
Hut: 8–20 cm breit, bis 1,5 kg schwer, ausladend gewölbt, fleischig, gelbbräunlich bis bräunlich-orange, anfangs filzig-samtig, später glatt, trocken, Hutrand überhängt etwas die Röhren. **Stiel:** bis 200 × 15–40 mm, weißlich oder weißgrau, mit flockigen, braunschwarzen Schuppen besetzt. **Fleisch:** anfangs weiß, dann dunkler weinrot, an der Stielbasis bläulichgrün, zuletzt schwärzlich verfärbend. Geruch und Geschmack angenehm. **Röhren:** weiß bis hellbräunlich, beim Anschneiden rötlich. Poren klein, anfangs mausgrau, später zunehmend gelblich, an Schadstellen weinrot. Sporenpulver gelblich-olivbraun. Sporen spindelförmig, 12,5–15 × 4–5 µm. In Mischwäldern unter Birken. Juni–Oktober. Guter Speisepilz. **Eßbar.**
(Abbildung S. 208)

Eichen-Rauhfuß *Leccinum quercinum* (Pilát) Green & Watl.
Hut: 6–15 cm, kastanien- bis sattbraun, schuppig-faserig, später zunehmend glatt und deutlicher rostbraun, am Rande etwas überhängend. **Stiel:** 110–180 × 20–35 mm, unter dem Hut blaßbraun mit weißlichen Schuppen, die allmählich blaßbraun umfärben, zur Stielbasis lederbraun mit rostig-purpurbraunen Schuppen, an Druckstellen dunkel anlaufend. **Fleisch:** weißlich bis cremefarben, beim Anschneiden im Hut rasch rosa-rötlich anlaufend, im Stiel und an der Stielbasis mehr grau mit leicht grünlichem Stich. Geschmack und Geruch angenehm. **Röhren:** weißlich bis blaßbraun, zunehmend zigarrenbraun. Poren klein, ähnlich gefärbt. Sporenpulver tabakbraun. Sporen zylindrisch. In Eichenwäldern. August–Oktober. **Eßbar.**
(Abbildung S. 209)

Espen-Rotkappe *Leccinum aurantiacum* (Fr.) S. F. Gray
Hut: 8–16 cm breit, orange- bis gelblichbraun, glatt oder etwas filzig-samtig, Huthaut am Rand über die Röhren etwas herunterhängend. **Stiel:** 80–140 × 18–50 mm, anfangs mit weißlichen Schuppen besetzt, diese verfärben sich allmählich rost- bis dunkelbraun. **Fleisch:** weißlich, beim Anschneiden im Hut rötlich-grau, im Stiel eher bräunlich anlaufend. Geruch und Geschmack angenehm. **Röhren:** weiß, weit ausgeschnitten, beim Anschneiden an der Luft bald weinrot. Poren sehr klein, weiß oder cremefarben, rötlich anlaufend. Sporenpulver olivbraun. Sporen spindelförmig, 14–16,5 × 4–5 µm. Wächst einzeln oder in kleinen Gruppen unter Espen. Juni–Oktober. **Eßbar.**

Gelber Rauhfuß *Leccinum crocipodium* (Let.) Watl.
Hut: 4–11 cm breit, anfangs hellgelb, später zunehmend braunorange oder zimtbraun mit olivfarbenen Tönen, samtig und ziemlich bald auffällig felderig zerrissen; Huthaut steht etwas über den Rand hinaus. **Stiel:** 60–120 × 18–24 mm, unter dem Hut zitronengelb, weiter unten mit rötlichbraunen bis dunkelbraunen Schuppen, an Druckstellen dunkel verfärbend. **Fleisch:** hellgelb, beim Anschneiden rasch dunkler über ziegelfarben, graurot bis schwarz. Geschmack und Geruch unauffällig. **Röhren:** zitronen- bis ockergelb. Poren sehr klein, ähnlich gefärbt, dunkel anlaufend. Sporenpulver oliv-ockerfarben. Sporen elliptisch-spindelig, 12–17,5 × 4,5–6 µm. Einzeln oder in kleinen Gruppen in Eichenwäldern. August–Oktober. **Eßbar.**

Ⓔ **Gelber Rauhfuß** *Leccinum crocipodium* 2/3 nat. Gr.

Grauer Rauhfuß *Leccinum roseofractum* Watl.
Hut: 7–13 cm breit, braungrau bis braunschwarz, zuletzt trocken und in der Mitte in kleine Schuppen zerrissen. **Stiel:** 80 × 25 mm, anfangs weiß mit mausgrauen Schuppen, zur Basis hin zunehmend dunkler grau. **Fleisch:** weiß, allmählich rötlich bis weinrot beim Anschneiden. Geruch und Geschmack unauffällig. **Röhren:** weiß bis leicht ockergelblich. Poren klein, ähnlich gefärbt. Sporenpulver ockerbräunlich. Sporen spindelförmig, 15,5–17,5 × 5–5,5 µm. In lichten Laubwäldern unter Birken. Zerstreut bis selten. August–Oktober. **Eßbar.**

Ⓔ *Leccinum roseofractum* 1/3 nat. Gr.

E **Hainbuchen-Rauhfuß** *Leccinum carpini* 1/2 nat. Gr.

E *Leccinum duriusculum* 1/3 nat. Gr.

Hainbuchen-Rauhfuß *Leccinum carpini* (R. Schulz.) Moser ex Reid
Hut: 3–9 cm breit, blaß lederbraun, tabakbraun oder braunoliv, etwas runzlig und meist stark rissig gefeldert. **Stiel:** 80–90 × 8–11 mm, mit blaßbraunen Schuppen unter dem Hut und mit dunkelbraunen im unteren Stielabschnitt punktiert, an Druckstellen schwärzlich. **Fleisch:** im Stiel weiß bis strohfarben, verfärbt sich beim Anschneiden in der Stielbasis sofort bläulich und rosa-rötlich in allen übrigen Teilen, später in allen Hut- und Stielabschnitten nachschwärzend. **Röhren:** weiß oder cremefarben, beim Anschneiden ziemlich rasch korallen- oder weinrot anlaufend, dann schwärzend. Poren klein, ähnlich gefärbt. Sporenpulver ockerbraun. Sporen spindelförmig, 15–19 × 5–6 µm. Selten in Laubwäldern, besonders unter Hainbuche und Hasel. Juni–August. **Eßbar,** aber wertlos.

Pappelröhrling *Leccinum duriusculum* (Schulz.) Sing.
Hut: 6–15 cm breit, hell zimt- bis lederbraun, leicht filzig-samtig, im Alter nahezu glatt. Huthaut steht über den Rand etwas hinaus. **Stiel:** 80–140 × 20–35 mm, unter dem Hut weißlich, weiter unten bräunlich, mit braunschwarzen oder schwarzen Schuppen besetzt, an der Basis meist blaugrün gefärbt. **Fleisch:** fest, weiß, rosa oder gelblich im Hut, im Stiel rötlich-grau verfärbend und blau-grün, nach bräunlich verblassend, in der Stielbasis, zuletzt einheitlich schwarzfleckig. Geruch und Geschmack unspezifisch. **Röhren:** weißlich, später gelblich. Poren klein, rundlich, weißlich, bei Verletzung olivbraun anlaufend. Sporenpulver olivbraun. Sporen spindelförmig, 14,5–16 × 4,5–6 µm. An feuchten Standorten, meist unter verschiedenen Pappelarten. Juli–Oktober. Verbreitet bis zerstreut. **Eßbar.**

Verschiedenfarbiger Rauhfuß *Leccinum variicolor* Watling
Hut: 5–10 cm breit, getüpfelt oder fleckig mausgrau bis dunkelbraun, anfangs samtig-filzig und trocken, später glatter, aber auch wenig klebrig. **Stiel:** 125–180 × 20–25 mm, weißlich, mit mausgrauen Schuppen, an Druckstellen grünlich-gelb anlaufend. **Fleisch:** im Hut rosa, an der Stielbasis dunkel blaugrün. Geruch und Geschmack angenehm. **Röhren:** weißlich oder cremefarben. Poren klein, rundlich, ähnlich gefärbt, bei Verletzung rosa oder weinrot anlaufend. Sporenpulver tabakbraun bis zimtfarben. Sporen spindelig, 14–20 × 5–6 µm. In Laubwäldern unter Birken. Verbreitet. August–Oktober. **Eßbar.**

Rothautröhrling *Leccinum oxydabile* (Sing.) Sing.
Hut: 7–14 cm breit, leder- bis ockerbraun, in der Mitte meist dunkler, fein samtig oder glatt mit unregelmäßigen, feinen Schuppen. **Stiel:** 60–100 × 20–35 mm, im oberen Teil mit braunen Schuppen besetzt, die nach unten immer dunkler werden. **Fleisch:** fest, beim Anschneiden im Hut leicht rötlich anlaufend, im Stiel mehr gelblich-grün bis bläulich-grün an der Stielbasis. Geschmack und Geruch unauffällig. **Röhren:** allmählich bräunlich. Poren klein, rundlich, gleichfarben, bei Verletzung dunkel ockergelb anlaufend. Sporenpulver ocker- bis tabakbraun. Sporen spindelförmig, 18–19 × 6–6,5 µm. Juni–Oktober. Unter Birken in lichten Laub- und Laubmischwäldern. **Eßbar.**

Brauner Birkenpilz *Leccinum scabrum* (Fr.) S. F. Gray
Hut: 5–15 cm breit, hasel-, grau- oder rötlichbraun, manchmal auch leicht grünlich, weich, feucht etwas klebrig. **Stiel:** 70–200 × 20–30 mm, weißlich oder weißgrau mit braunschwarzen Schuppen. **Fleisch:** weiß, ziemlich weich, wässrig, beim Anschneiden unverändert oder leicht rosa. Geruch und Geschmack angenehm. **Röhren:** schmutzig gelbbraun. Poren klein, rundlich, schmutzig weißlich. Sporenpulver braun. Sporen spindelförmig, 14–20 × 5–6 µm. Einzeln oder in Gruppen nur unter Birken. Formenreich. Neuerdings in mehrere eigene Arten (s. o.) gegliedert. Juni–Oktober. **Eßbar.**

Moor-Birkenpilz *Leccinum holopus* (Rostk.) Watl.
Hut: 4–7(10) cm breit, schmutzigweiß bis blaß lederfarben, im Alter etwas dunkler und leicht grünlich angehaucht, glatt, feucht leicht klebrig. **Stiel:** 80–110 × 8–15(30) mm, weiß oder blaß lederfarben, mit weißlichen, später zimtbraun verfärbenden Schuppen. **Fleisch:** weich, weiß, an der Stielbasis blaugrün, sonst leicht rosa und unverfärbt. Geschmack und Geruch angenehm. **Röhren:** weiß bis lehmbraun. Poren ähnlich gefärbt, bei Verletzung leicht zimtfarben verfärbend. Sporenpulver zimtbräunlich. Sporen spindelförmig, 17,5–20 × 5,5–6,5 µm. Im Moor unter Birken. Juni–Oktober. Zerstreut. **Eßbar,** aber wertlos.

E **Verschiedenfarbiger Rauhfuß** *Leccinum variicolor ½ nat. Gr.*

E **Rothautröhrling** *Leccinum oxydabile* ½ nat. Gr.

E **Brauner Birkenpilz** *Leccinum scabrum* ½ nat. Gr.

E **Moor-Birkenpilz** *Leccinum holopus* ½ nat. Gr.

E **Butterpilz** *Suillus luteus* $^{1}/_{1}$ nat. Gr.

Suillus Pilze aus der Gruppe der Röhrlinge mit meist stark klebrigem Hut und Stielringen. Netzförmige Überzüge auf den Stielen wie bei *Boletus* fehlen. Alle Arten wachsen nur unter Nadelbäumen. 10 Arten in Mitteleuropa.

Butterpilz *Suillus luteus* (Fr.) S. F. Gray
Hut: 5–10 cm breit, kastanien- oder schokoladenbraun, feucht schleimig. Huthaut kann leicht abgelöst werden; trocken leicht glänzend. **Stiel:** 50–100 × 20–30 mm, im oberen Teil blaß strohgelb mit dunkleren, schwärzlichen Punkten, unterhalb des großen, weißlichen Ringes schmutzigweiß bis rötlichbraun. **Fleisch:** weiß, an der Stielbasis oft etwas rötlich. Geruch und Geschmack unauffällig. **Röhren:** zitronen- bis strohgelb. Poren klein, rundlich, ähnlich gefärbt oder etwas stärker bräunlich. Sporenpulver ockerbraun. Sporen länglich elliptisch, 7–10 × 3–5,5 µm. Häufig unter Kiefern. Mai–November. Ausgezeichneter Speisepilz. **Eßbar.**

Kuhpilz *Suillus bovinus* (Fr.) O. Kuntze
Hut: 3–10 cm breit, lehm- oder leicht rötlich- bis ockerbraun, mit deutlichem weißem Rand, mit klebrigem, blassem Belag, feucht schlüpfrig, trocken etwas glänzend. **Stiel:** 40–60 × 5–8 mm, hutfarben, am Grunde mit rosafarbenem Mycel. **Fleisch:** weißlich oder gelblich, beim Anschneiden schwach blau oder rosa verfärbend, sehr elastisch. Geschmack süßlich. Geruch obstartig. **Röhren:** grau-rötlich. Poren groß, unregelmäßig, eckig, bald ockerfarben. Sporenpulver olivbraun. Sporen elliptisch, 8–10 × 3–4 µm. In Gruppen in sandigen Kiefernwäldern, meist an Waldrändern und Wegen. Juli–November. **Eßbar.**

Netzhutröhrling *Suillus fluryi* Huijsman
Hut: 3–10 cm breit, rötlichbraun, mit einem auffälligen Netzwerk purpurrötlicher oder dunkler brauner Streifen überspannt. **Stiel:** 25–100 × 15–30 mm, am Grunde zugespitzt, gelblich mit schuppigen, purpurbraunen Flekken. **Fleisch:** hellgelb, unterhalb der Huthaut und an der Stielbasis ziemlich rasch rötlich anlaufend. Geruch und Geschmack unspezifisch. **Röhren:** zitronengelb, unverfärbt. Poren klein, rundlich, unregelmäßig, anfangs blaßgelb, später ocker-zimtfarben. Sporenpulver ockerbräunlich. Sporen zylindrisch, 7,8–11 × 3,3–4,3 µm. In Nadelwäldern unter Fichten und Kiefern. September–Oktober. Verbreitungsgebiet ungenügend bekannt. **Ungenießbar!**

Moor-Röhrling *Suillus flavidus* (Fr.) Sing.
Hut: 2–6 cm breit, ausgebreitet, gebuckelt, schmutzig ledergelb, feucht etwas schmierig, trocken glänzend, fleischig. **Stiel:** 50–75 × 5–8 mm, oberhalb des braunen Ringes strohgelb, unterhalb lederfarben. **Fleisch:** blaßgelb, beim Anschneiden ziemlich einheitlich weinrötlich. Geschmack und Geruch unspezifisch. **Röhren:** herablaufend, kräftig gelb. Poren groß, unregelmäßig, eckig, röhrenfarben. Sporenpulver ockerbraun. Sporen länglich elliptisch, 8–10 × 3,5–4,5 µm. In anmoorigen, nassen Flächen unter verschiedenen Kiefernarten. Meist im Gebirge. August–Oktober. **Eßbar.**

Ⓔ **Kuhpilz** *Suillus bovinus* 2/3 nat. Gr.

Ⓤ *Suillus fluryi* 1/3 nat. Gr.

Ⓔ *Suillus flavidus* 1/2 nat. Gr.

E **Goldröhrling** *Suillus grevillei* ½ nat. Gr.

Sandröhrling, Semmelpilz *Suillus variegatus* (Fr.) O. Kuntze
Hut: 6–13 cm breit, ausladend gewölbt, rostbraun bis braungelb, mit dunkleren, kleinen, schmalen Schuppen gesprenkelt, anfangs leicht samtig, später etwas schmierig, bei feuchtem Wetter sehr klebrig. **Stiel:** 50–90 × 15–20 mm, ockergelblich, im oberen Teil heller gelb, an der Stielbasis rostfarben. **Fleisch:** im Hut blaßgelb, dunkler gelb im Stiel, in der Nähe der Röhren zuweilen auch leicht bläulich. Geschmack mild. Geruch stark pilzig. **Röhren:** dunkelgelblich bis lederfarben. Poren etwas eckig, groß, zuletzt grau-olivbraun. Sporenpulver olivbraun. Sporen länglich elliptisch, 9–11 × 3–4 µm. Meist in größeren Gruppen gesellig in Nadelbeständen, besonders unter Kiefern. Juli–September. **Eßbar.**

Rostroter Lärchenröhrling *Suillus tridentinus* (Bres.) Sing.
Hut: 5–12 cm breit, orange- oder rötlichbraun mit dunkleren, angedrückten, undeutlichen Schuppen, von einer gelblichen Schleimschicht überzogen. **Stiel:** 40–75 × 12–20 mm, weißlich bis hellgelb unter dem Hut, im unteren Teil bräunlich oder rötlich fleckig, mit rostfarbener, netzähnlicher Zeichnung und einem hellgelben Ring. **Fleisch:** blaß zitronengelb, beim Anschneiden an der Luft schwach rötlich verfärbend. Geschmack und Geruch angenehm. **Röhren:** 1–5 mm lang, leicht herablaufend, gelb bis orange, zuletzt rostbraun. Poren eckig, gelborange, später dunkel rostbraun. Sporenpulver gelblichbraun. Sporen elliptisch, 10 × 13 × 4–5 µm. In Gruppen oder einzeln unter Lärchen. Besonders im Gebirge (Alpen) weit verbreitet und recht häufig. September–Oktober. **Eßbar.**

Goldröhrling *Suillus grevillei* (Klotsch) Sing.
Hut: 3–10 cm breit, chrom- bis goldgelb, anfangs orangebraun, feucht sehr schleimig, gut abziehbar, trocken etwas glänzend. **Stiel:** 50–70 × 15–20 mm, oberhalb des Ringes gelb und punktiert oder zuweilen netzig, im unteren Stielabschnitt bräunlich-rötlich. **Fleisch:** im Hut blaßgelb, chromgelb im Stiel. Geruch und Geschmack nicht auffällig. **Röhren:** blaßgelb. Poren klein, eckig, blaßgelb, bei Verletzung rostbraun anlaufend. Sporenpulver braun. Sporen spindelig- elliptisch, 8–11 × 3–4 µm. Wächst in Gruppen ausschließlich unter Lärchen. Juli–November. **Eßbar.**

Körnchenröhrling *Suillus granulatus* (Fr.) O. Kuntze
Hut: 3–9 cm breit, rostbraun bis ockergelb, feucht klebrig, sonst glatt und leicht glänzend. **Stiel:** 35–80 × 7–10 mm, zitronengelb, im unteren Teil leicht rötlich oder kräftiger rot, oben mit bleichen Schuppen besetzt, die eine milchige Tröpfchenflüssigkeit ausscheiden. **Fleisch:** zitronengelb, im Stiel etwas dunkler gelb. Geruch und Geschmack schwach, aber angenehm. **Röhren:** blaßgelb, bei Verletzung unverändert. Poren klein, ähnlich gefärbt, milchige Tröpfchen absondernd. Sporenpulver braun. Sporen elliptisch, 8–10 × 2,5–3,5 µm. Stellenweise sehr zahlreich in Nadelwäldern unter Kiefern und Fichten. Mai–Oktober. Guter Speisepilz. **Eßbar.**

Grauer Lärchenröhrling *Suillus aeruginascens* (Secr.) Snell.
Hut: 3–9 cm breit, dünn, ausgebreitet, weißlich-hellbraun, zuweilen mit olivfarbener Tönung, etwas runzlig, bei feuchtem Wetter sehr schlüpfrig. **Stiel:** 50–90 × 10–16 mm, weißlich-strohfarben, oberhalb des olivbraunen Ringes gelblich-grün und mit grauer Netzzeichnung, weiter unterhalb klebrig und ockerbräunlich. **Fleisch:** cremefarben, beim Anschneiden sehr rasch bläulich-grün anlaufend, besonders an der Stielbasis. Geschmack und Geruch unauffällig. **Röhren:** etwas herablaufend, anfangs schmutzigweiß, später gelblich-rötlich überflogen. Poren groß, eckig, unregelmäßig, ähnlich gefärbt und bei Verletzung schmutzig grünlich anlaufend. Sporenpulver braunrötlich. Sporen elliptisch, 10–12 × 4–5,5 µm. Einzeln oder in kleinen Gruppen unter Lärchen. Juli–Oktober. Nicht sehr häufig. **Eßbar.** Mittelmäßiger Speisepilz.

Ⓔ **Körnchenröhrling** *Suillus granulatus* 2/3 nat. Gr.

Ⓔ **Sandröhrling** *Suillus variegatus* 1/2 nat. Gr.

Ⓔ **Rostroter Lärchenröhrling** *Suillus tridentinus* 2/3 nat. Gr.

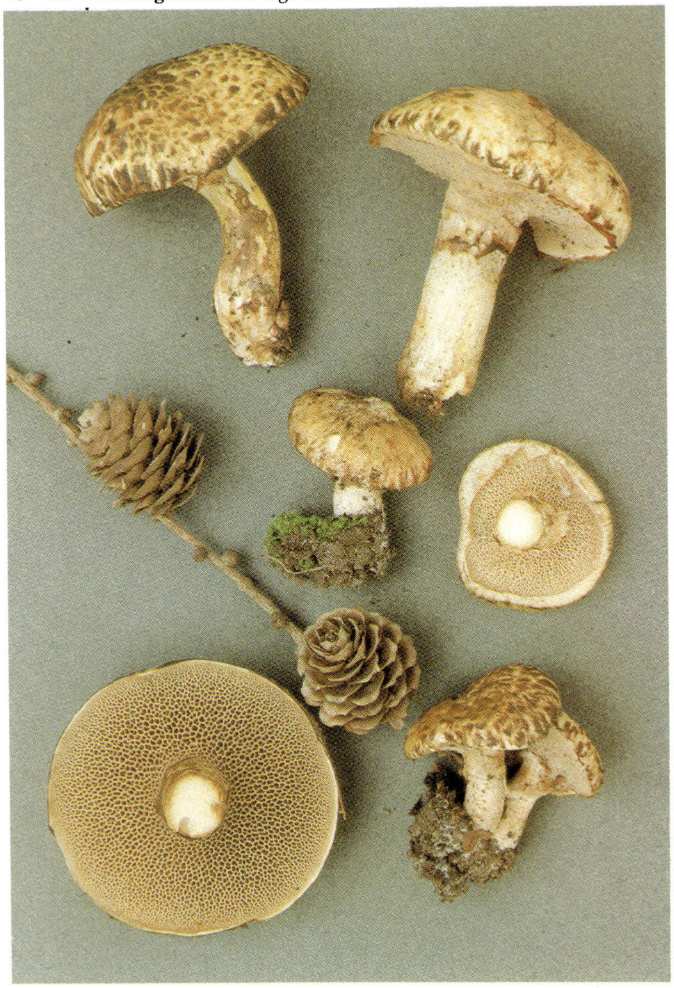

Ⓔ **Grauer Lärchenröhrling** *Suillus aeruginascens* 2/3 nat. Gr.

Ⓔ **Schuppiger Porling** *Polyporus squamosus* 1/3 nat. Gr.

Ⓔ *Polyporus squamosus,* junges Exemplar 1/3 nat. Gr.

Porlinge

Schuppiger Porling *Polyporus squamosus* Huds. ex Fr.
Hut: 5–60 cm breit, 0,5–5 cm dick, anfangs kreisrund oder fächerförmig, ockergelb, mit dunkelbraunen, angedrückten Schuppen in konzentrischen Reihen. **Stiel:** 30–100 × 20–60 mm, seitlich oder zuweilen exzentrisch angebracht, zur Basis schwärzlich. **Fleisch:** 1–3 cm dick, anfangs frisch, später korkig, weiß. Geruch und Geschmack mehlig. **Röhren:** weiß, 5–10 mm lang, etwas herablaufend. Poren eckig, unregelmäßig, weißlich bis gelblich-cremefarben. Sporenpulver weiß. Sporen länglich-elliptisch, 10–15 × 4–5 µm. Zahlreich und oft büschelig auf lebenden und abgestorbenen Stämmen von Laubbäumen, besonders auf Weiden und Nußbäumen. Einjährig. Mai–August. **Junge Fruchtkörper eßbar.**

Schwarzfußporling *Polyporus badius* (Pers. ex S. F. Gray) Schur.
Hut: 5–20 cm breit, trichterförmig, am Rande oft lappig und gebogen, anfangs klebrig, später trocken-glatt und etwas glänzend, blaß grau- bis kastanienbraun, in der Mitte etwas dunkler, sehr dünn. **Stiel:** 20–35 × 5–15 mm, meist exzentrisch ansitzend, zumindest am Grunde schwarz. Geschmack bitter. **Röhren:** 0,5–2,5 mm lang, weißlich oder cremefarben, herablaufend. Poren klein, rundlich, etwa 4–7 pro mm². Sporenpulver weiß. Sporen länglich elliptisch, 5–9 × 3–4 µm. Auf Stämmen verschiedener Laubbäume, besonders auf Pappeln und Weiden in der Weichholzaue. Einjährig. Mai–August. **Ungenießbar!**

Veränderlicher Porling *Polyporus varius* Pers. ex Fr.
Hut: 1–10 cm breit, trichter- oder unregelmäßig nierenförmig, oberhalb des Stiels flach gedrückt und am Rande oft lappig und gewellt, ocker- bis tabakbraun, strahlig gestreift. **Stiel:** 5–30 × 5–15 mm, seitlich oder leicht exzentrisch ansitzend, an der Basis braunschwarz. **Fleisch:** junger Fruchtkörper weiß, später korkig, zäh, lederig und etwas dunkler. Geschmack leicht bitter. Geruch unauffällig. **Röhren:** 0,5–2,5 mm lang, herablaufend, weißlich bis cremefarben. Poren etwa 4–7 pro mm², rundlich, blaßbraun. Sporenpulver weiß. Sporen elliptisch bis spindelförmig, 5–9 × 3–4 µm. Wächst auf liegenden Ästen, Stämmen und Stümpfen von Laubbäumen, meist auf Linden und Buchen. Besonders im Bergland verbreitet. Einjährig. Juni–September. **Ungenießbar!**

Maiporling *Polyporus ciliatus* Fr. ex Fr.
Hut: 1–12 cm breit, anfangs gewölbt, später flacher ausgebreitet und in der Mitte stärker eingedellt, oft wellig und am Rand umgebogen, grau-, rost- oder tabakbraun, kahl oder ein wenig borstig, besonders zum Rand. **Stiel:** 20–40 × 2–7 mm, meist in der Mitte ansitzend und oft gekrümmt, zur Basis verdickt, gelblich-braun bis braun. **Fleisch:** weiß, lederig. **Röhren:** 0,5–2 mm lang, leicht herablaufend, weißlich bis blaßbraun. Poren etwa 4–6 pro mm², rundlich. Sporenpulver weiß. Sporen fast zylindrisch, 5–6 × 1,5–2,5 µm. Meist zahlreich auf den am Boden liegenden Ästen oder auf Stümpfen von Birken und Buchen. März–Dezember. Einjährig. **Ungenießbar!** **Der Winter-Porling** *(Polyporus brumalis)* ist sehr ähnlich, kann aber anhand seiner wesentlich größeren Poren leicht unterschieden werden.

Dauerporling *Coltricia perennis* (L. ex Fr.) Murr.
Hut: 2–8 cm breit, in der Mitte eingedrückt, oberseits dicht samtig, im Alter zunehmend kahl, zimt- bis rostbraun, in konzentrischen Kreisen gestreift. **Stiel:** 15–30 × 2–10 mm, meist zentral ansitzend, gewöhnlich aber mit Stielen von Nachbarpilzen verbunden und dann etwas aus der Mitte gerückt, rostig braun und fein samtig. **Fleisch:** braun. Geschmack und Geruch unauffällig. **Röhren:** 0,5–3 mm lang, herablaufend. Poren etwa 2–3 pro mm², unregelmäßig eckig, zimtbraun, anfangs weißlich bereift. Sporenpulver ockergelblich. Sporen elliptisch, 6–9 × 4–5 µm, dextrinoid. Stellenweise häufig auf dem Waldboden an sandigen Stellen oder zwischen Heidekraut. Mai–November. Einjährig. **Ungenießbar!**

Schwarzfußporling *Polyporus badius* 1/2 nat. Gr.

Veränderlicher Porling *Polyporus varius* 2/3 nat. Gr.

Maiporling *Polyporus ciliatus* 1/1 nat. Gr.

Dauerporling *Coltricia perennis* 1/2 nat. Gr.

Ⓤ *Polyporus floccipes* 1/2 nat. Gr.

Zäher Porling *Polyporus floccipes* Rostk.
Hut: 2–10(15) cm breit, halbkreis- oder kreisförmig, oberhalb der Befestigungsstelle niedergedrückt, gelblich-cremefarben bis hell zimtbraun, mit haarigen, dunkelspitzigen Schuppen, dick, fleischig. **Stiel:** 5–60 × 5–15 mm, seitlich, exzentrisch oder in der Mitte ansitzend, am Grunde mit Büscheln weißer, steifer Haare. **Fleisch:** weiß. **Röhren:** sehr kurz, am Stiel weit herablaufend, blaß bis cremefarben. Poren 2–2,5 × 1–1,5 mm, länglich oder polygonal, ockergelblich. Sporenpulver weiß. Sporen elliptisch-zylindrisch, 9–14 × 4–5,5 µm. Auf abgestorbenen, herabgefallenen Zweigen verschiedener Laubbäume. April–Juni. Einjährig. **Ungenießbar!**

Eichhase *Grifola umbellata* Pers. ex Fr. (= *Polyporus umbellatus*)
Fruchtkörper: sehr büschelig, bis 50 cm breit, mit dicker, fleischiger Basis und mehreren Verzweigungen, die in kleine, aufgeschirmte Hutgebilde enden, diese etwa 1–4 cm breit, dünn, in der Mitte eingedrückt, am Rande gewellt, graubraun bis ockerbräunlich, mit feinen Fasern überzogen. **Stiel:** dünn, hutfarben, am Grunde zur knolligen, stammähnlichen Basis verwachsen. **Fleisch:** in den Hüten dünn, weiß. Geschmack zunächst angenehm, mit etwas säuerlichem Nachgeschmack. Geruch frischer Pilze angenehm. **Röhren:** 1–1,5 mm lang, am Stiel herablaufend, strohgelb. Poren um 1 mm² groß, eckig. Sporen zylindrisch bis elliptisch, 7–10 × 3–4 µm. An der Basis alter Laubbäume, vor allem an Eichen, bildet bis 4 kg schwere Büschel. Juli–September. **Eßbar.**

Klapperschwamm, Laubporling *Grifola frondosa* (Dicks. ex Fr.) S. F. Gray
Fruchtkörper: 15–40 cm breit, annähernd kugelig, aus einer zentralen Achse mit mehreren Verzweigungen aufgebaut, an deren Enden kleine hutähnliche Gebilde von Zungenform, diese 4–10 cm groß, 0,5–1 cm dick, lederig, am Rande gewellt, grau- oder olivbraun. **Stiel:** blaßgrau oder cremefarben. **Fleisch:** weiß. Geschmack junger Exemplare angenehm mild, später säuerlich. Geruch erinnert an Mäuse. **Röhren:** etwa 2–3 mm lang, weit herablaufend, weißlich. Poren etwa 0,5 mm weit, rundlich oder wenig eckig, im Stielbereich größer und unregelmäßiger. Sporen elliptisch, 5,5 × 7 × 3,5–4,5 µm. Parasitisch am Grund alter Laubbäume, vor allem an Eichen und Buchen. Verbreitet bis selten. **Eßbar.**

Riesen-Porling *Meripilus giganteus* (Pers. ex Fr.) Karst.
Fruchtkörper: 50–80 cm breit, meist aus mehreren rosettig oder dachziegelartig aus einer gemeinsamen Basis hervorbrechenden Einzelhüten bestehend, diese fächer- oder halbkreisförmig, etwa 10–30 cm breit und 1–2 mm dick, strahlig gefurcht und mit konzentrischen Zonen heller oder dunkler brauner Bänder, am gemeinsamen Stamm mit kurzen Stielen ansitzend. **Fleisch:** weiß, weich, faserig. Geschmack säuerlich. Geruch angenehm. **Röhren:** 4–6 cm lang, weißlich. Poren rundlich, etwa 3–4 pro mm², verfärben sich bei Verletzung schwärzlich. Sporen breit oval, 5,5–6,5 × 4,5–5 µm. Recht häufig auf Stümpfen von Buchen und Eichen. August–Oktober. Einjährig. **Ungenießbar!**

Ⓔ **Eichhase** *Grifola umbellata* 1/3 nat. Gr.

Ⓔ **Klapperschwamm** *Grifola frondosa* 1/3 nat. Gr.

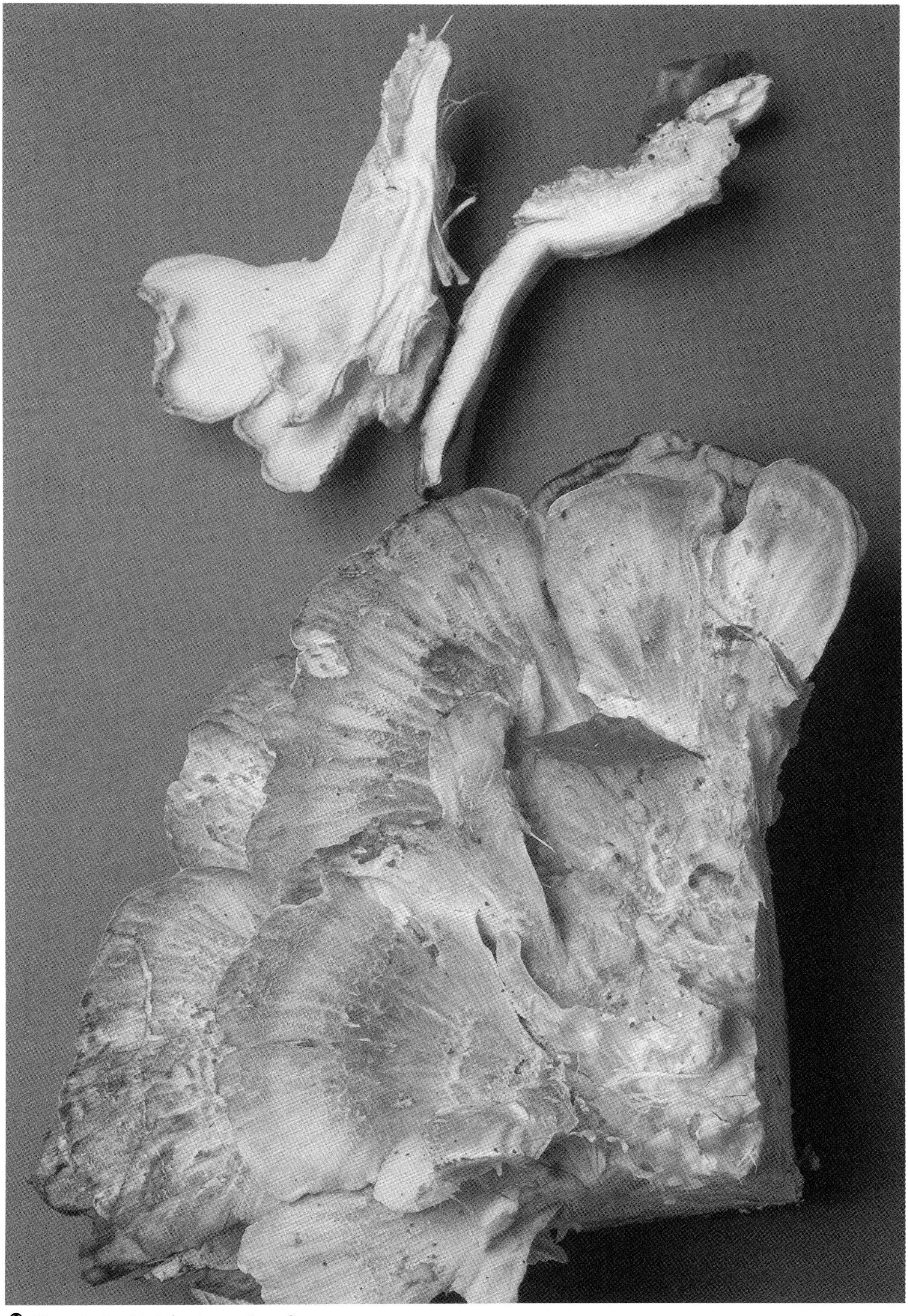

U **Riesen-Porling** *Meripilus giganteus* 2/3 nat. Gr.

Ⓤ **Kiefern-Braunporling** *Phaeolus schweinitzii* 1/3 nat. Gr.

Ⓤ *Pycnoporus cinnabarinus* 2/3 nat. Gr.

Ⓤ *Thelephora multizonata* 1/3 nat. Gr.

Kiefern-Braunporling *Phaeolus schweinitzii* (Fr.) Pat.
Hut: 10–30 cm breit, manchmal unförmig kissenartig, häufiger jedoch rundlich und etwas eingedellt, anfangs weich und schwammig, zunehmend brüchig, oberseits rauhhaarig, zunächst konzentrisch gefurcht und rinnig, dunkel schwefelgelb, später rost- bis dunkelbraun und zuletzt fast schwarz. **Stiel:** braun, sehr kurz und gedrungen. **Fleisch:** rostbraun, faserig. **Röhren:** 3–6 mm lang, herablaufend, gleichfarben mit der Hutoberseite. Poren 0,3–2,5 mm weit, rundlich, eckig oder unregelmäßig, gelblich bis maronenbraun, oft im Licht etwas glitzernd. Sporenpulver weißlich. Sporen oval-elliptisch, 5,5–7,5 × 3,5–4 µm. Meist auf Nadelholzstümpfen oder tief am Boden auf den Wurzeln. August–Oktober. Verbreitet. **Ungenießbar!**

Zinnoberschwamm *Pycnoporus cinnabarinus* (Jaqu. ex Fr.) Karst.
Fruchtkörper: 3–11 × 2–8 cm groß, etwa 0,5–1,5 cm dick, halbkreisförmig oder fächerig, lederig, später korkig, oberseits anfangs fein haarig, später glatt oder runzlig, orange- bis zinnoberrot, im Alter weniger leuchtend gefärbt. **Röhren:** 2–6 mm lang, blaß orange. Poren 2–3 pro mm^2, rundlich oder eckig, zinnoberrot. Sporenpulver weiß. Sporen länglich-elliptisch, 4,5–6 × 2–2,5 µm. Wächst auf abgestorbenen Ästen verschiedener Laubbäume, besonders gerne auf Kirsche, Buche und Birke. Selten. August–Oktober. **Ungenießbar!**

Büscheliger Warzenpilz *Thelephora multizonata* Berk. & Br.
Fruchtkörper: 5–20 cm breit, rosettig, aus zahlreichen dünnen, lederigen, aufrechten Lappen von fleischrötlicher oder bräunlicher Färbung mit dunkleren Bändern, die von einem gemeinsamen Stamm ausgehen. **Fleisch:** zäh und lederig. Sporenbildende Fläche blaß-, zuweilen auch graubraun. Sporenpulver weiß. Sporen breit elliptisch, 4,5–6 × 4–5 µm. Wächst auf der Erde in Laubwäldern. Selten bis zerstreut. September–Dezember. **Ungenießbar!**

Schwefelporling *Laetiporus sulphureus* (Bull. ex Fr.) Murr.
Hut: 5–30 cm breit, fächerförmig oder unregelmäßig halbkreisförmig, dick und fleischig, meist in größerer Anzahl neben- und übereinander, oberseits samtig-filzig, uneben-bucklig, sattgelb oder gelborange, trocken etwas heller, am Rand stumpf gerundet. **Fleisch:** zunächst weich und saftig, später trocken und runzlig, gibt beim Zusammenpressen eine gelbliche Flüssigkeit ab. Geschmack angenehm und leicht säuerlich. Geruch stark pilzig. **Röhren:** 1,5–3 mm lang, schwefelgelb. Poren rundlich oder oval, gleichfarben. Sporenpulver weiß. Sporen elliptisch bis breit oval, 5–7 × 3,5–4,5 µm. Häufig auf lebenden und abgestorbenen Laubbäumen (meist auf den Stämmen), besonders auf Eichen, Weiden und Pappeln, verursacht die rotbraune Würfelfäule. Einjährig. Mai–August. **Junge Fruchtkörper gelten als eßbar.**

E **Schwefelporling** *Laetiporus sulphureus* 2/3 nat. Gr.

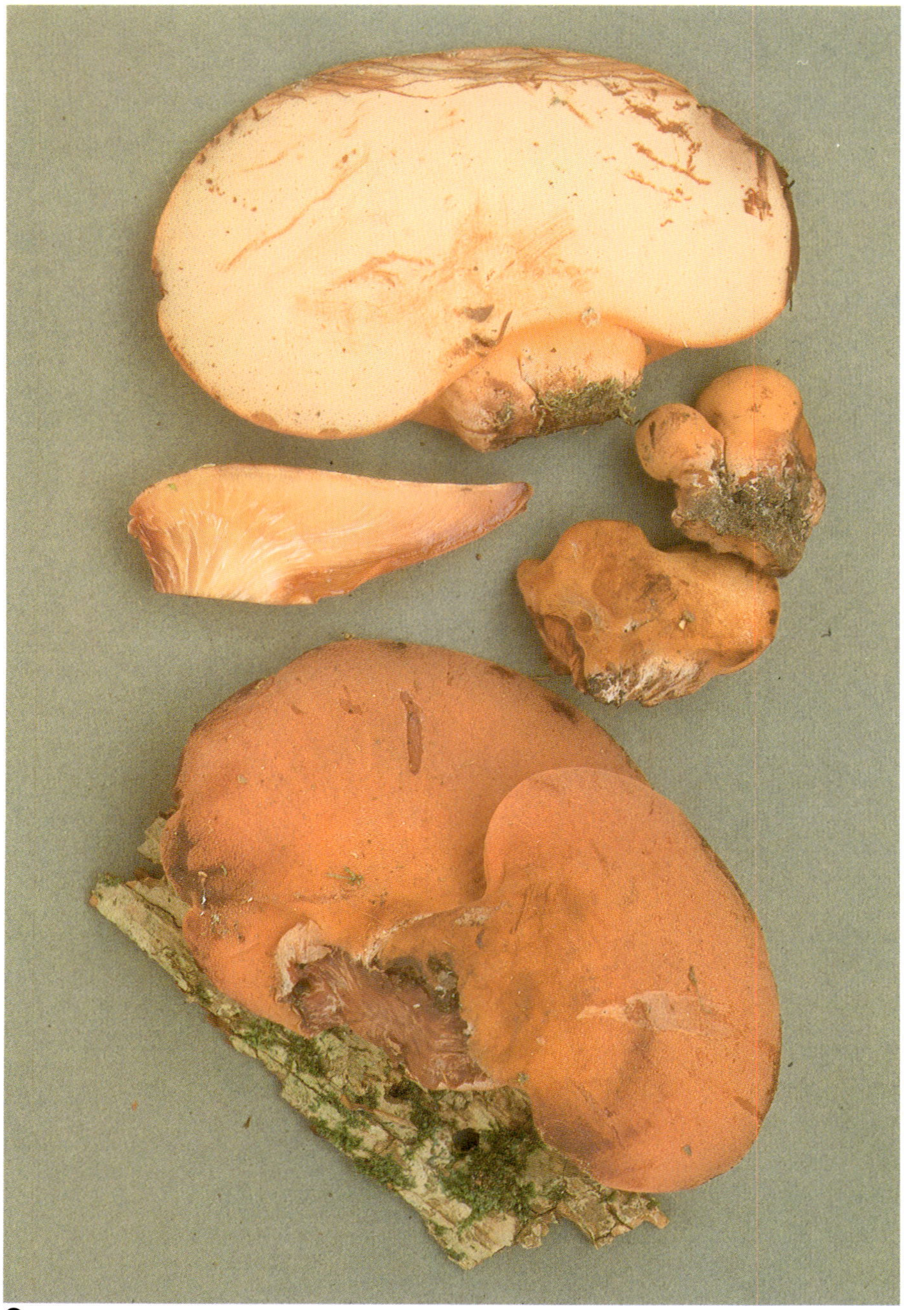

E **Leberpilz** *Fistulina hepatica* 1/2 nat. Gr.

U *Hapalopilus nidulans* 1/3 nat. Gr.

U *Heteroporus biennis* 1/2 nat. Gr.

Leberpilz *Fistulina hepatica* Schaeff. ex Fr.
Hut: 10–25 cm breit, 2–6 cm dick, meist einzeln, zungenförmig, mitunter mit sehr kurzem Stiel, oberseits meist etwas feucht bis klebrig, grob kurzborstig, später kahl, rot bis braunrot oder purpurbraun. **Fleisch:** dick und saftig, fleischrot, faserig, heller geadert, mit ausfließender roter Flüssigkeit, erinnert an rohe Leber. Geschmack leicht säuerlich. Geruch angenehm. **Röhren:** 10–15 mm lang, weißlich bis gelblich, einzeln nebeneinander, aber zusammenhängend. Poren etwa 3 pro mm^2, rundlich, zunächst weißlich, bei Verletzung rötlich anlaufend. Sporenpulver blaßgelblich. Sporen eiförmig-kugelig, 4,5–6 × 3–4 µm, glatt, dextrinoid. Meist an der Basis von Laubholzstümpfen und -stämmen, besonders an Eichen und Eßkastanien. Juli–September. **Eßbar.** Verursacht die Braunfäule des Holzes. Befallene Eichen zeigen ein wesentlich dunkleres Holz und sind deswegen von der Furnierindustrie besonders begehrt.

Zimtfarbiger Weichporling *Hapalopilus nidulans* (Fr.) Karst.
Hut: etwa 5–10 × 2–4 cm groß, 1–4 cm dick, fächerförmig, oberseits samtig bis glatt, ocker- bis zimtbraun. **Fleisch:** zimtfarben, zur Huthaut etwas blasser. Geruch süßlich. **Röhren:** etwa 10 mm lang, gelblich. Poren 2–4 pro mm^2, eckig, gelblich bis zimtbraun. Sporen elliptisch bis zylindrisch, 3,5–5 × 2–3 µm. KOH verfärbt alle Teile des Pilzes leuchtendviolett. Wächst meist auf den Ästen verschiedener Laubbäume, vor allem von Linden, Eschen, Eichen und Birken. Juli–Oktober. **Ungenießbar!**

Rötender Wirrling *Heteroporus biennis* (Bull. ex Fr.) Laz.
Hut: 3–9 cm breit, 0,5–1,5 cm dick, von wenig festgelegter Form, unregelmäßig muschelig oder rosettig, oft auch in unförmigen Massen zusammenstehend, flach bis schüsselförmig, oberseits samtig-filzig, weißlich bis rötlich. **Röhren:** 2–6 mm lang, herablaufend. Poren 1–2 pro mm^2, eckig, unregelmäßig zerrissen und etwas gezähnt, weißlich, bei Verletzung rötlich anlaufend. Sporen elliptisch-oval, 4–7 × 3,5–4,5 µm. Außer den normalen Basidiosporen produziert der Pilz auch ähnlich geformte Chlamydosporen im Fleisch und im Hymenium. Wächst am Grunde verschiedener Laubbäume auf Holzabfall, Stümpfen oder Aststücken. Verbreitet. September–November. **Ungenießbar!**

Glänzender Lackporling *Ganoderma lucidum* (Curt. ex Fr.) Karst.
Hut: 10–25 cm breit, 2–3 cm dick, rundlich oder nierenförmig, mit seitlich ansitzendem Stiel, konzentrisch furchig-rinnig, orange- oder ockerbraun bis fuchsigrot oder fast schwarz, auffällig glänzend, wie lackiert aussehend, am Rand weißlich oder gelb. **Stiel:** bis 250 × 10–30 mm, dunkelbraun, glänzend. **Röhren:** 0,5–2 mm lang. Poren etwa 4–5 pro mm^2, rundlich, weiß bis cremefarben, zuletzt tabakbraun, anfangs bei Verletzung nachdunkelnd. Sporenpulver rostfarben. Sporen elliptisch-oval, 7–13 × 6–8 µm. Auf Stämmen und Stümpfen verschiedener Laub- und Nadelbäume, auch außerhalb des Waldes über Wurzeln auf Wiesen. Ganzjährig. **Ungenießbar.**

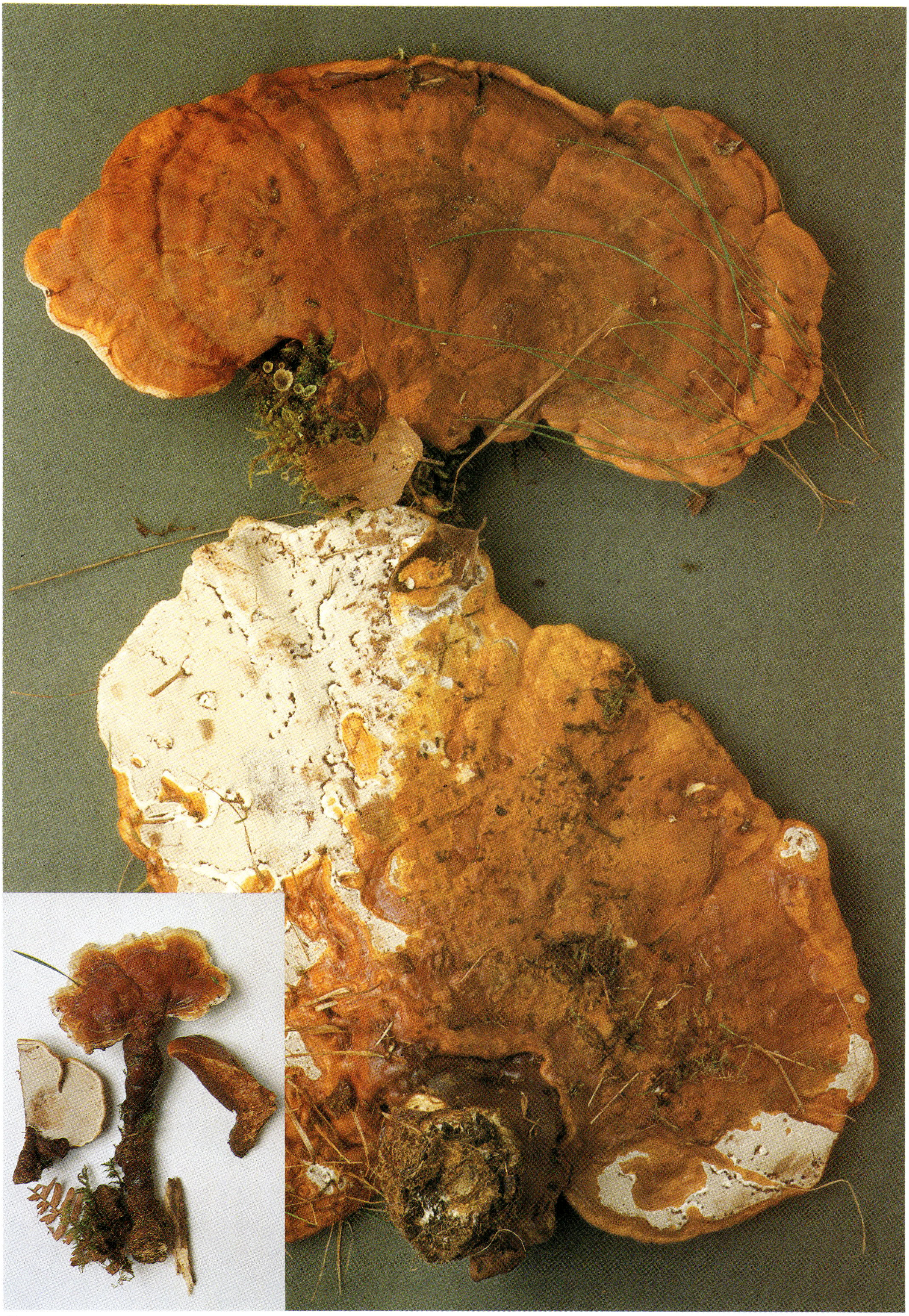

U *Ganoderma lucidum* 1/4 nat. Gr.

U Glänzender Lackporling *Ganoderma lucidum* 2/3 nat. Gr.

Ⓤ **Harziger Lackporling** *Ganoderma resinaceum* 1/4 nat. Gr.

Ⓤ **Flacher Lackporling** *Ganoderma applanatum* 1/4 nat. Gr.

Ⓤ **Krustiger Lackporling** *Ganoderma adspersum* 1/3 nat. Gr.

Ⓤ **Wurzelschwamm** *Heterobasidion annosum* 1/4 nat. Gr.

Harziger Lackporling *Ganoderma resinaceum* Boud. ex Pat.
Hut: 10–45 cm breit und an der Ansatzstelle bis 10 cm dick, sitzend, halbkreis- oder nierenförmig, oberseits konzentrisch gefurcht und rinnig, auffallend lackiert glänzend, rot- bis maronenbraun oder fast schwärzlich, am Rand stumpf und heller. **Fleisch:** weich, blaß holzfarben. **Röhren:** 5–20 mm lang, rostbraun. Poren 2–3 pro mm^2, rundlich, blaßgrau, bei Verletzung bräunlich anlaufend. Sporenpulver braun. Sporen elliptisch, an einem Ende stumpfer, 9–11 × 5–7 µm. Vor allem auf den Stümpfen verschiedener Eichenarten, meist in Laubwäldern. Ganzjährig. **Ungenießbar!**

Flacher Lackporling *Ganoderma applanatum* (Pers. ex Wallr.) Pat.
Hut: 10–60 × 5–30 cm groß, etwa 2–8 cm dick, mehr oder weniger flach, halbkreisförmig, hart, korkig, kahl, am Rande spitz, oberseits höckerig und rinnig gefurcht, blaß-, grau- oder dunkelbraun in Zonen. **Fleisch:** zimtbraun, dünner als die Röhrenschicht. Geschmack bitter. **Röhren:** 7–25 mm lang, braun. Poren 4–5 pro mm^2, rundlich, weiß, bei Verletzung braun anlaufend. Sporenpulver braun. Sporen eiförmig-elliptisch, ornamentiert, an einem Ende stumpfer, 6,5–8,5 × 4,5–6 µm. Häufig auf lebenden und abgestorbenen Laubhölzern wie Hainbuche, Buche und Birke, selten auf Nadelhölzern. Mehrjährig. **Ungenießbar!** Häufig mit der folgenden Art verwechselt:

Krustiger Lackporling *Ganoderma adspersum* (Schulz.) Donk.
Hut: 7–60 × 5–25 cm groß, um 3–30 cm dick, oberseits mit dicker, brauner, höckriger Kruste, die konzentrisch gefurcht ist, am Rande stumpf und dick, während des Wachstums hell. **Fleisch:** dunkelbraun, dicker als die Röhrenschicht. **Röhren:** in verschiedenen Schichten, rötlichbraun. Poren 3–4 pro mm^2, rundlich, weiß bis blaß ockergelblich, verfärben sich bei Verletzung oder an Druckstellen dunkler. Sporenpulver braun. Sporen elliptisch, an einem Ende stumpfer, 8–13 × 5,5–9 µm. Wächst parasitisch auf verschiedenen Laubbäumen, meist am unteren Ende der Stümpfe oder Stämme. Mehrjährig. **Ungenießbar!**

Ⓤ **Birkenporling** *Piptoporus betulinus* 2/3 nat. Gr.

Ⓤ *Heterobasidion annosum* junges Exemplar 1/4 nat. Gr.

Wurzelschwamm *Heterobasidion annosum* (Fr.) Bref.
Fruchtkörper: unregelmäßig geformt, meist in aufgewölbten oder unförmig verdichteten Massen, etwa 5–30 × 3–15 cm groß, 1–2 cm dick, oberseits uneben und höckrig mit verharzter Rinde, kastanienbraun bis rotbraun, randlich dünn, flach, weiß. **Fleisch:** weißlich bis blaß cremebraun. Geruch stark pilzig. **Röhren:** 2–5 mm lang in jeder Jahreszuwachsschicht, weiß oder hell ockerfarben. Poren 2–4 pro mm^2, rundlich, eckig oder unregelmäßig, zuletzt bräunlich. Sporenpulver weiß. Sporen oval, 4,5–6 × 3,5–4,5 µm. Wächst meist in Hohlräumen von Baumstümpfen und auf Wurzeln von Nadelbäumen, meist Fichten, sehr selten auch auf Laubholzresten. Mehrjährig. **Ungenießbar!**

Birkenporling *Piptoporus betulinus* (Bull. ex Fr.) Karst.
Hut: 10–20 cm breit, etwa 2–6 cm dick, anfangs fast kugelig, später hufeisen- oder nierenförmig ausgebreitet, oft auch mit sehr kurzem Stiel, am Rande dick und gerundet, oberseits mit leicht abziehbarer Haut, glatt, anfangs weißlich, später fleischfarben-graubraun. **Fleisch:** weiß, elastisch, zäh. Geschmack leicht bitter. Geruch stark, aber angenehm. **Röhren:** 1,4–5 mm lang, weiß. Poren rundlich, anfangs weiß, später blaß graubraun. Sporenpulver weißlich. Sporen glatt, zylindrisch bis bohnenförmig, 4,5–6 × 1,3–1,5 µm. Ausschließlich an lebenden Birkenstämmen. Forstschädling. Einjährig. Juni–September. **Ungenießbar!**

Ⓤ **Ulmenporling** *Rigidoporus ulmarius* 1/3 nat. Gr.

Ulmenporling *Rigidoporus ulmarius* (Sow. ex Fr.) Imazeki
Hut: etwa 12–50 × 6–15 cm groß, dabei 4–8 cm dick, konsolenförmig, hart, holzig, oberseits sehr uneben und höckrig, mit konzentrischen Furchen und Bändern, weißlich bis ockerbraun, im Alter schmutzigbraun. **Röhren:** in jeder Lage 1–5 mm lang, anfangs rosaorange, später bräunlich, jede Lage durch eine dünne Fleischschicht von der nächsten getrennt. Poren etwa 5–8 pro mm², rotorange bis lehmbraun-rosa. Sporenpulver blaß ockergelblich. Sporen kugelig, 6–7,5 µm Durchmesser. Wächst am Grunde von Laubholzstümpfen, meist von Ulmen. Mehrjährig. Verbreitet. **Ungenießbar!**

Ⓤ *Ischnoderma resinosum* 1/4 nat. Gr.

Nördlicher Harzporling *Ischnoderma resinosum* (Fr.) Karst.
Hut: 5–30 × 3–15 cm groß. 1–3 cm dick, einzeln oder in Gruppen über- und nebeneinander, sehr uneben und runzlig, samtig, anfangs mit rostbraunem Harzüberzug, später dunkelbraun bis fast schwarz, am Rand dünn. **Fleisch:** blaß bräunlich, saftig. Geruch angenehm. **Röhren:** 6–10 mm lang, braun. Poren 2–3 pro mm², eckig, cremeweiß bis ockerbraun. Sporenpulver weißlich. Sporen zylindrisch, 5–6 × 2–2,5 µm. Auf Wurzeln und Stümpfen von Nadel- und Laubbäumen. Einjährig. September–November. Zerstreut. **Ungenießbar!**

Buckeltramete *Pseudotrametes gibbosa* (Pers. ex Pers.) Bond. & Sing.
Hut: 5–20 × 8–12 cm groß, 1–8 cm dick, halbkreisförmig, flach oder höckrig, einzeln oder in Gruppen, filzig oder fein samtig, später auch glatt, grauweiß, mitunter auch leicht zimtbraun und häufig grün mit Algen bewachsen, am Rand zunächst dick, später keilförmig. **Fleisch:** weiß, korkig. **Röhren:** 3–15 mm lang, weißlich bis gelb. Poren 1–2 pro mm², länglich, schlitzartig, grauweiß bis cremefarben. Sporen weiß, zylindrisch, 4–5 × 2–2,5 µm. Auf abgestorbenen Stämmen und Stümpfen von Laubhölzern, besonders auf Buchen. Mehrjährig. **Ungenießbar!**

Gemeiner Feuerschwamm *Phellinus igniarius* (L. ex Fr.) Quél.
Hut: 10–40 × 2–8 cm groß, 5–20 cm dick, hufförmig, sehr hart und holzig, konzentrisch gefurcht, anfangs rostbraun, später zunehmend graubraun und zuletzt schwarz, auf der Oberseite rissig, am Rande stumpf gerundet, lange Zeit rostfarben samtig. **Fleisch:** rostbraun, hart. Geschmack sauer oder bitter. **Röhren:** in jeder Jahresschicht 3–5 mm lang, rostbraun. Poren 4–6 pro mm², rundlich, rost- bis maronenbraun. Sporen weiß, fast kugelig, 4,5–6,5 × 4–5 µm. Auf lebenden und abgestorbenen Stämmen und Stümpfen von Laubhölzern, besonders Weiden, Eschen und Apfelbäumen. Mehrjährig. **Ungenießbar!**

Fichtenporling *Fomitopsis pinicola* (Sow. ex Fr.) Karst.
Hut: 10–30 × 15–60 cm groß, 5–20 cm dick, hufförmig, blaß strohgelb, später zunehmend rötlichbraun, frisch farblose Flüssigkeitströpfchen abscheidend, glänzend, an älteren Teilen mit einer harten, harzigen Schicht überzogen. **Fleisch:** korkig bis holzig, weiß oder strohgelb. **Röhren:** in jeder Lage 2–8 mm lang, cremegelblich. Poren 3–4 pro mm², rundlich, weißlich, später auch zunehmend gelblich bis aprikosengelb. Sehr zahlreich an lebenden oder abgestorbenen Stämmen und Stümpfen von Laub- und Nadelhölzern, am häufigsten auf Fichte und Birke, aber auch an Obstbäumen. Ruft die sog. Würfelfäule hervor. Mehrjährig. **Ungenießbar!**

Echter Zunderschwamm *Fomes fomentarius* (L. ex Fr.) Kickx.
Hut: 5–45 × 3–25 cm groß, 2–25 cm dick, hufförmig, hart und holzig, einzeln oder zu mehreren, oberseits mit harter, horniger Kruste, konzentrisch rinnig und grau gebändert. **Fleisch:** hart, faserig, zimtbraun. Geschmack sauer-scharf. Geruch leicht fruchtig. **Röhren:** schichtweise, je 2–7 mm lang, rostbraun. Poren 2–3 pro mm², rundlich, hellgrau, dunkler an Druckstellen. Sporen zitronengelb, länglich-elliptisch, 15–20 × 5–7 µm. Auf lebenden oder abgestorbenen Stämmen von Laubbäumen, häufig auf Buchen im Bergland. Mehrjährig. **Ungenießbar!**

U **Buckeltramete** *Pseudotrametes gibbosa* 1/2 nat. Gr.

U **Gemeiner Feuerschwamm** *Phellinus igniarius* 1/3 nat. Gr.

U **Fichtenporling** *Fomitopsis pinicola* 1/3 nat. Gr.

U **Echter Zunderschwamm** *Fomes fomentarius* 1/2 nat. Gr.

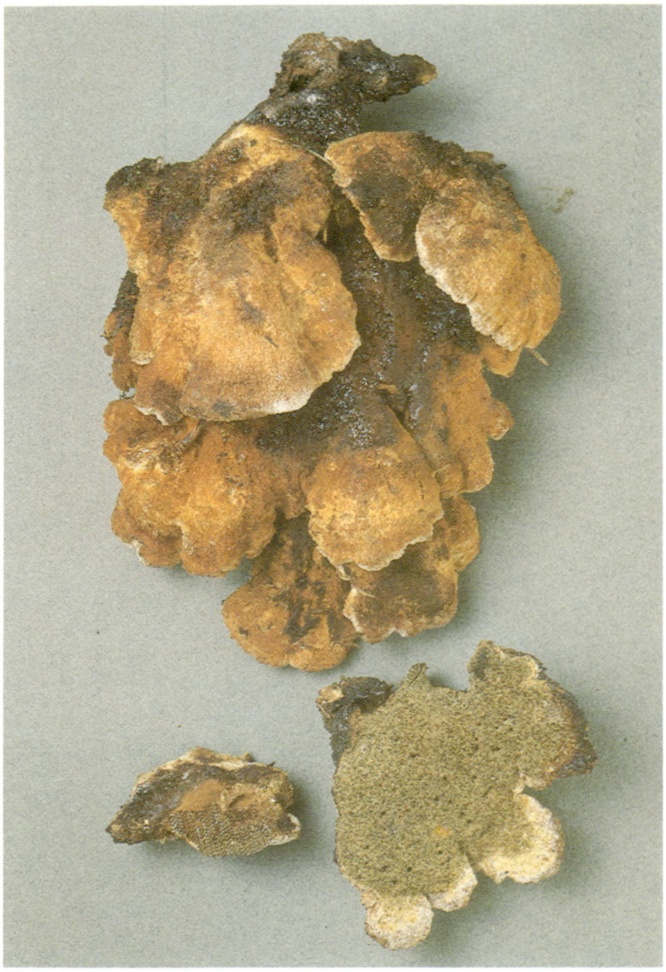

Ⓤ Samtporling *Inonotus cuticularis* 1/3 nat. Gr.

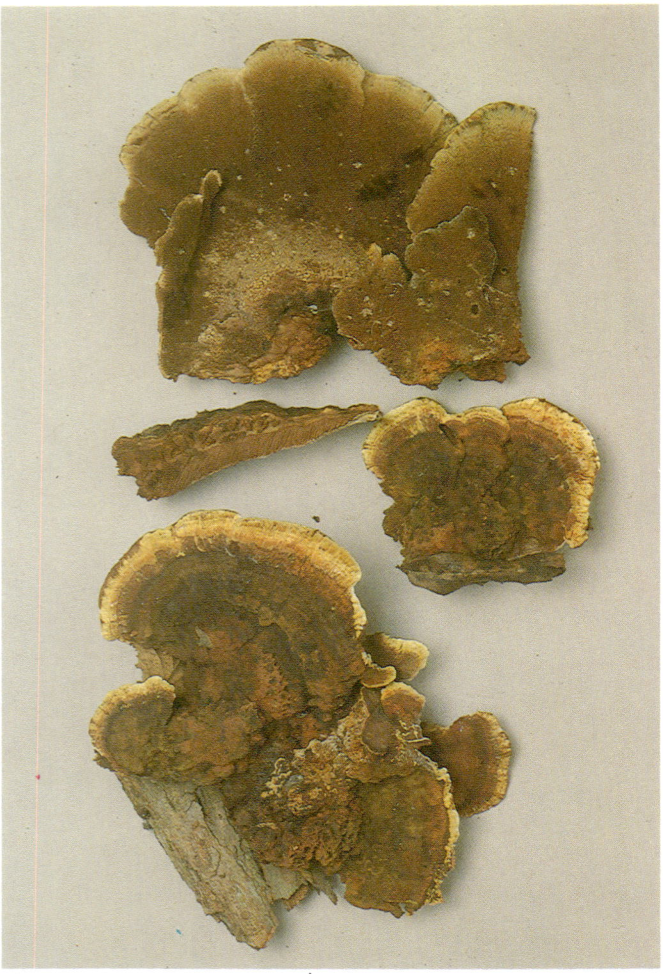

Ⓤ Strahliger Schillerporling *Inonotus radiatus* 2/3 nat. Gr.

Ⓤ Pelzporling *Inonotus hispidus* 1/2 nat. Gr.

Ⓤ Eichenporling *Inonotus dryadeus* (junge Exemplare) 1/3 nat Gr.

Ⓤ *Oxyporus populinus* 1/2 nat. Gr.

Ⓤ **Eichenporling** *Inonotus dryadeus* 1/3 nat. Gr.

Samtporling *Inonotus cuticularis* (Bull. ex Fr.) Karst.
Hut: 5–20 × 3–10 cm groß, 0,5–2,5 cm dick, einzeln oder in Gruppen dachziegelig übereinander, anfangs weich und fleischig, später korkig und faserig, oberseits fein samtig-bürstenhaarig, rost- bis tabakbraun. **Fleisch:** rostbraun. **Röhren:** 3–10 mm lang, rostbraun, Poren 2–4 pro mm^2, anfangs rundlich, später unregelmäßig, gelbbraun bis rost-zimtfarben, etwas glitzernd. Sporen braun, eiförmig-elliptisch, 5,5–8 × 4–6 µm. Selten bis zerstreut am Fuß von Laubbäumen, am häufigsten unter Buchen und Eichen. September–November. Einjährig. **Ungenießbar!**

Strahliger Schillerporling *Inonotus radiatus* (sow. ex Fr.) Karst.
Hut: 2–9 × 1–6 cm groß, 1–2 cm dick, meist dachziegelartig mit mehreren übereinander, holzig, oberseits kahl, uneben und radial runzlig, anfangs dunkel gelblich, später rostbraun, zuletzt fast schwarz, am Rande heller, dünn und keilig. **Fleisch:** rostbraun, holzig. Geschmack bitter. Geruch schwach süßlich. **Röhren:** 3–8 mm lang, rostbraun. Poren etwa 3–4 pro mm^2, rundlich oder eckig, im Licht silbrig glitzernd. Sporen gelblich, elliptisch, 4–6 × 3–4,5 µm. Auf abgestorbenen oder geschwächten Laubholzstämmen und -stümpfen, besonders auf Erle. Einjährig, häufig aber während des ganzen Jahres am Stamm bleibend. Häufig. **Ungenießbar!**

Pelzporling *Inonotus hispidus* (Bull. ex Fr.) Karst.
Hut: 6–25 × 4–12 cm groß, 2–10 cm dick, fächerförmig, meist einzeln, manchmal aber auch mit anderen in überlappenden Gruppen, oberseits filzig bis pelzig behaart, ockerbräunlich bis tabakbraun, zuletzt borstig und annähernd schwarz. **Röhren:** 10–20(50) mm lang. Poren 2–3 pro mm^2, rundlich bis eckig, anfangs blaß ockerfarben, später braun, im Licht etwas glitzernd. Sporen rostbraun, fast kugelig, 9–12 × 8–10 µm. Auf lebenden Stämmen von Eschen und Ulmen, häufig aber auch auf Nußbäumen und Obstbäumen. Einjährig. Juli–Oktober, häufig aber auf dem Stamm verbleibend. **Ungenießbar!**

Pappelporling *Oxyporus populinus* (Schum. ex Fr.) Donk.
Hut: 3–6 × 2–3 cm, 1–4 cm dick, gewöhnlich in Gruppen dachziegelartig übereinander, oberseits uneben, weißlich-grau bis blaß graubräunlich mit leicht ockergelblichem Stich, häufig auch ziemlich grün durch Algen oder Flechtenaufwuchs. **Fleisch:** weiß. Geruch leicht pilzig. **Röhren:** schichtweise angebracht, in jeder Schicht 2–4 mm lang, anfangs weißlich, später strohgelb. Poren 4–7 pro mm^2, rundlich oder etwas eckig, weißlich. Sporenpulver weiß. Sporen annähernd kugelig, 3,5–4,5 × 3–4 µm. Auf Stümpfen und Stämmen verschiedener Laubholzarten. Mehrjährig. Verbreitet. **Ungenießbar!**

Eichenporling *Inonotus dryadeus* (Pers. ex Fr.) Murr.
Hut: 10–65 × 5–25 cm groß, 2–12 cm dick, zuweilen in Form großer, ausgedehnter Kissen, sonst halbkreis- bis nierenförmig, korkig, oberseits uneben, weißgrau bis bräunlich, zuletzt sehr dunkelbraun, am Rand breit gerundet und heller, mit gelblichen Flüssigkeitströpfchen. **Fleisch:** rostbraun, faserig. **Röhren:** 5–20 mm lang, rostbraun. Poren 3–4 pro mm^2, zunächst rundlich, später etwas eckig, weißgrau, zuletzt rostbraun. Sporen weiß bis gelblich, annähernd kugelig, 7–9 × 6,5–7,5 µm. An lebenden und geschwächten Stämmen verschiedener Eichenarten, vor allem an der Basis der Stämme. Mehrjährig. **Ungenießbar!**

Ⓤ **Weißer Nadelholzporling** *Tyromyces stipticus* 1/2 nat. Gr.

Ⓤ **Blauender Saftporling** *Tyromyces caesius* 2/3 nat. Gr.

Ⓤ **Rauhe Tramete** *Daedaleopsis confragosa* 2/3 nat. Gr.

Ⓤ **Birkenblättling** *Lenzites betulina* 2/3 nat. Gr.

Ⓤ *Tyromyces albellus* 1/3 nat. Gr.

Weißer Nadelholzporling *Tyromyces stipticus* (Pers. ex Fr.) Kotl. & Pouz.
Hut: 1–8 × 1–7 cm groß, 0,5–3,5 cm dick, halbkreis- oder nierenförmig, einzeln oder in kleinen Gruppen dachziegelartig übereinander, oberseits uneben, milchweiß. Geschmack bitter und sehr adstringierend. **Röhren:** 4–6 mm lang, bei feuchtem Wetter etwas milchend, Milchtröpfchen cremeweiß. Poren 0,3–0,7 mm breit, rundlich oder etwas länglich, weißlich bis cremefarben. Sporenpulver weiß. Sporen länglich elliptisch, 3,5–4,5 × 1,5–2,5 µm. Gewöhnlich auf den Stümpfen von Nadelbäumen, sehr selten auch auf lebendem Holz. Januar–Dezember. **Ungenießbar!**

Blauender Saftporling *Tyromyces caesius* (Schrad. ex Fr.) Murr.
Hut: 1–6 × 1–4 cm groß, 0,3–1 cm dick, einzeln oder in überlappenden Gruppen, halbkreisförmig, oberseits langhaarig-samtig, weißlich, an Druck- und Schadstellen sowie im Alter auffallend blaufärbend. **Röhren:** 1–5 mm lang, weiß, später bläulich. Poren etwa 3–4 pro mm^2, rundlich, anfangs weiß, zunehmend grau oder graublau. Sporenpulver weiß. Sporen napfförmig, amyloid, 4–5 × 0,7–1 µm. Wächst auf abgestorbenen Stämmen und Stümpfen von Nadelhölzern, meist Fichten und Kiefern, nur selten auf Buchenästen am Boden. Juli–Oktober. **Ungenießbar!**

Ⓤ **Eichenwirrling** *Daedalea quercina* 2/3 nat. Gr.

Rauhe Tramete *Daedaleopsis confragosa* (Bolt. ex Fr.) Schroet.
Hut: 8–22 × 4–10 cm groß, 1,5–5 cm dick, einzeln oder in Gruppen, nieren- oder halbkreisförmig, korkig, am Rand flach und keilförmig, oberseits strahlig runzlig und konzentrisch gefurcht und rinnig, rötlichbraun. **Fleisch:** anfangs weiß, später hellrosa, zuletzt blaß bräunlich. Geschmack leicht bitter. Ohne besonderen Geruch. **Röhren:** 5–15 mm lang, cremefarben. Poren groß, meist länglich-schlitzförmig, weißlich und rasch rötlich anlaufend an Druck- oder Schadstellen, später bräunlich, verfärben sich mit Ammoniak auffallend violett. Sporenpulver weiß. Sporen zylindrisch, 8–11 × 2–3 µm. Auf abgestorbenen oder lebenden Stämmen von Laubbäumen, besonders auf Weichholzarten (Weiden und Pappeln). Januar–Dezember. **Ungenießbar!**

Birkenblättling *Lenzites betulina* (L. ex Fr.) Fr.
Hut: 3–8 × 2–4 cm groß, 0,3–1,5 cm dick, halbkreisförmig oder fächerig, oft in dachziegelartig überlappenden Kolonien, zäh und lederig, oberseits uneben, konzentrisch rinnig, furchig und gebändert, weißlich, grau, gelbbraun und braun, mit feinen weißlichen Haaren, zwischen denen auch Algen wachsen können und der Hutoberseite einen deutlichen Grünstich geben. **Fleisch:** weiß, wollfaserig. **Röhren:** lamellenartig, vielfach gabelig verzweigt und untereinander verbunden, strohgelb bis braungrau. Sporenpulver weiß. Sporen zylindrisch, 5–6 × 1,5–3 µm. Auf abgestorbenem und lebendem Laubholz, auch an Schnitt- und verbautem Holz. Während des ganzen Jahres. Häufig. **Ungenießbar!**

Leder-Saftporling *Tyromyces albellus* (Peck.) Boud. & Sing.
Hut: 3–10 × 2–8 cm groß, 1–3,5 cm dick, fächerförmig bis annähernd kreisrund, saftig, oberseits lederig rauh-samtig und weiß, später mehr gelblich-ockerfarben. **Fleisch:** weiß, anfangs weich und saftig, später zunehmend hart und kalkig. **Röhren:** 3–7 mm lang, weißgelblich. Poren 3–4 pro mm^2, rundlich bis länglich, weiß-gelb. Sporen walzlich oder ein wenig schüsselförmig mit Delle, 4–7 × 1,5–2 µm. Auf abgestorbenem Holz von Laub- und Nadelbäumen. Juli–Dezember. Verbreitet. **Ungenießbar!**

Eichenwirrling *Daedalea quercina* L. ex Fr.
Hut: 4–20 × 3–8 cm groß, 1,5–5 cm dick, hart und korkig, einzeln oder zu mehreren in Etagen übereinander, oberseits uneben und bucklig, am Rande dünn, ockergelblich oder graubraun. **Fleisch:** blaßbräunlich, korkig elastisch. Geruch schwach pilzig. **Röhren:** 10–30 mm lang, ockerbräunlich-cremefarben. Poren groß, lamellenartig auseinandergezogen, vielfach gegabelt und vernetzt. Sporen elliptisch, 6–7,5 × 3–3,5 µm. Ausschließlich auf den Stümpfen von Eichen. Mehrjährig. **Ungenießbar!**

Ⓤ *Spongipellis spumeus* 1/2 nat. Gr.

Ⓤ *Gloeophyllum sepiarium* 2/3 nat. Gr.

Ⓤ *Incrustoporia semipileata* 1/2 nat. Gr.

Ⓤ *Datronia mollis* 2/3 nat. Gr.

Ⓤ *Phellinus ferreus* 1/2 nat. Gr.

Ⓤ *Dichomitus campestris* 3/4 nat. Gr.

Schwammiger Porling *Spongipellis spumeus* (Sow. ex Fr.) Pat.
Hut: 5–20(30) × 3–10 cm groß, 2–6 cm dick, fächerförmig, meist einzeln, oberseits filzig, weiß bis gelblich, später auch zunehmend ocker- bis olivbraun. **Fleisch:** weißlich, in zwei deutlichen Schichten, die obere weich und schwammig, die untere wesentlich dicker, hart und faserig. Geschmack unauffällig. Geruch süßlich, manchmal nach Anis. **Röhren:** 5–15(20) mm lang, weißlich. Poren 2–5 pro mm^2, fast kreisrund, cremefarben. Sporen weiß, breit elliptisch bis kugelig, 6,5–9 × 5–7 µm. Selten auf den Stämmen verschiedener Laubbäume. August–Oktober. **Ungenießbar!**

Zaunblättling *Gloeophyllum sepiarium* (Wulf. ex Fr.) Karst.
Hut: 2–3 × 5–12 cm groß, 0,5–1 cm dick, fächerförmig, oft in dichten, dachziegelartig gestaffelten Kolonien, korkig, oberseits rauh, konzentrisch rillig und strahlig runzlig, haarig bis borstig, maronen-bis rostbraun zur Anheftungsstelle, zum Rand heller und manchmal braunorange. **Fleisch:** rostbraun. Geschmack und Geruch unspezifisch. **Röhren:** mit langgezogenen Mündungen, manchmal lamellenartig, ziemlich dicht und labyrinthartig, hell ockerbräunlich bis rost-zimtbraun. Sporenpulver weiß. Sporen zylindrisch, 9–12,5 × 3–4,5 µm. Oft auf Stämmen und Stümpfen von Nadelholz, unempfindlich gegen Trockenheit und daher häufig auch an verbautem Holz. Januar–Dezember. **Ungenießbar!**

Glitzernder Rindenporling *Incrustoporia semipileata* (Peck.) Murr.
Hut: 2–4 × 0,5–1,5 cm groß, 2–20 mm dick, zuweilen umgedreht (mit der Oberseite nach unten weisend), Oberseite weißlich, später auch bräunlich oder schwärzlich. **Fleisch:** weiß, saftig. **Röhren:** sehr kurz, weiß. Poren 5–9 pro mm^2, sehr klein und ohne Lupe kaum erkennbar, im Licht auffällig glitzernd. Sporen weiß, außergewöhnlich klein, napfförmig, 3–4 × 0,4–0,5 µm. In den Röhren befinden sich Hyphenenden, die mit kristallinem Material dicht verkrustet sind. Auf Ästen und Zweigen verschiedener Laubbäume. Januar–Dezember. **Ungenießbar!**

Weiche Tramete *Datronia mollis* (Sommerf.) Donk.
Hut: etwa 1–7 × 0,5–2 cm groß, 2–6 mm dick, flach, schmal, ziemlich zäh, lederig, oft in Gruppen über- und nebeneinander, samtig, dunkelbraun, später zunehmend verkahlend und fast schwarz. **Fleisch:** blaß bräunlich. **Röhren:** 0,5–5 mm lang. Poren 1–2 pro mm^2, eckig, ziemlich unregelmäßig und schlitzartig in die Länge gezogen, grau bereift, an Berührungsstellen ohne Reifbelag dunkelbraun. Sporen zylindrisch, 8–10 × 2,5–3,5 µm. Auf abgestorbenen Laubholzresten. Ganzjährig. Recht häufig. **Ungenießbar!**

Rostbrauner Korkporling *Phellinus ferreus* (Pers.) Bourd. & Galz.
Fruchtkörper: anfangs aus kleinen Kissen von 1–2 cm Größe, bräunlich-gelb, später zusammenfließend und zimtbraun, resupinat mit der morphologischen Unterseite nach oben. **Fleisch:** rostbraun. **Röhren:** 2–5 mm lang, in 4–5 Schichten übereinander angebracht, rostbraun. Poren zu 4–6 pro mm^2, rundlich bis eckig, rost-zimtbraun. Sporen zylindrisch, 5–6,5 × 2–2,5 µm. Auf abgestorbenen Zwei-

Ⓤ *Coriolus hirsutus* ½ nat. Gr.

Ⓤ *Hymenochaete rubiginosa* ⅔ nat. Gr.

Ⓤ **Schmetterlingsporling** *Coriolus versicolor* ¾ nat. Gr.

gen und Ästchen verschiedener Laubhölzer. Verursacht eine rasche Weißfäule und führt zu rascher Zersetzung des Holzes. Ganzjährig. Häufig. **Ungenießbar!**

Astporling *Dichomitus campestris* (Quél.) Dom. & Orlicz
Fruchtkörper: resupinat, mit der Oberfläche nach unten wachsend, flach, kissenförmig, etwa 2–12 cm breit, anfangs bleich gelblich, später gelbbräunlich, zuletzt dunkelbraun bis schwarz. **Röhren:** in 2–6 Schichten angebracht, je etwa 3–10 mm lang. Poren groß, rundlich bis eckig oder unregelmäßig. Spuren sehr dünnwandig, elliptisch-zylindrisch, 9–12,5 × 3,5–4,5 µm. Auf dünneren, abgestorbenen Ästen von Laubbäumen. Ein- oder mehrjährig. August–Oktober. Ziemlich selten und bisher nur aus Nordwesteuropa bekannt geworden. **Ungenießbar!**

Striegelige Tramete *Coriolus hirsutus* (Wulf. ex Fr.) Quél.
Hut: 4–10 × 2–6 cm groß, 0,5–1 cm dick, einzeln oder in größeren, überlappenden Kolonien, oberseits mit silbrigen Haaren besetzt, konzentrisch gebändert oder konturiert, weißlich bis gelblich-braun, später zunehmend grau, meist einfarbig, am Rand gerundet. **Fleisch:** zäh und lederig, weiß. Geschmack bitter. Frisch Geruch schwach nach Anis. **Röhren:** 1–5 mm lang, weiß oder gelblich. Poren zu 2–4 pro mm^2, annähernd kreisförmig, weiß bis cremefarben, oft auch leicht grau. Sporen weißlich, elliptisch bis zylindrisch, 5,5–7,5 × 1,5–2,5 µm. Auf lebenden und abgestorbenen Ästen und Stämmen verschiedener Laubhölzer, vor allem auf Birken, Weiden und Espen. Januar–Dezember. **Ungenießbar!**

Borstenschichtpilz *Hymenochaete rubiginosa* (Dicks. ex Fr.) Lév.
Fruchtkörper: aus dicht überlappenden, dachziegelartig übereinander stehenden Hüten, jeder etwa 2,5–6 × 2–4 cm groß, am Rand oft gelappt und gewellt, oberseits dicht konzentrisch gebändert, dunkel rost- bis dunkelbraun, anfangs samtig, später borstig oder glatt und zunehmend schwarz. **Fleisch:** rostbraun, dünn, brüchig. Sporenbildende Unterseite borstig. **Röhren** und Poren nicht erkennbar. Sporen weißlich bis oliv-rostfarben, breit elliptisch, 4–6,5 × 2,5–3 µm. Nur auf alten, verrottenden Eichenhölzern. Sehr verbreitet. Ganzjährig. **Ungenießbar!**

Schmetterlingsporling *Coriolus versicolor* (L. ex Fr.) Quél. (= *Trametes versicolor*)
Hut: 4–10 × 3–5 cm groß, 2–4 mm dick, lederig, meist zahlreich in überlappenden Kolonien, oberseits samtig und später glatt, konzentrisch schwarzgrün, graublau, graubraun oder gelblich-rostfarben gebändert, am Rande weißlich bis cremefarben. **Fleisch:** zäh und lederig, weiß. Geschmack und Geruch unspezifisch. **Röhren:** 0,5–1 mm lang, weiß, später gelblich. Poren 3–5 pro mm^2, rundlich oder unregelmäßig eckig, weißlich oder gelblichbraun. Sporen gelblich, elliptisch, 5,5–6 × 1,5–2 µm. Sehr häufig auf Baumstümpfen und abgestorbenen Stämmen verschiedener Laubbäume, seltener auch auf Nadelholz. Formenreich. Von vielen Autoren in verschiedene Arten gegliedert. Januar–Dezember. **Ungenießbar!**

Ⓤ **Rauchgrauer Porling** *Bjerkandera adusta* 1/2 nat. Gr.

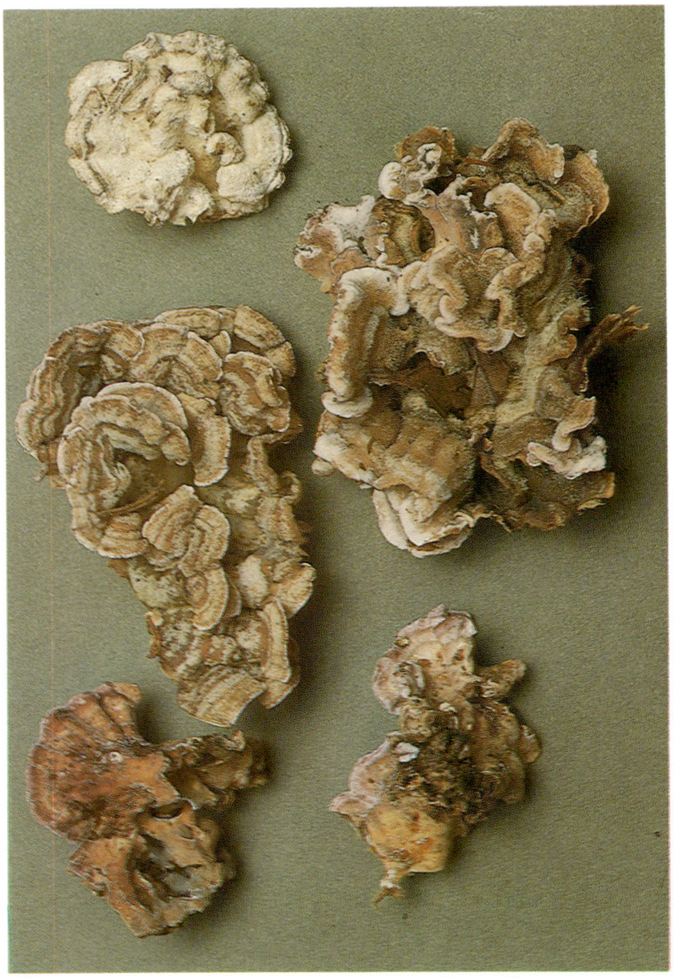

Ⓤ **Purpurner Schichtpilz** *Stereum purpureum* 2/3 nat. Gr.

Rauchgrauer Porling *Bjerkandera adusta* (Willd. ex Fr.) Karst.
Hut: 2–4 × 1–2 cm groß, 3–6 mm dick, lederig, oft mit mehreren in überlappenden, dachziegelartig geschichteten Gruppen und Kolonien von mehr als 20 cm Breite; gewellt, zäh, hart nach Trocknung, oberseits rauhsamtig wie Wildleder, graubraun mit hellem Rand, später dunkler bis schwarz. Geschmack säuerlich. Geruch stark pilzig. **Röhren:** 0,5–1 mm lang, grau. Poren sehr klein, rundlich, rauchgrau, zunehmend dunkler im Alter. Sporen strohgelb, elliptisch, 4,5–5,5 × 2,5–3 µm. Wächst auf abgestorbenen Stämmen und Stümpfen von Laubbäumen, besonders auf Hainbuche, Ahorn und Rotbuche. Ganzjährig. **Ungenießbar!**

Purpurner Schichtpilz *Stereum purpureum* (Fr.) Fr.
Hut: 1,5–3 × 1–2 cm groß, 2–5 mm dick, meist zahlreich in Kolonien neben- und übereinander, stark gewellt, frisch ziemlich zäh, trocken sehr brüchig und spröde, oberseits mit feinen Wollhaaren in konzentrischen Bändern, unterseits violett oder violettbraun, später zunehmend bräunlich, trocken blasser (s. Bild unten links). Sporenpulver weiß. Sporen länglich, zylindrisch, 5–8 × 2,5–3 µm. Auf lebendem oder abgestorbenem Holz verschiedener Laubbäume, besonders auf Vertretern der Familie Rosengewächse (Rosaceae). Häufig. Januar–Dezember. **Ungenießbar!**
Dieser Pilz verursacht die Silberblatt-Erkrankung der Obstbäume (besonders Pflaumenbäume sind sehr empfindlich). Die ersten sichtbaren Anzeichen des Befalls ist der Silberglanz der Laubblätter, der dadurch zustandekommt, daß sich die Epidermen vom übrigen Blattgewebe zu trennen beginnen. Dieser Effekt tritt entlang von Zweigen und Ästen auf, die, wenn sie abgeschnitten werden, durch den Pilz im Holz braun verfärbt sind. Wenn das Holz so weit zurückgeschnitten wird, bis keine Infektion mehr erkennbar ist und zusätzlich ein Fungizid zur Anwendung kommt, kann der Befall aufgehalten werden. Wenn die silbrige Veränderung der Blätter am ganzen Baum gleichzeitig auftritt, hat sie meist andere Ursachen.

Tannenporling *Hirschioporus abietinus* (Dicks. ex Fr.) Donk.
Hut: 1–3 × 0,5–2 cm groß, 1–2 mm dick, in mehreren übereinander stehenden Reihen und Etagen, gegenseitig überlappend, oberseits konzentrisch rinnig und gebändert, grau oder graubraun, manchmal auch durch Algen grünlich, leicht haarig, am Rande heller und dünn, wellig. **Fleisch:** blaßbraun oder purpurn. **Röhren:** 0,3–0,7 mm lang, lila oder zunehmend rötlichbraun. Poren zu 3–4 pro mm², rundlich oder eckig, später unregelmäßig gezähnt, besonders am Hutrand leuchtendviolett, später zu braun verblassend. Sporenpulver weißlich. Sporen länglich-elliptisch, 6,5–8 × 3–4 µm. Auf Stämmen, Stümpfen und abgestorbenen Ästen von Nadelhölzern, besonders von Tannen. Januar–Dezember. Verbreitet. **Ungenießbar!**

Gelber Schichtpilz *Stereum hirsutum* (Willd. ex Fr.) S. F. Gray
Fruchtkörper: meist hutförmig, 3–10 × 1–4 cm groß, nur manchmal flächig auseinanderfließend oder resupinat (Unterseite nach oben), gewöhnlich lederig, zäh, oft in überlappenden Gruppen, am Rande wellig und gelappt, oberseits haarig, ockergelblich-grau. Fertile Unterseite goldgelb, später eher bräunlich oder braungrau. Sporen weiß, elliptisch, amyloid, 6–7,5 × 3–3,5 µm. Zahlreich und häufig an abgestorbenem Laubholz, an Stümpfen, Stämmen und Ästen. Januar–Dezember. **Ungenießbar!**

Brauner Schichtpilz *Stereum gausapatum* (Fr.) Fr.
Fruchtkörper: häufig resupinat oder in kleinen, etagenförmig geschichteten Kolonien mit Hüten von 1–4 cm Breite, zäh und lederig, dünnfleischig, oberseits ockerbraun bis grau, fein fellartig behaart, am Rande weiß. Fertile Unterseite mit Hymenium glatt, bleich oder kastanienbraun, rot blutend beim Anschneiden. Sporen weiß, länglich, amyloid, 7–8 × 3–3,5 µm. Auf Stümpfen, gefallenen Ästen und Schnittholz verschiedener Laubbäume, besonders gerne auf Eiche. Ganzjährig. Häufig. **Ungenießbar!**

Runzeliger Schichtpilz *Stereum rugosum* (Pers. ex Fr.) Fr.
Fruchtkörper: krustig-resupinat, becherförmig, oft aus mehreren zusammenfließend. Fertile Oberseite (Hymenium) lederbraun bis schwach rötlich, beim Anschneiden rot blutend, trocken ockergelblich und runzelig-rissig. **Fleisch:** weißlich, dünn, geschichtet. Sporen weiß, elliptisch, amyloid, 9–13 × 3,5–5 µm. Auf Stümpfen und abgefallenen Ästen, besonders gerne auf Hasel. Januar–Dezember. **Ungenießbar!**

U *Hirschioporus abietinus* 1/2 nat. Gr.

U *Stereum hirsutum* 1/2 nat. Gr.

U *Stereum gausapatum* 1/2 nat. Gr.

Krustenpilze

Blasser Krustenschwamm *Ceriporiopsis gilvescens* (Bres.) Dom.
Fruchtkörper: resupinat (Unterseite mit Hymenium nach oben) und krustig, anfangs in kleinen Flecken, die bald zu größeren Krusten zusammenfließen, etwa 10–15 × 2–5 cm groß, um 5 mm dick, weißlich, an Druckstellen oder nach Verletzung rötlich- oder ockerbraun verfärbend, am sterilen Rand immer hell bleibend. **Röhren:** 1–4 mm lang, blaß rötlichbraun. Poren zu 3–5 pro mm^2, mehr oder weniger eckig. Sporen elliptisch-zylindrisch, 4–6(7) × 1,5–2 µm. Auf abgestorbenen Stämmen und verrottenden Stümpfen verschiedener Laubholzarten. Einjährig. Januar–Dezember. **Ungenießbar!**

Krustiger Rindenpilz *Corticium evolvens* (Fr.) Fr.
Fruchtkörper: resupinat wie bei den vorigen Arten, 2–20 cm breit, weiß, cremefarben oder leicht bräunlich, am Rande bewimpert, an vertikalen Flächen auch in Form kleiner konsolenförmiger Hüte bis 1,5 × 1 cm Größe. Sporenbildendes Hymenium milchigweiß bis leicht rosa-ockerfarben, trocken felderig zerrissen. Sporen weiß, spindelförmig, 9–12 × 6–7,5 µm. Auf abgestorbenen Stämmen, Stümpfen, Ästen und Zweigen von Bäumen jeder Art. Häufig. Ganzjährig. **Ungenießbar!**

Schiefer Eggenpilz *Schizopora paradoxa* (Schrad. ex Fr.) Donk.
Fruchtkörper: resupinat wie bei den vorigen Arten, anfangs nur aus kleinen fleckigen Krusten, die jedoch bald zu einem größeren, flächigen Gebilde zusammenwachsen, Umriß und Form unbestimmt, richtet sich nach dem Substrat, weißlich bis cremefarben-ockergelblich. **Röhren:** 1–5 mm lang. Poren etwa 1–4 pro mm^2, rundlich oder etwas länglich, manchmal auch eckig oder labyrinthartig. Sporen weißlich, eiförmig, 4–6 × 3–3,5 µm. Auf totem Geäst und verrottendem Holz von Laub- und Nadelbäumen jeglicher Art. Sehr häufig. Ganzjährig. **Ungenießbar!**

U *Stereum rugosum* 1/2 nat. Gr.

U *Ceriporiopsis gilvescens* 2/3 nat. Gr.

U *Corticium evolvens* 1/2 nat. Gr.

U *Schizopora paradoxa* 1/1 nat. Gr.

Ⓤ **Orangefarbiger Kammpilz** *Phlebia merismoides* 2/3 nat. Gr.

Ⓤ **Hausschwamm** *Serpula lacrymans* 1/1 nat. Gr.

Ⓤ *Phlebia merismoides* dunkle Form 1/2 nat. Gr.

Orangefarbiger Kammpilz *Phlebia merismoides* Fr. (= *P. aurantiaca*)
Fruchtkörper: resupinat, bildet rundliche, längliche oder unregelmäßige Flecken, etwa 8–10 cm breit und 2–3 mm dick, außen berandet, oberseits stark runzelig und strahlig gefältelt, fleischfarben oder purpurn bis hell leuchtendorange oder rotgelb, mitunter auch olivbräunlich. Sporen weiß, napfförmig, 4–7 × 1–3 µm. Häufig auf Rinden abgestorbener Zweige oder Äste von Laubbäumen, besonders an Bäumen. Ganzjährig. **Ungenießbar!**

Hausschwamm *Serpula lacrymans* (Fr.) Karst. (= *Merulius lacyrmans*)
Fruchtkörper: 5–50 cm breit, meist resupinat, aber häufig an vertikalen Flächen auch in Form konsolenförmiger Hüte, die von weißlichen, rosa-lilafarbenen oder grauen Mycelsträngen ausgehen. **Fleisch:** 2–12 mm dick, grauweiß, schwammig-fleischig. Poren rostgelb, satter gelb zum dicken, hellen, sterilen Fruchtkörperrand. Sporen rostbraun, elliptisch, 8–10 × 5–6 µm. In verbautem und verzimmertem Holz in Gebäuden, Fruchtkörper auch an anorganischen Substraten, beispielsweise zwischen Mauerwerk. Gefährlicher Schadpilz! Verbreitet. Ganzjährig. **Ungenießbar!**

Der Befall des Holzes wird immer dann möglich, wenn es von Feuchtigkeit längere Zeit durchnäßt wurde und die Ansiedlung von Pilzsporen oder feinen Hyphen erleichtert. Das Pilzgeflecht wächst einerseits in Form feinster Hyphen, die mit Hilfe von Enzymen das Holz abbauen und dem Pilz Nährstoffe zuführen. Bei Trockenheit zerfällt das befallene Holz buchstäblich zu Staub. Leichter zu beobachten ist die andere Wuchsform des Pilzes: Das Geflecht kann auch in Form dicker Mycelstränge auftreten, die über Mauerwerk, Metall und anderes Material, aus denen der Pilz keine Nährstoffe beziehen kann, hinwegwachsen und neue Siedlungsräume suchen. Aus solchen dicken Strängen entwickeln sich stellenweise die auffälligen Fruchtkörper.

Leucogyrophana mollusca (Fr.) Karst.
Fruchtkörper: resupinat, bildet Flecken von 3–10 cm Breite, diese sind meist weißlich und glatt, werden aber später gelblich und etwas runzelig. Sporen gelblich, breit elliptisch, etwas dextrinoid, 4–6,5 × 4–5 µm. Auf abgestorbenem Nadelholz oder anderem pflanzlichen Abfall. Oktober–Dezember. Nicht sehr häufig. **Ungenießbar!**

Serpula himantioides (Fr. ex Fr.) Karst.
Fruchtkörper: resupinat, in Flecken von 2–5 cm Breite, anfangs glatt, später unregelmäßig runzelig und netzig-porig, anfangs blaßlila, dann braungrau, am Rande weiß, sehr dünn. Sporen gelblich-braun, elliptisch 9–10 × 6 µm. Auf abgestorbenem Holz verschiedener Nadelbäume, besonders an der Unterseite von Schnittholz. Verbreitet. Januar–Dezember. **Ungenießbar!**

Ⓤ *Leucogyrophana mollusca* 1/1 nat. Gr.

Ⓤ *Serpula himantioides* 3/4 nat. Gr.

Ⓤ *Coriolellus albidus* 1/1 nat. Gr.

Coriolellus albidus (Fr. ex Fr.) Bond.
Fruchtkörper: resupinat oder in Form kleiner Hüte von 1–3 × 0,5–1 cm Größe und 2–7 mm Dicke. Oberseits fein haarig, weiß bis hell gelblich-braun. **Fleisch:** weiß. **Röhren:** 2–5 mm lang. Poren bis 2 mm Durchmesser, eckig, weiß oder cremefarben bis blaßbraun. Sporen zylindrisch bis elliptisch, 6–11 × 3–5 µm. Auf abgestorbenem Holz oder Schnittholz von Laubbäumen, verursacht dessen Braunfäule. Januar–Dezember. Häufig. **Ungenießbar!**

Gelber Holzschwamm *Coniophora puteana* (Schum.) Karst.
Fruchtkörper: resupinat, bildet unregelmäßige Flecken von 2–20 cm Breite; anfangs cremeweiß, dann blaß- bis schmutzigchromgelb oder olivbräunlich, am Rand breit, weiß, strahlig gelappt, oberseits rauh, warzig, unregelmäßig rissig. **Fleisch:** sehr dünn. Sporen olivbraun, breit elliptisch, 11–13 × 7–8 µm. An Baumstümpfen oder feuchtem Bauholz. Verursacht Holzfäule in feuchten Gebäuden. Häufig. Ganzjährig. **Ungenießbar!**

Meruliopsis taxicola (Pers.) Bond.
Fruchtkörper: bildet große resupinate Flecken mit wachsiger, poröser Oberfläche. Poren weiß bis rötlich, an Druckstellen oder im Alter rötlichbraun verfärbend, zuletzt fast ganz schwarz, am Rand jedoch immer heller. Sporen gekrümmt zylindrisch, 3–7 × 1–1,5 µm. Auf Nadelholz. Ganzjährig. Selten. **Ungenießbar!**

Gallertfleischiger Fältling *Merulius tremellosus* Fr.
Fruchtkörper: resupinat oder häufiger in Form kleiner Hüte; resupinate Form in Gestalt ineinanderfließender Flecken, am Rande mit seidigen, strahligen Fasern; Hutform 1–5 cm breit, dünn, biegsam, halbkreisförmig und oft in großen dachziegelartig überlappenden Kolonien, am Rande behaart, oberseits weißlich und filzig. Fertile Seite porös, orange-lederbraun oder hellrosa. **Fleisch:** weißlich, dünn, gelatinös. Sporen weißlich, napfförmig, 4–4,5 × 1–1,5 µm. Auf Stümpfen oder abgefallenen Ästen von Laubbäumen. Verbreitet. August–April. **Ungenießbar!**

Ⓤ *Coniophora puteana* 3/4 nat. Gr.

Ⓤ *Meruliopsis taxicola* 1/1 nat. Gr.

Ⓤ *Merulius tremellosus* 1/3 nat. Gr.

Ⓤ *Merulius tremellosus* blasse Form 1/2 nat. Gr.

Ⓤ *Peniophora quercina* 2/3 nat. Gr.

Ⓤ *Peniophora quercina* junges Stadium 2/3 nat. Gr.

Ⓤ *Peniophora lycii* 2/3 nat. Gr.

Ⓤ *Peniophora incarnata* 3/4 nat. Gr.

Ⓤ *Hyphodontia sambuci* 1/2 nat. Gr.

Ⓤ *Mycoacia uda* 3/4 nat. Gr.

Ⓤ *Hypochnicium vellereum* 1/2 nat. Gr.

Ⓤ *Vuilleminia comedens* 3/4 nat. Gr.

Ⓤ *Exobasidium vaccinii* 1/2 nat. Gr.

Eichen-Rindenpilz *Peniophora quercina* (Fr.) Cke.
Fruchtkörper: resupinat, bildet ockergelb- bis hellrosa gefärbte Flecken von 0,1–0,5 mm Dicke, die hart trocknen und sich dann von der Unterlage aufrollen und wegbiegen, um ihre dunkle Unterseite freizulegen. **Fleisch:** etwas gelatinös, leicht glasig mit Ausnahme der unterlagennahen Seite. Cystidien dickwandig und spindelförmig. Sporenpulver hellrötlich. Sporen gekrümmt zylindrisch, 8–12 × 3–4 µm. Auf abgestorbenen Zweigen und totem Geäst verschiedener Laubhölzer, besonders auf Eiche. Januar–Dezember. Häufig. **Ungenießbar!**

Blaugrauer Rindenpilz *Peniophora lycii* (Pers.) Höhn. & Litsch
Fruchtkörper: resupinat, bildet dünne, unregelmäßige Flecken auf der Unterseite von Ästen, meist blaugrau mit leicht violettem Anflug. Cystidien keulenförmig, auffallend mit kristallinem Material verkrustet. Sporenpulver rosa. Sporen zylindrisch und nur leicht gekrümmt, 9–13 × 3,5–5 µm. Auf abgestorbenen Ästen und Zweigen von Laubhölzern. Häufig. Ganzjährig. **Ungenießbar!**

Orangegelber Rindenpilz *Peniophora incarnata* (Fr.) Karst.
Fruchtkörper: resupinat, bildet unregelmäßige dünne, blaß oder kräftig orangegelbe bis lachsfarbene Flecken auf der Unterseite von Ästen. Sporen hellrötlich, schmal elliptisch, 8–12 × 3,5–5 µm. Cystidien faserförmig, mit kristallinem Material verkrustet, an allen Stellen des Hymeniums. Auf Ästen und Zweigen von Hölzern jeglicher Art. Häufig. Ganzjährig. **Ungenießbar!**

Hyphodontia sambuci (Pers.) Erikss.
Fruchtkörper: resupinat, sehr dünn, mehlig, bereift oder kalkig, weiß. Sporen elliptisch, 4,5–6 × 3,5–4 µm. Auf Laubholz, besonders auf Holunder. Ziemlich häufig. Ganzjährig, besonders aber Oktober–Dezember. **Ungenießbar!**

Mycoacia uda (Fr.) Donk.
Fruchtkörper: resupinat, sehr dünn, leuchtend zitronengelb oder ockergelblich, mit feinen Stacheln sehr dicht besetzt, diese verfärben sich mit einem Tropfen KOH purpurrot. Sporen schmal elliptisch, 4–6,5 × 2–3,5 µm. Auf totem Geäst und auf Zweigen verschiedener Laubhölzer. Häufig. Januar–Dezember. **Ungenießbar!**

Ⓔ **Semmel-Stoppelpilz** *Hydnum repandum* 2/3 nat. Gr.

Wolliger Rindenpilz *Hypochnicium vellereum* (Ell. & Crag.) Parm.
Fruchtkörper: resupinat, 2–10 cm breit, sehr dünn, weiß, cremefarben oder hellrosa, am Rand immer weißlich, fein wollig-faserig, besonders bei jungen Exemplaren. Sporen weiß, kugelig, mit ungleichmäßig verdickten Wänden, 7–8 µm Durchmesser. Außer den üblichen Basidiosporen produziert dieser Pilz auch an verschiedenen Stellen des Fruchtkörpers Chlamydosporen von 8–10 × 6–8 µm, sie sind birnenförmig und zeichnen sich durch dicke, dextrinoide Wände aus. Auf verschiedenen Laubholzarten. Oktober–Dezember. Verbreitet. **Ungenießbar!**

Rindensprenger *Vuilleminia comedens* (Nees) Maire
Fruchtkörper: resupinat, bildet feste, etwas gelatinöse Flecken unterhalb von Rinden, schmutziglila bis blaß fleischfarben, bei Feuchtigkeit etwas klebrig und durchscheinend. Sporen weiß, zylindrisch bis wurstförmig, 18–20 × 5–6 µm. Unterhalb der Rinde von abgestorbenen, aber noch am Baum befindlichen Ästen von Laubgehölzen. Unauffällig, aber an der zurückgerollten Rinde der Wirte gut erkennbar. Ganzjährig. Häufig. **Ungenießbar!**

Exobasidium vaccinii (Fuckel) Woron
Fruchtkörper: bildet einen weißlichen oder rosa-puderigen Überzug auf Blättern oder Sporen verschiedener Vertreter der Familie Heidekrautgewächse (Ericaceae). Sporen weiß, länglich, 10–20 × 2,5–5 µm, zur Reifezeit septiert. Die Abbildung zeigt das Hymenium auf der Preiselbeere *(Vaccinium vitis-idaea)*. Mai–November. Verbreitet. **Ungenießbar!** Gelegentlich auch auf Zimmerpflanzen (Azaleen oder Rhododendron).

Stachelpilze

Semmel-Stoppelpilz *Hydnum repandum* L. ex Fr.
Hut: 3–17 cm breit, anfangs stark gewölbt, später flacher ausgebreitet und in der Mitte etwas eingedellt, meist aber ziemlich eben, samtig bis wildlederartig, cremefarben, gelblich oder blaßrosa. **Stiel:** 35–75 × 15–40 mm, häufig etwas aus der Mitte gerückt und mehr seitlich ansitzend, zylindrisch, fein samtig, weiß, an Druck- und Schadstellen gelblich, vor allem an der Stielbasis. Geschmack nach wenigen Sekunden sehr bitter, Geruch angenehm. **Stacheln:** 2–6 mm lang, weißlich bis lachsrosa. Sporen weiß, breit elliptisch bis fast kugelig, 6,5–9 × 5,5–7 µm. Meist gesellig in Laub- und Nadelwäldern. August–November. Guter Speisepilz, muß jedoch lange Zeit gekocht werden. **Eßbar.**

Ⓔ **Habichtspilz** *Sarcodon imbricatum* ²/₃ nat. Gr.

Ⓔ *Hydnum rufescens* ¹/₃ nat. Gr.

Habichtspilz *Sarcodon imbricatum* (L. ex Fr.) Karst. (= *Hydnum imbricatum*)
Hut: 5–20 cm breit, flach gewölbt und in der Mitte etwas eingedellt, samtig bis filzig, frühzeitig rissig gefeldert und in große, aufgebogene, überlappende Schuppen aufbrechend, diese dunkel rötlich-oder purpurbraun, heben sich deutlich von dem blaßrosa getönten Hintergrund ab. **Stiel:** 50–80 × 20–50 mm, zur Basis verschmälert oder leicht verdickt, anfangs weißlich, vom Grund her zunehmend bräunlich. Geschmack leicht bitter (nach einigen Minuten). Geruch unauffällig. **Stacheln:** 1–10 mm lang, weißlich bis purpurbraun. Sporen bräunlich, warzig mit unregelmäßigem Umriß, 7–8 × 5–5,5 µm. Gesellig in Fichten- und Kiefernwäldern auf sauren Böden. August–Oktober. **Eßbar.**

Rötlicher Stoppelpilz *Hydnum rufescens* Fr.
Kann als Varietät des Semmel-Stoppelpilzes (S. 241) angesehen werden, von dem er sich durch seine orangerote Hutfarbe, den schlankeren Stiel, die nicht herablaufenden Stacheln und die etwas größeren Sporen (8–10 × 6–7 µm) unterscheidet. Verbreitungsangaben wie für die Nominatform.

Ⓤ *Auriscalpium vulgare* ²/₃ nat. Gr.

Ⓤ *Hydnellum caeruleum* ¹/₃ nat. Gr.

Ohrlöffelpilz *Auriscalpium vulgare* S. F. Gray
Hut: 1–2 cm breit, nieren- oder ohrlöffelförmig, dünn, lederig, mit gelbbraunen, kastanienbraunen oder schwärzlichen Haaren. **Stiel:** 10–140 × 1–2 mm, am Hut seitlich ansitzend, zur Basis verdickt, borstig, dunkelbraun bis schwarz. **Stacheln:** 1–3 mm lang, dunkel fleischfarben bis braun, zur Zeit der Sporenreife etwas blasser. Sporen weiß, breit oval bis kugelig, 4,5–5 × 3,5–4,5 µm. Auf zerfallenden, verrottenden Kiefernzapfen, die in der Waldbodenstreu verborgen sind. Ganzjährig. **Ungenießbar!**

Blauer Korkstacheling *Hydnellum caeruleum* (Hornm.) Karst.
Hut: 3–11 cm breit, gewölbt bis eingedrückt, samtig oder matt, anfangs blaulila, besonders am Rande, später verblassend und eher gelblich oder rostbraun. **Fleisch:** im Hut weißlichblau, im Stiel orangebraun. Geruch beim Anschneiden nach Gurken. **Stacheln:** 1–3 mm lang, anfangs bläulich, später weiß, zuletzt purpurbraun. Sporen braun, unregelmäßig gelappt und warzig, 5,5–6 × 3,5–4,5 µm. In der Streu von Nadelwäldern, vor allem des Berglandes. August–Oktober. **Ungenießbar!**

Gallen-Stacheling *Sarcodon scabrosum* (Fr.) Karst.
Hut: 4–14 cm breit, flach gewölbt oder eingedellt, unregelmäßig rundlich, anfangs samtig oder glatt, später rissig und schuppig, Schuppen zimt-, rost- oder purpurbraun auf schmutziggelbem Hintergrund. **Stiel:** 25–100 × 10–30 mm, zur Basis verschmälert, samtig oder faserig beschuppt, hutfarben oder graubis schwärzlich-grün an der Basis. **Fleisch:** an der Stielbasis graugrün, sonst cremefarbenbräunlich. Geschmack bitter. Geruch mehlig. **Stacheln:** 1–10 mm lang, gelblich-weiß bis purpurbraun. Sporen bräunlich, kantig-stachelig, 6–7,5 × 4–5 µm. Ziemlich selten in Nadelwäldern. August–Oktober. **Ungenießbar!**

Rötlicher Korkstacheling *Hydnellum peckii* Banker
Hut: 3–7 cm breit, flach gewölbt und eingedellt, einzeln oder mit anderen Hüten an der Basis verbunden, zur Hutmitte uneben, höckrig, furchig oder bucklig, anfangs samtig und mit rötlichen Tröpfchen bedeckt, Hutfärbung weiß bis blaß rötlich, zuletzt rötlichbraun, purpurn oder fast schwarz, am Rande etwas heller bleibend. **Stiel:** 5–60 × 5–20 mm, zylindrisch oder zur Basis verschmälert, samtig, hutfarben. Geschmack und Geruch unspezifisch. **Stacheln:** 1–5 mm lang, zunächst weißlich, später blaß purpurbraun. Sporen braun, fast kugelig, 5,5–6 × 3,5–4 µm. In Nadelwäldern, besonders in Kiefergehölzen des Berglandes. August–Oktober. **Ungenießbar!**

Grubiger Korkstacheling *Hydnellum scrobiculatum* (Fr. ex Secr.) Karst.
Hut: 2–5 cm breit, einzeln oder mit anderen verbunden, in der Mitte stark niedergedrückt, über die gesamte Fläche grubig runzelig, strahlig gefurcht und gerandet, gewöhnlich mit aufrechten Schuppen oder kleinen Kämmen aufgerauht, anfangs samtig, zuletzt etwas glänzend, weißlich-rosa bis braun, zur Mitte hin dunkler, an Schadstellen schwarz verfärbend. **Stiel:** 10–20 × 2–10 mm, zylindrisch, zur Basis schmäler oder etwas verdickt, samtig und runzelig, hutfarben. Geruch mehlig. **Stacheln:** 1–4 mm lang, weißlich bis purpurbraun. Sporen braun, bucklig-warzig, 5,5–7 × 4,5–5 µm. Im Humus von Nadel- und Laubmischwäldern. Ziemlich selten. September–Oktober. **Ungenießbar!**

Ⓤ **Gallen-Stacheling** *Sarcodon scabrosum* 1/2 nat. Gr.

Ⓤ *Hydnellum peckii* 1/2 nat. Gr.

Ⓤ *Hydnellum scrobiculatum* 2/3 nat. Gr.

Ⓤ **Rötender Stacheling** *Bankera fuligineo-alba* 2/3 nat. Gr.

Ⓤ *Hydnellum concrescens* 1/3 nat. Gr.

Ⓤ *Hydnellum spongiosipes* 1/2 nat. Gr.

Rötender Stacheling *Bankera fuligineo-alba* (Schmidt ex Fr.) Pouz.
Hut: 4–15 cm breit, flach, ziemlich bald tief eingedellt, unregelmäßig rund, fleischig, anfangs bleich, später gelblichbraun bis lederfarben oder noch dunkler, meist mit pflanzlichem Abfall bedeckt. **Stiel:** 10–50 × 8–25 mm, im oberen Teil weißlich, bräunlich weiter unten. **Fleisch:** im Hut weißlich oder manchmal etwas rötlich, im Stiel blaß gelblich-braun. Geruch des trockenen Pilzes nach Waldmeister. **Stacheln:** 1–6 mm lang, weißlich bis grau. Sporen weiß, oval, fein warzig, 4,5–5,5 × 2,5–3,5 µm. In der Bodenstreu in Nadelwäldern, vor allem im Gebirge. Ziemlich selten. September–Oktober. **Ungenießbar!**

Gezonter Korkstacheling *Hydnellum concrescens* (Pers. ex Schw.) Bank.
Hut: 2–7 cm breit, meist mit mehreren zu einem größeren Fruchtkörpergebilde vereinigt, in der Mitte eingedellt, strahlig gerandet, nicht sehr dick, mit seidigen Haarbüscheln oder samtig-filzig, weiß bis cremefarben und braun bis dunkler braun in konzentrischen Zonen, oft etwas schwarzfleckig, in der Mitte immer dunkler. **Stiel:** 5–5,5 × 2–10 mm, samtig bis matt, hutfarben. Geruch mehlig. **Stacheln:** 1–3 mm lang, weißlich bis rötlichbraun, zuletzt dunkel purpurbraun. Sporen mit unregelmäßigem Umriß, 5,5–6 × 4–4,5 µm. In Nadel- und Laubmischwäldern. Verbreitet. September–Oktober. **Ungenießbar!**

Filzstieliger Korkstacheling *Hydnellum spongiosipes* (Peck) Pouz.
Hut: 2–7 cm breit, einzeln oder mit anderen verbunden, flach gewölbt und leicht eingedrückt, oberseits glatt, aber sehr uneben und bucklig oder grubig, weißlich-gelb und samtig, später fleischfarben- bräunlich bis zimt- oder rotbraun. **Stiel:** 10–90 × 5–30 mm, an der Basis stark verdickt, mit sehr dicker, schwammartiger, filziger Umhüllung, dunkel rötlichbraun. Geruch mehlig. **Stacheln:** 1–6 mm lang, anfangs weißlich, später dunkelbraun. Sporen unregelmäßig, 6–7 × 4,5–5,5 µm. In Laubwäldern, meist unter Eichen. Verbreitet. September–November. **Ungenießbar!**

Pelziger Korkstacheling *Phellodon tomentosus* (L. ex Fr.) Bank.
Hut: 1,5–4 cm breit, flach bis niedergedrückt oder trichterig, anfangs samtig-pelzig, später runzelig oder furchig, weiß bis gelblichbraun, zuletzt tiefbraun mit dunkleren Bändern, am Rande immer heller. **Stiel:** 5–10 × 2–8 mm, am Grunde meist mit mehreren anderen Pilzen verbunden, glatt oder faserschuppig, gelblichbraun bis dunkler braun. **Fleisch:** blaß bräunlich im Hut, im Stiel dunkelbraun. Geruch nach Trocknung wie Waldmeister. **Stacheln:** 1–2 mm lang, weiß bis grau. Sporen oval, fein warzig, 3–3,5 × 2,5–3 µm. In Nadel- und Laubmischwäldern. August–Oktober. Zerstreut. **Ungenießbar!**

Schwarzweißer Korkstacheling *Phellodon melaleucus* (Sw. ex Fr.) Karst.
Hut: 1–4 cm breit, sehr dünn, trichterförmig, in der Mitte warzig aufgerauht, sonst samtig, strahlig-faserig und runzelig bis gefurcht, weiß, grau, fleischfarben, rötlichbraun, purpurbraun oder zuletzt auch fast schwarz. **Stiel:** 10–20 × 1–5 mm, am Grunde mit anderen Pilzen der gleichen Art büschelig verbunden, selten einzeln, abgeflacht, glatt oder faserig, schwarzbraun. **Fleisch:** leicht grau mit purpurner Tönung. **Stacheln:** 1–2 mm lang, weiß bis grau. Der Pilz riecht nach Trocknung sehr stark nach Waldmeister. Sporen weiß, kugelig, stachelig, 3,5–4,5 × 3–4 µm. Meist am Boden von Nadelwäldern. Verbreitet. August–Oktober. **Ungenießbar!**

Ⓤ *Phellodon tomentosus* 2/3 nat. Gr.

Ⓤ *Phellodon melaleucus* 1/2 nat. Gr.

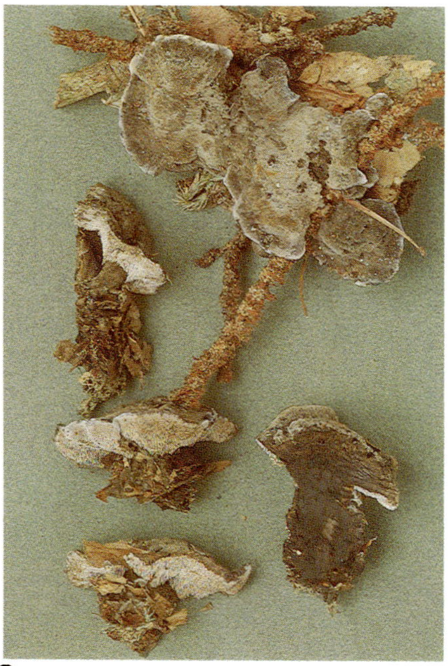

Ⓤ *Phellodon niger* 1/2 nat. Gr.

Ⓤ *Phellodon confluens* 2/3 nat. Gr.

Ⓔ *Hericium ramosum* 1/4 nat. Gr.

Ⓔ *Hericium erinaceus* 1/2 nat. Gr.

Schwarzer Korkstacheling *Phellodon niger* (Fr. ex Fr.) Karst.
Hut: 3–7 cm breit, flach oder in der Mitte eingedellt, anfangs samtig oder filzig, später zunehmend warzig-rauh, am stark lappigen und verbogenen Rand faserig, weißlich, blaßgrau-lila, purpurschwarz bis einheitlich schwarz, meist konzentrisch gebändert. **Stiel:** 10–50 × 5–20 mm, am Grunde meist mit weiteren Exemplaren verbunden, zur Basis angeschwollen, meist mit schwarzem, holzigem Kern und samtiger Umhüllung von schwarzer bis grauer Färbung. **Stacheln:** 1–3 mm lang, blaugrau bis grau. Sporen weiß, fast kugelig, stachelig, 3,5–4,5 × 2,5–3,5 µm. Wächst meist in Nadelwäldern in der Bodenstreu. Ziemlich selten. September–November. **Ungenießbar!**

Zusammenfließender Korkstacheling *Phellodon confluens* (Pers.) Pouz.
Hut: 2–6 cm breit, flach oder niedergedrückt, anfangs dickfilzig, in der Mitte später warzig rauh, weiß bis cremefarben und zunehmend sattbraun, in der Mitte immer dunkler. **Stiel:** 10–20 × 5–15 mm, mitunter sehr kurz, zum Grunde verschmälert, zunächst weiß, später gelb- bis graubraun. **Fleisch:** weiß bis graubraun im Hut, wesentlich dunkler im Stiel. Geruch (nach Trocknung) nach Waldmeister. **Stacheln:** 1–2 mm lang, weiß bis grau oder leicht violett. Sporen weiß, kugelig, stachelig, 3,5–4,5 × 3–4 µm. Meist in Laubwäldern, besonders unter Buchen, seltener auch in Laubmischwäldern. Zerstreut. September–Oktober. **Ungenießbar!**

Stachelbartkoralle *Hericium ramosum* (Mérat) Lét.
Fruchtkörper: bis 30 cm breit, aus einem zähen, kräftigen Stamm bestehend, der sich mehrfach verzweigt und am Ende feine Verästelungen trägt, an denen die kurzen Stacheln (3–10 mm lang) ansitzen; anfangs reinweiß, später lederfarben bis kräftiger bräunlich nachdunkelnd. **Fleisch:** knusprig. Sporen weißlich, amyloid, fast kugelig, fein warzig, 3,5–4 × 4–5,5 µm. Ziemlich selten an geschnittenem Holz und auf Stümpfen von Laubbäumen, meist Rotbuche. Juli–Oktober. **Jung eßbar.**

Igel-Stachelbart *Hericeum erinaceus* Pers.
Fruchtkörper: besteht aus einem 10–20 cm breiten und langen, kissenförmigen Gebilde (mit nur sehr kurzem Stiel), an dem bis 6 cm lange Stacheln ansitzen, diese sehr gedrängt, gerade, ziemlich einheitlich dick, meist hängend, anfangs weißlich, später zunehmend gelblich, etwas zäh und ziemlich elastisch. Sporen fein warzig, amyloid, annähernd kugelig, 4–5,5 × 5–6,5 µm. In Laubwäldern an Stümpfen von Buchen und Eichen. Selten. August–Oktober. **Nur jung eßbar.**

Ⓤ **Dorniger Stachelbart** *Creolophus cirrhatus* 1/2 nat. Gr.

Ⓤ **Igelstäubling** *Lycoperdon echinatum* 3/4 nat. Gr.

Ⓔ **Beutelstäubling** *Calvatia excipuliformis* 1/2 nat. Gr.

Ⓔ **Hasenbovist** *Calvatia utriformis* 1/2 nat. Gr.

Dorniger Stachelbart *Creolophus cirrhatus* (Pers. ex Fr.) Karst.
Fruchtkörper: 5–10 cm breit, halbkreis- oder muschelförmig und oft etwas konsolenartig, meist zu mehreren in Gruppen übereinander, oberseits weißlich bis blaß ockergelblich, oft faserig-schuppig rauh oder mit sterilen Stacheln. **Fleisch:** dick und weich, cremefarben. Geruch und Geschmack angenehm. **Stacheln:** cremefarben, 10–15 mm lang, Sporen weiß, elliptisch, amyloid, 3,5–4 × 3 µm. Wächst nicht wie die übrigen Stachelpilze am Boden, sondern auf Stämmen und Stümpfen von Laubbäumen. Juli–Oktober. **Ungenießbar!**

Bauchpilze

Igelstäubling *Lycoperdon echinatum* Pers. ex Pers.
Fruchtkörper: 2–5 cm breit, annähernd kugelig, am Grunde in einen kurzen Stiel verschmälert, weißlich bis braun, mit derben, bräunlichen Stachelwarzen dicht besetzt, diese neigen sich zu 3–4 an den Spitzen pyramidenförmig zusammen und hinterlassen ein netzartiges Muster nach dem Abfallen. Sporen treten durch eine kleine oberseitige Öffnung aus. **Fruchtmasse** (Gleba): zur Reifezeit purpurbraun. Sporen braun, kugelig, warzig, 4–6 µm Durchmesser. In Laubwäldern und Heiden, oft auf kalkhaltigem Boden. Juni–Oktober. **Ungenießbar!**

Beutel-Stäubling *Calvatia excipuliformis* (Pers.) Perd.
Fruchtkörper: 8–20 cm hoch, anfangs bleich lederbräunlich, später dunkler ockerbraun, rundlich mit deutlich vom Stiel abgesetztem Kopf, mit feinen Stacheln und Warzen, diese können jedoch schon frühzeitig abfallen und die gelbliche, papierdünne innere Fruchtkörperwand freilegen. **Fruchtmasse:** anfangs weiß, dann grünlich, zuletzt purpurbraun, ihre sterile Basis sehr schwammig, bräunlich, nimmt den gesamten Stielbereich ein. Sporen olivbraun, kugelig, stachelwarzig, 3,5–5,5 µm Durchmesser. Einzeln oder gruppenweise auf Ödland, Weiden, in Wäldern und Heiden. Juni–November. **Jung eßbar.** Die Aufnahme zeigt untypisch kurzstielige Exemplare. Gewöhnlich sind die Fruchtkörper pistillförmig, so wie das junge Exemplar rechts unten.

Hasenbovist *Calvatia utriformis* Bull. ex Pers.) Jaap
Fruchtkörper: 6–12 cm breit, annähernd kugelig oder birnenförmig, zur Basis etwas verschmälert, anfangs weißlich, später zunehmend blaß grau- bis dunkelbraun, jung filzigkörnig, bald jedoch schon rissig-felderig aufplatzend. **Fruchtmasse:** anfangs weißlich, zur Reifezeit olivbraun und pulverig in Sporen aufgelöst. Die sterile Basis nimmt die untere Hälfte des Fruchtkörpers ein und bleibt noch lange Zeit am Standort erhalten. Sporen olivbraun, kugelig, warzig 4–5 µm Durchmesser. In Wiesen, auf Heiden und Weideland. Mai–Oktober. **Jung eßbar.**

Riesenbovist *Langermannia gigantea* (Batsch. ex Pers.) Rostk. (= *Lycoperdon giganteum)*
Fruchtkörper: kugelförmig, 7–80 cm Durchmesser, weißlich, lederig, am Grunde etwas furchig; Haut schält sich zur Fruchtreife ab; am Grunde mit dicken Mycelsträngen verwachsen, davon jedoch später ablösend und frei umherrollend. **Fruchtmasse:** anfangs weiß und fest, später olivbraun und staubig, ohne sterile Basis. Sporen braun, kugelig, warzig, 3,5–5,5 µm Durchmesser. Auf Weiden, in Gärten oder auf Ödland. Nur stellenweise. Juli–September. Solange noch weiß **eßbar** und sehr schmackhaft.

Ⓔ **Riesenbovist** *Langermannia gigantea* 1/3 nat. Gr.

Warzenbovist *Lycoperdon mammaeforme* Pers.
Fruchtkörper: 4–7 cm breit und 4–9 cm hoch, birnenförmig oder breit gebuckelt, in einen kurzen Stielabschnitt verschmälert, anfangs weißlich, dann zunehmend ockerbräunlich, äußere Fruchtkörperhaut bricht in wollige, warzige Schuppen auf und läßt am Stiel eine ringartige Schuppenzone zurück. Innere Fruchtkörperwand papierdünn, öffnet sich mit einer zentralen Pore. **Fruchtmasse:** zuletzt dunkel purpurbraun, an der sterilen Basis schwammig. Sporen schokoladenbraun, kugelig, fein warzig, 4–5 µm Durchmesser. Nur in Laubwäldern auf Kalkböden. Juli–Oktober. Ziemlich zerstreut. **Jung eßbar.**

Ⓔ *Lycoperdon mammaeforme* 1/2 nat. Gr.

Ⓤ **Stinkender Stäubling** *Lycoperdon foetidum* 1/1 nat. Gr.

Ⓔ **Flaschenstäubling** *Lycoperdon perlatum* 2/3 nat. Gr.

Ⓔ **Birnenstäubling** *Lycoperdon pyriforme* 2/3 nat. Gr.

Ⓔ **Münzenstäubling** *Vascellum pratense* 1/2 nat. Gr.

U *Lycoperdon pedicellatum* 1/2 nat. Gr.

U *Lycoperdon spadiceum* 1/1 nat. Gr.

E *Bovista plumbea* 2/3 nat. Gr.

E *Bovista nigrescens* 1/2 nat. Gr.

Stinkender Stäubling *Lycoperdon foetidum* Bon.
Fruchtkörper: 1–4 cm hoch, 1,5–3 cm breit, angenähert kugelig oder birnenförmig, am Grunde in einen kurzen Stielabschnitt verschmälert, mit feinen, braunschwarzen, zugespitzten Stacheln, die in Gruppen zu je 3 zusammenstehen, weniger leicht abwischbar sind und ein netzartiges Muster auf der Fruchtkörperhaut zurücklassen. Geruch ziemlich unangenehm. **Fruchtmasse:** bräunlich bis schmutzigbraun, an der sterilen Basis schwammig, diese etwa die untere Hälfte des Fruchtkörpers einnehmend. Sporen kugelig, fein stachelwarzig, 4–5 µm Durchmesser. Auf Ödland, in Dünen, auf sauren und humosen Waldböden. Ziemlich häufig. Juli–Oktober. **Ungenießbar!**

Flaschenstäubling *Lycoperdon perlatum* Pers.
Fruchtkörper: 2,5–6 cm breit, 2–9 cm hoch, meist birnenförmig oder etwas klöppelartig, zunächst weißlich, später gelblichbraun, mit kurzen, pyramidalen, spitzen Warzen, die leicht abfallen und oberseits besonders dicht stehen, sie lassen nach dem Abfallen ein Muster kantiger Vertiefungen zurück. **Fruchtmasse:** anfangs porös und weißlich, später grau, graugrün und zuletzt braun und staubig. Sterile Basis schwammig, nur im Stielteil. Sporen olivbraun, kugelig, fein warzig, 3,5–4,5 µm Durchmesser. Recht häufig in Wäldern. Juni–Oktober. **Jung eßbar.**

Birnenstäubling *Lycoperdon pyriforme* Schaeff. ex Pers.
Fruchtkörper: 1,5–4 cm breit und bis 4 cm hoch, etwas keulenförmig oder schlegelartig, an der Unterlage mit kräftigen Mycelsträngen befestigt, anfangs weißlich, später zunehmend gelblich oder graubraun, mit schuppigen Stacheln, Körnchen oder Warzen, innere Fruchtkörperwand papierdünn und glatt, öffnet sich mit einer Pore. **Fruchtmasse:** anfangs weißlich und porös, dann gelblich-oliv und zuletzt staubig olivbraun. Steriles Fruchtfleisch nur am Grunde des Stielabschnitts, ziemlich schwammig. Sporen kugelig, olivbraun, glatt, 3–4 µm Durchmesser. Ziemlich häufig, meist in Gruppen oder Büscheln auf modernden Baumstümpfen und verrottendem, in der Streu verborgenem Holz. Juni–Oktober. **Jung eßbar.**

Münzenstäubling *Vascellum pratense* (Pers.) Kreisel
Fruchtkörper: 2–4 cm breit, annähernd kugelig-birnenförmig, am Grunde mit kurzem, gedrungenem Stielabschnitt, zuletzt abgeflacht kreiselförmig, weißlich, dann zunehmend gelblich-fleischfarben und hellbraun, außen schuppig und mit feinen, kleinen Warzen zerstreut besetzt, innere Fruchtkörperschale glatt und etwas glänzend, öffnet sich mit einer zentralen Pore, oder der gesamte Fruchtkörper reißt auf und hinterläßt ein schalenförmiges Gebilde. **Fruchtmasse:** anfangs weißlich, zuletzt olivbraun und staubig. Steriler Abschnitt deutlich erkennbar und von den Sporen durch eine zarte Haut getrennt. Sporen olivbraun, kugelig, fein stachelwarzig, 3–3,5 µm Durchmesser. Auf Wiesen, im Rasen und auf Weiden. Juli–Oktober. Häufig. **Jung eßbar.**

Gestielter Stäubling *Lycoperdon pedicellatum* Peck
Fruchtkörper: 2–5 cm breit, 3–6 cm hoch, im Kopfteil flach kugelig, weiter unten kurz gestielt, stachelig mit spitzen, etwa 1–2 mm langen Warzen besetzt, die einzeln oder in kleinen Gruppen zusammenstehen, an den Spitzen zusammenneigen und auf der Fläche der inneren Wand ein netzartiges Muster hinterlassen. **Fruchtmasse:** zuletzt zimt- bis olivbraun und staubig. Sporen braun, breit elliptisch, lang gestielt, fein warzig, 3,5–4,5 × 4–5 µm. Ziemlich selten im Humus von Waldböden. Juli–Oktober. **Ungenießbar!**

Bräunlicher Stäubling *Lycoperdon spadiceum* Pers.
Fruchtkörper: 1–2,5 cm breit, ungefähr kugelig-birnenförmig mit einem kurzen, gedrungenen Stielabschnitt, grau- oder ockerbraun, außen schuppig, innere Fruchtkörperschale dünn und körnig. **Fruchtmasse:** zuletzt olivbraun und staubig, im sterilen Teil des Stielabschnitts ziemlich schwammig. Sporen olivbraun, rundlich, fein warzig, etwa 4 µm Durchmesser. In Heiden, Wiesen, Dünen und auf Weiden oder Ödland, meist auf Sandboden. August–Oktober. **Ungenießbar!**

Bleigrauer Zwergbovist *Bovista plumbea* Pers. ex Pers.
Fruchtkörper: 2–3 cm breit, kugelig, ohne sterile Basis, an der Unterlage mit kräftigen Mycelsträngen befestigt, die eventuell leicht brechen und den Fruchtkörper frei umherrollen lassen; weißlich, in große, flockige Schuppen aufblätternd, legen dabei die innere, bleigraue Fruchtkörperwand frei, die die Sporenmasse einschließt. **Fruchtmasse:** lehmfarben bis olivbraun. Sporen braun, oval, gestielt, fein angerauht, 4,5–6 × 4,5–5,5 µm. Verbreitet im kurzen Gras von Wiesen, Weiden, Rasen und Waldlichtungen. Juli–Oktober. **Jung eßbar.**

Schwarzer Bovist *Bovista nigrescens* Pers. ex Pers.
Fruchtkörper: 3–6 cm breit, kugelig, unterseits leicht zugespitzt, ohne sterile Basis, an der Unterlage mit Mycelsträngen befestigt, die brechen und den reifen Fruchtkörper im Wind umherrollen lassen, außen anfangs weißlich, später in großen Schuppen wegflockend und die schwärzliche innere Fruchtkörperwand freilegend, die sich mit einer großen Pore zur Sporenfreisetzung öffnet. **Fruchtmasse:** zuletzt dunkel purpurbraun und staubig. Sporen braun, fast kugelig, mit langem Stiel und fein warzig, 4,5–6 µm Durchmesser. Im Gras auf Wiesen und Weiden. Juli–Oktober. Verbreitet. **Jung eßbar.**

Ⓖ **Kartoffelbovist** *Scleroderma citrinum* 2/3 nat. Gr.

Ⓤ **Netzbovist** *Scleroderma areolatum* 1/1 nat. Gr.

Ⓤ **Braunwarziger Kartoffelbovist** *Scleroderma verrucosum* 2/3 nat. Gr.

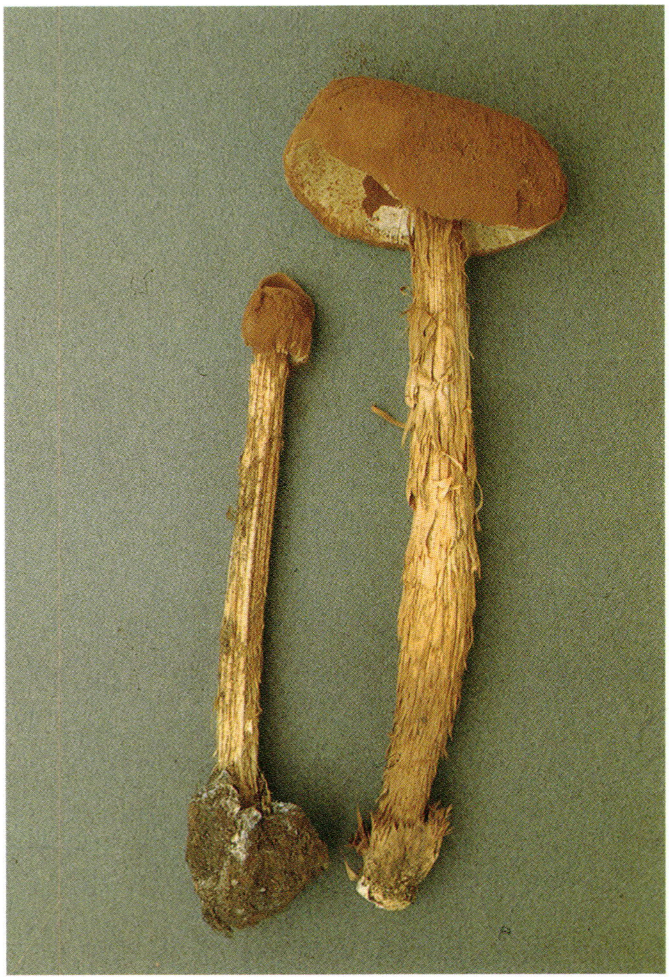

Ⓤ **Stielstaubpilz** *Battarraea phalloides* 1/2 nat. Gr.

Kartoffelbovist *Scleroderma citrinum* Pers.
Fruchtkörper: 2–10 cm breit, knollig oder länglich kugelförmig, ungestielt, der Unterlage mit kräftigen Mycelsträngen aufsitzend, schmutziggelb bis ockerbraun, zäh, lederig, überall warzig und felderig aufgeplatzt und daher rauh schuppig erscheinend. **Fruchtmasse:** anfangs weiß, später leicht rosa und fein gekammert, zuletzt purpurschwarz und staubig. Sporen braun, kugelig, netzig gemustert, 9–13 µm Durchmesser. Bevorzugt auf sandigen Böden in Heiden, an Wegen oder im Wald. Juni–Oktober. Einige Scheibchen junger Fruchtkörper können wegen ihres stark würzigen Geruchs zu Suppen oder Soßen verwendet werden. **Schwach giftig!** (Vgl. auch S. 204, Parasitenröhrling, der auf diesem Pilz wächst.)

Netzbovist *Scleroderma areolatum* Ehr.
Fruchtkörper: 1–3(4) cm breit, kugelförmig, am Grunde in einen kräftigen, aber dünnen und etwas wurzelnden Stielabschnitt verschmälert, der sich in dicke Mycelstränge verlängert; gelblichbraun, mit glatten, sehr dunklen Schuppen in grubigen Vertiefungen, die der Oberfläche ein auffälliges Netzmuster verleihen. Fruchtkörper öffnet sich mit einem kleinen Schlitz. **Fruchtmasse:** zuletzt dunkel purpurbraun. Sporen kugelig, dunkelbraun, 9–14 µm Durchmesser, stachelspitzig. Auf dem Boden an feuchten, schattigen Stellen, mitunter auch im lockeren Gras oder Moos. August–Oktober. **Ungenießbar!**

Braunwarziger Kartoffelbovist *Scleroderma verrucosum* (Bull.) Pers.
Fruchtkörper: 2,5–5 cm breit, kugelig, oberseits oft abgeflacht oder etwas eingedellt, unten in einen langen, stielartigen Abschnitt übergehend, der meist auffallend kantig und gerippt ist; Färbung gelblich bis hellbraun, mit zahlreichen, kleinen, dunkelbraunen Schuppen besetzt. Bei der Reife bricht die Fruchtkörperwand unregelmäßig auf. **Fruchtmasse:** zuletzt olivbraun. Sporen dunkelbraun, kugelig, fein stachelwarzig, 10–14 µm Durchmesser. Auf Sandböden in Wäldern oder in Heidegebieten. Juli–Oktober. Verbreitet bis zerstreut. **Ungenießbar!**

Stielstaubpilz *Battarraea phalloides* (Dicks.) Pers.
Fruchtkörper: 10–25 cm hoch, besteht aus einem kugeligen Sporensack, der auf einem steifen, langen, zottig-faserigen Stiel sitzt, der seinerseits aus einem losen, becherförmigen Behälter entspringt. Anfangs sitzt der sporenbildende Teil des Fruchtkörpers in dieser Becherscheide im Sandboden, durchbricht dann die Oberfläche, wenn der Stiel sich verlängert und reißt unregelmäßig auf, um die staubigen, rostbraunen Sporenmassen zu verstreuen. Sporen braun, annähernd kugelig oder etwas länglich; 5,0–5,5(6) µm Durchmesser. Ziemlich selten in Heidegebieten auf Sandböden. Juli–August. **Ungenießbar!**

Erbsenstreuling *Pisolithus arhizus* (Pers.) Rausch
Fruchtkörper: 6–12 cm breit, 5–25 cm hoch, im oberen Teil rundlich und knollig, ocker- bis olivbraun, an Pferdedung erinnernd, im unteren Teil wurzelartig aus einem dicken, kräftigen Mycelstrang bestehend, der vielfach chromgelbe Marken trägt. Äußere Wand des Fruchtkörpers sehr dünn und zunehmend spröde, bricht zur Reifezeit leicht auf und legt die dunkelbraunen, steinigen Peridiolen frei: erbsenförmige Strukturen, die die Sporen enthalten. Sporen zimtbraun, kugelig, warzig, 7–11,5 µm Durchmesser. Selten in sandigem Boden, in Kiefernwäldern und in Heidegebieten. **Ungenießbar!**

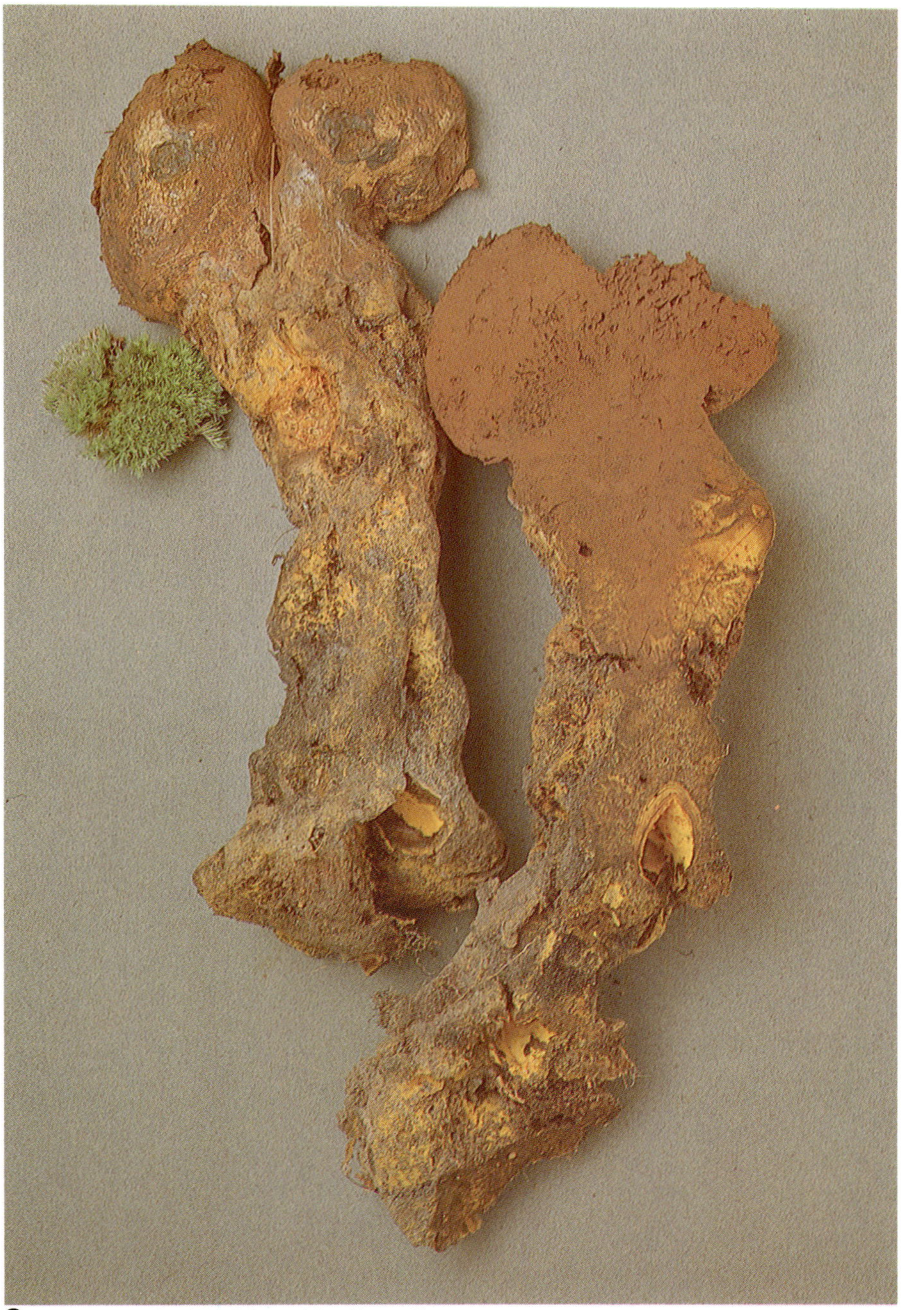

Ⓤ **Erbsenstreuling** *Pisolithus arhizus* 1/2 nat. Gr.

Zitzenbovist *Tulostoma brumale* Pers. ex Pers.
Fruchtkörper: besteht aus einem kugeligen Kopf von 1–2 cm Breite und einem faserigen Stiel, etwa 20–50 × 3–4 mm. Der Kopfteil öffnet sich mit einer zylindrischen Pore. Sporen kugelig, fein warzig, 3,5–5 µm Durchmesser. Ziemlich selten. Wächst in Dünen oder auf Kalkböden, gelegentlich auch im Mauermörtel. September–November. **Ungenießbar!**

Ⓤ *Tulostoma brumale* 3/4 nat. Gr.

Ⓤ **Gewimperter Erdstern** *Geastrum sessile* 1/1 nat. Gr.

Ⓤ **Vielstieliger Erdstern** *Myriostoma coliformis* 2/3 nat. Gr.

Gewimperter Erdstern *Geastrum sessile* (Sow.) Pouz.
Fruchtkörper: 1,5–3 cm hoch, 3–7 cm breit, anfangs kugelig, in 5–8 zugespitzte Lappen aufreißend, blaß cremefarben bis leicht fleischrosa. **Sporensack:** 8–15 mm breit, sitzend, blaß cremefarben bis lederbräunlich, öffnet sich mit einer zentralen Pore ohne Ring. Sporen dunkelbraun, kugelig, fein warzig. 3–3,5 µm Durchmesser. Wächst auf dem Boden von Fichtenbeständen. Trockene Fruchtkörper sehr haltbar, überdauern mehrere Jahre. September–Oktober. **Ungenießbar!**

Vielstieliger Erdstern *Myriostoma coliformis* (With. ex Pers.) Cora
Fruchtkörper: 2–10 cm breit, kugelig, äußere Hülle mit einem braunen, fleischigen Belag, der bald verschwindet und die blaßbraune Unterschicht freilegt, bricht in 5–12 spitze Zipfel auf, die den Sporensack beim Zurückschlagen etwas hochheben. **Sporensack:** 1,5–5 cm breit, silbrig-braun, fein angerauht, öffnet sich mit mehreren Poren nach dem Salzstreuerprinzip, auf mehreren, kleinen Stielchen. Sporen braun, kugelig, unregelmäßig warzig, 4–6 µm Durchmesser. Auf Sandböden und an Waldrändern. August–Oktober. In Europa offenbar ausgestorben. Zur Zeit keine Fundstellen bekannt. **Ungenießbar! Schützenswert!**

Gelbliche Barttrüffel *Rhizopogon luteolus* Fr.
Fruchtkörper: 1,5–5 cm breit, knollig-kugelig, anfangs weißlich, später schmutzig ockergelb, zuletzt mit dunkelbraunen, feinen Mycelsträngen bedeckt, äußere Hülle zäh, lederig. **Fruchtmasse:** zur Reifezeit oliv-bräunlich. Sporen olivfarben, länglich-elliptisch, 7–10 × 2,5–3,5 µm. An sandigen Standorten, meist in Kiefernwäldern. August–Oktober. **Ungenießbar!**

Rotbrauner Erdstern *Geastrum rufescens* Pers.
Fruchtkörper: nach Öffnung 5–8 cm breit, wächst zunächst unter der Bodenoberfläche, platzt in 7–9 spitze, zähfleischige Zipfel auf, die sich zurücklegen und den zentralen Sporensack freigeben. **Sporensack:** 1,5–4 cm breit, undeutlich gestielt, blaß oder bräunlich, öffnet sich mit einer kleinen erhöhten Pore. Sporen dunkelbraun, kugelig, warzig, 3–4,5 µm im Durchmesser. Ziemlich selten in Nadelwäldern, praktisch nie in Laubgehölzen. September–November. **Ungenießbar!**

Hals-Erdstern *Geastrum coronatum* Pers.
Fruchtkörper: nach Öffnung 5–10 cm breit, äußere Hülle springt in 5–8 spitze Zipfel auf, die sich zurückbiegen und unregelmäßig felderig zerrissen sind. **Sporensack:** deutlich gestielt, annähernd kugelig, graubraun, öffnet sich mit einer zentralen Pore. Sporen dunkelbraun, kugelig, warzig, 3,5–4,5 µm Durchmesser. Auf dem Boden von Nadel- und Laubwäldern. Nicht sehr häufig. September–November. **Ungenießbar!**

Kragen-Erdstern *Geastrum triplex* Jung
Fruchtkörper: geschlossen 3–5 cm breit, zwiebelartig, nach dem Öffnen 5–10 cm breit; äußere Hülle (Exoperidie) zerspringt in 4–8 spitze Zipfel, die beim Zurückbiegen felderig zerreißen; Sporensack sitzt dann in einer weiteren, schüsselförmigen Hülle (Mesoperidie). **Sporensack** (Endoperidie): ungestielt, blaß graubraun, mit leicht dunklerem Ring um die leicht erhöhte zentrale Pore. Sporen dunkelbraun, kugelig, warzig, 3,5–4,5 µm Durchmesser. In der Bodenstreu in Laubwäldern. August–November. Nicht allzu häufig. **Ungenießbar!**

Zwerg-Erdstern *Geastrum nanum* Pers.
Fruchtkörper: nach dem Öffnen 2–3 cm breit, in 5–8 spitze Zipfel aufspringend, deren fleischiger Belag zerreißt allmählich und schuppt ab. **Sporensack:** sehr kurz gestielt, blaßbraun bis grau, öffnet sich mit einer deutlich erhöhten und zugespitzten Mündung. Sporen dunkelbraun, kugelig, warzig, 3,5–4 µm Durchmesser. In der Bodenstreu von Laubwäldern. Ziemlich selten. September–November. **Ungenießbar!**

Kleiner Nesterdstern *Geastrum quadrifidum* Pers. ex Pers.
Fruchtkörper: nach dem Öffnen 0,5–3 cm breit, äußere Hülle zerspringt in 4–8 spitze Zipfel, die sich stark rückwärts einrollen und unten durch eine häutige Schüssel verbunden sind. **Sporensack:** sehr kurz gestielt, Stiel etwa 1,5–2,5 mm lang in Form eines saumförmigen Kragens unterhalb des Sporensacks, dieser bleigrau, öffnet sich mit einer erhöhten, zugespitzten Mündungspore. Oft in großen Gruppen in Nadelwäldern. Eine der häufigsten Arten der gesamten Gattung. August–Oktober. **Ungenießbar!**

Ⓤ *Rhizopogon luteolus* $^{2}/_{3}$ nat. Gr.

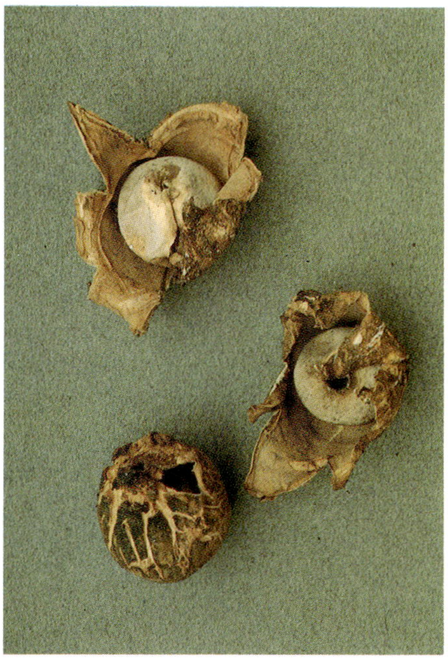

Ⓤ *Geastrum rufescens* $^{1}/_{2}$ nat. Gr.

Ⓤ **Kragen-Erdstern** *Geastrum triplex* $^{2}/_{3}$ nat. Gr.

Ⓤ *Geastrum coronatum* $^{1}/_{3}$ nat. Gr.

Ⓤ *Geastrum nanum* $^{3}/_{4}$ nat. Gr.

Ⓤ *Geastrum quadrifidum* $^{3}/_{4}$ nat. Gr.

Geastrum fornicatum 1/2 nat. Gr.

Geastrum pectinatum 1/3 nat. Gr.

Astraeus hygrometricus 2/3 nat. Gr.

Cyathus olla 1/2 nat. Gr.

Cyathus striatus 1/1 nat. Gr.

Crucibulum laeve 1/1 nat. Gr.

Nidularia farcata 3/4 nat. Gr.

Nest-Erdstern *Geastrum fornicatum* (Huds.) Fr.
Fruchtkörper: besteht aus einem zentralen, bräunlichen, kugeligen Sporensack von 1–1,5 cm Breite mit berandeter Mündung, der auf einem kleinen Stielchen ruht, zusätzlich aber von 4 zurückgeschlagenen, zugespitzten Zipfeln getragen wird, die ihrerseits auf den Zipfeln von 4 in der Bodenstreu verborgenen Klappen stehen, die zu einem schüsselförmigen Gebilde gehören und die Basis dieses merkwürdigen Pilzes bilden. Sporen schwärzlich, kugelig, warzig, 3,5–4,5 µm Durchmesser. Am Boden in der Streu von Laubwäldern. September–November. Ziemlich selten. **Ungenießbar!**

Kamm-Erdstern *Geastrum pectinatum* Pers.
Fruchtkörper: geöffnet 3–6 cm breit, äußere Hülle zerspringt in 6–12 spitze, bräunliche Zipfel, deren fleischiger Belag bald unregelmäßig zerreißt. **Sporensack:** schlank gestielt, Stiel um 5 mm lang, bleigrau, etwas flachgedrückt, öffnet sich mit einer zentralen Pore in einer spitzen, kegeligen, gefurchten Mündung. Sporen dunkelbraun, warzig, kugelig, 4–7 µm Durchmesser. In der Nadelstreu von Kiefernwäldern, kaum in Laubwäldern. Ziemlich selten. September–November. **Ungenießbar!**

Wetterstern *Astraeus hygrometricus* (Pers.) Morg.
Fruchtkörper: 1–5 cm breit, kugelig, äußere

Hülle satt- oder dunkelbraun, platzt in 6–15 spitze Zipfel auf, die sich zur Reifezeit bei feuchtem Wetter öffnen, bei Trockenheit lederig fest werden und sich schließen. **Sporensack:** 1–3 cm breit, bleich bis dunkelgrau, dünn, papierartig, öffnet sich mit einem feinen Schlitz. Fruchtmasse kakaobraun. Sporen zimtbraun, kugelig, fein warzig, 7–10,5 µm Durchmesser. Auf Dünen oder Sandböden in Wäldern, entwickelt sich zunächst im Boden und wird erst beim Öffnen sichtbar. September–November, kann sich bei guten Bedingungen über ein Jahr lang halten. **Ungenießbar!**

Napf-Teuerling *Cyathus olla* Batsch. ex Pers.
Fruchtkörper: 8–12 mm breit, 8–15 mm hoch, kelchförmig, ungestielt, außen filzig, gelblichgrau, innen silbergrau und glatt, enthält mehrere eiförmige Peridiolen, die die Sporen ausbilden. Sporen oval, 10–14 × 6–8 µm. Wächst meist in kleinen Gruppen auf der Erde, auf Zweigen oder anderem pflanzlichen Abfall. Verbreitet. März–November. **Ungenießbar!**

Gestreifter Teuerling *Cyathus striatus* Huds. ex Pers.
Fruchtkörper: etwa 6–8 mm breit und 7–10 mm hoch, umgekehrt kegel- oder becherförmig, außen graubraun, büschelig-zottig behaart, innen glänzend hell- bis dunkelgrau, enthält mehrere Peridiolen von Linsenform, in denen die Sporen heranreifen, anfangs von einer weißlichen Haut verschlossen, die aber sehr bald aufreißt. Sporen elliptisch, 15–22 × 3,5–12 µm. Auf Zweigen, Zapfen, moderndem Holz und anderem pflanzlichen Abfall, meist in humusreichen Wäldern. August–Oktober. **Ungenießbar!**

Tiegel-Teuerling *Crucibulum laeve* (Huds. ex Relh.) Kam.
Fruchtkörper: anfangs kugelig, schmutzig zimtbraun-gelblich, aber bald deutlich tiegelförmig und dann 4–8 mm breit, 3–7 mm hoch, ungestielt, anfangs häutig überspannt und verschlossen, nach dem Öffnen mit mehreren linsenförmigen Peridiolen, in denen die Pilzsporen entwickelt werden, jedes dieser eiförmigen Gebilde etwa 1–2 mm breit. Sporen elliptisch, 7–10 × 3–5 µm. Meist gesellig in kleinen Gruppen auf morschem Holz von Nadelbäumen, auch auf Strohhaufen. August–April. Wahrscheinlich häufig, aber meist übersehen. **Ungenießbar!**

Erbsennestling *Nidularia farcata* (Roth. ex Pers.) Fr.
Fruchtkörper: meist gesellig, sitzend, unregelmäßig kugelig, etwas zusammengedrückt, 2–10 mm breit, goldgelb oder fleischfarben-zimtbraun, anfangs wollig oder bestäubt, später glatt, unregelmäßig zerreißend und kleine, linsenförmige, rötlichbraune Peridiolen freigebend, in denen die Sporen entwickelt werden, jede etwa 0,5–1 mm breit. Sporen breit elliptisch, 6–10 × 4–7 µm. Auf Sägemehl oder vermoderndem Holz. Selten. September–November. **Ungenießbar!**

Krause Glucke *Sparassis crispa* Wulf. ex Fr.
Fruchtkörper: 20–50 cm breit, im Umriß kugelig, erinnert an Blumenkohl, besteht aus einem festen, meist im Boden verborgenen Stielteil und zahlreichen Verzweigungen, die in flache, etwas schuppige Zweigenden auslaufen, weißlich-cremefarben, zunehmend bräunlich-fleischfarben. Geruch süßlich, angenehm. Sporen weiß, glatt, elliptisch, 5–7 × 4–5 µm. Wächst am Grunde lebender Stämme von Nadelbäumen, meist von Kiefern. Juli–September. Verbreitet. Junge Exemplare können nach gründlicher Reinigung verzehrt werden. **Eßbar.**

E **Krause Glucke** *Sparassis crispa* ½ nat. Gr.

Kugelwerfer *Sphaerobolus stellatus* Tode ex Pers.
Fruchtkörper: 1,5–2,5 mm breit, anfangs kugelig, weißlich, später zunehmend ockergelb, in 5–9 feine, orangerote, spitze Zipfel aufbrechend, und die Peridiole mit dem sporenbildenden Gewebe als kleinen, bräunlichen Ball freigebend. Die Peridiole kann zum Zeitpunkt der Reife mehrere Meter weit weggeschleudert werden. Der Schleudermechanismus zeigt einen sehr komplexen, nur im mikroskopischen Bild erkennbaren Aufbau. Sporen länglich, 7,5–10 × 3,5–5 µm. Auf Sägemehl, kleinen Zweigen und anderem pflanzlichen Abfall. August–Oktober. Wahrscheinlich häufig, aber meist übersehen. **Ungenießbar.**

U *Sphaerobolus stellatus* 2mal nat. Gr.

Ⓔ **Gemeine Stinkmorchel** *Phallus impudicus* 1/2 nat. Gr.

Ⓤ **Hundsrute** *Mutinus caninus* 3/4 nat. Gr.

Ⓔ **Herkuleskeule** *Clavariadelphus pistillaris* 1/2 nat. Gr.

Ⓔ **Röhrige Keule** *Clavariadelphus fistulosus* 2/3 nat. Gr.

Gemeine Stinkmorchel *Phallus impudicus* L. ex Pers.
Fruchtkörper: jung ei- oder kugelförmig, 3–6 cm breit, mit zähen, weißen Mycelsträngen im Boden verankert, außen weißlich, rosa oder schmutziggelblich, ziemlich dick und aus verschiedenen Lagen aufgebaut. Die eiförmige Hülle platzt in der Reifezeit, wenn der 3–5 cm dicke und 10–20 cm lange Stiel sich zu strekken beginnt. Er trägt oben einen glockenförmigen Hut, der von einem Netzwerk erhabener Leisten überzogen und mit einer stinkenden, dunkelgrünen, schleimigen Masse mit Sporen bedeckt ist. Diese tropft bald ab, lockt aber zuvor noch zahlreiche Fliegen an, die die Sporen verbreiten. Sporen blaßgelb, länglich, 3,5–4 × 1,5–2 µm. In humusreichen Wäldern, vor allem in Laubgehölzen. Juni–September. Recht häufig. Im Eistadium ist der unangenehme Geruch noch nicht entwickelt. **Eiform eßbar,** aber nicht empfehlenswert.

Hundsrute *Mutinus caninus* (Pers.) Fr.
Fruchtkörper: anfangs in einer eiförmigen Hülle wie die vorige Art und damit in der Erde verborgen. Hülle kleiner, etwa 1–2 cm breit und etwas schlanker, weißlich-gelb, reißt auf, wenn der hohle Stiel sich streckt. **Stiel:** etwa 10–12 cm hoch, blaßgelblich bis hellorange, mit schmal kegeligem, leuchtend orangefarbenem Hut, der bald von einer dunkel olivgrünen Schleimmasse überzogen wird. Diese enthält die Sporen und riecht abstoßend. Sporen blaßgelb, länglich, 4–5 × 1,5–2 µm. In der Laubstreu von Wäldern. Juli–Oktober. **Ungenießbar!**

Herkuleskeule *Clavariadelphus pistillaris* (Fr.) Donk.
Fruchtkörper: 7–30 cm hoch, 2–6 cm breit, hellgelb bis dunkel ockergelb, an Druck- und Schadstellen bräunlich-rötlich anlaufend, meist keulenförmig mit verdicktem Oberteil oder zylindrisch, einzeln oder in kleinen Gruppen. **Fleisch:** anfangs ziemlich fest, später weich und schwammig. Geschmack bitter. Geruch unangenehm. Sporen weiß oder blaß gelblich, länglich-elliptisch, 11–16 × 6–10 µm. In Buchenwäldern, meist auf Kalkböden, nicht allzu häufig. September–Dezember. **Eßbar,** aber nicht empfehlenswert.

Röhrige Keule *Clavariadelphus fistulosus* (Fr.) Corner
Fruchtkörper: 7–30 cm hoch, nur 2–8 mm breit, anfangs gelblich, dann zunehmend braun, unverzweigt, einzeln oder in Gruppen, anfangs zugespitzt, später stumpf gerundet, oft leicht verbogen. Sporen weiß, spindelförmig, 10–18,5 × 4,5–8 µm. Auf modernden Zweigen und Ästen von Laub- oder Nadelbäumen, am häufigsten unter Buchen. September–Dezember. Ziemlich selten. **Eßbar,** aber nicht empfehlenswert.

Heide-Keule *Clavaria argillacea* Fr.
Fruchtkörper: 3–5 cm hoch, 2–8 mm breit, blaß schmutziggelb bis grünlichgelb, einfach und unverzweigt, meist gesellig in kleinen Gruppen. Stiel deutlich ausgebildet und etwas dunkler gefärbt. Geschmack und Geruch unspezifisch. Sporen weiß, elliptisch oder zylindrisch, 9–12 × 4,5–6 µm. In Heide- und Moorgebieten. Juli–Oktober. **Ungenießbar!**

Weiße Keule *Clavaria vermicularis* Fr.
Fruchtkörper: 6–12 cm hoch, 3–5 mm breit, weiß, unverzweigt, meist in dichten Büscheln, zunehmend rinnig und abgeflacht, ziemlich spröde. Sporen weiß, elliptisch, 5–7 × 3–4 µm. An grasigen Stellen in Wäldern. Nicht allzu häufig. **Ungenießbar!**

Ⓤ *Clavaria argillacea* $^{1}/_{1}$ nat. Gr.

Ⓤ *Clavaria vermicularis* $^{2}/_{3}$ nat. Gr.

Ⓤ *Clavaria rosea* $^{1}/_{3}$ nat. Gr.

Ⓤ *Clavaria fumosa* $^{1}/_{3}$ nat. Gr.

Rötliche Keule *Clavaria rosea* Fr.
Fruchtkörper: 2–5 cm hoch, 1–5 mm breit, leuchtend rosa-rötlich, unverzweigt, einzeln oder in kleinen Gruppen, spröde und brüchig. Sporen weiß, elliptisch, 5–8 × 2,5–3,5 µm. An grasigen Stellen im Wald. September–Oktober. **Ungenießbar!**

Rauchgraue Keule *Clavaria fumosa* Fr.
Fruchtkörper: 1,5–14 cm hoch, 1,5–7 mm breit, weißlich, blaß mausgrau, bräunlich oder rauchgrau, einfach, spindelförmig, meist in dichten Büscheln, oft gedreht oder gekrümmt, spröde. Sporen weiß, elliptisch, 5–8 × 3–4 µm. In Gras oder Moos. Ziemlich selten. September–Oktober. **Ungenießbar!**

Binsen-Keule *Clavariadelphus junceus* Fr.
Fruchtkörper: 3–10 cm hoch, 0,5–2 mm dick, blaß gelblich, einzeln oder in kleinen Büscheln, anfangs zugespitzt, später rundlich, ziemlich fest und steif. **Fleisch:** fest, nicht brüchig. Geschmack scharf. Geruch säuerlich. Sporen weiß, mandelförmig, 6–12 × 3,5–5,5 µm. In der Bodenstreu in Laubwäldern, auf verrottenden Zweigen und Ästen. September–November. Verbreitet. **Ungenießbar!**

Ⓤ *Clavariadelphus junceus* $^{2}/_{3}$ nat. Gr.

Ⓤ **Amethyst-Koralle** *Clavulina amethystina* 2/3 nat. Gr.

Ⓤ **Spindelkoralle** *Clavulinopsis fusiformis* 3/4 nat. Gr.

Amethyst-Koralle *Clavulina amethystina* (Fr.) Donk.
Fruchtkörper: 2–6 cm hoch, lila-violett, am Grunde etwas blasser, in dichten, verzweigten Büscheln. Sporen weiß, kugelig, 7–11 × 6–8 µm. Auf der Erde oder in der Laubstreu in Laubwäldern. Selten. September–November. **Ungenießbar!**

Spindelkoralle *Clavulinopsis fusiformis* (Fr.) Corner
Fruchtkörper: 5–14 cm hoch, einfach, gelblich, an der Basis zunehmend bräunlich, an den Spitzen hellbraun, spindelförmig, in dichten Gruppen und Büscheln. Sporen weißlich-gelblich, breit elliptisch, 5–9 × 4,5–8,5 µm. Zwischen Gras in Heiden und Trockenrasen. Zerstreut. September–November. **Ungenießbar!**

Runzelige Koralle *Clavulina rugosa* (Fr.) Schroet.
Fruchtkörper: 4–12 cm hoch, weißlich oder cremefarben, einzeln oder in kleinen Gruppen, einfach oder wenig geweihartig verzweigt, ziemlich uneben und runzelig. Sporen weiß, breit-elliptisch, 9–14 × 8–12 µm. Auf der Erde in Wäldern, besonders an Waldwegen und auf Lichtungen. August–November. Verbreitet. **Ungenießbar!**

Kamm-Koralle *Clavulina cristata* (Fr.) Schroet.
Fruchtkörper: 2,5–8 cm hoch, einzeln oder in Gruppen, bildet dicht verzweigte Büschel mit kammartig zugespitzten Enden, reinweiß oder schmutzig gelblichweiß. Sporen weiß, kugelig, 7–11 × 6,5–10 µm. Wächst auf feuchter, nackter Erde in und an Wäldern. Juli–Oktober. **Eßbar,** aber wertlos.

Graue Koralle *Clavulina cinerea* Fr.
Fruchtkörper: 2,5–10 cm hoch, grau oder aschgrau, einzeln oder in dichten, büschelig verzweigten Gruppen. Sporen weiß, fast kugelig oder breit elliptisch, 6,5–11 × 6–10 µm. Auf nackter Erde in Wäldern. Juli–November. Verbreitet. **Eßbar,** aber wertlos.

Orangegelbe Keule *Clavaria helveola* Fr.
Fruchtkörper: 3–7 cm hoch, 1,5–4 mm breit, gelb bis gelborange, einzeln oder in kleinen Gruppen, unverzweigt. Sporen weiß oder blaßgelb, fast kugelig und etwas kantig und stumpf stachelwarzig, 4–7 × 3,5–6 µm. Auf feuchter Erde in Wäldern oder zwischen Gras und Moos. Ziemlich häufig. Juli–November. **Ungenießbar!**

Weißspitzige Keule *Clavaria luteo-alba* Rea
Fruchtkörper: bis 6 cm hoch, 1–4 mm breit, hell- bis aprikosengelb, an den Spitzen sehr hell oder weißlich. Unverzweigt. Sporen weiß, elliptisch, 5–8 × 2,5–4,5 µm. Im kurzen Gras von Rasen oder an Wegrändern. September–Oktober. Verbreitet. **Ungenießbar!**

Wiesen-Koralle *Clavulinopsis corniculata* (Fr.) Corner
Fruchtkörper: 2–8 cm hoch, dotter- bis blaßgelb, am Grunde fein filzig und weiß umsponnen, meist gruppenweise, gabelig verzweigt und dicht büschelig, Enden etwas eingekrümmt. **Fleisch:** zäh und fest. Geschmack bitter. Geruch mehlig. Sporen weiß, fast kugelig, 4,5–7 µm Durchmesser. Auf der Erde in Wiesen, Weiden und Rasen. Verbreitet. Juni–November. **Ungenießbar!**

Rosagraue Koralle *Clavulinopsis cinerioides* (Atk.) Corner
Fruchtkörper: bis 7 cm hoch, blaß rosa-grau, in dichten, von Grund an gabelig verzweigten Büscheln. Fleisch zäh. Sporen weiß, kugelig, 4–6 µm Durchmesser. Auf nackter Erde in Wäldern zwischen Moos. Zerstreut, vermutlich häufig übersehen oder verwechselt. August–Oktober. **Ungenießbar!**

Weiße Zungenkeule *Clavicorona taxophila* (Thom.) Doty
Fruchtkörper: 8–18(30) mm hoch, 4–9 mm breit, im unteren Abschnitt rundlich gestielt, weiter oben abgeflacht, weiß oder hell gelblich. Sporen weiß, breit elliptisch bis fast kugelig 3–4 × 2–3 µm. Auf moderndem Holz oder in feuchter Nadelstreu von Nadelwäldern, seltener auch in Laubwäldern. September–November. **Ungenießbar!**

Rotstielige Nadelkeule *Typhula erythropus* Fr.
Fruchtkörper: 5–30 mm hoch, im oberen fertilen Abschnitt weißlich, zylindrisch oder spindelförmig, im Stiel fädig und rötlichbraun. Ragt aus einem schwarzbraunen, elliptischen Sklerotium aus der Unterlage auf. Sporen weiß, länglich, 5–9 × 2,5–3,5 µm. Verbreitet bis häufig auf verrottendem Laub, auf Blattstielen oder kleinen Zweigen. Meist in Laubwäldern. September–November. **Ungenießbar!**

Ⓤ *Clavulina rugosa* 1/2 nat. Gr.

Ⓔ *Clavulina cristata* 1/2 nat. Gr.

Ⓔ *Clavulina cinerea* 1/2 nat. Gr.

Ⓤ *Clavaria helveola* 1/2 nat. Gr.

Ⓤ *Clavaria luteo-alba* 1/1 nat. Gr.

Ⓤ *Clavulinopsis corniculata* 1/2 nat. Gr.

Ⓤ *Clavulinopsis cinerioides* 2/3 nat. Gr.

Ⓤ *Clavicorona taxophila* 1/1 nat. Gr.

Ⓤ *Typhula erythropus* 1/1 nat. Gr.

Ⓔ **Schwefelgelbe Koralle** *Ramaria flava* 1/3 nat. Gr.

Ⓖ **Schöne Koralle** *Ramaria formosa* 1/3 nat. Gr.

Schwefelgelbe Koralle *Ramaria flava* (Fr.) Quél.
Fruchtkörper: 10–20 cm hoch, 7–15 cm breit, anfangs zitronen- oder schwefelgelb, später ockerfarben, strauchartig dicht verzweigt. **Stiel:** 50–80 × 40–50 mm, am Grunde weißlich, im Alter dort an Druckstellen rötlichbraun anlaufend. Geschmack mild. Sporen blaßgelb, elliptisch, etwas rauh, 11–18 × 4–6,5 µm. Auf dem Boden von Laubwäldern, meist unter Buchen. Ältere Fruchtkörper wirken stark abführend. **Jung eßbar.**

Schöne Koralle *Ramaria formosa* (Fr.) Quél.
Fruchtkörper: 7–30 cm hoch, 6–15 cm breit, rosa-ockerfarben bis rosa-orange, an den Spitzen der zahlreichen Verzweigungsenden zitronengelb. **Stiel:** 30–60 × 25–60 mm, weißlich-orange, seinerseits stark verzweigt. **Fleisch:** weiß oder leicht orangegelb, beim Anschneiden häufig rötlich oder schwärzlich anlaufend. Geschmack bitter. Sporen ockergelb, länglich bis elliptisch, rauh, 8–15 × 4–6 µm. Im Humus von Laubwäldern. August–Oktober. Zerstreut. **Giftig!**

Rindenkoralle *Lentaria delicata* Fr.
Fruchtkörper: bis 3 cm hoch, weißlich oder rosa bis ockergelb angehaucht, mehrfach verzweigt. Sporen weiß, elliptisch, 4,5–6 × 2,5–3 µm. Auf moderndem, verrottendem Holz. September–Oktober. **Ungenießbar!** Die Gattung *Lentaria* umfaßt im wesentlichen nur tropisch verbreitete Arten. Offenbar werden sie in seltenen Fällen verschleppt. FRIES fand die abgebildete Art im letzten Jahrhundert in Schweden. Zur Zeit sind nur wenige Fundstellen in Südengland bekannt.

Goldgelbe Koralle *Ramaria aurea* (Fr.) Quél.
Fruchtkörper: 8–20 cm hoch, 5–12 cm breit, ei- oder goldgelb, dicht verzweigt, mit gezähnten Zweigenden, am Grunde weißlich, steif aufrecht und etwas gewunden. Sporen ockergelb, länglich, fein aufgerauht, 8–15 × 3–6 µm. Am Boden von Laubmisch- und Nadelwäldern. Zerstreut bis selten. September–Oktober. **Eßbar.**

Hahnenkamm *Ramaria botrytis* (Fr.) Ricken
Fruchtkörper: 7–15 cm hoch, 6–20 cm breit, von kugeligem Umriß, blaß bis hell ockerfarben, an den Spitzen der zahlreichen Verzweigungen fleisch- oder weinrot, zuletzt etwas bräunlich. **Stiel:** 30–40 × 15–60 mm, kräftig, fleischig. **Fleisch:** weiß, zerbrechlich. Geschmack und Geruch schwach, aber angenehm fruchtig. Sporen fein längsstreifig, 14–16 × 4,5–5,5 µm. Wächst auf dem Boden in Laubwäldern, besonders in der Nähe von Buchen. August–November. **Eßbar.**

Steife Koralle *Ramaria stricta* (Fr.) Quél.
Fruchtkörper: 4–10 cm hoch, 3–8 cm breit, fuchsiggelb oder bräunlich-zimtfarben im Alter, an den Zweigenden anfangs hellgelb, dann gleichfarben mit dem übrigen Teil, in allen Teilen weinrot anlaufend, Äste steif aufrecht, drehrund, gedrängt, am Grunde mit wurzelartigen Mycelsträngen. **Fleisch:** weiß oder blaßgelb, zäh. Geschmack leicht pfefferartig. Geruch süßlich. Sporen zimt- oder ockerfarben, länglich, fein angerauht, 7–10 × 4–5 µm. Auf moderndem Reisig oder auf Stümpfen von Laub- und Nadelbäumen. Verbreitet. Juli–November. **Ungenießbar!**

Stinkende Lederkoralle *Thelephora palmata* (Scop.) Fr.
Fruchtkörper: 2–6 cm hoch, 1–3 cm breit, von Grund an strauchartig dicht verzweigt, mit aufrechten, gedrängten Zweigen, die an den Enden schuppig verbreitert und flächig werden, purpur- bis dunkelbraun, an den Enden weißlich. **Stiel:** 10–15 × 2–5 mm, zäh ledern. **Fleisch:** lederig. Geruch unangenehm nach Knoblauch. Sporen rötlichbraun, eckig und stachelig, 8–11 × 7–8 µm. Im Moos oder Gras an Waldwegen oder am Rand von Nadelwäldern. Juli–September. **Ungenießbar!**

Erdlederpilz *Thelephora terrestris* (Ehrh.) Fr.
Fruchtkörper: 3–6 cm breit, fächerförmig oder leicht trichterig, zuweilen auch pinselförmig, in dichten, gedrängten Gruppen, rötlich- bis schokoladenbraun, im Alter nahezu schwarz, strahlig faserig, am Rande heller gesäumt. Fertile (Unter-)Seite lehmbraun oder bleich, unregelmäßig runzelig. Sporen purpurbraun, eckig, warzig, 8–9 × 6–7,5 µm. Auf nacktem, sandigem Boden in Nadelbeständen. August–Oktober. **Ungenießbar!**

Ⓤ *Lentaria delicata* 2/3 nat. Gr.

Ⓔ **Hahnenkamm** *Ramaria botrytis* 2/3 nat. Gr.

Ⓔ *Ramaria aurea* 1/2 nat. Gr.

Ⓤ *Ramaria stricta* 2/3 nat. Gr.

Ⓤ *Thelephora palmata* 2/3 nat. Gr.

Ⓤ *Thelephora terrestris* 1/2 nat. Gr.

Ⓤ *Thelephora spiculosa* 1/2 nat. Gr.

Ⓤ *Sebacina incrustans* 1/2 nat. Gr.

Stacheliger Warzenpilz *Thelephora spiculosa* (Fr.) Burt.
Fruchtkörper: 2–15 cm breit, aus zahlreichen faserigen, feinen, sehr spitzen Ästchen bestehend, diese am Grunde purpurbraun und an den Enden hell-weißlich. **Fleisch:** sehr dünn, wollig-faserig. Sporen graubraun, elliptisch bis fast kugelig, fein stachelig, 7–12 × 6–7 µm. In Krusten auf Zweigen, Reisig und Laubstreu. Verbreitet. September–November. **Ungenießbar!**

Krustiger Warzenpilz *Sebacina incrustans* (Bull.) Bres.
Fruchtkörper: resupinat, bildet unzusammenhängend Krusten am Grunde von Kräutern und Stauden, bis etwa 10 cm breit, weiß, mit Sporenpulver weißlich eingestäubt. Sporen länglich-eiförmig, 15–20 × 12–15 µm. Im Gras, auf kleinen abgefallenen Zweigen und anderem pflanzlichen Material. April–Dezember. Verbreitet. **Ungenießbar!**

Ⓔ **Judasohr** *Auricularia auricula-judae* 1/1 nat. Gr.

Gallertpilze

Judasohr *Auricularia auricula-judae* St. Amans (= *Hirneola auricula-judae*).
Fruchtkörper: 3–8 cm breit, ohrförmig, gelatinös, nach dem Trocknen sehr hart und hornig, außen rötlich- bis dunkelbraun, innen mehr graubraun, glatt, oder oft auch bucklig oder runzlig. Sporen weiß, wurstförmig, 16–18 × 6–8 µm. An den Stämmen lebender Laubbäume, meist an Holunder. Ganzjährig, im Herbst jedoch häufiger. Häufig. **Eßbar.**

Runzeliger Ohrpilz *Auricularia mesenterica* (Dicks.) Pers.
Fruchtkörper: anfangs scheibenförmig, dann seitlich zu einem konsolenförmigen Gebilde auswachsend und 2–4 cm breit, oberseits fein behaart, grau oder graubraun gebändert, am Rande heller gesäumt, unterseits rötlich-purpurn und weißlich bereift, gallertig, unregelmäßig gerunzelt, am Rande gelappt. Sporen weiß, etwas gekrümmt, 11–13 × 4–5 µm. Ganzjährig an Stämmen und Schnittholz verschiedener Laubbäume, bevorzugt auf Ulme. **Ungenießbar!**

Warziger Drüsling, Hexenbutter *Exidia glandulosa* Fr.
Fruchtkörper: 2–6 cm breit, gallertig-gelatinös, erst rundlich, dann breiter und zerstreut warzig, später unregelmäßig gewunden, olivschwarz oder dunkelbraun-schwärzlich, bei Trockenheit glasig bis harzig zusammenschrumpfend. Sporen weiß, wurstförmig, 10–16 × 4–5 µm. Basidien in vier flaschenförmige Abschnitte geteilt. Wächst auf abgestorbenen Ästen und Zweigen von Laubhölzern. Ganzjährig, meist aber September–April. Häufig. **Ungenießbar!**

Zungen-Hörnling *Calocera glossoides* (Pers. ex Fr.) Fr.
Fruchtkörper: 3–10 mm hoch, gelb, kegelig bis keulig, meist zusammengedrückt und flach, längsfurchig, mit kurzem, gedrungenem Stiel, der sich beim Trocknen schwarz-braun verfärbt, unverzweigt. **Fleisch:** fest, gallertig, gelb. Sporen weiß, schmal elliptisch bis wurstförmig, 12–14(17) × 3–5 µm, zur Reifezeit septiert. Basidien im Querschnitt wie Stimmgabeln. Wächst auf abgestorbenen Ästen und auf Stümpfen von Eichen. September–Dezember. Verbreitet. **Ungenießbar!**

Ⓤ *Auricularia mesenterica* 1/2 nat. Gr.

Ⓤ *A. mesenterica* (junge Exemplare) 1/2 nat. Gr.

Ⓤ *Exidia glandulosa* 1/2 nat. Gr.

Ⓤ *Calocera glossoides* 1/1 nat. Gr.

Ⓤ *Dacrymyces stillatus* 1/2 nat. Gr.

Ⓤ *Calocera cornea* 1/2 nat. Gr.

Gallerttropfen *Dacrymyces stillatus* Nees ex Fr.
Fruchtkörper: 1–5 mm breit, gallertig, mehr oder weniger kissenförmig und häufig auch zusammenfließend, orange-gelb, zunehmend rötlich und etwas runzelig. Sporen orangegelb, wurstförmig, 12–15 × 5–6 µm, zur Reifezeit septiert. Basidien sehen aus wie Stimmgabeln. Häufig auf feuchtem, moderndem Holz. Ganzjährig. **Ungenießbar!**

Zäher Hörnling *Calocera cornea* (Batsch. ex Fr.) Fr.
Fruchtkörper: 4–10 mm hoch, meist unverzweigt oder nur selten gabelig geteilt, sehr zäh, fast hornartig, gelb bis orangegelb. Sporen weiß, länglich bis wurstförmig, 7–10 × 3–4 µm. Basidien sehen aus wie Stimmgabeln. Meist in kleinen Kolonien auf moderndem Holz oder auf abgestorbenen Ästen von Laubbäumen. Ganzjährig. Häufig. **Ungenießbar!**

Klebriger Hörnling *Calocera viscosa* (Pers. ex Fr.) Fr.
Fruchtkörper: 3–10 cm hoch, mehrfach gabelig verzweigt, zäh, gallertig, gold- bis orangegelb, bei Trockenheit mehr orangefarben. Sporen elliptisch bis leicht wurstförmig, 9–12 × 3,5–4,5 µm, zur Reifezeit septiert. Basidien sehen aus wie Stimmgabeln. Wächst in kleinen Büscheln auf den Stümpfen und Wurzeln von Nadelhölzern, besonders häufig auf Fichten. Sitzt auf der Unterlage sehr fest. August–November. Häufig. **Ungenießbar!**

Ⓤ *Calocera viscosa* 1/2 nat. Gr.

Ⓤ *Tremella mesenterica* 1/2 nat. Gr.

Ⓤ *Pseudohydnum gelatinosum* 1/3 nat. Gr.

Ⓤ *Leptoglossum retirugum* 1/1 nat. Gr.

Ⓔ **Speisemorchel** *Morchella esculenta* 1/2 nat. Gr.

Goldgelber Zitterling *Tremella mesenterica* Retz. ex Hook.
Fruchtkörper: 2–10 cm breit, aufsitzend, rundlich oder länglich, stark lappig gewunden, gallertig, goldgelb, bei Trockenheit hornig und brüchig, mit unangenehmem Geruch. Hymenium überzieht die gesamte Oberfläche. Sporen weiß, breit oval bis fast kugelig, 7–10 × 6–10 µm. Basidien von oben mit kreuzförmigem Einschnitt. Wächst auf abgestorbenem, am Boden verrottendem Reisig von Laub- und Nadelbäumen, besonders häufig von Oktober–Dezember auf Hainbuche und Eiche. **Ungenießbar!**

Gallertiger Zitterzahn, Eispilz *Pseudohydnum gelatinosum* (Scop. ex Fr.) Karst.
Fruchtkörper: 2–6 cm breit, spatelig oder fächerförmig, gallertig-gelatinös, dabei ziemlich zäh und elastisch, sehr kurz gestielt, milchweiß-bläulich bis bräunlich, oberseits fein filzig, unterseits mit 2–5 mm langen weißlichen Stacheln, die das Hymenium tragen. Sporen weiß, breit elliptisch bis fast kugelig, 5–7 × 5 µm. Basidien von oben mit kreuzförmigem Einschnitt. Wächst auf Stümpfen und toten Stämmen von Nadelhölzern, vor allem auf Fichten und Kiefern. Juli–Oktober. **Ungenießbar!**

Ascomyceten – Schlauchpilze

Morcheln

Speisemorchel *Morchella esculenta* Pers. ex St. Amans
Fruchtkörper: 6–20 cm hoch, aufrecht, Hutteil 3–10 cm hoch, 3–7 cm breit, meist eiförmig rundlich oder stumpfkegelig, blaß gelblichbraun, zunehmend etwas dunkler, aber auch ocker, grauoliv oder oliv getönt, mit tiefen Gruben und rippenartigen Leisten wabenartig gestaltet. Stielteil zur Basis leicht verdickt, längsfurchig, weißlich. Asci etwa 330 × 20 µm. Ascosporen cremefarben, breit

elliptisch, 16–19 × 8,5–11 µm. Wächst im Gras in lichten Laubwäldern, aber auch in Gärten und Parks. April–Mai. Schmackhaft. **Eßbar.**

Morchel-Becherling *Disciotis venosa* (Pers.) Boud.
Fruchtkörper: 3–15 cm breit, flach schüsselförmig auf kurzem, dickem Stiel, der aber oft im Grund versteckt ist, innen dunkelbraun und runzelig gefurcht, außen (unten) weißlich und etwas beschuppt oder geadert. Asci 320 × 20 µm. Ascosporen breit elliptisch, 19–25 × 12–15 µm. Wächst einzeln oder in kleinen Gruppen auf der Erde im Wald oder an Feld- und Wiesenrändern. April–Mai. **Nur nach gründlichem Abkochen eßbar.** Sonst schwach giftig.

Gemeine Morchel *Morchella vulgaris* (Pers.) Boud.
Fruchtkörper: 5–12 cm hoch, im Hutteil rundlich-eiförmig, aber weniger regelmäßig als die Speisemorchel, Leisten stumpf und stark gewunden, graubraun oder leicht grau, nicht so gelblich wie andere Arten, in den grubigen Vertiefungen zunehmend dunkelbraun. Asci 330–20 µm. Sporen 16–18 × 9–11 µm, elliptisch, glatt. Auf der Erde in Gärten, Wäldern und Ödland. April–Mai. Verbreitet. **Eßbar.**

Milchweißer Becherling *Leptoglossum retirugum* (Bull.) Quél.
Fruchtkörper: 0,5–1 cm breit, becher- oder napfförmig, später auch flach ausgebreitet und am Rande gelappt, sitzend, milchweiß. Innen (= oben) weißlich-grau, von der Mitte her strahlig runzelig oder gefältelt, zuweilen auch aderartig vernetzt. Sporen weiß, elliptisch, 7–8 × 5–6 µm. Wächst meist im Moos, gelegentlich auch an abgestorbenen Grashalmen oder kleinen Zweigen. Dezember–Mai. Verbreitet. **Ungenießbar!**

Spitze Glockenmorchel *Verpa conica* Swartz ex Pers.
Fruchtkörper: 4–9 cm hoch, Hutteil anfangs eiförmig, dann glockig geöffnet, nur im oberen Abschnitt mit dem hohlen Stiel verwachsen, dunkel olivbraun. **Stiel:** zylindrisch, weißlich, mit feinen, körnigen, konzentrischen Banden. Asci 350–23 µm. Ascosporen elliptisch, 20–24 × 12–14 µm. Auf Kalkböden bevorzugt unter Weißdorngebüsch. April–Juni. **Eßbar.**

Ⓔ **Gemeine Morchel** *Morchella vulgaris* 2/3 nat. Gr.

Ⓔ *Disciotis venosa* 1/2 nat. Gr.

Ⓔ *Verpa conica* 1/1 nat. Gr.

Ⓔ *Verpa conica* Jugendstadium 1/2 nat. Gr.

Ⓔ **Hohe Morchel** *Morchella elata* 1/3 nat. Gr.

Ⓔ **Mützenmorchel** *Mitrophora semilibera* 1/2 nat. Gr.

Ⓔ **Herbst-Lorchel** *Helvella crispa* 1/2 nat. Gr.

Ⓔ **Glattstiellorchel** *Leptopodia elastica* 1/1 nat. Gr.

Hohe Morchel *Morchella elata* Fr.
Fruchtkörper: 5–10(15) cm hoch, im Hutteil ziemlich schmal und kegelig, Leisten ungefähr parallel ausgerichtet und daher recht geradlinig erscheinend, mit der Zeit braunschwarz, wabenartige Gruben rechteckig, olivbraun. Stielteil zylindrisch, grubig, etwas rauh, weißlich bis hell bräunlich. Asci 300 × 20 µm. Ascosporen cremefarben, elliptisch, 18–25 × 11–15 µm. Wächst meist einzeln oder in kleinen Gruppen in Nadelwäldern. April–Mai. Ziemlich selten. Guter Speisepilz. **Eßbar.**

Mützenmorchel *Mitrophora semilibera* (DC. ex Fr.) Leveille
Fruchtkörper: 5–12 cm hoch, Hutteil 2–4 cm hoch, kegelig, mit ziemlich geradlinig verlaufenden Leisten, dunkel olivbraun, über den Stiel lappig herabfallend und nur im obersten Winkel damit verwachsen (Unterschied zu *Morchella*-Arten!). **Stiel:** 40–80 × 15–25 mm, zylindrisch, hohl, weißlich-cremefarben. Asci 450 × 25 µm. Ascosporen cremefarben, 22–30 × 14–18 µm, elliptisch. Wächst auf der Erde in feuchten Wäldern. April–Mai. **Eßbar,** aber etwas zu zäh.

Herbst-Lorchel *Helvella crispa* Fr.
Hut: 2–5 cm hoch, sattelförmig, aus 2–4 tief gelappten, unregelmäßigen, gewellten und gefalteten Teilen bestehend, die am Rande aufgebogen sind. Hymenium (Unterseite) weißlich wie oben oder lederfarben-bräunlich. **Stiel:** 20–60 × 10–25 mm, hohl, tief gefurcht und etwas faltig, weißlich. Asci 300 × 18 µm. Ascosporen elliptisch, 18–20 × 10–13 µm. An Wegrändern oder entlang von Gräben in feuchten Wäldern. August–November, selten auch im Frühjahr. **Eßbar,** aber wertlos.

Glattstiellorchel *Leptopodia elastica* Bull. ex St. Amans
Hut: 1–3 cm hoch, sattelförmig und unregelmäßig lappig, grau- bis gelblichbraun, unterseits glatt, weißlich bis ockerfarben. **Stiel:** 40–70 × 3–7 mm, weißlich, glatt, oft etwas zusammengedrückt. Asci 330 × 20 µm. Ascosporen elliptisch, 19–22 × 11–13 µm. In Wäldern. Verbreitet. Juli–Oktober. **Eßbar.**

Frühjahrslorchel *Gyromitra esculenta* (Pers.) Fr.
Hut: 3–9 cm breit, unregelmäßig gelappt und auffallend stark gewunden, insgesamt kugelförmig, hirnartige Windungen an der Spitze rundlich, rötlich- bis kastanienbraun. **Stiel:** 20–40 × 20–40 mm, weißlich oder blaß fleischfarben, schwach grubig-rinnig, gekammert, etwa körnig. Asci 325 × 18 µm. Ascosporen elliptisch, mit Öltröpfchen, 18–22 × 9–12 µm. Wächst auf nacktem Boden in sandigen Kiefernbeständen, auch unter Laubbäumen. April–Mai. **Giftig!**

Gruben-Lorchel *Helvella lacunosa* Afz. ex Fr.
Hut: 1,5–4 cm hoch, sattelförmig mit gewundenen Lappen, einer der beiden Lappen oft aufgerichtet und umgedreht, grau oder schwärzlich, unterseits (Hymenium!) heller. **Stiel:** 20–40 × 10–20 mm, blaßgrau, hohl, tief gefurcht. Asci 350 × 18 µm. Ascosporen 17–20 × 10–13 µm. Wächst in allen Wäldern, besonders gern auf alten Brandstellen. Juli–Oktober. **Eßbar.**

Schwarze Lorchel *Leptopodia atra* (König ex Fr.) Boud.
Hut: 1,5–3 cm hoch, sattelförmig, meist auf sich selbst zu einer schwärzlichen oder dunkelbraunen Scheibe zurückgefaltet, unterseits blasser bis hellgrau. **Stiel:** 30–65 × 3–7 mm, blaß bräunlich, hutfarben oder dunkler, etwas gedreht, zäh, markig. Asci 250 × 15 µm. Ascosporen breit elliptisch, 17–18 × 11–12 µm. In Laubmischwäldern. Juli–Oktober. Zerstreut. **Eßbar,** aber wertlos.

G **Frühjahrslorchel** *Gyromitra esculenta* 3/4 nat. Gr.

E *Helvella lacunosa* 1/3 nat. Gr.

E *Leptopodia atra* 1/2 nat. Gr.

Ⓤ **Wellige Wurzellorchel** *Rhizina undulata* 1/2 nat. Gr.

Ⓖ **Blasenförmiger Becherling** *Peziza vesiculosa* 2/3 nat. Gr.

Ⓖ **Rippenbecherling** *Paxina acetabulum* 2/3 nat. Gr.

Ⓖ **Brauner Rippenbecherling** *Paxina leucomelas* 1/1 nat. Gr.

Wellige Wurzellorchel *Rhizina undulata* Fr. ex Pers.
Fruchtkörper: 4–12 cm breit, 2–8 cm hoch, kastanienbraun bis fast schwarz, mit blasserem Rand, bildet unregelmäßig gelappte Kissen. **Fleisch:** zäh, dick, rötlichbraun. Auf der Unterlage mit weißen wurzelähnlichen Mycelsträngen befestigt. Asci 400 × 20 µm. Ascosporen spindelförmig, mit wenigen Öltröpfchen, 22–40 × 8–11 µm. Auf Nadelholzwurzeln an alten Brandstellen. August–Oktober. **Ungenießbar!**

Becherlinge

Blasenförmiger Becherling *Peziza vesiculosa* Bull. ex St. Amans
Fruchtkörper: 3–8 cm breit, schüssel- oder becherförmig mit stark eingerolltem Rand, sitzend und ungestielt, innen (= oben) blaß gelblich-lederfarben und etwas runzelig, außen blaß bräunlich und flockig. **Fleisch:** spröde, bräunlich. Asci 380 × 25 µm, im oberen Teil mit Jodjodkali anfärbbar. Ascosporen elliptisch, glatt, 20–24 × 11–14 µm. Wächst auf Dung und stark gedüngtem Boden in Gärten. Ganzjährig. **Giftig!**

Rippenbecherling *Paxina acetabulum* (L. ex St. Amans) O. Kuntze
Fruchtkörper: 4–6 cm breit, schüssel- bis trichterförmig, innen kastanienbraun, außen blasser und fein filzig. **Stiel:** 10–40 × 20–30 mm, weißlich, tief gefurcht und an der Unterseite des Hutes deutlich gerippt, mitunter hohl. Asci 400 × 20 µm. Ascosporen breit elliptisch, 18–22 × 12–14 µm. In Laubstreu. April–September. Zerstreut. **Giftig!**

Brauner Rippenbecherling *Paxina leucomelas* (Pers.) O. Kuntze
Fruchtkörper: 2–4 cm breit, schüssel- oder trichterförmig, am Rande unregelmäßig gewellt und oft eingerissen, innen dunkel graubraun, außen blaßgrau bis hell lederbraun, fein filzig, nicht gerippt. **Stiel:** 5–15 × 10–15 mm, weißlich, gerippt, Rippen reichen nur bis zum Hutansatz. Asci 400 × 20 µm. Ascosporen breit elliptisch, 18–22 × 12–14 µm. Selten in Wäldern und Heide. Mai–September. **Giftig!**

Gewölbter Becherling *Peziza repanda* Pers.
Fruchtkörper: 3–12 cm breit, anfangs becherförmig, später weiter geöffnet und am Rande gewellt, gelappt oder gezähnt, ungestielt, innen blaß ocker- bis kastanienbraun, außen cremefarben und leicht flockig. Asci 300 × 13 µm, im oberen Teil durch Jodjodkali anfärbbar. Ascosporen elliptisch, glatt, 15–16 × 9–10 µm. Wächst um Baumstubben oder im Sägemehl. Selten. Mai–September. **Ungenießbar!**

Milchender Becherling *Peziza petersii* Berk. & Curtis
Fruchtkörper: 3,5 cm breit, schüssel- bis becherförmig, meist in Gruppen, sitzend, innen rötlichbraun, außen hellbräunlich, zum Grunde hin dunkelgrau, flockig. **Fleisch:** leicht milchend, grau-weißlich, dünn. Asci 200 × 10 µm, an der Spitze durch Jodjodkali anfärbbar. Ascosporen mit Öltröpfchen, fein warzig, elliptisch, 10–12 × 5,5–6 µm. An Brandstellen im Wald und auf verkohltem Holz. Selten. Juni–Oktober. **Ungenießbar!**

Wachsiger Becherling *Peziza cerea* Sow. ex Mérat
Fruchtkörper: 1–5 cm breit, schüssel- oder napfförmig, ungestielt, innen blaß gelblich-lederfarben, außen ähnlich, zum Grunde etwas dunkler, flockig. **Fleisch:** fest, weißlich. Geruch schwach. Asci 350 × 16 µm, an der Spitze mit Jodjodkali anfärbbar. Ascosporen elliptisch, glatt, 14–17 × 8–10 µm. Wächst zwischen Pflastersteinen, auf feuchtem Mauerwerk. Verbreitet. Ganzjährig. **Ungenießbar!**

Schwarzer Pokalbecherling *Cyathipodia corium* (Wels.) Boud.
Fruchtkörper: gestielt, anfangs becherförmig, später ausgebreitet. Hut schwarz, glatt, außen samtig, bis etwa 20 mm breit. **Stiel:** 8–15 mm lang, schwarz, filzig-haarig, Haare dünnwandig und septiert. Asci 300 × 18 µm. Ascosporen breit elliptisch, glatt, mit einzelnem großen Öltropfen, 20–22 × 12–14 µm. Auf Sandböden und Dünen. Juli–September. **Ungenießbar!**

Großer Pokalbecherling *Macroscyphus macropus* Pers. ex S. F. Gray
Hut: 1–4 cm breit, anfangs becherförmig, aber bald ausgebreitet und umgeschlagen, innen (= oben) graubraun, außen blaßgrau und dicht haarig-filzig. **Stiel:** 15–40 × 3–5 mm, zur Spitze verschmälert, flaumig-filzig behaart. **Fleisch:** weißlich, dünn. Asci 350 × 20 µm. Ascosporen spindelförmig, mit je einem größeren und zwei kleineren Öltropfen, 20–30 × 10–12 µm. Ziemlich selten in Laub- und Nadelwäldern. Juli–Oktober. **Ungenießbar!**

Ⓤ *Peziza repanda* 1/2 nat. Gr.

Ⓤ *Peziza petersii* 2/3 nat. Gr.

Ⓤ *Peziza cerea* 3/4 nat. Gr.

Ⓤ *Cyathipodia corium* 3/4 nat. Gr.

Ⓤ *Macroscyphus macropus* 2/3 nat. Gr.

Ⓔ *Peziza badia* 2/3 nat. Gr.

Ⓤ *Peziza praetervisa* 2/3 nat. Gr.

Ⓤ *Peziza proteana* var. *sparassoides* 1/2 nat. Gr.

Ⓤ *Peziza saniosa* 1/1 nat. Gr.

Ⓤ *Peziza echinospora* 2/3 nat. Gr.

Ⓤ *Plicaria leiocarpa* 2/3 nat. Gr.

Ⓤ *Otidea alutacea* 2/3 nat. Gr.

Ⓤ *Otidea cochleata* 1/2 nat. Gr.

Ⓤ *Otidea bufonia* 1/3 nat. Gr.

Ⓤ **Gelber Öhrling** *Otidea cantharella* 3/4 nat. Gr.

Ⓤ **Eselsohr** *Otidea onotica* 2/3 nat. Gr.

Kastanienbrauner Becherling *Peziza badia* Pers. ex Mérat
Fruchtkörper: 3–8 cm breit, becherförmig, im Alter zunehmend gewellt, ungestielt, innen olivbraun, außen rötlichbraun und leicht flockig. **Fleisch:** dünn, rötlichbraun, sondert einen wäßrigen Saft ab. Asci 330 × 15 µm, an der Spitze mit Jodjodkali-Lösung anfärbbar. Ascosporen elliptisch, meist mit zwei Öltröpfchen, unregelmäßig netzmusterig, 17–20 × 9–12 µm. Auf nackten, sandigen Böden. Juni –September. **Eßbar. Roh schwach giftig!**

Übersehender Becherling *Peziza praetervisa* Bres.
Fruchtkörper: 1–4 cm breit, becherförmig, später weiter geöffnet und gelappt, ungestielt, innen violett-bräunlich, außen blasser und leicht flockig. **Fleisch:** dünn, malvenfarbig. Asci 250 × 10 µm, an der Spitze amyloid. Ascosporen mit zwei Öltröpfchen, fein warzig, 11–13 × 6–8 µm. An Brandstellen. Verbreitet. September–April. **Ungenießbar!**

Krauser Becherling *Peziza proteana* var. *sparassoides* (Boud.) Korf
Fruchtkörper: 3–12 cm breit, bis 25 cm hoch, stark gewunden und gefaltet, spröde, sitzend, innen glatt, weißlich oder leicht gelblich, außen leicht rötlich und flockig. Asci 300 × 11 µm, an der Spitze amyloid. Ascosporen mit zwei Öltröpfchen, fein warzig, 10–13 × 5–7 µm. An Brandstellen im Wald. Selten. August–Oktober. **Ungenießbar!**

Blaumilchender Becherling *Peziza saniosa* Schrad. ex Fr.
Fruchtkörper: 1–1,5 cm breit, flach napfförmig, innen blauschwarz, dort bläulich milchend, außen graubraun und flockig. Asci 250 × 13 µm. Sporen rauh warzig, mit zwei Öltröpfchen, 14–16,5 × 7–9 µm. In Laub- und Nadelwäldern. August–Oktober. Selten. **Ungenießbar!**

Stachelsporiger Becherling *Peziza echinospora* Karst.
Fruchtkörper: 3–8 cm breit, becherförmig, Rand eingerollt, sitzend, innen rötlichbraun, außen weißlich mit braun und flockig. **Fleisch:** dünn, braun. Asci 300 × 14 µm, an der Spitze amyloid. Ascosporen länglich elliptisch, fein stachelig, 14–18 × 7–9 µm. Auf Brandstellen und verkohltem Holz. Mai–Oktober. Verbreitet. **Ungenießbar!**

Kohlenbecherling *Plicaria leiocarpa* (Currey) Boud.
Fruchtkörper: 1–6 cm breit, anfangs becherförmig, später breit geöffnet und flach-knopfförmig, ungestielt, innen schwarz, außen dunkelbraun und rußig gefleckt. **Fleisch:** gelblich-lederbraun, beim Anschneiden gelblich milchend. Asci 200 × 10 µm, an der Spitze amyloid. Ascosporen kugelig, glatt, mit mehreren Öltröpfchen, 8–9 µm Durchmesser. An Brandstellen in Wald oder Heide. Oktober–April. **Ungenießbar!**

Lederfarbener Öhrling *Otidea alutacea* (Pers.) Massee
Fruchtkörper: 2–4 cm breit, 2–5 cm hoch, gelappt und unregelmäßig gewellt, an der niedrigen Seite am Grunde geschlitzt, innen blaßbräunlich, außen bräunlich-gelb und flockig. **Fleisch:** dick, gelblich. Asci 250 × 15 µm. Ascosporen mit zwei Öltröpfchen, elliptisch, 12–15 × 6–7 µm. In Wäldern. August–Oktober. Verbreitet. **Ungenießbar!**

Schnecken-Öhrling *Otidea cochleata* (L. ex St. Amans) Fuckel
Fruchtkörper: 3–6 cm breit, kurz gestielt, eine Seite geschlitzt, innen gelbbraun bis dunkelbraun, außen gelblich-lederbraun und etwas flockig. Asci 200–260 × 11–12 µm. Sporen elliptisch, 16–18 × 7–8 µm. Auf Erde oder im Gras von Nadelwäldern. Selten. August–Oktober. **Ungenießbar!**

Kröten-Öhrling *Otidea bufonia* (Pers.) Boud.
Fruchtkörper: 1–7 cm breit, becherförmig und an einer Seite bis zum Grund geschlitzt, unregelmäßig gewellt, innen dunkelbraun, außen etwas heller und fein filzig. **Fleisch:** dünn, braun. Asci 160–200 × 10–12 µm. Ascosporen elliptisch bis spindelförmig, mit zwei Öltröpfchen, 13–15 × 6,5–7 µm. In Wäldern, auf Lichtungen und an Wegrändern. August–Oktober. **Ungenießbar!**

Gelber Öhrling *Otidea cantharella* (Fr.) Sacc.
Fruchtkörper: 1–5 cm hoch, länglich und ohrförmig, innen und außen leuchtend orangegelb, am Grunde weißlich. **Fleisch:** dünn, weiß. Asci 150 × 10 µm. Ascosporen elliptisch, mit zwei Öltropfen, 10–12 × 5–6 µm. Auf Rohböden, an Wegrändern, in Parks und Wäldern. August–Oktober. Zerstreut. **Ungenießbar!**

Eselsohr *Otidea onotica* (Pers.) Fuckel
Fruchtkörper: 2–6 cm breit, 3–10 cm hoch, ohrförmig, kurz gestielt, innen gelblich und rosa angehaucht, außen ähnlich gefärbt und etwas flockig. **Fleisch:** dünn, weiß. Asci 250 × 10 µm. Ascosporen breit elliptisch, mit zwei kleinen Öltröpfchen, 12–13 × 5–6 µm. In Laub- oder Laubmischwäldern. Verbreitet. September–November. **Ungenießbar!**

Ⓤ **Sand-Erdbecherling** *Sepultaria arenicola* $\frac{3}{4}$ nat. Gr.

Ⓤ **Zedern-Erdbecherling** *Sepultaria sumneriana* $\frac{1}{2}$ nat. Gr.

Ⓤ **Kugelbecherling** *Tarzetta cupularis* etwa 1,5mal nat. Gr.

Ⓤ *Melastiza chateri* $\frac{1}{1}$ nat. Gr.

Sand-Erdbecherling *Sepultaria arenicola* (Lev.) Massee
Fruchtkörper: 1–3 cm breit, unregelmäßig knollig-kugelig, wächst in der Erde und zeigt sich nur bei der Sporenreife an der Oberfläche, erinnert im Aussehen an ein Erdwespennest. Asci 230 × 18 µm. Ascosporen mit zwei Öltröpfchen, 23–28 × 14–16 µm. In Sand und Feingrus. August–November oder bis zum folgenden Frühjahr. Selten. **Ungenießbar!**

Zedern-Erdbecherling *Sepultaria sumneriana* (Cooke) Massee
Fruchtkörper: 4–7 cm breit, anfangs hohlkugelig und unmittelbar unter der Oberfläche im Boden, später durchbrechend und mit mehreren Zipfeln unregelmäßig zerrissen, innen bräunlich-gelb, außen braun, dicht behaart. **Fleisch:** dick und spröde, weiß. Asci 350 × 25 µm. Sporen elliptisch bis spindelförmig, mit zwei großen Öltröpfchen, 30–37 × 14–16 µm. Wächst ausschließlich unter angepflanzten Zedern. Selten. Oktober–Dezember oder bis zum folgenden Frühjahr. **Ungenießbar!**

Kugelbecherling *Tarzetta cupularis* (L. ex Fr.) Lamb.
Fruchtkörper: 1–1,5(2) cm breit, sitzend oder kurzgestielt, von der Form kleiner Eierbecher, am Rand fein und unregelmäßig zipflig gezähnt, innen blaß grau-bräunlich, außen heller und samtig-filzig. Asci 300 × 15 µm, in der Spitze nicht amyloid. Ascosporen glatt, breit elliptisch, mit zwei großen Öltröpfchen, 19–21 × 13–15 µm. Wächst in kleinen Gruppen im Moos feuchter Wälder. Mai–Oktober. Verbreitet. **Ungenießbar!**

Melastiza chateri (W. G. Smith) Boud.
Fruchtkörper: 0,5–2 cm breit, becherförmig, sitzend, innen leuchtend orangerot, außen blasser, besonders am Rand mit feinen, bräunlichen Haaren besetzt. Asci 300 × 15 µm. Ascosporen elliptisch, mit deutlichem Netzmuster, 17–19 × 9–11 µm. Auf nackten Sand- oder Grusböden, häufig an Straßenrändern. September–Dezember. **Ungenießbar!**

Neottiella rutilans (Fr.) Dennis
Fruchtkörper: 0,5–1,5 cm breit, schüsselförmig, meist sehr kurz gestielt, Stiel aber meist im Substrat verborgen, innen (= oben) leuchtend orangegelb, außen (= unterseits) weißlich und nur leicht orange überlaufen und fein weißhaarig, am Grunde weißlich. Asci 300 × 20 µm. Ascosporen breit elliptisch, netzartig gemustert, mit 1–2 Öltröpfchen, 22–25 × 13–15 µm. Meist in Heidegebieten oder auf Sandböden in Moosen der Gattung *Polytrichum*. September–Dezember. Häufig. **Ungenießbar!**

Anthracobia macrocystis (Cooke) Boud.
Fruchtkörper: 1–3 cm breit, flach scheibchenförmig oder knopfähnlich, sitzend, oben leuchtend orangegelb, außen blasser und zur Basis bräunlich gefleckt und haarig. Asci 200 × 15 µm. Ascosporen länglich-elliptisch, glatt, mit zwei Öltröpfchen, 16–18 × 7–8 µm. In großen Kolonien auf Brandstellen. Juli–November. **Ungenießbar!**

Scutellinia scutellata (L. ex St. Amans) Lamb
Fruchtkörper: 0,2–1 cm breit, flach scheibchenförmig oder wenig eingedellt, innen leuchtend scharlach- bis orangerot, außen blasser bräunlich mit steifen, dunkelbraunen oder schwärzlichen Wimpern bis 1 mm Länge, zum Grunde hin weißhaarig, ohne Lupe gut erkennbar. Asci 300 × 25 µm. Ascosporen elliptisch und etwas angerauht, mit mehreren kleinen Öltröpfchen, 18–19 × 10–12 µm. Wächst auf feuchter Erde oder moderndem Holz. Mai–Dezember. Häufig. **Ungenießbar!**

Ⓤ *Neottiella rutilans* $^1/_1$ nat. Gr.

Ⓤ *Anthracobia macrocystis* $^1/_1$ nat. Gr.

Ⓤ *Scutellinia umbrarum* $^1/_1$ nat. Gr.

Ⓤ *Scutellinia scutellata* $^2/_3$ nat. Gr.

Scutellinia umbrarum (Fr.) Lamb
Der vorigen Art recht ähnlich, unterscheidet sich vor allem durch die wesentlich breiteren, bis etwa 1,5 cm messenden Fruchtkörper und die weniger auffallende Bewimperung. Ascosporen 20–22 × 14–15 µm. In Wäldern auf verrottendem Holz und auf feuchter Erde. Mai–Dezember. **Ungenießbar!**

Humaria hemisphaerica (Wigg. ex Fr.) Fuckel
Fruchtkörper: 0,5–3 cm breit, ungestielt, kugelig-becherförmig, innen weißlich, außen dicht mit steifen, spitzen, dickwandigen, dunkelbraunen Haaren von etwa 0,5 mm Länge besetzt, am Rande auch länger bewimpert. **Fleisch:** weißlich. Asci 350 × 20 µm, an den Spitzen nicht amyloid. Sporen breit elliptisch, rauh, mit zwei Öltröpfchen, 20–40 × 10–12 µm. Auf moderndem Holz oder feuchter Erde. Verbreitet. **Ungenießbar!**

Ⓤ *Humaria hemisphaerica* $^1/_1$ nat. Gr.

Scharlachroter Kelchbecherling *Sarcoscypha coccinea* 1/1 nat. Gr.

Orangeroter Becherling *Aleuria aurantia* 1/1 nat. Gr.

Scharlachroter Kelchbecherling *Sarcoscypha coccinea* (Fr.) Lamb
Fruchtkörper: 1–5 cm breit, becherförmig, am Rande anfangs eingerollt, später beim Ausbreiten eingerissen, kurzgestielt, auf der Innenseite leuchtend scharlachrot, außen eher weißlich und mit feinen, weißen Haarbüscheln besetzt. Asci 400 × 16 µm, nicht amyloid. Ascosporen zylindrisch bis elliptisch, mit mehreren kleinen Öltröpfchen, 24–32 × 12–14 µm. Meist gesellig auf Laubholzresten, besonders im Bergland. November–Mai. **Ungenießbar!**

Orangeroter Becherling *Aleuria aurantia* (Fr.) Fuckel
Fruchtkörper: 0,5–10 cm breit, anfangs becher- oder schüsselförmig, später zunehmend flacher und wellig-gelappt, auf der Innenseite leuchtend gelborange, außen blasser und fein samtig behaart. **Fleisch:** dünn und spröde, weißlich. Asci 220 × 13 µm, nicht amyloid. Ascosporen elliptisch, rauh netzartig gemustert, mit zwei Öltröpfchen, 17–24 × 9–11 µm. Meist gesellig auf Rohböden, nackter Erde, im Gras oder an Wegrändern. September–Dezember. Verbreitet. **Ungenießbar!**

Geoglossum cookeianum Nannfeldt
Fruchtkörper: 3–7 cm hoch, 0,5–1 cm dick, schwarz, glatt, abgeflacht keulig oder zungenförmig, am Grunde rundlich gestielt. Asci 180 × 20 µm. Paraphysen länglich, oben mit einer feinen, gezähnten Kammleiste. Ascosporen braun, zylindrisch, septiert, 50–90 × 5–7 µm, groß. Besonders auf Sandböden im Gras. Verbreitet. September–Oktober. **Ungenießbar!**

Trichoglossum hirsutum (Pers.) Boud.
Fruchtkörper: 2–8 cm hoch, 3–8 mm dick, schwarz, Kopfteil flach-zylindrisch oder keulig, am Grunde in einen dünnen, schlanken, samtig behaarten Stielteil übergehend. Asci 220 × 20 µm. Sporen braun, zylindrisch, groß. 10–15 × 6–7 µm, septiert. Im Gras oder im Torfmoos *(Sphagnum)* auf sauren Böden. Zerstreut. August–Oktober. **Ungenießbar!**

Trichoglossum hirsutum var. ***capitatum*** (Pers.) Boud.
Der Nominatform in allen Merkmalen sehr ähnlich, fällt nur durch den spatenförmigen Kopfteil auf, in dem das sporenbildende Hymenium untergebracht ist. Sonst siehe oben.

Microglossum viride (Pers. ex Fr.) Gillet
Fruchtkörper: 1–5 cm hoch, 2–5 mm dick, olivgrün, im fertilen Teil glatt und tief gefurcht, keulenförmig, im Stielbereich blasser und etwas schuppig-flockig. Asci 150 × 10 µm. Ascosporen zylindrisch bis spindelförmig, mit großen Öltröpfchen, 15–20 × 4–6 µm. Meist in kleinen Büscheln im Moos am Boden feuchter Laubwälder. Verbreitet. September–November. **Ungenießbar!**

Sumpf-Haubenpilz *Mitrula paludosa* Fr.
Fruchtkörper: 1–4 cm hoch, Köpfchen eiförmig oder keulig, glatt, gelb oder orangefarben. **Stiel:** weiß. Asci 150 × 8 µm. Ascosporen zylindrisch-elliptisch, 10–15 × 2,5–3 µm. Gesellig auf moderndem Fallaub oder Reisig in feuchten Gräben, auch in Gewässern. Mai–September. Verbreitet. **Ungenießbar!**

Anemonen-Becherling *Sclerotinia tuberosa* (Fr.) Fuckel
Fruchtkörper: 1–3 cm breit, anfangs tief becherförmig, dann breiter geöffnet und flach, auf der Innenseite braun bis kastanienbraun, außen glatt und ähnlich gefärbt oder blasser. **Stiel:** bis 10 cm lang, glatt, braun. Asci 170 × 10 µm. Ascosporen glatt und elliptisch-länglich, an einem Ende mit kleinen Öltröpfchen, 12–17 × 6–9 µm. Wächst aus großen, schwarzen Sklerotien auf alten Wurzelstöcken von Anemone-Arten. März–Mai. Selten. **Ungenießbar!**

Ciboria batschiana (Zopf) Buch
Fruchtkörper: 0,5–1,5 cm breit, anfangs etwas eingedellt, später flacher, mit kleinem, etwa 1,5–2 cm langem Stiel von dunkelbrauner Färbung, innen zimtbraun, außen ähnlich und fein samtig. Asci 150 × 8 µm. Ascosporen elliptisch, 6–11 × 4–6 µm. Nur auf verrottenden Eicheln. September–November. **Ungenießbar!**

Ciboria amentacea (Balbis ex Fr.) Fuckel
Fruchtkörper: 0,5–1,5 cm breit, becherförmig oder stärker abgeflacht, auf der Innenseite hellbraun, außen ähnlich gefärbt und glatt, am Substrat mit einem schlanken, etwa 2–3 cm langen Stiel befestigt, Asci 135 × 9 µm. Ascosporen elliptisch, 7,5–10,5 × 4,5–6 µm. Nur auf abgefallenen männlichen Kätzchen von Weiden und Erlen. März–April. Verbreitet. **Ungenießbar!**

Cudonia confusa Bres.
Fruchtkörper: 2–3 cm hoch, Köpfchen 7–12 mm breit, anfangs gewölbt, später in der Mitte etwas eingedellt, am Rande eingerollt, klebrig, ocker-zimtfarben bis rötlichbraun. **Stiel:** 20–30 × 1–2 mm, gleichfarben mit dem Köpfchen. Asci 105–120 × 10–12 µm. Ascosporen zylindrisch, mehrfach septiert und schon im Ascus keimend, 35–45 × 2 µm. In kleinen Büscheln im Boden von Nadelwäldern. August–November. Selten. **Ungenießbar!**

Ⓤ *Geoglossum cookeianum* 2/3 nat. Gr.

Ⓤ *Trichoglossum hirsutum* 1/2 nat. Gr.

Ⓤ *T. hirsutum* var. *capitatum* 2/3 nat. Gr.

Ⓤ *Microglossum viride* 1/1 nat. Gr.

Ⓤ *Mitrula paludosa* 1/1 nat. Gr.

Ⓤ *Sclerotinia tuberosa* 2/3 nat. Gr.

Ⓤ *Ciboria batschiana* 2/3 nat. Gr.

Ⓤ *Ciboria amentacea* 1/1 nat. Gr.

Ⓤ *Cudonia confusa* 1/1 nat. Gr.

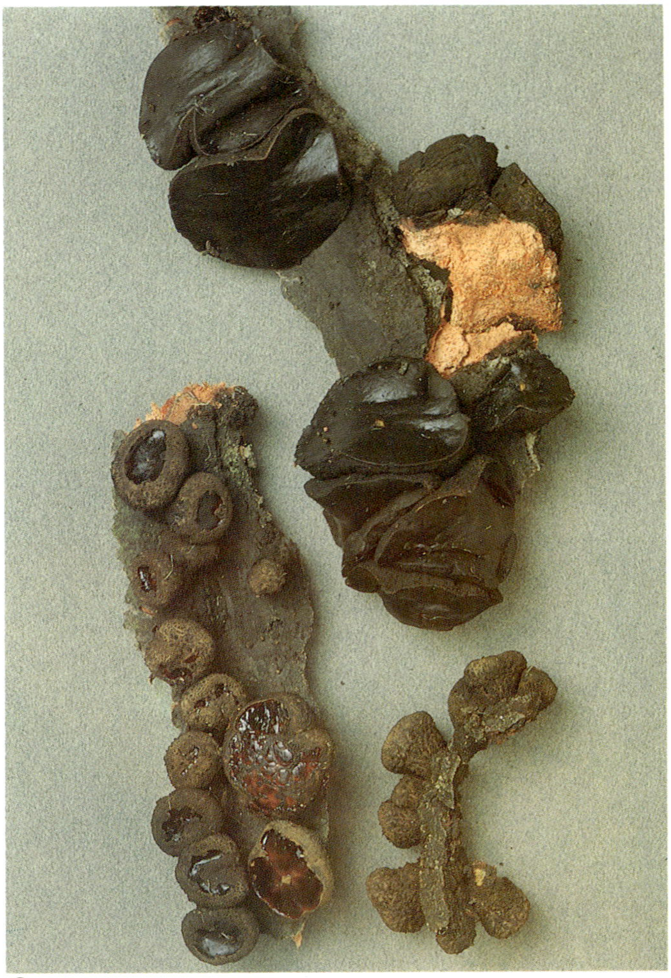

Ⓤ **Schmutzbecherling** *Bulgaria inquinans* ¾ nat. Gr.

Ⓤ **Schlüpfriger Kappenpilz** *Leotia lubrica* 1/1 nat. Gr.

Schmutzbecherling *Bulgaria inquinans* Fr.
Fruchtkörper: 1–4 cm breit, rundlich-knopfförmig, anfangs mit eingerolltem Rand, später flacher und unregelmäßig, zäh, elastisch, innen glatt schwarz, außen dunkelbraun. Asci 200 × 9 μm. Ascosporen verschieden: Die oberen vier in jedem Ascus sind dunkelbraun und nierenförmig, die unteren etwas schlanker und farblos, 11–14 × 6–7 μm. Gesellig auf abgestorbenem Holz verschiedener Laubbäume, besonders auf Eiche, seltener auf Buche. September–November. Häufig. **Ungenießbar!** Kann manchmal auf den ersten Blick mit *Exidia glandulosa* (s. S. 262) verwechselt werden, ist davon aber bei genauerem Hinsehen gut unterscheidbar.

Schlüpfriger Kappenpilz *Leotia lubrica* Pers.
Fruchtkörper: 1–6 cm hoch, klebrig, Köpfchen leicht eingedellt und hutartig verbreitert, am Rande etwas gewellt, ocker-olivfarben. **Stiel:** 3–8 mm dick, zur Basis verschmälert, ockergelblich, fein grünlich gekörnt. **Fleisch:** gallertig, erinnert an Gummibärchen (im Englischen heißt dieser Pilz „jelly baby"). Asci 150 × 10–12 μm. Ascosporen spindelförmig, 20–25 × 5–6 μm. Wächst in feuchten Laubwäldern im Moos oder unter Farn. Verbreitet. August–November. **Ungenießbar!**

Rutstroemia firma (Pers.) Karst.
Fruchtkörper: 0,5–1,5 cm breit, becherförmig, später mehr abgeflacht und lappig gewellt, am Grunde mit 1–2 mm langem Stiel, innen (= oben) ockerbraun, außen etwas blasser und ziemlich runzlig. Asci 150 × 8 μm. Ascosporen schmal elliptisch, 14–19 × 4–6,5 μm. Auf abgefallenen Eichenzweigen. September–Dezember. Verbreitet. **Ungenießbar!**

Rutstroemia luteovirescens (Roberge) White
Fruchtkörper: bis 4 mm breit, anfangs etwas eingedellt, später scheibchenförmig flach, auf der Unterlage mit längerem, etwa 10–12 mm messendem Stiel befestigt, innen oliv- bis gelbbraun, außen ähnlich gefärbt und glatt. Asci 150 × 12 μm. Sporen elliptisch, oft mit Öltröpfchen, 12–15 × 5–7 μm. Wächst auf kleinen Zweigen an Blattstielen von Ahorn-Arten. September–Dezember. **Ungenießbar!**

Cudoniella acicularis (Bull. ex Fr.) Schroet.
Fruchtkörper: 1–4 mm breit, anfangs etwas gewölbt, später flacher, am Rand umgerollt, mit langem schlankem Stielchen um 10 mm Länge, weiß, zuletzt bräunlich. Asci 120 × 13 μm. Sporen spindelförmig, 15–22 × 4–5 μm. Gesellig und in großen Kolonien auf verrottendem Eichenholz. September–Dezember. Verbreitet. **Ungenießbar!**

Bisporella citrina (Batsch ex Fr.) Korf & Carp.
Fruchtkörper: 0,5–3 mm breit, schüsselförmig, am Grunde verschmälert und angedeutet gestielt, leuchtendgelb bis orangegelb, außen glatt, im Alter dunkler gelb. Asci 135 × 10 μm. Ascosporen elliptisch, mit 2 Öltröpfchen an jedem Ende, 9–14 × 3–5 μm, oft zur Reifezeit septiert. In ausgedehnten Kolonien auf abgestorbenem Laubholz. September–November. Häufig. **Ungenießbar!**

Neobulgaria pura (Fr.) Petrak
Fruchtkörper: 0,5–2 cm breit, meist gesellig in Gruppen, anfangs knopfförmig-kugelig, später abgeflacht und etwas eingedellt, fleischfarben, oft auch mit leichtem violettem Anflug, gallertig. Asci 70 × 9 μm. Ascosporen elliptisch, mit zwei kleinen Öltröpfchen, 6–9 × 3–4 μm. Auf Schnittholz und abgefallenen Asten von Rotbuche. Juni–Dezember. Häufig. **Ungenießbar!**

Neobulgaria pura var. ***foliacea*** (Bres.) Dennis & Gam.
Fruchtkörper: bis 10 cm breit, stark gewunden und gefältelt, gummiartig elastisch und gallertig, blaß fleischfarben, später rötlichbraun. Sonst wie die Nominatform, aber etwas seltener.

Podostroma alutaceum (Pers. ex Fr.) Atk.
Fruchtkörper: 1–4 cm hoch, 0,5–1 cm dick, keulenförmig, weißlich bis blaß ockerbräunlich. Asci 80 × 4 μm. Sporen breit elliptisch bis kugelig, fein warzig, 4–4,5 × 3–4 μm. Wächst auf moderndem Holz. September–November. Selten. **Ungenießbar!**

Ascocoryne cylichnium (Tul.) Korf
Der folgenden Art sehr ähnlich, Fruchtkörper aber gewöhnlich breiter als 1,5 cm und deutlicher becherförmig. Sporen 18–30 × 4–6 μm, mehrfach septiert und schon im Ascus keimend. Alle übrigen Angaben siehe unten.

Ascocoryne sarcoides (Jaqu. ex S. F. Gray) Groves
Fruchtkörper: 0,1–1,5 cm breit, rötlich-purpurn, sitzend oder sehr kurz gestielt, oberseits etwas eingedellt, meist ziemlich flach und kaum becherförmig, am Rand unregelmäßig gelappt. **Fleisch:** gallertig. Asci 160 × 10 μm. Sporen elliptisch, mit zwei Öltröpfchen, 10–19 × 3–5 μm. Gesellig auf abgestorbenem, moderndem Holz, besonders auf Buchen. Juli–November. Häufig. **Ungenießbar!**

Ⓤ *Rutstroemia firma* 1/1 nat. Gr.

Ⓤ *Rutstroemia luteovirescens* 1/1 nat. Gr.

Ⓤ *Cudoniella acicularis* 2mal nat. Gr.

Ⓤ *Bisporella citrina* 1/1 nat. Gr.

Ⓤ *Neobulgaria pura* 2/3 nat. Gr.

Ⓤ *Neobulgaria pura* var. *foliacea* 1/2 nat. Gr.

Ⓤ *Podostroma alutaceum* 1/1 nat. Gr.

Ⓤ *Ascocoryne cylichnium* 1/1 nat. Gr.

Ⓤ *Ascocoryne sarcoides* 1/1 nat. Gr.

Ⓤ **Grüner Holzbecherling** *Chlorosplenium aeruginascens* nat. Gr.

Ⓤ **Geweihförmige Holzkeule** *Xylaria hypoxylon* nat. Gr.

Grüner Holzbecherling *Chlorosplenium aeruginascens* (Nyl.) Karst.
Fruchtkörper: 1–5 mm breit, anfangs becherförmig, später stärker abgeflacht und am Rand unregelmäßig wellig verbogen, sehr kurz gestielt, einheitlich leuchtend blaugrün. Asci 70 × 5 µm. Sporen spindelförmig, mit zwei kleinen Öltröpfchen an jedem Ende, 6–10 × 1,5–2 µm. Wächst auf abgefallenen Zweigen und Ästchen von Laubbäumen, besonders von Eichen. Das Mycel verfärbt das Holz, das es durchwächst, ebenfalls auffällig blaugrün. Verfärbtes Holz ist häufiger zu sehen, die Fruchtkörper sind dagegen ziemlich selten. September–November. **Ungenießbar!**

Geweihförmige Holzkeule *Xylaria hypoxylon* (L. ex Hook.) Greville
Fruchtkörper: 1–7 cm hoch, abgeflacht und nur am Grunde noch rundlich, unregelmäßig geweihartig verzweigt, am Grunde schwarz, an den Enden weißlich bereift. Asci 100 × 8 µm. Ascosporen schwarz, bohnenförmig, 11–14 × 5–6 µm. Auf abgestorbenem Holz verschiedener Laubbaum-Arten. Januar–Dezember. Verbreitet. **Ungenießbar!**

Vielgestaltige Holzkeule *Xylaria polymorpha* (Pers. ex Mérat) Greville
Fruchtkörper: 3–8 cm hoch, 1–3 cm dick, unregelmäßig keulenförmig, am Grunde in einen zylindrischen, kurzen Stiel übergehend, schwarz, fein aufgerauht und runzelig. **Fleisch:** zäh, weiß; das Schnittbild der Abbildung zeigt das besondere Verteilungsmuster der sporenbildenden Gruben (Perithecien) unmittelbar unter der Oberfläche. Asci 200 × 10 µm. Ascosporen schwarz, spindelförmig, 20–32 × 5–9 µm. Gruppenweise auf Baumstümpfen, meist von Rotbuche. Ganzjährig. Verbreitet. **Ungenießbar!**

Langstielige Holzkeule *Xylaria longipes* Nitschke
Der vorigen Art ziemlich ähnlich, aber insgesamt schlanker. Sporen 12–16 × 5–7 µm. Auf Stümpfen und Ästen von Ahorn-Arten. Ganzjährig. **Ungenießbar!**

Kleine Holzkeule *Xylaria carpophila* (Pers.) Fr.
Sieht der Geweihförmigen Holzkeule sehr ähnlich, ist aber insgesamt viel schlanker und kleiner. Wächst auf verrottenden Bucheckern. Ganzjährig. **Ungenießbar!**

Trüffel

Weiße Trüffel *Choiromyces meandriformis* Vitt.
Fruchtkörper: 4–12 cm breit und bis 500 g schwer, unterirdisch, unregelmäßig kugelig bis knollig, weißlich oder gelblichbraun. **Fleisch:** weißlich bis gelblich, fleckig marmoriert. Geruch stark aromatisch. Asci 180 × 70 µm, achtsporig. Ascosporen gelblich, kugelig, 16–21 µm Durchmesser, stumpf stachelig. Wächst in Laub- und Nadelwäldern dicht unter der Bodenoberfläche. Sehr selten. **Als Gewürz verwendbar.**

Sommertrüffel *Tuber aestivum* Vitt.
Fruchtkörper: 3–7 cm breit, kugelig-knollig, schwarzbraun, stark warzig. **Fleisch:** weißlich, später graubraun marmoriert. Geschmack nach Nüssen. Geruch süßlich. Sporen fast kugelig, mit weitem Netzmaschenmuster überzogen, 20–40 × 15–30 µm. Ziemlich selten. Unmittelbar unter der Bodenoberfläche in Kalkbuchenwäldern, vorwiegend in wärmeren Gegenden. August–November. **Eßbar.**

Die Perigord-Trüffel *(Tuber melanosporum)* unterscheidet sich durch die mehr eckigen, polygonalen Warzen und die rasche violettschwarze Verfärbung des Fleisches nach dem Anschneiden. Ascosporen elliptisch, stachelig, 29–35 × 22–35 µm. Nur in kalkhaltigem Boden unter Laubbäumen, in wärmeren Gegenden. Ausgezeichneter Speisepilz. **Eßbar.**

Lachnellula subtilissima (Cke.) Dennis
Fruchtkörper: 1–3 mm breit, anfangs kugelig, später schüsselförmig, innen gelborange, außen weiß und mit langen, zottigen Haaren. Asci 156–12 µm. Ascosporen länglich-elliptisch, 6–11 × 2–2,5 µm. Wächst auf Nadelholzzweigen, vor allem auf Kiefern, selten auf Fichte. September–November. Ziemlich selten. **Ungenießbar!**

Ustulina deusta (Fr.) Petrak
Fruchtkörper: in Form unregelmäßiger, warziger Kissen, die das Substrat überkrusten, anfangs grau-weißlich, ziemlich spröde und zwischen den einzelnen Lappen leicht zerreißend, zuletzt fast schwarz und wie Holzkohle aussehend. Asci 300 × 15 µm. Ascosporen schwarz, spindelförmig, 28–34 × 7–10 µm. Wächst auf Stümpfen oder Wurzeln von Laubbäumen, besonders von Rotbuchen. August–November. Vertrocknete Fruchtkörper während des ganzen Jahres. Häufig. **Ungenießbar!**

Mutterkorn *Claviceps purpurea* (Fr.) Tul.
Am typisch spindelförmigen, längs gefurchten, schwarzvioletten Sklerotium gut zu erkennen. Das Sklerotium erreicht etwa 1 cm Länge und entwickelt sich im Blütenstand der Gräser. Im Herbst fällt das reife Gebilde zu Boden, überwintert in diesem Stadium bis zum nachfolgenden Frühjahr und entwickelt dann kleine, rosa-purpurne, paukenschlegelartige

U *Xylaria polymorpha* 1/2 nat. Gr.

U *Xylaria longipes* 1/3 nat. Gr.

U *Xylaria carpophila* 2/3 nat. Gr.

E *Choiromyces meandriformis* 2/3 nat. Gr.

E *Tuber aestivum* 2/3 nat. Gr.

U *Lachnellula subtilissima* 2 × nat. Gr.

Fruchtkörper, die ihrerseits fädige Ascosporen von etwa 100 × 1 µm Abmessung hervorbringen. Diese befallen verschiedene Gräser, unter anderem auch Getreidearten wie Hafer, Weizen, Roggen und Gerste. Die Abbildung zeigt die Sklerotien auf dem Wiesen-Glatthafer *(Arrhenaterum elatius)*. Ziemlich verbreitet, durch Agrikulturgifte zurückgedrängt. **Sehr giftig!** Das Vergiftungsbild (Ergotismus, St. Antoniusfeuer) ist seit dem Mittelalter bekannt. Schwere Vergiftungen traten immer dann auf, wenn ungenügend gereinigtes und von den Sklerotien befallenes Getreide vermahlen und verbacken wurde. Noch bevor die komplexe Chemie der Mutterkorn-Alkaloide verstanden war, wußte man von deren anregender Wirkung zum Beispiel auf die Gebärmutter-Muskulatur. Folglich wurde die Droge schon seit Jahrhunderten in der Geburtshilfe eingesetzt. Gereinigte Mutterkorn-Bestandteile sind heute in der Gynäkologie und bei der Behandlung anderer Beschwerden (Migräne) unentbehrliche Arzneistoffe. Die Verwendung des ungereinigten Präparates ist wegen der zahlreichen Nebeneffekte jedoch lebensgefährlich.

G *Claviceps purpurea* nat. Gr.

U *Ustulina deusta* 1/2 nat. Gr.

Ⓤ *Hypoxylon fragiforme* $^{1}/_{4}$ nat. Gr.

Ⓤ *Hypoxylon nummularium* $^{2}/_{3}$ nat. Gr.

Ⓤ *Diatrype disciformis* 1,5mal nat. Gr.

Ⓤ *Nectria cinnabarina* nat. Gr.

Ⓤ *Nectria peziza* 2 × nat. Gr.

Ⓤ *Poronia punctata* $^{2}/_{3}$ nat. Gr.

Ⓤ *Daldinia concentrica* $^{1}/_{2}$ nat. Gr.

Ⓤ *Elaphomyces muricatus* $^{2}/_{3}$ nat. Gr.

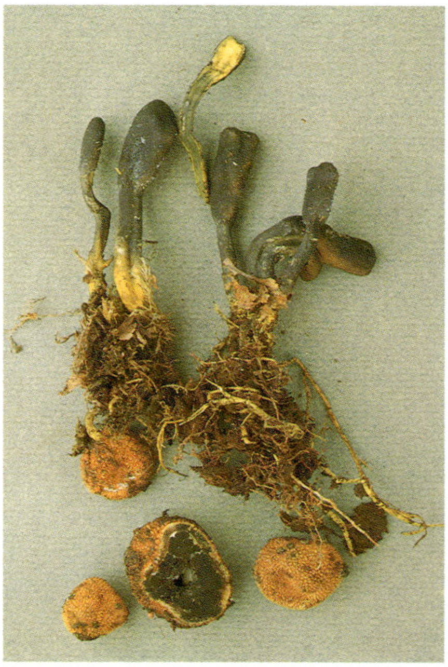

Ⓤ *Cordyceps ophioglossoides* $^{1}/_{2}$ nat. Gr.

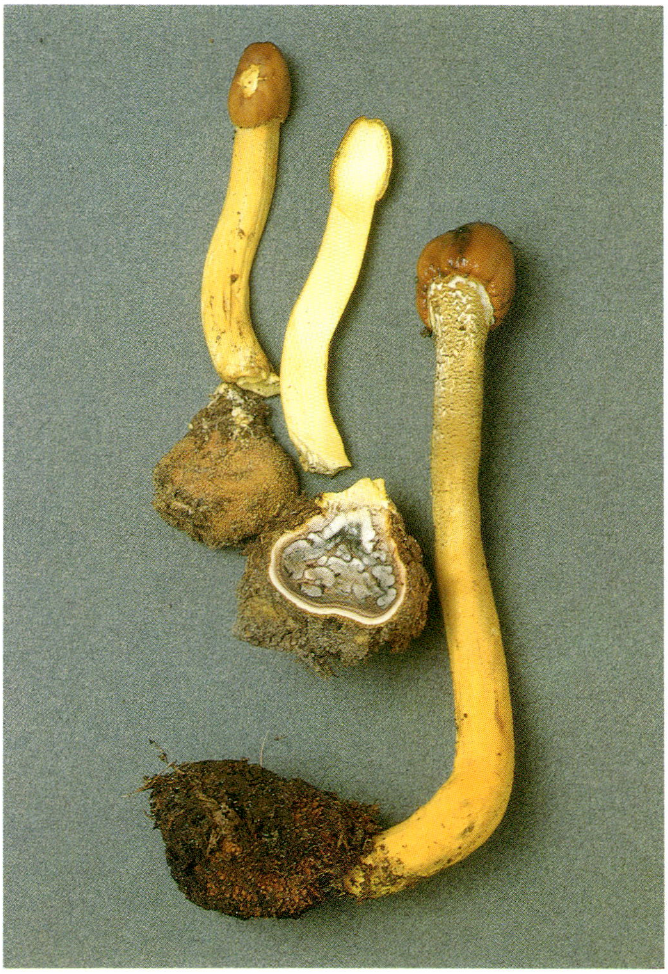

U *Cordyceps canadensis* nat. Gr.

U *Cordyceps militaris* nat. Gr.

Hypoxylon fragiforme (Pers. ex Fr.) Kickx
Fruchtkörper: 1–10 mm breit, gesellig in großen Kolonien, halbkugelig, mit der Unterseite fest ansitzend, leuchtend lachsrot, später ziegelrot und zuletzt schwärzlich, mit feiner, warziger Oberfläche. **Fleisch:** hart, schwärzlich. Asci zylindrisch, 150 × 8 µm. Sporen dunkelbraun, spindelförmig, mit 1–3 kleinen Öltröpfchen, 11–15 × 5–7 µm. Wächst auf abgestorbenen Ästen und Zweigen von Buchen. Häufig. August–April. **Ungenießbar!**

Hypoxylon nummularium Bull. ex Fr.
Fruchtkörper: in Form schwärzlicher, glänzender Krusten auf Holz. Asci zylindrisch, 125 × 12 µm. Ascosporen schwarzbraun, breit elliptisch bis fast kugelig, 11–14 × 7–10 µm. Wächst auf abgestorbenen Zweigen der Rotbuche. Ganzjährig. Verbreitet. **Ungenießbar!**

Diatrype disciformis (Hoff. ex Fr.)
Fruchtkörper: 1–3 mm breit, scheibenförmig, anfangs weißlich, bald jedoch auf der Außenseite schwärzlich, im Inneren weißfleischig bleibend. Asci verlängert-keulenförmig, 150 × 5 µm. Ascosporen leicht gekrümmt, zylindrisch, 5–8 × 1,5–2 µm. Auf abgestorbenen Ästen verschiedener Laubhölzer, meist Rotbuche. Häufig. Ganzjährig. **Ungenießbar!**

Blutroter Pustelpilz *Nectria cinnabarina* (Tode ex Fr.) Fr.
Fruchtkörper: Kolonien, in zwei Typen: Stadien, die sich mit Ascosporen fortpflanzen und folglich Perithecien entwickeln müssen, bestehen aus kleinen zinnoberroten, flaschenförmigen Gebilden auf einer kissenförmigen Unterlage. Das Konidienstadium bildet dagegen kleine korallenrote Pusteln aus. Asci 70 × 12 µm. Ascosporen zylindrisch bis elliptisch, einfach septiert, 12–25 × 4–9 µm. Wächst in Mengen auf toten Zweigen von Laubhölzern. Ganzjährig. Häufig. **Ungenießbar!**

Nectria peziza (Tode ex Fr.) Fr.
Fruchtkörper: 0,2–0,4 mm breit, frisch kugelförmig, trocken napfförmig zusammengeschrumpft, leuchtendgelb. Asci 75–90 × 8–10 µm. Ascosporen 12–15 × 5–7 µm. Auf vermoderndem Holz und zerfallenden Vertretern der Porlinge, im Bild auf *Polyporus squamosus*. Ganzjährig. Häufig. **Ungenießbar!**

Poronia punctata (L. ex Fr.) Fr.
Fruchtkörper: 0,5–2 cm hoch, etwa 0,5–1,5 cm breit, weißlich und zur Reifezeit schwarz punktiert (= Öffnungen der Perithecien), an der Unterlage mit einem deutlichen, rundlichen Stiel befestigt. Asci 180 × 18 µm. Ascosporen bohnenförmig, glatt, 18–26 × 7–12 µm. Wächst auf Pferdedung. September–Oktober. Selten. **Ungenießbar!**

Kohliger Kugelpilz *Daldinia concentrica* (Bolt. ex Fr.) Ges. & Not.
Fruchtkörper: 2–10 cm breit, halbkugelig bis kugelig-knollig, anfangs braun, ziemlich bald schwarz, etwas glänzend. **Fleisch:** konzentrisch silbergrau und schwärzlich gebändert. Asci 200 × 12 µm. Ascosporen schwarz, elliptisch bis spindelförmig, 12–17 × 6–9 µm. Gesellig auf abgestorbenem Holz (z. B. Buche, Eiche). Ganzjährig. Verbreitet. **Ungenießbar!**

Hirschtrüffel *Elaphomyces muricatus* Fr.
Fruchtkörper: 2–5 cm breit, kugelig, außen ockerbraun, mit feinen, spitzen Warzen bedeckt, darunter mit ziemlich dicker innerer Hülle, diese marmoriert purpurbraun; zwischen beiden Lagen befindet sich die staubige Sporenmasse, die zur Reifezeit grau-schwarz wird. Asci kugelig, meist nur viersporig. Sporen schwarz-purpurn, kugelig, warzig, 18–24 µm Durchmesser. Wächst unterirdisch in Kiefernwäldern, weniger häufig in Laubwäldern. Kann besonders im Herbst leicht gefunden werden, wenn der Parasit *Cordyceps ophioglossoides* sich über dem Boden zeigt. Ziemlich selten. **Ungenießbar!**

Cordyceps ophioglossoides (Ehr. ex Fr.) Link
Fruchtkörper: 3–10 cm hoch; Köpfchen (= fertiler Teil) keulenförmig, anfangs gelb und glatt, später rauh und schwarz, am Grunde in einen zylindrischen, gelben Stiel verschmälert. Sporen zerbrechen in elliptisch-zylindrische Teilsporen, diese 2,5–5 × 2 µm. Wächst parasitisch auf *Elaphomyces* (s. vor. Art). September–Oktober. Selten. **Ungenießbar!**

Cordyceps canadensis Ellis & Everhart
Fruchtkörper: 3–10 cm hoch; fertiles Köpfchen oval bis kugelig, kastanienbraun bis schwärzlich, auf einem zähen, gelb-olivfarbenen Stiel bis 1 cm Dicke. Asci ziemlich lang, um 15 µm breit. Ascosporen zerlegen sich in Teilsporen, diese 20–50 × 3–5 µm. Fast ausschließlich in Kiefernwäldern parasitisch auf *Elaphomyces*-Arten, die nur unterirdisch gerade unter der Bodenoberfläche wachsen (in der Abbildung auf *Elaphomyces granulatus*). September–Oktober. Selten. **Ungenießbar!**

Cordyceps militaris (L. ex St. Amans) Link
Fruchtkörper: 2–5 cm hoch, hell orangerot, im fertilen Bereich leicht keulig angeschwollen, am Grunde mit schlankem, oft gekrümmtem Stielchen von etwas blasserer Färbung. Asci ziemlich lang, um 4 µm breit. Ascosporen zerlegen sich in faßförmige Teilsporen, 3,5–6 × 1–1,5 µm. Wächst auf toten Insektenlarven und -puppen in der Erde. Verbreitet bis selten. **Ungenießbar!**

Literaturverzeichnis

CETTO, B.: Der große Pilzführer, 3 Bde. BLV München, 1978–1980

DÄHNCKE, R. M.: 700 Pilze in Farbfotos. AT Verlag, Stuttgart 1979

DÄHNCKE, R. M.: Wie erkenne ich die Pilze? AT Verlag, Stuttgart 1978

DÄHNCKE, R. M.: Pilzsammlers Kochbuch. Gräfe und Unzer Verlag, München 3. Auflage 1980

FLÜCK, M.: Welcher Pilz ist das? Kosmos-Verlag, Stuttgart 1995

GAMS, H.: Kleine Kryptogamenflora. Gustav Fischer Verlag, Stuttgart

GARNWEIDNER, E.: Das neue Pilzbuch. Tomus Verlag, München 1979

HENNIG, B.: Taschenbuch für Pilzfreunde. Gustav Fischer Verlag, Stuttgart 6. Auflage 1975

JAHN, H.: Pilze, die an Holz wachsen. Busse Verlag, Herford 1979

LANGE, J., M. LANGE: Pilze. BLV, München 7. Auflage 1977

LAUX, H. E.: Eßbare Pilze und ihre giftigen Doppelgänger. Kosmos-Verlag, Stuttgart 1985

LIST, H. P.: Umgang mit Pilzen. Schriftenreihe der Hessischen Arbeitsgemeinschaft fur Gesundheitserziehung, Nr. 24

MARCHAND, A.: Champignons du Nord et du Midi, Bd. I–VI. Verlag Perpignan, Paris

MEIXNER, A.: Chemische Farbreaktionen von Pilzen. Verlag J. Cramer, Lehre

MICHAEL, E., B. HENNIG: Handbuch fur Pilzfreunde. 5 Bde., VEB Fischer, Jena 1975

MÜLLER/LÖFFLER: Mykologie, Thieme Verlag, Stuttgart 3. Auflage 1977

POELT, J., H. JAHN: Mitteleuropäische Pilze. Sammlung Naturkundlicher Tafeln. Kronen Verlag E. Cramer, Hamburg

RAUH, W.: Unsere Pilze. Universitätsverlag, Heidelberg 1959

RICKEN, A.: Vademecum fur Pilzfreunde. Verlag J. Cramer, Lehre

RINALDI, A., V. TYNDALO: Pilzatlas. Hörnemann Verlag, Bonn-Röttgen 1974

Verzeichnis der Giftinformationszentren

BERLIN
Beratungsstelle für
Vergiftungserscheinungen und
Embryonaltoxikologie
Pulsstr. 3-7
14059 Berlin
Tel.: 0 30/1 92 40
Fax.: 0 30/32 68 07 21
Embryotoxikologie:
Tel.: 0 30/3 26 80-719, -734

BERLIN
Charité, Campus Virchow Klinikum
Klinik für Innere Medizin mit
Schwerpunkt Nephrologie und
internistische Intensivmedizin
Augustenburger Platz 1
13353 Berlin
Tel.: 0 30/4 50-55 35 55
Fax.: 0 30/4 50-55 39 09
Email: giftinfo@charite.de

BONN
Informationszentrale gegen
Vergiftungen
Universitätsklinikum Bonn
Anstalt des Öffentlichen Rechts
Zentrum für Kinderheilkunde
Adenaueralfee 119
53113 Bonn
Tel.: 02 28/2 87 33 33, -32 11
Fax: 02 28/2 87 32 78
Email:
gizbn@mailer.meb.uni-bonn.de
Internet:
www.meb.uni-bonn.de/giftzentrale/

ERFURT
Gemeinsames Giftinformations-
zentrum der Länder Mecklenburg-
Vorpommern, Sachsen, Sachsen-
Anhalt und Thüringen
c/o HELIOS Klinikum Erfurt
Nordhäuser Str. 74
99089 Erfurt
Tel.: 03 61/73 07 30
(Giftnotruf 24h besetzt)
Fax.: 03 61/7 30 73 17

FREIBURG
Zentrum für Kinderheilkunde und
Jugendmedizin
Vergiftungs-Informations-Zentrale
Mathildenstr. 1
79106 Freiburg
Tel.: 07 61/1 92 40
Fax.: 07 61/2 70 44 57
Email:
giftinfo@kikli.ukl.uni-freiburg.de
Internet: www.giftberatung.de

GÖTTINGEN
Giftinformationszentrum-Nord
(GIZ-Nord)
Universität Göttingen –Bereich
Humanmedizin
Robert-Koch-Str. 40
37075 Göttingen
Tel.: 05 51/1 92 40
Fax.: 05 51/3 83 18 81
Email: giznord@giz-nord.de
Internet: www.giz-nord.de

HOMBURG
Universitätskliniken Klinik für
Kinder- und Jugendmedizin
Informations- und
Beratungszentrum für
Vergiftungsfälle
66421 Homburg
Tel.: 0 68 41/192 40
Fax.: 0 68 41/16 83 14
Email: kiszab@med-rz.uni-sb.de

MAINZ
Giftinformationszentrum (GIZ)
der Länder Rheinland-Pfalz und
Hessen
Klinische Toxikologie
Universitätsklinikum
Langenbeckstr. 1
55131 Mainz
Tel.: 0 61 31/1 92 40
Fax.: 0 61 31/17 66 05
Email: mail@giftinfo.uni-mainz.de

MÜNCHEN
Giftnotruf München
Toxikologische Abteilung der II.
Medizinischen Klinik rechts der
Isar der Technischen Universität
München
Ismaninger Str. 22
81675 München
Tel.: 0 89/1 92 40
Fax.: 0 89/41 40 24 67

NÜRNBERG
Medizinische Klinik II
des Klinikums Nürnberg
Giftinformationszentrale und
Toxikologische Intensivstation
Professor-Ernst-Nathan-Str. 1
90419 Nürnberg
Tel.: 09 11/3 98 24 51 (Giftnotruf)
Fax.: 09 11/3 98 21 92 (8–16 Uhr)
09 11/3 98 22 05 (16–8 Uhr + Samstag/ Sonntag/ Feiertag)

ÖSTERREICH
Vergiftungsinformation
Allgemeines Krankenhaus
Wehringer Gürtel 18-20
A–1090 Wien
Tel.: 0043/1/40 64 34 30

SCHWEIZ
Schweizerisches Toxikologisches
Informationszentrum
Freiestraße 16 / Postfach
CH_8028 Zürich
Tel.: 0041/1/2 51 51 51
Email: info@toxi.ch
Internet: www.toxi.ch

Register der Pilznamen

Ackerling, Rissiger 170
– Sumpf- 170
Ackerschirmpilz 27
Adernschwindling 66
Adernseitling, Rötlicher 186
Agaricus 160
– *abruptibulbus* 168
– *arvensis* 167
– *augustus* 164
– *bernardii* 160
– *bisporus* 163
– *bitorquis* 163
– *bresadolianus* 164
– *campestris* 162
– *comtulus* 163
– *devoniensis* 163
– *excellens* 167
– *langei* 160
– *lanipes* 164
– *litoralis* 163
– *macrosporus* 164
– *pilatianus* 167
– *placomyces* 168
– *porphyrocephalus* 160
– *semotus* 163
– *silvaticus* 160
– *silviocola* 168
– *vaporarius* 160
– *xanthodermus* 167
Agrocybe 168
– *aegerita* 170
– *dura* 170
– *erebia* 168
– *paludosa* 170
– *praecox* 168
– *semiorbicularis* 168
Aleuria 274
– *aurantia* 274
Amanita 15
– *aspera* 18
– *caesarea* 17
– *citrina* 27
– *crocea* 23
– *echinocephala* 21
– *excelsa* 17
– *fulva* 23
– *gemmata* 23
– *inaurata* 23
– *mappa* 21
– *muscaria* 15
– *phalloides* 18
– *porphyria* 21
– *rubescens* 17
– *solitaria* 21
– *spissa* 17
– *vaginata* 23
– *verna* 21
– *virosa* 21
Amethystkoralle 258
Amiantkörnchenschirmling 30
Anemonenbecherling 274
Anischampignon 167
Anisegerling 168
– Dünnfleischiger 168
Anistrichterling, Grüner 48
Aniszähling 188
Anthracobia 273
– *macrocystis* 273
Apfeltäubling 106
Armillaria 33
– *mellea* 33
– *polymyces* 33
– *tabescens* 33
Ascocoryne 276
– *cylichnium* 276
– *sarcoides* 276
Asterophora 77
– *lycoperdioides* 76
– *parasitica* 77
Astporling 235
Astraeus hygrometricus 254
Astschwindling 66
Aureoboletus 205
– *cramesinus* 205
Auricularia 262
– *auricula-judae* 262
– *mesenterica* 262
Auriscalpium 242
– *vulgare* 242
Austernseitling 182

Baeospora 69
– *myosura* 68
Bankera 244
– *fuligineo-alba* 244
Barttrüffel, Gelbliche 252
Battarraea 251
– *phalloides* 251
Becherling, Anemonen- 274
– Blasenförmiger 269
– Blaumilchender 271
– Erd- 273
– Gewölbter 269
– Holz- 281
– Kastanienbrauner 271
– Kelch- 274
– Kohlen- 271
– Krauser 271
– Kugel- 273
– Milchender 269
– Milchweißer 264
– Morchel- 264
– Orangeroter 274
– Pokal- 269
– Rippen- 269
– Schmutz- 276
– Stachelsporiger 271
– Übersehener 271
– Wachsiger 269
Bechertrichterling 51
Behangener Faserling 173
Beißender Milchling 85
Bereifter Dachpilz 120
Bereifter Röhrling 205
Bereifter Schleimfuß 123
Beringter Ritterling 35
Beringter Schüppling 144
Beutelstäubling 247
Binsenkeule 257
Birkengürtelfuß 134
Birkenknäueling 186
Birkenpilz, Brauner 212
– Moor- 212
Birkenporling 227
Birkenrißpilz 152
Birkenröhrling 212
Birkenspeitäubling 99
Birkentäubling 100
– Grüner 100
Birnenrißpilz 151
Birnenstäubling 249
Bisporella 276
– *citrina* 276
Bitterer Fälbling 148
Bitterer Milchling 80
Bitterer Nadelschwamm 77
Bitterer Schleimkopf 130
Bittermandelrißpilz 151
Bitterröhrling 196
Bittersüßer Rißpilz 150
Bjerkandera adusta 236
Blättertrichterling 50
Bläulicher Zärtling 117
Bläulichgrauer Klumpfuß 127
Blasenförmiger Becherling 269
Blasser Krustenschwamm 237
Blasser Milchling 84
Blasser Trompetenschnitzling 159
Blaßgelber Faserling 174
Blaßgrüner Schüppling 144
Blaßvioletter Klumpfuß 128
Blaublättriger Schleimfuß 123
Blaublättriger Täubling 91
Blauer Korkstacheling 243
Blaufüßiger Rißpilz 148
Blaugelber Schleimfuß 121
Blaugrauer Rindenpilz 241
Blaugrüner Reiftäubling 99
Blaugrüner Schirmpilz 30
Blaumilchender Becherling 271
Blaustieliger Schleimfuß 121
Bleicher Milchling 80
Bleicher Rißpilz 152
Bleicher Saftling 64
Bleicher Wasserkopf 139
Bleicher Zärtling 117
Bleigraues Samthäubchen 154
Blutblättriger Hautkopf 140
Blutroter Hautkopf 141
Blutroter Pustelpilz 281
Bluttäubling 102
Bolbitius vitellinus 154
Boletinus cavipes 206
Boletus 192
– *aerus* 192
– *aestivalis* 194
– *albidus* 196
– *appendiculatus* 194
– *badius* 196
– *bovinus* 215
– *calopus* 202
– *chrysentheron* 205
– *edulis* 192
– *erythropus* 201
– *fragrans* 196
– *impolitus* 196
– *lanatus* 202
– *leonis* 202
– *luridus* 199
– *parasiticus* 205
– *pinicola* 194
– *piperatus* 194
– *porosporus* 202
– *pruinatus* 205
– *pulverulentus* 199
– *purpureus* 201
– *queletii* 201
– *rhodoxanthus* 201
– *satanas* 202
– *satanoides* 199
– *subtomentosus* 202
– *versicolor* 205
Borstenschichtpilz 235
Bovist, Hasen- 247
– Kartoffel- 251
– Netz- 251
– Riesen- 247
– Schwarzer 249
– Warzen- 247
– Zitzen- 251
– Zwerg- 251
Bovista 249
– *nigrescens* 249
– *plumbea* 249
Bräunlicher Stäubling 249
Brätlingstäubling 92
– Scharfer 92
Brandfaserling 174
Brandiger Ritterling 39
Brandtrichterling 50
Braunbuckliger Schirmpilz 28
Brauner Birkenpilz 212
Brauner Schichtpilz 236
Brauner Schirmpilz 28
Brauner Täubling 106
Braunfleckender Milchling 85
Braungelber Ritterling 35
Braungrauer Reiftäubling 99
Braungrüner Zärtling 117
Braunporling 222
– Kiefern- 222
Braunroter Rötling 116
Braunstieliges Samthäubchen 154
Braunvioletter Schleimkopf 128
Braunvioletter Täubling 102
Breitblättriger Holzritterling 44
Brennender Erdritterling 35
Brennender Ritterling 35
Brennender Rübling 57
Brüchiger Glöckling 117
Buchenklumpfuß 125
Buchenmilchling 88
Buchenschleimrübling 32
Buchenspeitäubling 99
Buckelegerling 164
Buckeltramete 228
Büscheliger Faserling 174
Büscheliger Rißpilz 153
Büscheliger Warzenpilz 222
Büscheliger Zwergtintling 179
Büschelritterling 43
Büschelrübling 54
Bulgaria 276
– *inquinans* 276
Bunter Röhrling 205
Buntstieliger Helmling 72
Butterpilz 215
Butterrübling 57

Calocera 263
– *cornea* 263
– *glossoides* 263
– *viscosa* 263
Calocybe carnea 42
Calvatia 247
– *excipuliformis* 247
– *utriformis* 247
Cantharellula cyathiformis 51
Cantharellus 191
– *cibarius* 191
– *ferruginascens* 191
– *infundibuliformis* 191
Ceriporiopsis gilvescens 237
Champignon, Anis- 167
– Gift- 167
– Wald- 160
– Wiesen- 163
– Zucht- 163
Chlorosplenium aeruginascens 278
Choiromyces meandriformis 278
Chromgelber Saftling 64
Chroogomphus rutilus 191
Ciboria 274
– *amentacea* 274
– *batschiana* 274
Clavaria 257
– *argillacea* 257
– *fumosa* 257
– *rosea* 257
– *vermicularis* 257
Clavariadelphus 257
– *fistulosus* 257
– *junceus* 257
– *pistillaris* 257
Claviceps purpurea 278
Clavicorona taxophila 258
Clavulina 258
– *amethystina* 258
– *cinerea* 258
– *cristata* 258
– *rugosa* 258
Clavulinopsis 258
– *cinerioides* 258
– *corniculata* 258
– *fusiformis* 258
– *helveola* 258
– *luteo-alba* 258
Clitocybe 46
– *asterospora* 51
– *clavipes* 48
– *decastes* 43
– *dicolor* 51
– *ditopa* 50
– *ericetorum* 46
– *fragrans* 50
– *geotropa* 46
– *houghtonii* 50
– *hydrogramma* 51
– *infundibuliformis* 48
– *nebularis* 48
– *odora* 48
– *phyllophila* 50
– *rivulosa* 51
– *sinopicoides* 50
– *vibecina* 51
Clitopilus prunulus 113
Collybia 54
– *butyracea* 57
– *confluens* 54
– *confusa* 57
– *distorta* 57
– *dryophila* 54
– *erythropus* 54
– *fusipes* 54
– *maculata* 54
– *obscura* 57
– *oreadoides* 54
– *palustris* 57
– *peronata* 57
– *rancida* 57
– *tuberosa* 57
– *velutipes* 58
Coltricia perennis 218
Coniophora puteana 239
Conocybe 154
– *filaris* 154
– *lactea* 154
– *ochracea* 154
– *percincta* 154
– *plumbeitincta* 154
– *pseudopilosella* 154
– *rickenii* 154
– *subovalis* 154
– *tenera* 154
Coprinus 176
– *atramentarius* 178
– *comatus* 176
– *congregatus* 179
– *disseminatus* 181
– *domesticus* 180
– *impatiens* 179
– *lagofus* 178
– *lagopides* 178
– *macrocephalus* 176
– *micaceus* 180
– *narcoticus* 178
– *niveus* 178
– *pachyspermus* 202
– *picaceus* 178
– *plicatilis* 180
– *silvaticus* 180
Cordyceps 281
– *canadensis* 281
– *militaris* 281
– *ophioglossoides* 281
Coriolellus albidus 238
Coriolus 235
– *hirsutus* 235
– *versicolor* 235
Cortinarius 121
– *(Cortinarius)* 133
– *(Dermocybe)* 139
– *(Leprocybe)* 133
– *(Myxacium)* 120
– *(Phlegmacium)* 123
– *(Sericeocybe)* 130
– *(Telamonia)* 136
– *alboviolaceus* 130
– *amoenolens* 125
– *armeniacus* 139
– *armillatus* 136
– *auroturbinatus* 123
– *azureovelatus* 132
– *balteato-cumatilis* 128
– *betuletorum* 134
– *bolaris* 134
– *buillardi* 136
– *bulbosus* 136
– *caesiocyaneus* 127
– *callisteus* 134
– *caroviolaceus* 127
– *causticus* 123
– *cinnamomeobadius* 139
– *cinnamomeus* 141
– *collinitus* 121
– *croceo-caeruleus* 121
– *croceofolius* 139
– *crocolitus* 130
– *delibutus* 123
– *evernius* 139
– *firmus* 136
– *fraudulosus* 128
– *gentilis* 134
– *glaucopus* 125
– *hinnuleus* 139
– *humicolus* 132
– *infractus* 130
– *largus* 128
– *lepidopus* 132
– *malachius* 130
– *melliolens* 128
– *mucosus* 122

– *nemorensis* 130
– *obtusus* 139
– *ochroleucus* 123
– *olidus* 128
– *orellanus* 134
– *osmophorus* 125
– *paleaceus* 139
– *personii* 130
– *phoeniceus* 140
– *pholideus* 132
– *pinicola* 122
– *pseudoprivignus* 136
– *pseudosalor* 121
– *puniceus* 141
– *purpurascens* 128
– *rickenianus* 127
– *rufo-olivaceus* 127
– *sanguineus* 141
– *saniosus* 133
– *semisanguineus* 140
– *sodagnitus* 127
– *speciosissimus* 134
– *splendens* 125
– *subbalaustinus* 139
– *subfulgens* 125
– *subturbinatus* 125
– *torvus* 136
– *traganus* 133
– *triumphans* 130
– *trivialis* 120
– *uliginosus* 141
– *violaceus* 133
– *xanthocephalus* 127
Craterellus cornucopioides 191
Creolophus cirrhatus 247
Crepidotus 188
– *applanatus* 189
– *luteolus* 189
– *mollis* 188
– *variabilis* 188
Crucibulum laeve 255
Cudoniella acicularis 276
Cudonia confusa 274
Cyathipodia corium 269
Cyathus 255
– *olla* 255
– *striatus* 255
Cylindrobasidium erolens 237
Cystoderma amianthium 31

Dachpilz, Bereifter 120
– Dunkelbrauner 118
– Gelbgrüner 120
– Grauer 118
– Klebriger 120
– Knolliger 118
– Löwengelber 120
– Rehbrauner 118
– Samtiger 118
– Weißlicher 120
Dacrymyces stillatus 263
Daedalea quercina 233
Daedaleopsis confragosa 233
Daldinia concentrica 281
Datronia mollis 234
Dauerporling 218
Dehnbarer Helmling 74
Dermocybe (Cortinarius) 139
Diatrype disciformis 281
Dichomitus campestris 235
Dichtblättriger Schwarztäubling 92
Dickblättriger Schwarztäubling 92
Dickfuß, Dunkelvioletter 133
– Lederbrauner 130
– Lila 132
– Ockerblättriger 132
– Prächtiger 123
– Rotschuppiger 134
– Schuppenstieliger 130
– Schuppiger 132
– Unregelmäßiger 132
– Violettgestiefelter 132
– Weißvioletter 130
Dickfußröhrling 202
Dickstämmiger Fälbling 148
Disciotis venosa 264
Doppelscheidiger Scheidenstreifling 23
Dorniger Stachelbart 247
Dottertäubling 110
– Weicher 110
Drosella fracida 31
Drosophila pennata 174
Drüsling, Warziger 262
Dünenegerling 160
Dünentrichterling 114
Düngerling, Dunkler 182
– Garten- 182
– Gezähnter 182
– Glocken- 181
– Heu- 182
– Ring- 180
– Schaf- 181
– Wiesen- 181
Dünnfleischiger Anisegerling 168
Düsterer Röhrling 206
Duftender Fälbling 147
Duftender Rißpilz 149
Duftender Trichterling 50
Duftmilchling 85
Dungsamthäubchen 154
Dungträuschling 171
Dunkelbrauner Dachpilz 118
Dunkelbrauner Weichritterling 44
Dunkelscheibiger Fälbling 147
Dunkelvioletter Dickfuß 133
Dunkler Düngerling 182
Dunkler Erlenschnitzling 157
Dunkler Helmling 72
Dunkler Milchling 85
Dunkler Rübling 57
Dunkler Schirmpilz 28

Echter Pfifferling 191
Echter Steinpilz 192
Echter Waldchampignon 160
Edelreizker 80
Egerling, Anis- 168
– Buckel- 164
– Dünen- 160
– Garten- 160
– Großschuppiger 168
– Großsporiger 164
– Karbol- 167
– Riesen- 164
– Rotbrauner 160
– Sand- 163
– Scheiden- 163
– Seidenweißer 167
– Strand- 163
– Wald- 163
– Wiesen- 163
– Wurzelstieliger 164
– Zwerg- 163
Eggenpilz, Schiefer 237
Eichenmilchling 88
Eichenporling 231
Eichenrauhfuß 211
Eichenrindenpilz 241
Eichenwirrling 233
Eichenzwergknäueling 189
Eichhase 220
Elaphomyces muricatus 281
Entoloma 114
– *aprile* 116
– *clybeatum* 114
– *nidorosum* 115
– *porphyrophaeum* 116
– *rhodopolium* 115
– *saundersii* 114
– *sinuatum* 114
Erbsennestling 255
Erbsenstreuling 251
Erdbecherling 273
– Sand- 273
– Zedern- 273
Erdblättriger Faserkopf 150
Erdblättriger Rißpilz 150
Erdlederpilz 260
Erdmuschelseitling 186
Erdritterling 35, 37
– Brennender 35
– Heller 37
– Rötlicher 37
Erdschüppling 168, 170
– Früher 168
– Halbkugeliger 168
– Lederbrauner 168
– Pappel- 170
Erdstern, Gewimperter 252
– Hals- 252
– Kamm- 254
– Kragen- 252
– Nest- 252
– Rotbrauner 252
– Vielstieliger 252
– Wetter- 254
– Zwerg- 252
Erlenschnitzling, Dunkler 157
– Gemeiner 157
– Gestreifter 157
– Samtiger 157
Erlenschüppling 145
Eselsohr 271
Espenrotkappe 211
Exidia glandulosa 262
Exobasidium vaccinii 241

Fadensamthäubchen 154
Fädiger Helmling 74
Fälbling, Bitterer 148
– Dickstämmiger 148
– Duftender 147
– Dunkelscheibiger 147
– Marzipan- 147
– Rettich- 146
– Zwerg- 148
Fältling, Gallertfleischiger 239
Fahler Röhrling 196
Fallschirmschwindling 67
Falscher Pfifferling 66
Faltentintling, Grauer 178
Faseriger Gürtelfuß 136
Faserkopf, Erdblättriger 150
Faserling, Behangener 173
– Blaßgelber 174
– Brand- 174
– Büscheliger 174
– Glanzstieliger 175
– Schuppiger 174
– Stumpfer 174
Feinschuppiger Schirmpilz 27
Feldschirmpilz 27
Fester Gürtelfuß 136
Feuerblättriger Wasserkopf 139
Feuerschüppling 145
Feuerschwamm 228
Fichtenhelmling 72
Fichtenporling 228
Filzstieliger Korkstacheling 245
Fistulina hepatica 224
Flacher Lackporling 226
Flammulina velutipes 58
Flaschenstäubling 249
Flaumiges Stummelfüßchen 189
Flavoscypha cantharella 271
Fleckender Schmierling 191
Fleischbrauner Rötelritterling 113
Fleischfarbener Helmling 73
Fleischfarbener Rasling 43
Fleischroter Schirmpilz 28
Fleischroter Täubling 97
Fliegenpilz 15
Flocculina granulosa 159
Flockenstieliger Hexenröhrling 201
Flockiger Rißpilz 152
Flöckling, Körniger 159
Flügelmilchling 87
Fomes 228
– *fomentarius* 228
– *igniarius* 228
Fomitopsis pinicola 228
Fransenmilchling 79
Fransiger Wulstling 21
Frauentäubling 97
Früher Erdschüppling 168
Früher Rötling 116
Frühjahrslorchel 267
Frühlingsweichritterling 44
Fuchsfarbener Milchling 87
Fuchsiger Lacktrichterling 52
Fuchsiger Trichterling 48

Galerina cinctula 136
– *mniophila* 156
– *mutabilis* 156
– *mycenopsis* 156
– *phillipsii* 157
Gallenröhrling 205
Gallenstacheling 243
Gallentäubling 94
Gallertfleischiger Fältling 239
Gallertfleischiges Stummelfüßchen 189
Gallertiger Zitterzahn 264
Gallerttropfen 263
Ganoderma 224
– *adspersum* 227
– *applanatum* 227
– *lucidum* 224
– *resinaceum* 227
Gartendüngerling 182
Gartenegerling 160
Geastrum 252
– *coronatum* 252
– *fornicatum* 254
– *limbatum* 252
– *nanum* 252
– *pectinatum* 254
– *quadrifidum* 252
– *rufescens* 252
– *sessile* 252
– *triplex* 252
Gebänderter Milchling 85
Gedrehter Lacktrichterling 52
Gedrehter Rübling 57
Gefalteter Nabling 69
Gefelderter Grüntäubling 94
Gefelderter Röhrling 202
Gefelderter Täubling 94
Gefelcktblättriger Tannenflämmling 143
Gefleckter Helmling 73
Gefleckter Rißpilz 150
Gefleckter Rübling 54
Gefleckter Täubling 106
Gefurchter Weichritterling 44
Gelbblättriger Schneckling 59
Gelbbrauner Stinkschirmling 28
Gelber Graustieltäubling 109
Gelber Milchling 85
Gelber Öhrling 271
Gelber Rauhfuß 211
Gelbfaseriger Wasserkopf 133
Gelbfleckender Täubling 110
Gelbfleischiger Steinpilz 194
Gelbfuß, Kupferroter 191
Gelbgrüner Dachpilz 120
Gelbköpfiger Klumpfuß 127
Gelbliche Barttrüffel 252
Gelbmilchender Helmling 70
Gelbstieliger Schleimkopf 130
Gelbstieliger Zwergknäueling 189
Gelbweißer Helmling 75
Gemeine Morchel 264
Gemeiner Erlenschnitzling 157
Gemeiner Spaltblättling 186
Gemeiner Weichritterling 44
Gemeiner Wirrkopf 152
Gemeines Stummelfüßchen 188
Geoglossum cookeianum 274
Gerippter Ritterling 41
Gesägter Zärtling 117
Gesäter Tintling 180
Gescheckter Rißpilz 153
Geschmückter Gürtelfuß 136
Gestielter Stäubling 249
Gestreifter Erlenschnitzling 157
Gestreifter Rißpilz 153
Gestreifter Teuerling 255
Geweihförmige Holzkeule 278
Gewimperter Erdstern 252
Gewölbter Becherling 269
Gezähnter Düngerling 182
Gezonter Korkstacheling 245
Giftchampignon 167
Glänzender Glöckling 118
Glänzender Lackporling 224
Glänzender Täubling 102
Glanzstieliger Faserling 175
Glattstieliger Hexenröhrling 201
Glattstiellorchel 267
Glimmertintling 180
Glitzernder Rindenporling 234
Glockendüngerling 181
Glockenmorchel 264
– Spitze 264
Glockiger Häubling 156
Glöckling, Brüchiger 117
– Glänzender 118
– Kreuzsporiger 118
– Mehliger 118
– Moor- 117
Gloeophyllum sepiarium 234
Glucke, Krause
Goldflüssiger Milchling 79
Goldgelbe Koralle 260
Goldgelber Gürtelfuß 134
Goldgelber Saftling 63
Goldgelber Zitterling 264
Goldmistpilz 154
Goldröhrling 205, 216
Goldtäubling 110
Goldzahnschneckling 59
Gomphidius 189
– *glutinosus* 189
– *maculatus* 191
– *roseus* 189
Grashelmling 74
Graublättriger Ritterling 35
Graublättriger Schwefelkopf 159
Graublättriger Zwergtintling 179
Graubrauner Helmling 71
Graubrauner Schüppling 146
Grauer Dachpilz 118
Grauer Faltentintling 178
Graue Koralle 258
Grauer Lärchenröhrling 216
Grauer Rasling 43
Grauer Rauhfuß 211
Grauer Saftling 60
Grauer Scheidenstreifling 23
Grauer Tintling 178
Grauer Wulstling 17
Graufleckender Milchling 87
Graugrüner Milchling 83
Graustieltäubling 106, 109, 110
– Gelber 109
– Weinroter 110
Grauvioletter Rißpilz 151
Grifola 220
– *frondosa* 220
– *umbellata* 220
Großer Pokalbecherling 269
Großer Saftling 63
Großer Scheidling 112
Großer Schmierling 189
Großer Waldegerling 160
Großschuppiger Egerling 168
Großsporiger Egerling 164
Grubenlorchel 267
Grubiger Korkstacheling 243
Grübling, Erlen- 206
Grünbuckliger Rißpilz 149
Grüner Anistrichterling 48
Grüner Birkentäubling 100
Grüner Holzbecherling 281
Grüner Knollenblätterpilz 18
Grüner Speisetäubling 97
Grünling 35
Grünspanträuschling 171
Grüntäubling 94
– Gefelderter 94
Gürtelfuß, Birken- 134
– Faseriger 136
– Fester 136
– Geschmückter 136
– Goldgelber 134
– Knolliger 136
– Rettich- 139
– Rotbrauner 134
– Zinnoberroter 136
Gürtelhäubling 156
Gürtelsamthäubchen 154
Gymnopilus 142
– *fulgens* 143
– *hybridus* 142
– *junonius* 144
– *penetrans* 143
Gyromitra esculenta 267
Gyroporus 206
– *castaneus* 206
– *cyanescens* 206

Haarstieliger Helmling 75
Habichtspilz 242
Häubling, Glockiger 156
– Gürtel- 156
– Moos- 156
– Sumpf- 156
Hahnenkamm 260
Hainbuchenrauhfuß 212
Halbkugeliger Erdschüppling 168
Halbkugeliger Träuschling 171
Hallimasch 32
Halserdstern 252
Hapalopilus nidulans 224
Harziger Lackporling 227
Harzporling 228
– Nördlicher 228
Hasenbovist 247
Hasenröhrling 206
Hasentintling 178

Haubenpilz, Sumpf- 274
Hausschwamm 238
Haustintling 180
Hautkopf, Blutblättriger 140
– Blutroter 141
– Purpurroter 140
– Rotbrauner 139
– Safranblättriger 139
– Scharlachroter 141
– Sumpf- 141
– Zimtbrauner 141
Hebeloma 146
– *crustuliniforme* 147
– *mesophaeum* 147
– *pusillum* 148
– *radicosum* 147
– *sacchariolens* 147
– *sinapizans* 146
– *strophosum* 148
– *truncatum* 148
Heckenklumpfuß 127
Heckenschirmpilz 30
Heidenschleimfuß 122
Heiderotkappe 211
Heidetrichterling 46
Heller Erdritterling 37
Heller Ritterling 37
Hellgelber Schleimfuß 123
Hellgrauer Milchling 87
Helmling, Buntstieliger 72
– Dehnbarer 74
– Dunkler 72
– Fädiger 74
– Fichten- 72
– Fleischfarbener 73
– Gefleckter 73
– Gelbmilchender 70
– Gelbweißer 75
– Gras- 74
– Graubrauner 71
– Haarstieliger 75
– Knopf- 75
– Nabel- 75
– Nadel- 76
– Nitrose- 71
– Orangeroter 75
– Rauchiger 72
– Rettich- 72
– Rillstieliger 70
– Rinden- 75
– Rosablättriger 70
– Rotmilchender 70
– Rotstieliger 70
– Salmiak- 72
– Schwarzer 70
– Schwarzzähniger 72
– Weißmilchender 70
Helvella 267
– *crispa* 267
– *lacunosa* 267
Herbstlorchel 267
Herbstschirmpilz 27, 28
Herbsttrompete 191
Hericium erinaceus 245
– *ramosum* 245
Heringstäubling 104
Herkuleskeule 257
Heterobasidion annosum 227
Heteroporus biennis 224
Heudüngerling 182
Hexenröhrling 199, 201
– Flockenstieliger 201
– Glattstieliger 201
– Netzstieliger 199
Hirneola auricula-judae 262
Hirschbrauner Wasserkopf 138
Hirschioporus abietinus 236
Hirschtrüffel 281
Hörnling, Klebriger 263
– Zäher 263
– Zungen- 263
Hohe Morchel 267
Hohenbuehelia geogenia 186
Hohlfußröhrling 206
Holzbecherling, Grüner 281
Holzkeule, Geweihförmige 278
– Kleine 278
– Langstielige 278
– Vielgestaltige 278
Holzritterling 43, 33
– Breitblättriger 44
– Rötlicher 43
– Schöner 44
Holzschwamm 239
Honiggelber Röhrling 202
Honiggelber Wasserkopf 139
Honigschleimkopf 128
Humaria hemisphaerica 273
Hundsrute 257
Hydnellum 243
– *caeruleum* 242
– *congrescens* 244
– *peckii* 243
– *scrobiculatum* 243
– *spongiosipes* 244
Hydnum 241
– *repandum* 241
– *rufescens* 242
Hygrocybe 60
– *calyptraeformis* 63
– *cantharellus* 63
– *ceracea* 64
– *coccinea* 63
– *conica* 60
– *intermedia* 63
– *konradii* 64
– *laeta* 65
– *langei* 65
– *marchii* 63
– *miniata* 63
– *nigrescens* 60
– *nitrata* 60
– *nivea* 65
– *ovina* 60
– *pratensis* 60
– *psittacina* 65
– *punicea* 63
– *russocoriacea* 65
– *strangulata* 63
– *subglobispora* 65
– *unguinosa* 60
– *vitellina* 64
Hygrophoropsis aurantiaca 66
Hygrophorus 59
– *chrysodon* 59
– *cossus* 59
– *dichrous* 59
– *eburneus* 59
– *hypothejus* 59
– *leucophaeus* 59
– *pustulatus* 59
– *rickenii* 65
Hymenochaete rubiginosa 235
Hyphodontia sambuci 241
Hypholoma 159
– *capnoides* 159
– *elongatum* 160
– *fasciculare* 159
– *marginatum* 159
– *sublateritium* 159
– *udum* 159
Hypochnicium vellereum 241
Hypoxylon 281
– *fragiforme* 281
– *nummularium* 281

Igelstachelbart 245
Igelstäubling 247
Incrustoporia semipileata 234
Inocybe 148
– *bongardii* 149
– *calamistra* 148
– *cincinnata* 150
– *cookei* 149
– *corydalina* 149
– *dulcamara* 150
– *eutheles* 152
– *fastigiata* 150
– *flocculosa* 152
– *geophylla* 150
– *godeyii* 148
– *grammata* 153
– *griseolilacina* 150
– *hirtella* 151
– *hystrix* 152
– *jurana* 148
– *lacera* 152
– *longicystis* 152
– *maculata* 150
– *margaritispora* 153
– *napiges* 153
– *patouillardii* 149
– *petiginosa* 154
– *praetervisa* 153
– *pyriodora* 151
– *tigrina* 153
– *umbrina* 153
Inonotus 231
– *cuticularis* 231
– *dryadeus* 231
– *hispidus* 231
– *radiatus* 231
Irpex paradoxus 237
Ischnoderma resinosum 228

Jodoformtäubling 110
Judasohr 262

Kahler Krempling 142
Kahlkopf, Mist- 173
– Moos- 173
– Spitzkegeliger 173
– Weißflockiger 173
Kaiserling 17
Kammerdstern 254
Kammkoralle 258
Kammpilz, Orangefarbiger 238
Kampfermilchling 90
Kappenpilz, Schlüpfriger 236
Karbolegerling 167
Kartoffelbovist 251
Kastanienbrauner Becherling 271
Kastanienbrauner Ritterling 39
Kegeliger Rißpilz
Kegeliger Saftling 60
Kegelschuppiger Schirmpilz 27
Kelchbecherling 274
Keule, Binsen- 257
– Herkules- 257
– Nadel- 258
– Orangegelbe 258
– Rauchgraue 257
– Röhrige 257
– Rötliche 257
– Weiße 257
– Weißspitzige 258
– Zungen- 258
Keulentrichterling 48
Kiefernbraunporling 222
Kiefernmilchling 84
Kiefernschleimfuß 122
Kiefernsteinpilz 194
Kirschroter Speitäubling 99
Klapperschwamm 220
Klebriger Dachpilz 120
Klebriger Helmling 74
Klebriger Hörnling 263
Kleine Holzkeule 278
Kleiner Milchling 90
Kleiner Nesterdstern 252
Kleiner Scheidling 112
Kleiner Seitling 185
Kleiner Stinkschirmling 28
Klumpfuß, Bläulichgrauer 127
– Blaßvioletter 128
– Buchen- 125
– Gelbköpfiger 127
– Hecken- 127
– Kupferroter 127
– Lederbrauner 125
– Purpurfleckender 128
– Schwachknolliger 125
– Schwefel- 125
– Trügerischer 128
– Violetter 127
– Weißlicher 127
Knoblauchschwindling 68
Knollenblätterpilz, Grüner 18
– Weißer 21
– Zitronengelber 23
Knolliger Dachpilz 118
Knolliger Gürtelfuß 136
Knolliger Rißpilz 149
Knolliger Rübling 57
Knolliger Schleierritterling 123
Knolliger Schüppling 145
Knopfhelmling 75
Knotiger Rißpilz 153
Körnchenröhrling 216
Körnchenschirmling, Amiant- 30
Körniger Flöckling 159
Kohlenbecherling 271
Kohlennabling 68
Kohlenschüppling 146
Kohlentintling 178
Kohliger Kugelpilz 281
Kohlschwindling 68
Koralle, Amethyst- 258
– Goldgelbe 260
– Graue 258
– Kamm- 258
– Leder- 260
– Rinden- 260
– Rosagraue 258
– Runzelige 258
– Schöne 260
– Schwefelgelbe 260
– Spindel- 258
– Stachelbart- 245
– Steife 260
– Wiesen- 258
Korkporling 234
– Rostbrauner 234
Korkstacheling 243, 245
– Blauer 243
– Filzstieliger 245
– Gezonter 245
– Grubiger 243
– Pelziger 245
– Rötlicher 243
– Schwarzweißer 245
– Zusammenfließender 245
Kornblumenröhrling 206
Kräuterseitling 185
Kragenerdstern 252
Krause Glucke 255
Krauser Becherling 271
Krempentrichterling 46
Krempling, Kahler 142
– Muschel- 142
– Samtfuß- 143
Kreuzsporiger Glöckling 118
Krönchenträuschling 173
Krötenöhrling 271
Krustenrindenpilz 237
Krustenschwamm, Blasser 237
Krustiger Lackporling 226
Krustiger Warzenpilz 262
Kuehneromyces velutipes 58
Kugelbecherling 273
Kugelpilz, Kohliger 281
Kugelwerfer 255
Kuhbrauner Milchling 83
Kuhfladentintling 178
Kuhpilz 215
Kupferroter Gelbfuß 191
Kupferroter Klumpfuß 127
Kurzstieliges Stummelfüßchen 189

Laccaria 52
– *amethystea* 52
– *bicolor* 52
– *laccata* 52
– *proxima* 52
– *purpureo-badia* 52
– *tortilis* 52
Lachnellula 278
– *pseudofarinacea* 276
– *subtilissima* 278
Lackporling 224, 226, 227
– Flacher 226
– Glänzender 224
– Krustiger 226
– Warziger 227
Lacktrichterling 52
– Fuchsiger 52
– Gedrehter 52
– Purpurbrauner 52
– Rötlicher 52
– Violetter 52
– Zweifarbener 52
Lacrymaria 176
– *pyrotricha* 176
– *velutina* 176
Lactarius 77
– *acerrimus* 80
– *azonites* 87
– *blennius* 83
– *britannicus* 88
– *camphoratus* 90
– *chrysorrheus* 79
– *cilicioides* 79
– *cimicarius* 90
– *circellatus* 85
– *clethrophilus* 90
– *controversus* 77
– *cyathula* 90
– *decipiens* 89
– *deliciosus* 80
– *deterrimus* 80
– *flavidus* 85
– *fluens* 85
– *fuligionosus* 87
– *helvus* 87
– *hepaticus* 88
– *hibbardae* 85
– *hysginus* 83
– *insulus* 80
– *mitissimus* 88
– *musteus* 83
– *necator* 82
– *odoratus* 85
– *pallidus* 83
– *piperatus* 77
– *pterosporus* 87
– *pubescens* 79
– *pyrogalus* 85
– *quietus* 88
– *rufus* 87
– *spinulosus* 79
– *subdulcis* 88
– *tabidus* 89
– *torminosus* 79
– *uvidus* 85
– *vellereus* 77
– *vietus* 87
– *volemus* 88
– *zonarius* 80
Lärchenröhrling 216
– Grauer 216
– Rostroter 216
Laetiporus sulphureus 222
Langermannia gigantea 247
Langstielige Holzkeule 278
Langstieliger Schwefelkopf 160
Leberpilz 224
Leccinum 211
– *aurantiacum* 211
– *carpini* 212
– *crocipodium* 211
– *duriusculum* 212
– *holopus* 212
– *oxydabile* 212
– *quercinum* 211
– *roseofractum* 211
– *scabrum* 212
– *variicolor* 212
– *versipelle* 211
Lederbrauner Dickfuß 130
Lederbrauner Erdschüppling 168
Lederbrauner Klumpfuß 125
Lederbrauner Öhrling 271
Lederkoralle 260
– Stinkende 260
Ledersaftporling 233
Ledertäubling 106
Leistling, Verbogener 192
Lentaria delicata 260
Lentinellus cochleatus 188
Lenzites betulina 233
Leotia lubrica 276
Lepiota 25
– *adulterina* 30
– *brunneo-incarnata* 28
– *bucknalli* 30
– *castanea* 28
– *cristata* 28
– *excoriata* 27
– *felina* 28
– *friesii* 27
– *fulvella* 29
– *hystrix* 27
– *ignivolvata* 28
– *leucithites* 25
– *mastoidea* 27
– *oreaformis* 27
– *procera* 25
– *pseudohelveola* 28
– *rhacodes* 25
– *rosea* 31
– *sistrata* 31
– *subincarnata* 29
– *ventricosospora* 28
Lepista 113
– *irina* 114
– *luscina* 113
– *nuda* 113
– *saeva* 114
– *sordida* 113

Leprocybe (Cortinarius) 133
Leptoglossum retirugum 265
Leptonia 117
– *euchroa* 117
– *incana* 117
– *lazulina* 117
– *sericella* 117
– *serrulata* 117
Leptopodia 267
– *atra* 267
– *elastica* 267
Leucocoprinus brebissonii 30
Leucocortinarius bulbiger 123
Leucogyrophana mollusca 238
Leucopaxillus gigantea 46
Lila Dickfuß 132
Lilaspitziger Rißpilz 150
Lilastieliger Schleimfuß 121
Lilastieliger Täubling 94
Löwengelber Dachpilz 120
Lorchel, Frühjahrs- 267
– Glattstiel- 267
– Gruben- 267
– Herbst- 267
– Schwarze 267
– Wurzel- 269
Lungenseitling 185
Lycoperdon 247
– *echinatum* 247
– *foetidum* 249
– *giganteum* 247
– *mammaeforme* 247
– *pedicellatum* 249
– *perlatum* 249
– *pyriforme* 249
– *spadiceum* 249
Lyophyllum 43
– *connatum* 43
– *decastes* 43
– *fumatofoetens* 43
– *leucocephalus* 41
– *loricatum* 43

Macroscyphus macropus 269
Maggipilz 87
Maiporling 218
Mairitterling 41
Marasmius 66
– *alliaceus* 68
– *bresadolae* 54
– *calopus* 67
– *candidus* 66
– *epiphyllus* 66
– *oreades* 66
– *ramealis* 66
– *rotula* 66
– *undatus* 66
– *wynnei* 66
Maronenröhrling 196
Marzipanfälbling 147
Mehliger Glöckling 118
Mehliger Rötelritterling 113
Mehlpilz 113
Mehlstieltäubling 94
Mehltrichterling 50
Melanoleuca 44
– *arcuata* 44
– *cognata* 44
– *grammopodia* 44
– *melaleuca* 44
– *strictipes* 46
Melanophyllum 31
– *echinatum* 31
– *eyrei* 31
Melastiza chateri 273
Mennigroter Saftling 63
Meripilus giganteus 220
Meruliopsis taxicola 239
Merulius tremellosus 239
Microglossum viride 274
Micromphale 68
– *brassicolens* 68
– *foetidum* 68
Milchbrätling 88
Milchender Becherling 269
Milchling, Beißender 85
– Bitterer 80
– Blasser 84
– Bleicher 80
– Braunfleckender 85
– Buchen- 88
– Duft- 85
– Dunkler 85
– Eichen- 88
– Flügel- 87
– Fransen- 79
– Fuchsfarbener 87
– Gebänderter 85
– Gelber 85
– Goldflüssiger 79
– Graufleckender 87
– Graugrüner 83
– Hellgrauer 87
– Kampfer- 90
– Kiefern- 84
– Kleiner 90
– Kuhbrauner 83
– Milder 88
– Moos- 89
– Pfeffer- 77
– Rosascheckiger 77
– Rußfarbener 87
– Samtiger 77
– Scharfer 80
– Später 88
– Stacheliger 79
– Täuschender 89
– Violetter 85
– Wäßriger 90
– Wolliger 79
– Zimtbrauner 88
– Zottiger 79
– Zwerg- 90
Milchweißer Becherling 264
Milchweißes Samthäubchen 154
Milder Milchling 88
Milder Wachstäubling 102
Milder Zwergknäueling 189
Mistkahlkopf 173
Misttintling 178
Mitrophora semilibera 267
Mitrula paludosa 274
Mönchskopf 46
Moorbirkenpilz 212
Moorglöckling 117
Moornabling 69
Moorröhrling 215
Moorschwefelkopf 159
Moortännling 143
Mooshäubling 156
Mooskahlkopf 173
Moosmilchling 89
Morchel, Gemeine 264
– Glocken- 264
– Hohe 267
– Mützen- 267
– Speise- 264
– Stink- 257
Morchelbecherling 264
Morchella 264
– *elata* 267
– *esculenta* 264
– *vulgaris* 264
Münzenstäubling 249
Mützenmorchel 267
Muschelkrempling 142
Muschelseitling 186
– Erd- 186
Mutinus caninus 257
Mutterkorn 278
Mycena 70
– *acicula* 75
– *aetites* 73
– *alcalina* 71
– *clavularis* 75
– *crocata* 70
– *epipterygia* 74
– *fibula* 75
– *filopes* 74
– *flavescens* 75
– *flavo-alba* 75
– *galericulata* 70
– *galopus* 70
– *haematopus* 70
– *inclinata* 72
– *lactea* 76
– *leprocephala* 72
– *leucogala* 70
– *maculata* 73
– *olivaceomarginata* 74
– *oortiana* 70
– *pearsoniana* 73
– *pelianthina* 72
– *polygramma* 70
– *pseudopura* 73
– *pura* 72
– *sanguinolenta* 70
– *sepia* 73
– *speirea* 75
– *swartzii* 75
– *uracea* 72
– *viscosa* 74
Mycoacia uda 241
Myriostoma coliformis 252
Myxacium (Cortinarius) 121
Myxomphalina maura 68

Nabelhelmling 75, 76
Nabling, Gefalteter 69
– Kohlen- 68
– Moor- 69
– Zitronengelber 69
Nadelholzporling 233
– Weißer 233
Nadelholzschüppling 159
Nadelkeule 258
– Rotstielige 258
Nadelschwamm, Bitterer 77
Napfteuerling 255
Natternstieliger Schleimfuß 120
Naucoria 156
– *bohemica* 157
– *centunculus* 157
– *escharoides* 156
– *scolecina* 157
Nebelkappe 48
Nectria 281
– *cinnabarina* 281
– *peziza* 281
Nelkenschwindling 66
Neobulgaria pura 276
Neottiella rutilans 273
Nestbovist 251
Nesterdstern 252
– Kleiner 252
Netzhutröhrling 215
Netzstieliger Hexenröhrling 199
Nidularia farcata 255
Niedriger Rötling 115
Nitrosehelmling 71
Nördlicher Harzporling 228
Nolanea 117
– *cetrata* 177
– *farinolens* 118
– *hirtipes* 117
– *lucida* 118
– *starospora* 118
Nordischer Täubling 100

Ockerblättriger Dickfuß 132
Ockerbrauner Trichterling 48
Ockerbraunes Samthäubchen 154
Ockergelbes Samthäubchen 154
Öhrling, Gelber 271
– Kröten- 271
– Lederfarbener 271
– Schnecken- 271
Ölbaumpilz 186
Ohrförmiger Seitling 186
Ohrlöffelpilz 242
Ohrpilz, Runzeliger 262
Omphalina 69
– *ericetorum* 69
– *griseopallida* 69
– *luteovitellina* 69
– *postii* 69
Omphalotus olearius 186
Orangebrauner Scheidenstreifling 23
Orangefarbiger Kammpilz 238
Orangegelbe Keule 258
Orangegelber Saumpilz 176
Orangenduftender Schleierling 125
Orangeroter Becherling 274
Orangeroter Helmling 75
Orangeroter Saftling 63
Orangeroter Tannenflämmling 142
Orangeroter Träuschling 173
Otidea 271
– *alutacea* 271
– *bufonia* 271
– *cochleata* 271
– *onotica* 271
Oudemansiella 33
– *mucida* 33
– *radicata* 33
Oxyporus populinus 231

Panaeolina foenisecii 182
Panaeolus 180
– *ater* 182
– *campanulatus* 181
– *rickenii* 181
– *semiovatus* 180
– *speciosus* 181
– *sphinctrinus* 182
– *subbalteatus* 182
Panellus 189
– *mitis* 189
– *serotinus* 189
– *stipticus* 189
Pantherpilz 18
Panus conchatus 186
Papageiensaftling 65
Pappelerdschüppling 170
Pappelporling 231
Pappelröhrling 212
Parasitenröhrling 205
Parasitischer Zwitterling 77
Paxillus 142
– *atrotomentosus* 143
– *involutus* 142
Paxina 269
– *acetabulum* 269
– *leucomelas* 269
Pelzporling 231
Pelziger Korkstacheling 245
Peniophora 241
– *incarnata* 241
– *lycii* 241
– *quercina* 241
Perigordtrüffel 278
Perlpilz 17
Peziza 269
– *badia* 271
– *cerea* 269
– *echinospora* 271
– *petersii* 269
– *praetervisa* 271
– *repanda* 269
– *saniosa* 271
– *tectoria* 269
– *vesiculosa* 269
Pfeffermilchling 77
Pfefferröhrling 194
Pferdehaarschwindling 66
Pfifferling, Echter 191
– Falscher 66
– Rostfleckiger 191
– Trompeten- 191
Pfifferlingssaftling 63
Phaeolus schweinitzii 222
Phallus impudicus 257
Phellinus 228
– *ferreus* 234
– *igniarius* 228
Phellodon 224
– *confluens* 245
– *melaleucus* 244
– *niger* 245
– *tomentosus* 244
Phlebia merismoides 238
Phlegmacium (Cortinarius) 123
Pholiota 144
– *adiposa* 144
– *alnicola* 145
– *carbonaria* 146
– *flammans* 145
– *myosotis* 146
– *ochrochlora* 144
– *squarrosa* 145
– *tuberculosa* 145
Piptoporus betulinus 227
Pisolithus arhizus 251
Pleurotellus porrigens 186
Pleurotus 182
– *acerosus* 185
– *cornucopiae* 185
– *eryngii* 185
– *lignatilis* 182
– *ostreatus* 182
– *pulmonarius* 185
Plicaria leiocarpa 271
Pluteolus aleuriatus 120
Pluteus 118
– *cervinus* 118
– *depauperatus* 120
– *leoninus* 120
– *luteovirens* 120
– *lutescens* 120
– *podospileus* 118
– *salicinus* 118
– *semibulbosus* 118
– *umbrosus* 118
Podoscypha multizonata 222
Podostroma 276
– *alutaceum* 277
Pokalbecherling 269
– Großer 269
– Schwarzer 269
Polyporus 218
– *badius* 218
– *brumalis* 218
– *ciliatus* 218
– *floccipes* 220
– *squamosus* 218
– *varius* 218
Porling, Ast- 235
– Birken- 227
– Braun- 222
– Dauer- 218
– Eichen- 231
– Fichten- 228
– Kork- 234
– Harz- 228
– Lack- 224, 226, 227
– Mai- 218
– Nadelholz- 233
– Pappel- 231
– Pelz- 231
– Rauchgrauer 236
– Riesen- 220
– Rinden- 234
– Saft- 233
– Samt- 231
– Schiller- 231
– Schmetterlings- 235
– Schuppiger 218
– Schwarzfuß- 218
– Schwefel- 222
– Tannen- 236
– Ulmen- 228
– Veränderlicher 218
– Weich- 224
Poronia punctata 281
Porphyrbrauner Wulstling 21
Porphyrellus pseudocaber 206
Prächtiger Dickfuß 123
Psathyrella 173
– *candolleana* 173
– *hydrophila* 174
– *marcescibilis* 174
– *microrhiza* 175
– *multipedata* 174
– *obtusata* 174
– *pellucidipes* 175
– *pennata* 174
– *squamosa* 174
Pseudocraterellus sinuosus 192
Pseudohiatula tenacella 77
Pseudohydnum gelatinosum 264
Pseudotrametes gibbosa 228
Psilocybe coprophila 173
– *crobulus* 173
– *cyanescens* 173
– *semilanceata* 173
Purpurbrauner Lacktrichterling 52
Purpurfleckender Klumpfuß 128
Purpurner Schichtpilz 236
Purpurröhrling 201
Purpurroter Hautkopf 140
Purpurschwarzer Täubling 100
Pustelpilz, Blutroter 281
Pycnoporus cinnabarinus 222

Ramaria 260
– *aurea* 260
– *botrytis* 260
– *flava* 260
– *formosa* 260
– *stricta* 260
Ranziger Rübling 57
Ranziger Trichterling 51
Rasiger Rübling 54
Rasling, Fleischfarbener 43
– Grauer 43
– Rauchiger 43
Rauchbrauner Täubling 91

Rauchgraue Keule 257
Rauchgrauer Porling 236
Rauchiger Helmling 72
Rauchiger Rasling 43
Rauher Rißpilz 152
Rauher Schwindling 67
Rauher Wulstling 18
Rauhe Tramete 233
Rauhfuß, Eichen- 211
- Gelber 211
- Grauer 211
- Hainbuchen- 212
- Verschiedenfarbiger 212
Rauhsporiger Tintling 180
Rehbrauner Dachpilz 118
Rehbrauner Täubling 106
Reifpilz 141
Reiftäubling 99
- Blaugrüner 99
- Braungrauer 99
Rettichfälbling 146
- Tränender 147
Rettichgürtelfuß 139
Rettichhelmling 72
Rhizina undulata 269
Rhizopogon luteolus 252
Rhodocollybia maculata 54
Rhodocybe popinalis 114
Rhodophyllus sericellus 117
Rhodotus palmatus 186
iesenbovist 247
iesenegerling 164
iesenporling 220
iesenrötling 114
iesenschirmpilz 25
igidoporus ulmarius 228
llstieliger Helmling 70
illstieliger Seitling 185
indenhelmling 75
indenkoralle 260
ndenpilz, Blaugrauer 24
Eichen- 241
Krusten- 237
ndenporling 234
Glitzernder 234
ndensprenger 241
ngdüngerling 180
ppenbecherling 269
ssiger Ackerling 170
ßpilz, Birken- 152
Birnen- 151
Bittermandel- 151
Bittersüßer 150
Blaufüßiger 148
Bleicher 152
Büscheliger 153
Duftender 149
Erdblättriger 150
Flockiger 152
Gefleckter 150
Gescheckter 153
Gestreifter 153
Grauvioletter 151
Grünbuckliger 149
Kegeliger 150
Knolliger 149
Knotiger 153
ilaspitziger 150
Rauher 152
Rötender 148
Rübenstieliger 153
Schuppiger 148
Sternsporiger 153
Ziegelroter 149
werg- 154
terling, Beringter 35
randiger 39
raungelber 35
rennender 35
üschel- 43
rd- 35, 37
erippter 41
raublättriger 35
eller 37
olz- 43, 44
astanienbrauner 39
ai- 41
chleier- 123
chuppen- 39
chwammiger 41
chwarzfaseriger 35
chwefel- 35
eifen- 37
ilbergrauer 37
nverschämter 41
eich- 44, 46
eißbrauner 39
eißköpfiger 41
eißseidiger 41
rige Keule 257
rling, Bereifter 205
rken- 212
ter- 196
nter 205
ckfuß- 202
hler 196
efelderter 202
old- 205, 216
sterer 206
llen- 205
sen- 206
xen- 199, 201
hlfuß- 206
niggelber 202
rchen- 216

- Körnchen- 216
- Kornblumen- 206
- Maronen- 196
- Moor- 215
- Netzhut- 215
- Pappel- 212
- Parasiten- 205
- Pfeffer- 194
- Purpur- 201
- Rosahütiger 201
- Rotfuß- 205
- Rothaut- 212
- Samtiger 202
- Sand- 216
- Schwarzblauer 199
- Starkriechender 196
Rötelritterling, Fleischbrauner 113
- Mehliger 113
- Veilchen- 114
- Violetter 113
- Zweifarbener 114
Rötender Rißpilz 148
Rötender Stacheling 244
Rötender Wirrling 224
Rötliche Keule 257
Rötlicher Adernseitling 186
Rötlicher Erdritterling 37
Rötlicher Holzritterling 43
Rötlicher Korkstacheling 243
Rötlicher Lacktrichterling 52
Rötlicher Schneckling 59
Rötlicher Stoppelpilz 242
Rötling, Braunroter 116
- Früher 116
- Niedriger 115
- Riesen- 114
- Schild- 114
- Stinkender 114
Rosablättriger Helmling 70
Rosablättriger Schirmpilz 25
Rosagraue Koralle 258
Rosahütiger Röhrling 201
Rosaroter Stinkschirmling 28
Rosascheckiger Milchling 77
Rosa Schirmpilz 30
Rosa Schmierling 189
Rosa Trichterling 50
Rosenroter Saftling 63
Rostbrauner Korkporling 234
Rostfleckiger Pfifferling 191
Rostroter Lärchenröhrling 216
Rotbrauner Egerling 160
Rotbrauner Erdstern 252
Rotbrauner Gürtelfuß 134
Rotbrauner Hautkopf 139
Rotbrauner Scheidenstreifling 23
Rotfußröhrling 205
Rothautröhrling 212
Rotkappe, Espen- 211
- Heide- 211
Rotmilchender Helmling 70
Rotrandiger Saftling 65
Rotschuppiger Dickfuß 134
Rotstielige Nadelkeule 258
Rotstieliger Helmling 70
Rotstieliger Rübling 54
Rozites caperata 141
Rübenstieliger Rißpilz 153
Rübling, Brennender 57
- Büschel- 54
- Butter- 57
- Dunkler 57
- Gefleckter 54
- Gedrehter 57
- Knolliger 57
- Ranziger 57
- Rasiger 54
- Rotstieliger 54
- Samtfuß- 58
- Schleim- 32
- Spindel- 54
- Sumpf- 57
- Verwechselter 57
- Wald- 54
- Zapfen- 68
Runzelige Koralle 258
Runzeliger Ohrpilz 262
Runzeliger Schichtpilz 236
Rußfarbener Milchling 87
Russula 91
- *adusta* 91
- *aeruginea* 10
- *albonigra* 91
- *alutacea* 109
- *aquosa* 100
- *atropurpurea* 100
- *aurata* 110
- *betularum* 99
- *brevipes* 91
- *brunneoviolacea* 103
- *caerulea* 110
- *claroflava* 109
- *caynnoxantha* 97
- *densifolia* 92
- *emetica* 99
- *erythropoda* 104
- *farinipes* 94
- *fellea* 94
- *foetens* 92
- *fragilis* 99
- *gracillima* 103
- *grisea* 99
- *heterophylla* 97
- *ionochlora* 97
- *laurocerasi* 92

- *lepida* 109
- *lundellii* 106
- *lutea* 110
- *luteotacta* 103
- *maculata* 106
- *mairei* 99
- *nauseosa* 100
- *nigricans* 92
- *nitida* 103
- *norvegica* 100
- *obscura* 110
- *ochroleuca* 94
- *olivacea* 109
- *paludosa* 106
- *parazurea* 99
- *polychroma* 106
- *pseudointegra* 109
- *puellaris* 103
- *pulchella* 104
- *rosea* 109
- *sanguinea* 103
- *sardonia* 104
- *sororia* 92
- *turci* 110
- *vesca* 97
- *violeipes* 94
- *virescens* 94
- *xerampelina* 104
Rutstroemia 276
- *firma* 276
- *luteovirescens* 276

Safranblättriger Hautkopf 139
Safranschirmpilz 25
Saftling, Bleicher 64
- Chromgelber 64
- Goldgelber 63
- Grauer 60
- Großer 63
- Kegeliger 60
- Mennigroter 63
- Orangeroter 63
- Papageien- 65
- Pfifferlings- 63
- Rosenroter 63
- Rotrandiger 65
- Schaf- 60
- Scharlachroter 63
- Schneeweißer 65
- Schwärzender 60
- Seifen- 60
- Trockener 63
- Zäher 65
- Zitronengelber 64
Saftporling 233
- Leder- 233
Saitenschwindling 66
Salmiakhelmling 72
Samtfußkrempling 143
Samtfußrübling 58
Samthäubchen, Bleigraues 154
- Braunstieliges 154
- Dung- 154
- Faden- 154
- Gürtel- 154
- Milchweißes 154
- Ockerbraunes 154
- Ockergelbes 154
- Zartes 154
Samtiger Dachpilz 118
Samtiger Erlenschnitzling 157
Samtiger Milchling 77
Samtiger Röhrling 202
Samtporling 231
Sandegerling 163
Sanderdbecherling 273
Sandröhrling 216
Sarcodon 242
- *imbricatum* 242
- *scabrosum* 243
Sarcoscypha coccinea 274
Satanpilz 202
Saumpilz, Orangegelber 176
- Tränender 176
Schafdüngerling 181
Schafsaftling 60
Scharfer Brätlingstäubling 92
Scharfer Milchling 80
Scharlachroter Hautkopf 141
Scharlachroter Saftling 63
Scheibchentintling 180
Scheidenegerling 163
Scheidenstreifling, Doppelscheidiger 23
- Grauer 23
- Orangebrauner 23
- Rotbrauner 23
Scheidling, Großer 112
- Kleiner 112
- Wolliger 112
Schichtpilz, Brauner 236
- Purpurner 236
- Runzeliger 236
Schiefer Eggenpilz 237
Schiefergrauer Täubling 97
Schildrötling 114
Schillerporling 231
Schirmpilz, Acker- 27
- Blaugrüner 30
- Braunbuckliger 28
- Brauner 28
- Dunkler 28
- Feinschuppiger 27
- Feld- 27
- Fleischroter 28
- Hecken- 30

- Herbst- 27
- Kegelschuppiger 27
- Riesen- 25
- Rosa 30
- Rosablättriger 25
- Safran- 25
- Schleimiger 30
- Spitzbuckliger 27
- Spitzschuppiger 27
- Stacheliger 30
- Violetter 30
- Weißer 30
Schizophyllum commune 186
Schizopora paradoxa 237
Schleierling, Orangenduftender 125
Schleierritterling, Knolliger 123
Schleimfuß, Bereifter 123
- Blaublättriger 123
- Blaugelber 121
- Blaustieliger 121
- Heiden- 122
- Hellgelber 123
- Kiefern- 122
- Lilastieliger 121
- Natternstieliger 120
Schleimiger Schirmpilz 30
Schleimiger Schüppling 144
Schleimkopf, Bitterer 130
- Braunvioletter 128
- Gelbstieliger 130
- Honig- 128
- Verfärbender 130
- Weißstieliger 128
Schleimrübling, Buchen- 32
- Wurzel- 32
Schlüpfriger Kappenpilz 236
Schmetterlingsporling 235
Schmierling, Fleckender 191
- Großer 189
- Rosa 189
Schmutzbecherling 276
Schneckenöhrling 271
Schneckling, Gelbblättriger 59
- Goldzahn- 59
- Rötlicher 59
- Schwarzflockiger 59
- Zweifarbiger 59
Schneeweißer Saftling 65
Schneeweißer Schwindling 66
Schneeweißer Tintling 178
Schöne Koralle 260
Schöner Holzritterling 44
Schopftintling 176
Schüppchentrompetenschnitzling 159
Schüppling, Beringter 144
- Blaßgrüner 144
- Erd- 168, 170
- Erlen- 145
- Feuer- 145
- Graubrauner 146
- Knolliger 145
- Kohlen- 146
- Schleimiger 144
- Sparriger 145
Schuppenritterling 39
Schuppenstieliger Dickfuß 130
Schuppiger Dickfuß 132
Schuppiger Faserling 174
Schuppiger Porling 218
Schuppiger Rißpilz 148
Schwachknolliger Klumpfuß 125
Schwärzender Saftling 60
Schwammiger Ritterling 41
Schwarzblauer Röhrling 199
Schwarzblauer Zärtling 117
Schwarze Lorchel 267
Schwarzer Bovist 249
Schwarzer Helmling 70
Schwarzer Pokalbecherling 269
Schwarzer Steinpilz 192
Schwarzfaseriger Ritterling 35
Schwarzflockiger Schneckling 59
Schwarzfußporling 218
Schwarztäubling, Dichtblättriger 92
- Dickblättriger 92
Schwarzweißer Korkstacheling 245
Schwarzweißer Täubling 91
Schwarzzähniger Helmling 72
Schwefelgelbe Koralle 260
Schwefelgelber Schwefelkopf 159
Schwefelklumpfuß 125
Schwefelkopf, Graublättriger 159
- Langstieliger 160
- Moor- 159
- Schwefelgelber 159
- Ziegelroter 159
Schwefelporling 222
Schwefelritterling 35
Schwindling, Adern- 66
- Ast- 66
- Fallschirm- 67
- Knoblauch- 68
- Kohl- 68
- Nelken- 66
- Pferdehaar- 66
- Rauher 67
- Saiten- 66
- Schneeweißer 66
- Stinkender 68
Scleroderma 251
- *areolatum* 251
- *citrinum* 251
- *verrucosum* 251
Sclerotinia tuberosa 274
Scutellinia 273

– *scutellata* 273
– *umbrarum* 273
Sebacina incrustans 262
Seidenweißer Egerling 167
Seifenritterling 37
Seifensaftling 60
Seitling, Austern- 182
– Kleiner 185
– Kräuter- 185
– Lungen- 185
– Muschel- 186
– Ohrförmiger 186
– Rillenstieliger 186
Semmelpilz 241
Semmelstoppelpilz 241
Sepultaria 273
– *arenicola* 273
– *sumneriana* 273
Sericeocybe (Cortinarius) 130
Serpula 238
– *himantioides* 238
– *lacrymans* 238
Silbergrauer Ritterling 37
Sommersteinpilz 194
Sommertrüffel 278
Später Milchling 88
Spaltblättling, Gemeiner 186
Sparassis crispa 255
Sparriger Schüppling 145
Spechttintling 178
Speisemorchel 264
Speisetäubling 97
– Grüner 97
Speitäubling 99
– Birken- 99
– Buchen- 99
– Kirschroter 99
– Wechselfarbiger 99
Sphaerobolus stellatus 255
Spindelkoralle 258
Spindelrübling 54
Spitzbuckliger Schirmpilz 27
Spitze Glockenmorchel 264
Spitzkegeliger Kahlkopf 173
Spitzschuppiger Schirmpilz 27
Spongipellis spumeus 234
Stachelbart, Dorniger 247
– Igel- 245
Stachelbartkoralle 245
Stacheliger Milchling 79
Stacheliger Schirmpilz 30
Stacheliger Warzenpilz 262
Stacheling, Gallen- 243
– Kork- 243, 245
– Rötender 244
Stachelköpfiger Wulstling 21
Stachelsporiger Becherling 271
Stäubender Zwitterling 76
Stäubling, Beutel- 247
– Birnen- 249
– Bräunlicher 249
– Flaschen- 249
– Gestielter 249
– Igel- 247
– Münzen- 249
– Stinkender 249
Starkriechender Röhrling 196
Starrer Trichterling 51
Steife Koralle 260
Steifstieliger Weichritterling 46
Steinpilz, Echter 192
– Gelbfleischiger 194
– Kiefern- 194
– Schwarzer 192
– Sommer- 194
Stereum 236
– *gausapatum* 236
– *hirsutum* 236
– *rugosum* 236
Sternsporiger Rißpilz 153
Sternsporiger Trichterling 51
Stielstaubpilz 251
Stinkende Lederkoralle 260
Stinkender Rötling 114
Stinkender Schwindling 68
Stinkender Stäubling 249
Stinkmorchel 257
Stinkschirmling, Gelbbrauner 28
– Kleiner 28
– Rosaroter 28
Stinktäubling 92
Stockschwämmchen 156
Stoppelpilz, Rötlicher 242
– Semmel- 241
Strandegerling 163
Strobilomyces floccopus 206
Strohtintling 176
Stropharia 171
– *aeruginosa* 171
– *aurantiaca* 173
– *coronilla* 173
– *merdaria* 171
– *semiglobata* 171
Strubbelkopf 206
Stummelfüßchen, Flaumiges 189
– Gallertfleischiges 189
– Gemeines 188
– Kurzstieliges 189
Stumpfer Faserling 174
Stumpfer Wasserkopf 139
Suillus 215
– *aeruginascens* 216
– *bovinus* 215
– *flavidus* 215
– *fluryi* 215
– *granulatus* 216
– *grevillei* 216
– *luteus* 215
– *tridentinus* 216
– *variegatus* 216
Sumpfackerling 170
Sumpfhäubling 156
Sumpfhaubenpilz 274
Sumpfhautkopf 141
Sumpfrübling 57

Tännling, Moor- 143
Täubling, Apfel- 106
– Birken- 100
– Blaublättriger 91
– Blut- 102
– Brätlings- 92
– Brauner 106
– Braunvioletter 102
– Dotter- 110
– Fleischroter 97
– Frauen- 97
– Gallen- 94
– Gefelderter 94
– Gefleckter 106
– Gelbfleckender 110
– Glänzender 102
– Gold- 110
– Graustiel- 106, 109, 110
– Grün- 94
– Herings- 104
– Jodoform- 110
– Leder- 106
– Lilastieliger 94
– Mehlstiel- 94
– Nordischer 100
– Purpurschwarzer 100
– Rauchbrauner 91
– Rehbrauner 106
– Reif- 99
– Schiefergrauer 97
– Schwarz- 92
– Schwarzweißer 91
– Spei- 99
– Speise- 97
– Stink- 92
– Verblassender 104
– Wachs- 102
– Wäßriger 100
– Weich- 100
– Weißstiel- 106
– Zinnober- 94, 109
– Zitronen- 94
– Zitronenblättriger 104
Täuschender Milchling 89
Tannenflämmling, Geflecktblättriger 143
– Orangeroter 142
Tannenporling 236
Tannenreizker 88
Tarzetta cupularis 273
Telamonia (Cortinarius) 136
Teuerling, Gestreifter 255
– Napf- 255
– Tiegel- 255
Thelephora 260
– *palmata* 260
– *spiculosa* 262
– *terrestris* 260
Tiegelteuerling 255
Tintling, Gesäter 180
– Glimmer- 180
– Grauer 178
– Hasen- 178
– Haus- 180
– Kohlen- 178
– Kuhfladen- 178
– Mist- 178
– Rauhsporiger 180
– Scheibchen- 180
– Schneeweißer 178
– Schopf- 176
– Specht- 178
– Stroh- 176
– Zwerg- 178, 179
Tränender Rettichfälbling 147
Tränender Saumpilz 176
Träuschling, Dung- 171
– Grünspan- 171
– Halbkugeliger 171
– Krönchen- 173
– Orangeroter 173
Tramete, Buckel- 228
– Rauhe 233
Tremella mesenterica 264
Trichoglossum hirsutum 273
Tricholoma 35
– *acerbum* 41
– *altobrunneum* 39
– *argyraceum* 37
– *atrosquamosum* 37
– *cingulatum* 35
– *columbetta* 41
– *flavovirens* 35
– *fulvum* 39
– *gambosum* 41
– *imbricatum* 39
– *inocybeoides* 37
– *lascivum* 41
– *leucocephalum* 41
– *ovirubens* 37
– *panaeolum* 113
– *portentosum* 35
– *psammopus* 41
– *ramentacea* 35
– *saponaceum* 37
– *sejunctum* 35
– *squarrulosum* 39
– *sulphureum* 35
– *terreum* 35
– *ustale* 39
– *ustaloides* 39
– *vaccinum* 39
– *virgatum* 35
Tricholomopsis 43
– *decora* 44
– *platyphylla* 44
– *rutilans* 43
Trichterling, Becher- 51
– Blätter- 50
– Brand- 50
– Dünen- 114
– Duftender 50
– Fuchsiger 48
– Heide- 46
– Keulen- 48
– Krempen- 46
– Lack- 52
– Mehl- 50
– Ockerbrauner 48
– Ranziger 51
– Rosa 50
– Starrer 51
– Sternsporiger 51
– Wiesen- 51
Trockener Saftling 63
Trompetenpfifferling 191
Trompetenschnitzling, Blasser 159
– Schüppchen- 159
Trüffel, Bart- 252
– Hirsch- 281
– Perigord- 278
– Sommer- 278
– Weiße 278
Trügerischer Klumpfuß 128
Tubaria 159
– *autochthona* 159
– *furfuracea* 159
Tuber aestivum 278
– *magnatum* 278
– *melanosporum* 278
Tulostoma brumale 251
Tylopilus felleus 205
Typhula erythropus 258
Tyromyces 233
– *albellus* 233
– *caesius* 233
– *stipticus* 233

Übersehener Becherling 271
Ulmensporling 228
Uloporus lividus 206
Unregelmäßiger Dickfuß 132
Unverschämter Ritterling 41
Ustulina deusta 278

Vascellum pratense 249
Veilchenrötelritterling 114
Veränderlicher Porling 218
Verbogener Leistling 192
Verblassender Täubling 104
Verfärbender Schleimkopf 130
Verpa conica 265
Verschiedenfarbiger Rauhfuß 212
Verwechselter Rübling 57
Vielgestaltige Holzkeule 278
Vielstieliger Erdstern 252
Violetter Klumpfuß 127
Violetter Lacktrichterling 52
Violetter Milchling 85
Violetter Rötelritterling 113
Violetter Schirmpilz 30
Violettgestiefelter Dickfuß 132
Volvariella 112
– *bombycina* 112
– *parvula* 112
– *speciosa* 112
Vuilleminia comedens 241

Wachsiger Becherling 269
Wachstäubling 102
– Milder 102
Wäßriger Milchling 90
Wäßriger Täubling 100
Waldchampignon, Echter 160
Waldegerling 163
– Großer 160
Waldrübling 54
Warzenbovist 247
Warzenpilz, Büscheliger 222
– Krustiger 262
– Stacheliger 262
Warziger Drüsling 262
Wasserkopf, Bleicher 139
– Feuerblättriger 139
– Gelbfaseriger 133
– Hirschbrauner 138
– Honiggelber 139
Wechselfarbiger Speitäubling 99
Weicher Dottertäubling 110
Weichporling 224
– Zimtfarbener 224
Weichritterling, Dunkelbrauner 44
– Frühlings- 44
– Gefurchter 44
– Gemeiner 44
– Steifstieliger 46
Weichtäubling 100
Weinroter Graustieltäubling 110
Weißbrauner Ritterling 39
Weiße Keule 257
Weißer Knollenblätterpilz 21
Weißer Nadelholzporling 233
Weißer Schirmpilz 30
Weiße Trüffel 278
Weiße Zungenkeule 258
Weißflockiger Kahlkopf 173
Weißköpfiger Ritterling 41
Weißlicher Dachpilz 120
Weißlicher Klumpfuß 127
Weißmilchender Helmling 70
Weißseidiger Ritterling 41
Weißspitzige Keule 258
Weißstieliger Schleimkopf 128
Weißstieltäubling 106
Weißvioletter Dickfuß 130
Wellige Wurzellorchel 269
Wettererdstern 254
Wiesenchampignon 163
Wiesendüngerling 181
Wiesenegerling 163
Wiesenkoralle 258
Wiesentrichterling 51
Wirrkopf, Gemeiner 152
Wirrling, Eichen- 233
– Rötender 224
Wolliger Milchling 79
Wolliger Scheidling 112
Wulstling, Fransiger 21
– Grauer 17
– Porphyrbrauner 21
– Rauher 18
– Stachelköpfiger 21
Wurzellorchel 269
– Wellige 269
Wurzelnder Zärtling 175
Wurzelschleimrübling 32
Wurzelschwamm 227
Wurzelstieliger Egerling 164

Xylaria 278
– *carpophila* 278
– *hypoxylon* 278
– *longipes* 278
– *polymorpha* 278

Zäher Hörnling 263
Zäher Saftling 65
Zärtling, Bläulicher 117
– Bleicher 117
– Braungrüner 117
– Gesägter 117
– Schwarzblauer 117
– Wurzelnder 175
Zapfenrübling 68
Zartes Samthäubchen 154
Zaunblättling 234
Zedernerdbecherling 273
Ziegelroter Rißpilz 149
Ziegelroter Schwefelkopf 159
Zimtbrauner Hautkopf 141
Zimtbrauner Milchling 88
Zimtfarbener Weichporling 224
Zinnoberroter Gürtelfuß 136
Zinnoberschwamm 222
Zinnobertäubling 94, 109
Zitronenblättriger Täubling 104
Zitronengelber Knollenblätterpilz 23
Zitronengelber Nabling 69
Zitronengelber Saftling 64
Zitronentäubling 94
Zitterling, Goldgelber 264
Zitterzahn, Gallertiger 264
Zitzenbovist 251
Zottiger Milchling 79
Zuchtchampignon 163
Zunderschwamm 228
Zungenhörnling 263
Zungenkeule 258
– Weiße 258
Zusammenfließender Korkstacheling 245
Zweifarbener Rötelritterling 114
Zweifarbiger Lacktrichterling 52
Zweifarbiger Schneckling 59
Zwergbovist 251
Zwergegerling 163
Zwergerdstern 252
Zwergfälbling 148
Zwerkknäueling, Eichen- 189
– Gelbstieliger 189
– Milder 189
Zwergmilchling 90
Zwergrißpilz 154
Zwergtintling 178
– Büscheliger 179
– Graublättriger 179
Zwitterling, Parasitischer 77
– Stäubender 76